大学赤本シリーズ

502

京都産業大学

公募

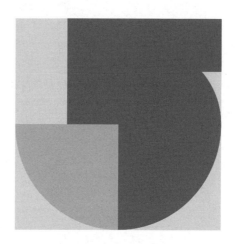

教学社

は　し　が　き

おかげさまで，大学入試の「赤本」は，今年で創刊70周年を迎えました。

これまで，入試問題や資料をご提供いただいた大学関係者各位，掲載許可をいただいた著作権者の皆様，各科目の解答や対策の執筆にあたられた先生方，そして，赤本を使用してくださったすべての読者の皆様に，厚く御礼を申し上げます。

以下に，創刊初期の「赤本」のはしがきを引用します。これからも引き続き，受験生の目標の達成や，夢の実現を応援してまいります。

本書を活用して，入試本番では持てる力を存分に発揮されることを心より願っています。

編者しるす

＊　＊　＊

学問の塔にあこがれのまなざしをもって，それぞれの志望する大学の門をたたかんとしている受験生諸君！　人間として生まれてきた私たちは，自己の欲するままに，美しく，強く，そして何よりも人間らしく生きることをねがっている。しかし，一朝一夕にして，この純粋なのぞみが達せられることはない。私たちの行く手には，絶えずさまざまな試練がまちかまえている。この試練を克服していくところに，私たちのねがう真に人間的な世界がはじめて開かれてくるのである。

人生最初の最大の試練として，諸君の眼前に大学入試がある。この大学入試は，精神的にも身体的にも，大きな苦痛を感ぜしめるであろう。あるスポーツに熟達するには，たゆみなき，はげしい練習を積み重ねることが必要であるように，私たちは，計画的・持続的な努力を払うことによって，この試練を克服し，次の一歩を踏みだすことができる。厳しい試練を経たのちに，はじめて満足すべき成果を獲得できるのである。

本書は最近の入学試験の問題に，それぞれ解答を付し，さらに問題をふかく分析することによって，その大学独特の傾向や対策をさぐろうとした。本書を一般の参考書とあわせて使用し，まとはずれのない，効果的な受験勉強をされるよう期待したい。

（昭和35年版「赤本」はしがきより）

挑む人の、いちばんの味方

赤本創刊70周年

　1954 年に大学入試の過去問題集を刊行してから 70 年。赤本は大学に入りたいと思う受験生を応援しつづけてきました。これからも，苦しいとき落ち込むときにそばで支える存在でいたいと思います。

　そして，勉強をすること，自分で道を決めること，努力が実ること，これらの喜びを読者の皆さんが感じることができるよう，伴走をつづけます。

そもそも赤本とは…

受験生のための大学入試の過去問題集！

70年の歴史を誇る赤本は，500点を超える刊行点数で全都道府県の370大学以上を網羅しており，過去問の代名詞として受験生の必須アイテムとなっています。

…………… なぜ受験に過去問が必要なのか？ ……………

大学入試は大学によって問題形式や頻出分野が大きく異なるからです。

赤本の掲載内容

傾向と対策

これまでの出題内容から，問題の「**傾向**」を分析し，来年度の入試に向けて具体的な「**対策**」の方法を紹介しています。

問題編・解答編

- 年度ごとに問題とその解答を掲載しています。
- 「**問題編**」ではその年度の試験概要を確認したうえで，実際に出題された過去問に取り組むことができます。
- 「**解答編**」には高校・予備校の先生方による解答が載っています。

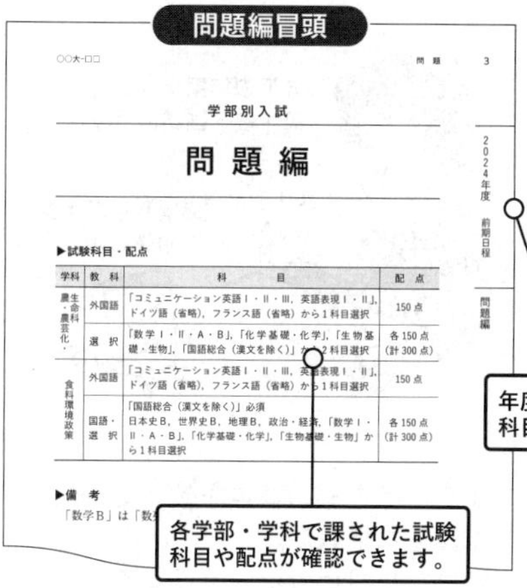

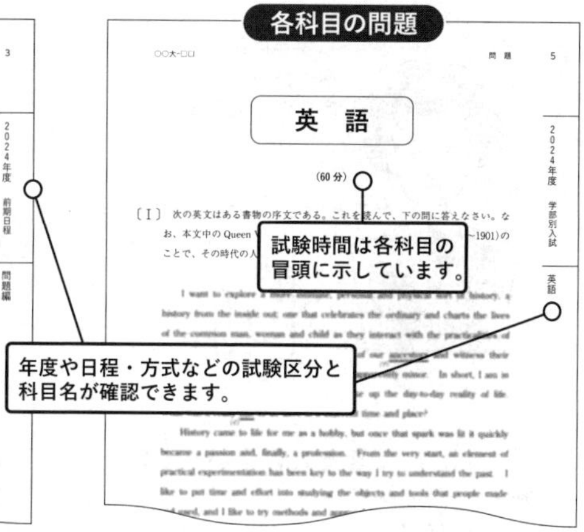

他にも，大学の基本情報や，先輩受験生の合格体験記，在学生からのメッセージなどが載っていることがあります。

掲載内容について

著作権上の理由やその他編集上の都合により問題や解答の一部を割愛している場合があります。
なお，指定校推薦入試，社会人入試，編入学試験，帰国生入試などの特別入試，英語以外の外国語科目，商業・工業科目は，原則として掲載しておりません。また試験科目は変更される場合がありますので，あらかじめご了承ください。

受験勉強は

過去問に始まり，

STEP 1

なにはともあれ

まずは解いてみる

しずかに…
今，自分の心と
向き合ってるんだから
ムーン
それは
問題を解いて
からだホン!

過去問は，**できるだけ早いうちに解く**のがオススメ！
実際に解くことで，**出題の傾向，問題のレベル，今の自分の実力**がつかめます。

STEP 2

じっくり具体的に

弱点を分析する

分析の結果だけど
英・数・国が苦手みたい
スリー
必須科目だホン
頑張るホン

間違いは自分の弱点を教えてくれる**貴重な情報源。**
弱点から自己分析することで，**今の自分に足りない力や苦手な分野**が見えてくるはず！

合格者があかす 赤本の使い方

傾向と対策を熟読

（Fさん／国立大合格）

大学の出題傾向を調べるために，赤本に載っている「傾向と対策」を熟読しました。

繰り返し解く

（Tさん／国立大合格）

1周目は問題のレベル確認，2周目は苦手や頻出分野の確認に，3周目は合格点を目指して，と過去問は繰り返し解くことが大切です。

赤本の使い方 解説

過去問に終わる。

STEP 3

志望校にあわせて

苦手分野の重点対策

明日からはみんなで頑張るよ！
参考書も！ 問題集も！
よろしくね！
呼んだ？
なにを!? どこから!?
グッ
グッ

参考書や問題集を活用して，苦手分野の**重点対策**をしていきます。
過去問を指針に，合格へ向けた具体的な学習計画を立てましょう！

STEP 1 ▶ 2 ▶ 3

サイクルが大事!

実践を繰り返す

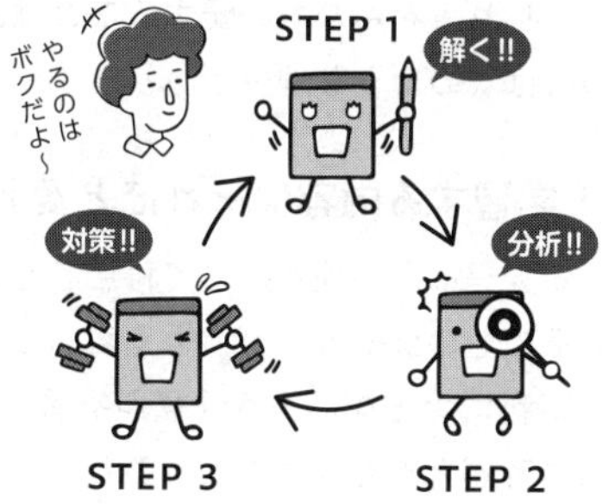
やるのはボクだよ～
STEP 1
解く!!
分析!!
対策!!
STEP 3
STEP 2

STEP 1～3を繰り返し，実力アップにつなげましょう！
出題形式に慣れることや，**時間配分を考えること**も大切です。

目標点を決める
（Yさん／私立大合格）
赤本によっては合格者最低点が載っているので，それを見て目標点を決めるのもよいです。

時間配分を確認
（Kさん／私立大学合格）
赤本は時間配分や解く順番を決めるために使いました。

添削してもらう
（Sさん／私立大学合格）
記述式の問題は先生に添削してもらうことで自分の弱点に気づけると思います。

新課程入試 Q&A

2022 年度から新しい学習指導要領（新課程）での授業が始まり，2025 年度の入試は，新課程に基づいて行われる最初の入試となります。ここでは，赤本での新課程入試の対策について，よくある疑問にお答えします。

Q1. 赤本は新課程入試の対策に使えますか？

A. もちろん使えます！

旧課程入試の過去問が新課程入試の対策に役に立つのか疑問に思う人もいるかもしれませんが，心配することはありません。旧課程入試の過去問が役立つのには次のような理由があります。

● 学習する内容はそれほど変わらない

新課程は旧課程と比べて科目名を中心とした変更はありますが，学習する内容そのものはそれほど大きく変わっていません。また，多くの大学で，既卒生が不利にならないよう「経過措置」がとられます（Q３参照）。したがって，出題内容が大きく変更されることは少ないとみられます。

● 大学ごとに出題の特徴がある

これまでに課程が変わったときも，各大学の出題の特徴は大きく変わらないことがほとんどでした。入試問題は各大学のアドミッション・ポリシーに沿って出題されており，過去問にはその特徴がよく表れています。過去問を研究してその大学に特有の傾向をつかめば，最適な対策をとることができます。

出題の特徴の例	・英作文問題の出題の有無 ・論述問題の出題（字数制限の有無や長さ） ・計算過程の記述の有無

新課程入試の対策も，赤本で過去問に取り組むところから始めましょう。

Q2. 赤本を使う上での注意点はありますか？

A. 志望大学の入試科目を確認しましょう。

過去問を解く前に，過去の出題科目（問題編冒頭の表）と 2025 年度の募集要項とを比べて，課される内容に変更がないかを確認しましょう。ポイントは以下のとおりです。科目名が変わっていても，実際は旧課程の内容とほとんど同様のものもあります。

英語・国語	科目名は変更されているが，実質的には変更なし。 **▶▶ ただし，リスニングや古文・漢文の有無は要確認。**
地歴	科目名が変更され，「歴史総合」「地理総合」が新設。 **▶▶ 新設科目の有無に注意。ただし，「経過措置」(Q３参照) により内容は大きく変わらないことも多い。**
公民	「現代社会」が廃止され，「公共」が新設。 **▶▶「公共」は実質的には「現代社会」と大きく変わらない。**
数学	科目が再編され，「数学Ｃ」が新設。 **▶▶「数学」全体としての内容は大きく変わらないが，出題科目と単元の変更に注意。**
理科	科目名も学習内容も大きな変更なし。

数学については，科目名だけでなく，どの単元が含まれているかも確認が必要です。例えば，出題科目が次のように変わったとします。

旧課程	「数学Ⅰ・数学Ⅱ・数学Ａ・数学Ｂ（数列・ベクトル）」
新課程	「数学Ⅰ・数学Ⅱ・数学Ａ・**数学Ｂ（数列）・数学Ｃ（ベクトル）**」

この場合，新課程では「数学Ｃ」が増えていますが，単元は「ベクトル」のみのため，実質的には旧課程とほぼ同じであり，過去問をそのまま役立てることができます。

Q3. 「経過措置」とは何ですか？

A. 既卒の旧課程履修者への対応です。

多くの大学では，既卒の旧課程履修者が不利にならないように，出題において「経過措置」が実施されます。措置の有無や内容は大学によって異なるので，募集要項や大学のウェブサイトなどで確認しておきましょう。

◯旧課程履修者への経過措置の例

- 旧課程履修者にも配慮した出題を行う。
- 新・旧課程の共通の範囲から出題する。
- 新課程と旧課程の共通の内容を出題し，共通範囲のみでの出題が困難な場合は，旧課程の範囲からの問題を用意し，選択解答とする。

例えば，地歴の出題科目が次のように変わったとします。

旧課程	「日本史 B」「世界史 B」から１科目選択
新課程	「**歴史総合**，日本史探究」「**歴史総合**，世界史探究」から１科目選択※ ※旧課程履修者に不利益が生じることのないように配慮する。

「歴史総合」は新課程で新設された科目で，旧課程履修者には見慣れないものですが，上記のような経過措置がとられた場合，新課程入試でも旧課程と同様の学習内容で受験することができます。

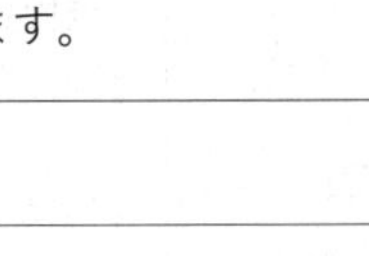

要チェックだホン

新課程の情報は WEB もチェック！
より詳しい解説が赤本ウェブサイトで見られます。
https://akahon.net/shinkatei/

科目名が変更される教科・科目

	旧課程	新課程
国語	国語総合 国語表現 現代文A 現代文B 古典A 古典B	現代の国語 言語文化 論理国語 文学国語 国語表現 古典探究
地歴	日本史A 日本史B 世界史A 世界史B 地理A 地理B	歴史総合 日本史探究 世界史探究 地理総合 地理探究
公民	現代社会 倫理 政治・経済	公共 倫理 政治・経済
数学	数学Ⅰ 数学Ⅱ 数学Ⅲ 数学A 数学B 数学活用	数学Ⅰ 数学Ⅱ 数学Ⅲ 数学A 数学B 数学C
外国語	コミュニケーション英語基礎 コミュニケーション英語Ⅰ コミュニケーション英語Ⅱ コミュニケーション英語Ⅲ 英語表現Ⅰ 英語表現Ⅱ 英語会話	英語コミュニケーションⅠ 英語コミュニケーションⅡ 英語コミュニケーションⅢ 論理・表現Ⅰ 論理・表現Ⅱ 論理・表現Ⅲ
情報	社会と情報 情報の科学	情報Ⅰ 情報Ⅱ

目　次

大学情報 1

傾向と対策 21

2024 年度 問題と解答

●学校推薦型選抜 公募推薦入試：11 月 18 日実施分

英　語 .... 4　解答 39

数　学 .... 14　解答 52

国　語 .... 38　解答 67

●学校推薦型選抜 公募推薦入試：11 月 19 日実施分

英　語 .... 70　解答 106

数　学 .... 80　解答 118

国　語 .... 105　解答 131

2023 年度 問題と解答

●学校推薦型選抜 公募推薦入試：11 月 19 日実施分

英　語 .... 4　解答 38

数　学 .... 13　解答 50

国　語 .... 37　解答 64

●学校推薦型選抜 公募推薦入試：11 月 20 日実施分

英　語 .... 66　解答 101

数　学 .... 75　解答 112

国　語 .... 100　解答 126

2022 年度
問題と解答

●学校推薦型選抜 公募推薦入試：11 月 20 日実施分
英　語 ……………… 4　解答 37
数　学 ……………… 14　解答 47
国　語 ……………… 36　解答 62

●学校推薦型選抜 公募推薦入試：11 月 21 日実施分
英　語 ……………… 64　解答 96
数　学 ……………… 74　解答 107
国　語 ……………… 95　解答 123

掲載内容についてのお断り

- 下記の日程を省略しています。
  2024 年度：11 月 23 日実施分
  2023 年度：11 月 23 日実施分
  2022 年度：11 月 23 日実施分

UNIVERSITY GUIDE

大学情報

基本情報

学部・学科の構成

大　学

●経済学部
経済学科

●経営学部
マネジメント学科

●法学部
法律学科
法政策学科

●現代社会学部
現代社会学科
健康スポーツ社会学科

●国際関係学部
国際関係学科

●外国語学部

英語学科（英語専攻，イングリッシュ・キャリア専攻）

ヨーロッパ言語学科（ドイツ語専攻，フランス語専攻，スペイン語専攻，イタリア語専攻，ロシア語専攻，メディア・コミュニケーション専攻）

アジア言語学科（中国語専攻，韓国語専攻，インドネシア語専攻，日本語・コミュニケーション専攻）

●文化学部

京都文化学科

国際文化学科

●理学部

数理科学科

物理科学科

宇宙物理・気象学科

●情報理工学部

情報理工学科

●生命科学部

先端生命科学科

産業生命科学科

大学院

経済学研究科 / マネジメント研究科 / 法学研究科 / 現代社会学研究科 / 外国語学研究科

理学研究科 / 先端情報学研究科 / 生命科学研究科

経済学研究科（通信教育課程）/ 京都文化学研究科（通信教育課程）

大学所在地

京都産業大学

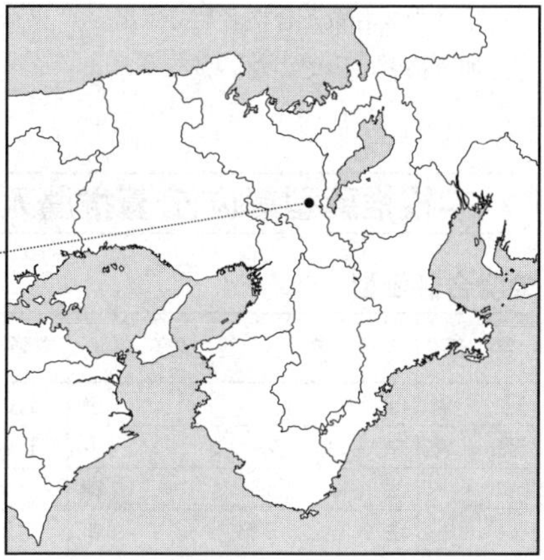

〒603-8555　京都市北区上賀茂本山

2024年度入試データ

◯倍率は受験者数÷合格者数で算出。

◯追加合格者は出ていない。

学校推薦型選抜 公募推薦入試

●総合評価型

学部	学科（専攻）		志願者数	受験者数	合格者数	倍率	合格最低点／満点
経済	経済		1,035	1,026	432	2.4	212/300
経営	マネジメント		1,085	1,077	424	2.5	215/300
法	法律		492	487	243	2.0	210/300
	法政策		327	322	162	2.0	205/300
現代社会	現代社会		603	600	258	2.3	215/300
	健康スポーツ社会		421	420	110	3.8	218/300
国際関係	国際関係		295	293	166	1.8	213/300
外国語	英語	英語専攻 イングリッシュ・キャリア専攻 （学科一括募集）	292	291	147	2.0	217/300
	ヨーロッパ言語	ドイツ語専攻	57	57	32	1.8	197/300
		フランス語専攻	68	67	43	1.6	196/300
		スペイン語専攻	46	46	27	1.7	200/300
		イタリア語専攻	32	32	19	1.7	200/300
		ロシア語専攻	14	14	7	2.0	197/300
		メディア・コミュニケーション専攻	28	28	15	1.9	197/300
	アジア言語	中国語専攻	58	57	38	1.5	199/300
		韓国語専攻	108	108	27	4.0	220/300
		インドネシア語専攻	31	31	16	1.9	197/300
		日本語・コミュニケーション専攻	46	46	33	1.4	205/300
文化	京都文化		252	248	121	2.0	208/300
	国際文化		272	269	135	2.0	214/300
理	数理科		134	134	74	1.8	206/300
	物理科		88	86	57	1.5	202/300
	宇宙物理・気象		139	139	46	3.0	220/300
情報理工	情報理工		509	507	177	2.9	221/300

（表つづく）

学部	学科（専攻）	志願者数	受験者数	合格者数	倍率	合格最低点／満点
生命科	先端生命科	194	194	122	1.6	197/300
	産業生命科 理系科目	66	66	43	1.5	200/300
	産業生命科 文系科目	44	44	18	2.4	208/300
合計		6,736	6,689	2,992	2.2	—

●基礎評価型

学部	学科（専攻）	志願者数	受験者数	合格者数	倍率	合格最低点／満点
経済	経済	625	622	71	8.8	136/200
経営	マネジメント	705	703	75	9.4	137/200
法	法律	253	252	50	5.0	131/200
	法政策	201	201	38	5.3	128/200
現代社会	現代社会	354	352	47	7.5	138/200
	健康スポーツ社会	216	215	25	8.6	138/200
国際関係	国際関係	158	158	30	5.3	133/200
外国語	英語 英語専攻 イングリッシュ・キャリア専攻 (学科一括募集)	127	125	24	5.2	138/200
	ヨーロッパ言語 ドイツ語専攻	20	20	10	2.0	120/200
	ヨーロッパ言語 フランス語専攻	18	18	5	3.6	121/200
	ヨーロッパ言語 スペイン語専攻	30	30	5	6.0	126/200
	ヨーロッパ言語 イタリア語専攻	10	10	4	2.5	123/200
	ヨーロッパ言語 ロシア語専攻	18	18	5	3.6	120/200
	ヨーロッパ言語 メディア・コミュニケーション専攻	13	13	4	3.3	120/200
	アジア言語 中国語専攻	23	23	5	4.6	127/200
	アジア言語 韓国語専攻	61	60	7	8.6	135/200
	アジア言語 インドネシア語専攻	18	18	5	3.6	129/200
	アジア言語 日本語・コミュニケーション専攻	22	22	8	2.8	135/200
文化	京都文化	160	158	35	4.5	132/200
	国際文化	191	191	49	3.9	131/200
理	数理科	73	73	16	4.6	126/200
	物理科	61	61	15	4.1	126/200
	宇宙物理・気象	89	89	14	6.4	139/200
情報理工	情報理工	473	472	49	9.6	137/200
生命科	先端生命科	104	104	37	2.8	124/200
	産業生命科	40	40	10	4.0	121/200
合計		4,063	4,048	643	6.3	—

一般選抜入試

●前期日程：スタンダード3科目型

学部	学科	志願者数	受験者数	合格者数	倍率	合格最低点／満点
経済	経済	1,165	1,143	485	2.4	186/300
経営	マネジメント	1,232	1,216	474	2.6	186/300
法	法律	683	674	345	2.0	183/300
	法政策	285	278	116	2.4	182/300
現代社会	現代社会	637	625	169	3.7	197/300
	健康スポーツ社会	365	359	118	3.0	196/300
国際関係	国際関係	271	259	133	1.9	183/300
外国語	英語	161	158	80	2.0	184/300
	ヨーロッパ言語	163	161	81	2.0	178/300
	アジア言語	168	167	73	2.3	177/300
文化	京都文化	268	265	110	2.4	187/300
	国際文化	284	280	124	2.3	182/300
理	数理科	186	174	67	2.6	188/300
	物理科	171	148	71	2.1	188/300
	宇宙物理・気象	269	262	49	5.3	208/300
情報理工	情報理工	740	714	156	4.6	199/300
生命科	先端生命科	354	345	110	3.1	193/300
	産業生命科 理系科目	76	74	23	3.2	190/300
	産業生命科 文系科目	36	36	9	4.0	190/300
合計		7,514	7,338	2,793	2.6	—

●前期日程：高得点科目重視３科目型

学部	学科		志願者数	受験者数	合格者数	倍率	合格最低点／満点
経済	経済		830	816	322	2.5	256/400
経営	マネジメント		934	921	317	2.9	257/400
法	法律		518	509	255	2.0	250/400
	法政策		243	236	111	2.1	248/400
現代社会	現代社会		481	473	103	4.6	273/400
	健康スポーツ社会		296	290	92	3.2	268/400
国際関係	国際関係		206	199	102	2.0	249/400
外国語	英語		122	120	58	2.1	254/400
	ヨーロッパ言語		136	135	68	2.0	245/400
	アジア言語		126	125	57	2.2	246/400
文化	京都文化		221	218	85	2.6	259/400
	国際文化		222	220	99	2.2	246/400
理	数理科		119	111	45	2.5	257/400
	物理科		131	111	51	2.2	253/400
	宇宙物理・気象		207	204	22	9.3	287/400
情報理工	情報理工		585	565	123	4.6	270/400
生命科	先端生命科		264	258	70	3.7	265/400
	産業生命科	理系科目	52	51	14	3.6	260/400
		文系科目	33	33	9	3.7	257/400
合計			5,726	5,595	2,003	2.8	―

●前期日程：スタンダード2科目型

学部	学科	志願者数	受験者数	合格者数	倍率	合格最低点／満点
経済	経済	304	296	73	4.1	132/200
経営	マネジメント	320	311	67	4.6	133/200
法	法律	140	139	35	4.0	131/200
	法政策	75	73	25	2.9	128/200
現代社会	現代社会	109	109	20	5.5	137/200
	健康スポーツ社会	103	101	24	4.2	137/200
国際関係	国際関係	76	75	31	2.4	129/200
外国語	英語	84	83	25	3.3	130/200
	ヨーロッパ言語	68	67	17	3.9	124/200
	アジア言語	63	63	14	4.5	125/200
文化	京都文化	47	47	15	3.1	132/200
	国際文化	96	91	24	3.8	128/200
理	数理科	53	52	11	4.7	133/200
	物理科	18	16	4	4.0	128/200
	宇宙物理・気象	55	55	7	7.9	143/200
情報理工	情報理工	185	180	25	7.2	137/200
生命科	先端生命科	60	57	8	7.1	137/200
	産業生命科	15	15	3	5.0	130/200
合計		1,871	1,830	428	4.3	—

●前期日程：高得点科目重視 2 科目型

学部	学科	志願者数	受験者数	合格者数	倍率	合格最低点／満点
経済	経済	227	220	49	4.5	204/300
経営	マネジメント	262	255	56	4.6	204/300
法	法律	117	116	29	4.0	204/300
	法政策	63	61	17	3.6	198/300
現代社会	現代社会	93	93	16	5.8	208/300
	健康スポーツ社会	90	89	20	4.5	210/300
国際関係	国際関係	59	58	21	2.8	200/300
外国語	英語	70	69	25	2.8	200/300
	ヨーロッパ言語	58	58	18	3.2	186/300
	アジア言語	49	49	16	3.1	186/300
文化	京都文化	40	40	14	2.9	200/300
	国際文化	88	83	24	3.5	195/300
理	数理科	37	36	7	5.1	204/300
	物理科	16	14	3	4.7	196/300
	宇宙物理・気象	48	48	5	9.6	219/300
情報理工	情報理工	163	158	17	9.3	213/300
生命科	先端生命科	49	48	8	6.0	210/300
	産業生命科	13	13	3	4.3	199/300
合計		1,542	1,508	348	4.3	—

●前期日程：共通テストプラス

学部	学科	志願者数	受験者数	合格者数	倍率	合格最低点／満点
経済	経済	648	639	263	2.4	181/300
経営	マネジメント	640	630	241	2.6	181/300
法	法律	377	370	189	2.0	174/300
	法政策	209	197	56	3.5	178/300
現代社会	現代社会	366	362	107	3.4	191/300
	健康スポーツ社会	248	241	76	3.2	191/300
国際関係	国際関係	168	156	84	1.9	174/300
外国語	英語	97	96	36	2.7	180/300
	ヨーロッパ言語	101	100	55	1.8	173/300
	アジア言語	104	103	40	2.6	173/300
文化	京都文化	162	158	81	2.0	174/300
	国際文化	143	139	58	2.4	174/300
理	数理科	122	113	44	2.6	240/400
	物理科	118	113	57	2.0	168/300
	宇宙物理・気象	164	154	35	4.4	198/300
情報理工	情報理工	509	495	143	3.5	190/300
生命科	先端生命科	200	197	94	2.1	180/300
	産業生命科	71	70	33	2.1	176/300
合計		4,447	4,333	1,692	2.6	—

●中期日程：スタンダード３科目型

学部	学科	志願者数	受験者数	合格者数	倍率	合格最低点／満点
経済	経済	294	154	42	3.7	195/300
経営	マネジメント	341	173	34	5.1	199/300
法	法律	160	78	25	3.1	187/300
	法政策	81	32	10	3.2	190/300
現代社会	現代社会	145	85	21	4.0	199/300
	健康スポーツ社会	108	62	12	5.2	198/300
国際関係	国際関係	85	38	14	2.7	189/300
外国語	英語	54	27	13	2.1	182/300
	ヨーロッパ言語	59	25	13	1.9	177/300
	アジア言語	50	35	17	2.1	177/300
文化	京都文化	65	33	11	3.0	192/300
	国際文化	59	23	8	2.9	195/300
理	数理科	49	33	6	5.5	197/300
	物理科	29	15	6	2.5	189/300
	宇宙物理・気象	52	41	5	8.2	212/300
情報理工	情報理工	200	127	28	4.5	204/300
生命科	先端生命科	72	45	7	6.4	204/300
	産業生命科	23	10	2	5.0	184/300
合計		1,926	1,036	274	3.8	—

●中期日程：高得点科目重視３科目型

学部	学科	志願者数	受験者数	合格者数	倍率	合格最低点／満点
経済	経済	235	123	40	3.1	264/400
経営	マネジメント	284	142	36	3.9	268/400
法	法律	129	56	20	2.8	250/400
	法政策	64	24	8	3.0	255/400
現代社会	現代社会	121	69	18	3.8	268/400
	健康スポーツ社会	100	58	10	5.8	268/400
国際関係	国際関係	73	30	11	2.7	258/400
外国語	英語	45	21	11	1.9	246/400
	ヨーロッパ言語	51	22	11	2.0	241/400
	アジア言語	42	29	11	2.6	255/400
文化	京都文化	52	24	7	3.4	263/400
	国際文化	49	19	9	2.1	261/400
理	数理科	35	23	5	4.6	258/400
	物理科	26	12	3	4.0	257/400
	宇宙物理・気象	45	35	4	8.8	287/400
情報理工	情報理工	175	108	24	4.5	276/400
生命科	先端生命科	62	41	6	6.8	271/400
	産業生命科	18	8	1	8.0	275/400
合計		1,606	844	235	3.6	—

●中期日程：共通テストプラス

学部	学科	志願者数	受験者数	合格者数	倍率	合格最低点／満点
経済	経済	117	52	22	2.4	176/300
経営	マネジメント	141	56	22	2.5	180/300
法	法律	60	22	9	2.4	164/300
	法政策	36	8	4	2.0	162/300
現代社会	現代社会	69	33	11	3.0	184/300
	健康スポーツ社会	53	31	7	4.4	184/300
国際関係	国際関係	36	11	5	2.2	178/300
外国語	英語	16	6	2	3.0	180/300
	ヨーロッパ言語	28	12	7	1.7	188/300
	アジア言語	23	17	8	2.1	169/300
文化	京都文化	29	14	6	2.3	177/300
	国際文化	29	12	4	3.0	165/300
理	数理科	27	15	6	2.5	226/400
	物理科	13	4	1	4.0	168/300
	宇宙物理・気象	26	16	4	4.0	189/300
情報理工	情報理工	99	50	12	4.2	186/300
生命科	先端生命科	28	13	2	6.5	194/300
	産業生命科	14	6	2	3.0	169/300
合計		844	378	134	2.8	—

●後期日程：スタンダード2科目型

学部	学科	志願者数	受験者数	合格者数	倍率	合格最低点/満点
経済	経済	176	167	82	2.0	122/200
経営	マネジメント	169	163	80	2.0	121/200
法	法律	84	80	39	2.1	120/200
	法政策	69	66	31	2.1	120/200
現代社会	現代社会	124	117	46	2.5	127/200
	健康スポーツ社会	60	58	19	3.1	129/200
国際関係	国際関係	84	80	29	2.8	125/200
外国語	英語	72	67	31	2.2	125/200
	ヨーロッパ言語	103	98	49	2.0	117/200
	アジア言語	53	51	24	2.1	117/200
文化	京都文化	36	34	17	2.0	118/200
	国際文化	47	43	20	2.2	119/200
理	数理科	23	22	6	3.7	128/200
	物理科	24	22	10	2.2	126/200
	宇宙物理・気象	28	26	4	6.5	140/200
情報理工	情報理工	68	65	6	10.8	149/200
生命科	先端生命科	35	32	8	4.0	131/200
	産業生命科	23	22	8	2.8	124/200
合計		1,278	1,213	509	2.4	—

共通テスト利用入試

●前期

学　部	学　　科	科目型	志願者数	判定の対象となった志願者数(A)	合格者数(B)	倍率(A)/(B)
経　済	経　済	3科目型	382	374	168	2.2
		4科目型	114	113	62	1.8
経　営	マネジメント	3科目型	298	297	111	2.7
		4科目型	97	97	57	1.7
法	法　律	3科目型	222	222	107	2.1
		4科目型	85	85	52	1.6
	法　政　策	3科目型	88	86	45	1.9
		4科目型	24	24	16	1.5
現代社会	現　代　社　会	3科目型	212	212	85	2.5
		4科目型	59	59	35	1.7
	健康スポーツ社会	3科目型	112	111	49	2.3
		4科目型	26	26	17	1.5
国際関係	国　際　関　係	3科目型	90	90	56	1.6
		4科目型	22	22	16	1.4
外国語	英　語	2科目型	68	68	47	1.4
		3科目型	55	55	29	1.9
	ヨーロッパ言語	2科目型	63	63	35	1.8
		3科目型	41	41	26	1.6
	アジア言語	2科目型	38	38	16	2.4
		3科目型	46	45	21	2.1
文　化	京　都　文　化	2科目型	37	37	18	2.1
		3科目型	76	75	42	1.8
	国　際　文　化	2科目型	71	71	37	1.9
		3科目型	81	80	41	2.0
理	数　理　科	4科目型	55	54	30	1.8
		5科目型	47	46	28	1.6
	物　理　科	4科目型	53	53	36	1.5
		5科目型	50	50	42	1.2
	宇宙物理・気象	4科目型	83	82	23	3.6
		5科目型	76	75	35	2.1

（表つづく）

学部	学科	科目型	志願者数	判定の対象となった志願者数(A)	合格者数(B)	倍率(A)/(B)
情報理工	情報理工	4科目型	164	162	47	3.4
		5科目型	166	166	67	2.5
生命科	先端生命科	4科目型	75	74	32	2.3
		5科目型	142	142	100	1.4
	産業生命科	4科目型	22	21	10	2.1
		5科目型	35	35	26	1.3
合計			3,375	3,351	1,664	2.0

●後期

学部	学科	志願者数	判定の対象となった志願者数(A)	合格者数(B)	倍率(A)/(B)
経済	経済	42	42	27	1.6
経営	マネジメント	36	36	21	1.7
法	法律	32	32	27	1.2
	法政策	22	22	19	1.2
現代社会	現代社会	31	31	20	1.6
	健康スポーツ社会	17	17	11	1.5
国際関係	国際関係	16	16	11	1.5
外国語	英語	18	18	11	1.6
	ヨーロッパ言語	24	24	16	1.5
	アジア言語	14	14	5	2.8
文化	京都文化	16	16	10	1.6
	国際文化	13	13	9	1.4
理	数理科	8	8	4	2.0
	物理科	5	5	4	1.3
	宇宙物理・気象	9	9	2	4.5
情報理工	情報理工	16	16	4	4.0
生命科	先端生命科	11	11	7	1.6
	産業生命科	11	11	6	1.8
合計		341	341	214	1.6

2024 年度 募集学部・学科（専攻）および募集人員

学部	学科（専攻）	入学定員	募集人員 公募推薦入試 総合評価型	公募推薦入試 基礎評価型	一般選抜入試 前期日程	一般選抜入試 中期日程	一般選抜入試 後期日程	共通テスト利用入試 前期	共通テスト利用入試 後期
経済	経済	625	89	30	217	52	32	26	5
経営	マネジメント	670	96	32	220	55	33	29	5
法	法律	410	58	19	143	31	20	18	4
	法政策	185	27	9	67	15	10	7	2
現代社会	現代社会	300	42	14	102	26	15	10	2
	健康スポーツ社会	150	20	7	48	12	7	6	2
国際関係	国際関係	200	41	14	68	17	9	8	2
外国語	英語：英語専攻 イングリッシュ・キャリア専攻	120	23	8	45	10	6	5	2
	ヨーロッパ言語：ドイツ語専攻	175	9	3	57	12	9	14	4
	フランス語専攻		9	3					
	スペイン語専攻		5	2					
	イタリア語専攻		5	2					
	ロシア語専攻		3	2					
	メディア・コミュニケーション専攻		3	2					
	アジア言語：中国語専攻	130	10	3	40	10	8	9	4
	韓国語専攻		6	2					
	インドネシア語専攻		6	2					
	日本語・コミュニケーション専攻		7	2					
文化	京都文化	150	33	10	50	12	6	5	2
	国際文化	170	38	13	53	14	9	7	2
理	数理科	55	9	3	19	5	2	4	2
	物理科	40	6	2	13	3	2	3	2
	宇宙物理・気象	40	6	2	13	3	2	3	2
情報理工	情報理工	160	29	10	57	13	7	8	2
生命科	先端生命科	100	17	6	33	8	5	7	3
	産業生命科	50	8	3	15	5	2	4	2
合計		3,730	605	205	1,260	303	184	173	49

- 募集は，学部・学科（専攻）ごとに行います。ただし，次の場合を除きます。
  ＊外国語学部は，公募推薦入試については，英語学科は「学科単位」，ヨーロッパ言語学科とアジア言語学科は「専攻単位」で募集します。また，一般選抜入試，共通テスト利用入試については，「全学科とも学科単位」で募集します。ただし，ヨーロッパ言語学科とアジア言語学科は，出願時に専攻の志望順位を確認し，合格発表時に合格した専攻を通知します。
  ＊外国語学部英語学科は学科で一括募集しますので，出願時に専攻を選択できません。所属専攻については，本人の希望，履修状況などを加味して，１年次秋学期に分属します。
- 一般選抜入試［前期日程］［中期日程］の入試制度ごとの募集人員については，それぞれの志願者数の割合によって配分します。
- 共通テスト利用入試［前期］の科目型ごとの募集人員については，それぞれの志願者数の割合によって配分します。
- 上記以外に，総合型選抜・指定校・スポーツ推薦などの推薦入試および帰国生徒入試，社会人入試，外国人留学生入試や編・転入試を実施します。

◆入学金・学費等

（単位:円）

下表は，2024 年度入学生の学費一覧です。京都産業大学では，入学年度の納入金（入学金＋学費など）の負担を軽減するため，学費などのうち入学年度の教育充実費を低額とすることで，入学から 4 年間の各年度における納入額がおおむね均一になるよう配分されています。なお，2 年次以降の学費などについては，入試ガイドおよび入学試験要項で確認してください。2025 年度入学生の学費については，決定次第大学 WEB サイトに掲載されます。

入学金・学費等 ＼ 学部(学科)			経済・経営・法学部	現代社会学部	国際関係学部	外国語・文化学部	理学部（数理科学科）	理学部(物理科学科，宇宙物理・気象学科) 情報理工学部 生命科学部(産業生命科学科)	生命科学部（先端生命科学科）
入学金			200,000						
学費	授業料	春学期	372,500	387,000	437,000	402,000	502,500	504,000	525,000
		秋学期	372,500	387,000	437,000	402,000	502,500	504,000	525,000
	教育充実費	春学期	64,000	81,000	81,000	81,000	81,000	86,000	100,000
		秋学期	64,000	81,000	81,000	81,000	81,000	86,000	100,000
	実験実習費	春学期	—	—	—	—	33,500	62,000	75,000
		秋学期	—	—	—	—	33,500	62,000	75,000
教育後援費		春学期	4,000	4,000	4,000	4,000	4,000	4,000	4,000
		秋学期	2,000	2,000	2,000	2,000	2,000	2,000	2,000
学生健康保険互助会費		春学期	2,250	2,250	2,250	2,250	2,250	2,250	2,250
		秋学期	1,250	1,250	1,250	1,250	1,250	1,250	1,250
同窓会終身会費予納金		春学期	10,000	10,000	10,000	10,000	10,000	10,000	10,000
		秋学期	—	—	—	—	—	—	—
学費等合計		春学期	452,750	484,250	534,250	499,250	633,250	668,250	716,250
		秋学期	439,750	471,250	521,250	486,250	620,250	655,250	703,250
初年度納入額			1,092,500	1,155,500	1,255,500	1,185,500	1,453,500	1,523,500	1,619,500

【注】
1．入学金については，入学年度のみ徴収します。
2．学費などは，春学期分・秋学期分の 2 期に分割して徴収します。
3．教育後援費については，入学年度は 6,000 円（年額）を，次年度以降は 4,000 円（年額）を徴収します。
4．学生健康保険互助会費については，入学年度は 3,500 円（年額）を，次年度以降は 2,500 円（年額）を代理徴収します。
5．同窓会終身会費予納金 20,000 円のうち，10,000 円を入学年度に代理徴収し，残り 10,000 円は 4 年次学費納入時に代理徴収します。
6．全学部において学部が指定したノート型パソコンを 1 人 1 台持つことを前提に授業などを実施しますので，入学金・学費など以外にノート型パソコン購入費用（20 万円程度）が別途必要になります。
7．法学部は，入学金・学費など以外に法学会費として，入学年度のみ 14,000 円が別途必要になります。
8．文化学部京都文化学科英語コミュニケーションコースは，長期留学を卒業要件としていますので，入学金・学費など以外に留学費用（70 万～110 万円程度）が別途必要になります。

2025 年度入試情報

2025 年度の募集人員・入試日程・試験科目などについては，大学公表の「入学試験要項 2025」で確認してください。

なお，要項等は入手方法によって有料・無料の扱いや金額が異なる場合もありますので，ご注意ください。

問い合わせ先

京都産業大学　入学センター

〒603-8555　京都市北区上賀茂本山

TEL　(075)705-1437

E-mail　info-adm@star.kyoto-su.ac.jp

Web サイト　https://www.kyoto-su.ac.jp/admissions/

京都産業大学のテレメールによる資料請求方法

スマートフォンから	QRコードからアクセスしガイダンスに従ってご請求ください。
パソコンから	教学社 赤本ウェブサイト(akahon.net)から請求できます。

TREND & STEPS

傾向と対策

科目ごとに問題の「傾向」を分析し，具体的にどのような「対策」をすればよいか紹介しています。まずは出題内容をまとめた分析表を見て，試験の概要を把握しましょう。

注　意

「傾向と対策」で示している，出題科目・出題範囲・試験時間等については，2024 年度までに実施された入試の内容に基づいています。2025 年度入試の選抜方法については，各大学が発表する学生募集要項を必ずご確認ください。

学校推薦型選抜 公募推薦入試

英 語

年度		番号	項目	内容
2024 ●	11月18日	〔A〕	文法・語彙	空所補充
		〔B〕	会話文	空所補充
		〔C〕	読解	内容説明，空所補充
		〔D〕	会話文	空所補充
	11月19日	〔A〕	文法・語彙	空所補充
		〔B〕	会話文	空所補充
		〔C〕	読解	内容説明，空所補充
		〔D〕	会話文	空所補充
2023 ●	11月19日	〔A〕	文法・語彙	空所補充
		〔B〕	会話文	空所補充
		〔C〕	読解	内容説明，空所補充
		〔D〕	会話文	空所補充
	11月20日	〔A〕	文法・語彙	空所補充
		〔B〕	会話文	空所補充
		〔C〕	読解	内容説明，内容真偽，空所補充
		〔D〕	会話文	空所補充
2022 ●	11月20日	〔A〕	文法・語彙	空所補充
		〔B〕	会話文	空所補充
		〔C〕	読解	内容説明，空所補充
		〔D〕	会話文	空所補充
	11月21日	〔A〕	文法・語彙	空所補充
		〔B〕	会話文	空所補充
		〔C〕	読解	内容説明，空所補充
		〔D〕	会話文	空所補充

（注） ●印は全問，◑印は一部マーク式採用であることを表す。

読解英文の主題

年　度		番号	主　題
2024	11／18	〔C〕	ビデオ通話をするオウム
	11／19	〔C〕	モン語を救うアプリ
2023	11／19	〔C〕	エベレストに挑み続ける女性
	11／20	〔C〕	一日何食が適切か？
2022	11／20	〔C〕	食品廃棄物の削減を目指して
	11／21	〔C〕	米国におけるオオカミの保護

傾向　文法・語彙，会話文，長文読解がバランスよく試される

01　出題形式は？

全問マーク式で，試験時間は2科目90分。例年大問4題，解答個数30個である。読解問題中の数問を除き，空所補充形式での出題である。

02　出題内容はどうか？

出題内容は，文法・語彙，会話文（長・短2題），読解の3種類からなっている。文法・語彙では，各品詞の語法（特に形容詞と副詞，形容詞と名詞の区別など），時制・助動詞・態・準動詞・接続詞・関係詞などの文法事項が満遍なく出題されている。会話文（長）では，主として会話の流れの理解が問われている。会話文（短）では，会話の流れに加えて，口語の慣用表現も問われている。読解では，論説文の出題が多く，文脈や主題の理解度などが問われることが多い。

03　難易度は？

全体的に基本レベルの出題である。他の科目との兼ね合いもあるが，英語1科目を45分とすると，〔C〕15～20分，〔A〕〔B〕〔D〕は各7～10

分弱を目安に時間配分するとよいだろう。

対策

01 文法・語彙問題対策

語法・文法が満遍なく出題されている。類似した問題（文法の単元・動詞の語法など）が繰り返し出題されることも多いので，まず，過去問を徹底的に学習することをすすめたい。その上でさらに『Next Stage 英文法・語法問題―入試英語頻出ポイント 218 の征服』（桐原書店），『英文法・語法 Vintage 4th Edition』（いいずな書店）などの問題集を用いて，単元ごとに問題を解き，わからない部分を『ジーニアス総合英語 第 2 版』（大修館書店），『大学入試 すぐわかる英文法』（教学社）など英文法が網羅的に説明された参考書で確認する，という流れで学習するとよい。

02 会話文対策

会話文においては，まず，どのような状況下で行われているかを把握することが重要である。その上で，会話の流れを丁寧にたどり，理解するように努めなければならない。対策としては，本書を利用して過去問を活用することで問題に慣れておくことである。また，会話文特有の口語表現を数多く知るために TOEIC など検定・資格試験の問題に触れるなど，教科書以外の様々なタイプの英語に慣れるのも効果的である。

03 読解対策

語彙・文法ともに基本レベルの出題である。英文全体の主旨の理解・文脈の把握が問われている。学校の授業で扱われている教材や大学受験用読解問題集だけでなく，英検（2 級～準 1 級程度）などの問題を練習材料とすればよい。また，読み進める中で知らない単語が出てきても，最初は文脈から推測してみて，どうしてもわからない場合は後で調べて覚えるようにするべきである。読解の問題演習をする中で，たくさん英文を読むことは非常に大切ではあるが，復習も重要である。自身の知らなかった単語は身につくまで何度も確認することや，また，その英文に書かれている内容についても興味を持って知識を増やすように心がけるとよい。

問題演習としては，過去問であれば，5問ある設問に先に目を通し，その答えを探しながら読む練習をするとよい。その際には，答えの根拠になりそうな箇所にアンダーラインなどの印をつけながら最後まで読む。その後で，設問と印をつけた文をじっくり読み返すとよい。選択肢に紛らわしいものは少ないので，丁寧に取り組めば正解にたどりつける。

数　学

年　度			番号	項　目	内　容
2024	11月18日	文系	〔1〕	小問4問	⑴高次方程式 ⑵対数方程式 ⑶図形と方程式 ⑷多面体
			〔2〕	微・積分法	区間に文字を含む3次関数の最大・最小
			〔3〕	確　率	カードを取り出すときの得点の確率
		理系	〔1〕	小問4問	⑴高次方程式 ⑵等差数列 ⑶対数関数の式の値 ⑷確率
			〔2〕	◀文系▶〔2〕に同じ	
			〔3〕	ベクトル	平面への垂線の足と2直線の交点の位置ベクトル
	11月19日	文系	〔1〕	小問4問	⑴因数分解 ⑵定積分の計算 ⑶内分点・外分点 ⑷同じものを含む順列
			〔2〕	微・積分法	3次関数，曲線と接線で囲まれた部分の面積
			〔3〕	確　率	箱から球を取り出して3桁の整数を作る確率
		理系	〔1〕	小問4問	⑴因数定理 ⑵三角関数の最大・最小 ⑶対数方程式 ⑷平面ベクトル
			〔2〕	◀文系▶〔2〕に同じ	
			〔3〕	確　率	単位円周上を6等分する点上を動く点の確率
2023	11月19日	文系	〔1〕	小問4問	⑴解と係数の関係 ⑵三角関数の合成 ⑶対数方程式 ⑷1次不定方程式
			〔2〕	微・積分法	2つの放物線で囲まれた図形の面積の最大値
			〔3〕	確　率	1枚の硬貨を繰り返し投げる試行の確率
		理系	〔1〕	小問4問	⑴因数分解 ⑵三角関数 ⑶平面ベクトル ⑷等差数列
			〔2〕	◀文系▶〔2〕に同じ	
			〔3〕	確　率	6桁の整数が書かれた紙を袋から取り出す確率
	11月20日	文系	〔1〕	小問4問	⑴因数分解 ⑵1次不等式 ⑶二項定理 ⑷常用対数
			〔2〕	微・積分法	放物線上の2つの接線
			〔3〕	図形と計量	正四面体の切断面の線分の長さと面積
		理系	〔1〕	小問4問	⑴因数分解 ⑵空間ベクトル ⑶三角関数 ⑷図形と方程式
			〔2〕	◀文系▶〔2〕に同じ	
			〔3〕	数　列	正三角形の頂点および重心上を動く点の確率

2022 ●	11月20日	文系	〔1〕	小問4問	(1)無理数の小数部分 (2)図形と計量 (3)常用対数 (4)図形と方程式
			〔2〕	微・積分法	2つの放物線が囲む図形の面積
			〔3〕	確率	トランプの5種類のカードを引く条件付き確率
		理系	〔1〕	小問4問	(1)因数分解 (2)指数関数 (3)三角関数 (4)数列
			〔2〕	◀文系▶〔2〕に同じ	
			〔3〕	ベクトル	空間内の点から平面に下ろした垂線の足の位置ベクトル
	11月21日	文系	〔1〕	小問4問	(1)恒等式 (2)データの分析 (3)三角方程式 (4)対数関数
			〔2〕	微・積分法	絶対値や積分を含む関数の最小値
			〔3〕	確率	パーティで持参したお菓子を配る確率
		理系	〔1〕	小問4問	(1)整式の割り算 (2)指数関数・対数方程式 (3)三角関数 (4)確率
			〔2〕	◀文系▶〔2〕に同じ	
			〔3〕	ベクトル	立方体の頂点を通る平面に下ろした垂線

（注） ●印は全問，◐印は一部マーク式採用であることを表す。

出題範囲の変更

2025年度入試より，数学は新教育課程での実施となります。詳細については，大学から発表される募集要項等で必ずご確認ください（以下は本書編集時点の情報）。

	2024年度（旧教育課程）	2025年度（新教育課程）
文系	数学Ⅰ・Ⅱ・A	数学Ⅰ・Ⅱ・A
理系	数学Ⅰ・Ⅱ・A・B（数列，ベクトル）	数学Ⅰ・Ⅱ・A・B（数列）・C（ベクトル）

旧教育課程履修者への経過措置

旧教育課程履修者への経過措置として，数学Aは「期待値」を除く範囲を出題する。なお，2025年度入試のみの措置である。

傾向　大問によって難易の差が大きい 時間配分や解答順に工夫を！

01 出題形式は？

例年大問数は３題となっている。大問のうち１題は小問集合問題である。全問マーク式による空所補充形式で，大問〔２〕〔３〕は解答が誘導されていることが多い。試験時間は英語と合わせて２科目 90 分。

02 出題内容はどうか？

出題範囲は，文系が「数学Ⅰ・Ⅱ・A」，理系が「数学Ⅰ・Ⅱ・A・B（数列・ベクトル）」である。

例年，微・積分法からは必ず出題されている。小問集合での出題があるため，出題範囲全体から満遍なく出題されている。たすきがけによる因数分解は頻出である。

03 難易度は？

全体的に標準レベルの出題となっている。教科書の例題から章末問題までをマスターしておけば十分対応できる。ただし，大問によっては難易に差がある場合もあり，一部ではあるが文系・理系とも，複雑な場合分けが必要な問題や，計算が煩雑な問題が出題されているので，時間配分や解答する順番に注意して取り組むことが重要である。

対策

01 教科書レベルの問題をマスターする

出題される問題は標準的なレベルの問題が多い。標準的なレベルの参考書や問題集を利用して，解法をマスターしておくことが合格の決め手となる。教科書の章末問題を復習するとよい。

02 試験時間の配分に注意

英語と合わせて 90 分の試験時間なので，時間配分を考えておくことが必要である。大問 1 題あたり 15 分を目安に，難度が高いものにあたったときは後回しにするなど，問題を解く順番にも注意したい。

03 マーク式への対策

全問マーク式であるため，計算ミスは即，失点となる。日常の学習において，最後まで計算し，正確に答えを求められたか，無駄な計算過程がなかったかなどを確認するようにしておくとよい。

04 誘導にのる

大問〔2〕〔3〕は解答が誘導されていることが多いので，誘導にのって考えるとよい。過去問で練習しておきたい。

国　語

年　度		番号	種　類	類別	内　容	出　典
2024 ●	11月18日	〔1〕	現代文	評論	熟語，内容説明，語意，読み，主旨，文章の構成	「このゲームにはゴールがない」　古田徹也
		〔2〕	現代文	随筆	書き取り，内容説明，空所補充，慣用表現，語意，内容真偽，文学史	「表現の風景」　富岡多恵子
	11月19日	〔1〕	現代文	評論	熟語，空所補充，内容説明，語意，内容真偽	「言文一致体の起源」兵藤裕己
		〔2〕	現代文	随筆	書き取り，空所補充，内容説明，表現効果，文学史	「ナポリを見て死ね」須賀敦子
2023 ●	11月19日	〔1〕	現代文	評論	空所補充，内容説明，熟語，内容真偽，文学史	「俳諧から俳句へ」櫻井武次郎
		〔2〕	現代文	随筆	書き取り，四字熟語，慣用句，内容説明，語意，表現効果，内容真偽	「私の人生頑固作法」高橋義孝
	11月20日	〔1〕	現代文	評論	熟語，内容説明，語意，慣用句，内容真偽，文章の構成	「『げんちじん』に潜む差別意識」　倉沢愛子
		〔2〕	現代文	随筆	書き取り，読み，空所補充，内容説明，文学史，文章の構成	「知人多逝　秋の断想」　中村光夫
2022 ●	11月20日	〔1〕	現代文	評論	内容説明，熟語，四字熟語，空所補充，文章の構成	「分析哲学　これからとこれまで」　飯田隆
		〔2〕	現代文	小説	書き取り，空所補充，内容説明，主旨，文学史	「路上」　梶井基次郎
	11月21日	〔1〕	現代文	評論	内容説明，欠文挿入箇所，語意，熟語，空所補充，内容真偽	「妖怪学新考　妖怪からみる日本人の心」　小松和彦
		〔2〕	現代文	随筆	書き取り，内容説明，空所補充，文学史，四字熟語，主旨	「ピカソと無明」　岡潔

（注）　●印は全問，◐印は一部マーク式採用であることを表す。

傾向　現代文２題の出題
標準的な読解力と語彙力などの基礎知識を問う

01 出題形式は？

試験時間は英語との２科目で 90 分。現代文２題の出題で，出題形式はすべてマーク式である。

02 出題内容はどうか？

〔１〕が評論，〔２〕が随筆または小説からの出題である。問題文は比較的短めであるが，文章の構成を問う設問もみられる。設問は傍線部の内容説明が中心で，筆者の主張の進め方や主旨を正確に読み取るには，語彙力が必要な場合もある。熟語の構成や慣用表現，文学史などの知識を問う問題も頻出である。2023・2024 年度は，本文内容を高校生が考察する形式での内容説明が出題された。

03 難易度は？

問題は標準レベルであるが，本文内容の言い換えの設問ではレベルが高いものもある。また，90 分で英語も解答しなくてはならないことや，設問数などを考慮に入れると，決して簡単とはいえない。時間配分は英語との兼ね合いもあるので，〔１〕を 20～25 分，〔２〕を 15～20 分程度で解くことを目標とし，迅速かつ正確な処理を行おう。

対策

01 知識問題

書き取り，語意，文学史については得点源にできるよう，国語便覧や，あまり厚いものでなくてもよいので，問題集などを利用して対策しておこう。また空所補充の際に，熟語の意味の違いが正解の根拠となるケースもあるので，よくわからない語句は辞書を引き，正確な意味を理解するよう心がけること。

02 読解問題

まずは，本書を使って過去問を徹底的に演習し，出題傾向をしっかり把握することが重要である。その際には，試験時間を考慮して，きちんと時間を計って演習を行うのが望ましい。なお，教科書も含め，文章を読むときには，段落と段落の関係を意識しよう。

2024年度

問題と解答

学校推薦型選抜　公募推薦入試：11 月 18 日実施分

問 題 編

▶試験科目・配点

学　部	教　科	科　　　目	配　点
経済・経営・法・現代社会・国際関係・外国語・文化・生命科（産業生命科〈総合評価型〉）	外国語	コミュニケーション英語Ⅰ・Ⅱ・Ⅲ，英語表現Ⅰ・Ⅱ	100 点
	数学・国語	「数学Ⅰ・Ⅱ・A」，「国語総合，現代文 B（古文・漢文を除く）」から１科目選択	100 点
理・情報理工・生命科	外国語	コミュニケーション英語Ⅰ・Ⅱ・Ⅲ，英語表現Ⅰ・Ⅱ	100 点
	数　学	数学Ⅰ・Ⅱ・A・B（数列，ベクトル）	100 点

▶備　考

- 「総合評価型」と「基礎評価型」のいずれかの評価型を選択する。
  総合評価型：上表の試験（200 点）と調査書（100 点）との総合点（300 点）により，合否を判定する。
  調査書は，高等学校等における学習成績の状況（５段階）を 20 倍にする。
  基礎評価型：上表の試験の総合点（200 点）と調査書（点数換算は行わない）により，合否を判定する。
- 生命科学部は，産業生命科学科の総合評価型のみ文系／理系どちらかの科目を出願時に選択できる。

英　語

（2科目 90分）

〔A〕 次の文中の空所をうめるのに最も適切なものを一つ選び，その番号をマークしなさい。

(1) You (　　) apologize to him when you see him tomorrow.

1. have better to　　2. might as well
3. might be going　　4. will have got

(2) (　　) the students in this class participated in the study-abroad programs last year.

1. Almost　　2. Almost of　　3. Most　　4. Most of

(3) Pack your bag with food, medicine, and other necessities (　　) emergencies.

1. for　　2. into　　3. over　　4. through

(4) He will not agree on the plan (　　) we make some changes to it.

1. nevertheless　　2. otherwise　　3. unless　　4. unlike

(5) I would (　　) live in a quiet part of town than in a busy place.

1. be willing　　2. lovely to　　3. prefer　　4. rather

(6) You will soon (　　) to your new life in this town.

1. accustom　　2. get accustomed
3. get use　　4. used

(7) She missed the first 15 minutes of the class because the bus (　　　).

1. arrived lastly　2. arrived late　3. last arrived　4. lately arrived

(8) (　　　) you come back while I'm away, here is the key to my apartment.

1. Just in case　2. No sooner　3. Over time　4. The moment

(9) I was (　　　) my wallet while shopping.

1. lost　2. robbed of　3. stolen　4. taken away

(10) This book, which has been popular among young people, (　　　) very well.

1. are buying　2. bought　3. is selling　4. were sold

(11) He is surely talented, but I think he needs more (　　　) to become a world-class tennis player.

1. mentality strength　2. physically strong

3. physical strength　4. strong mental

(12) After a long day, she was (　　　) tired to do her homework.

1. a lot　2. enough　3. so　4. too

(13) For your safety, always (　　　) your seat belt.

1. remember fastening　2. remember to fasten

3. remind fastening　4. remind to fasten

(14) I want to know (　　　) the country is like.

1. how　2. that　3. what　4. which

(15) Please fill in this form and make sure you submit it (　　　) Friday.

1. by the time of 2. in
3. no later than 4. until

〔B〕 次の会話文を読んで，空所をうめるのに最も適切なものを一つ選び，その番号をマークしなさい。

Ken and Lisa are walking in the city park.

Lisa: Thanks for coming with me. Especially since you have that report to finish for work.

Ken: Yeah.

Lisa: I'm glad you could take a break for a little bit. It's such a beautiful day.

Ken: If you say so.

Lisa: Well, yeah. I do say so. Look around you. The sun is shining, the birds are singing. It's not too hot, not too cold. Look at how pretty the light is reflecting on the lake. Beautiful!

Ken: But (16) this afternoon. Apparently, there's a big storm coming.

Lisa: But it's not raining now.

Ken: But it will.

Lisa: Anyway, when's your report due?

Ken: (*sighs*) The boss wants it done by tonight. He's so difficult. The last time I missed the due date, (17).

Lisa: That's terrible. What kind of report is it?

Ken: Our sales numbers for this year. And my plan for increasing sales next year.

Lisa: Sounds boring.

Ken: It is. I can't stand writing those reports, but I have to. I need to (18), or I won't finish it on time.

Lisa: Oh, come on! Just enjoy ten minutes in this peaceful place. Just a quick walk around the lake. It's so nice.

Ken: Actually, it's getting rather hot.

Lisa: It's sunny!

Ken: I'm wearing short sleeves. My arms might get burned.

Lisa: Oh, Ken.

Ken: And there are so many mosquitoes. I always get bitten from head to toe.

Lisa: Can't you change your way of (19)? Why don't you be a little bit more positive?

Ken: (*sighs heavily*) Okay. I'll try.

Lisa: Good. Oh, look! A deer!

(16)

1. it will clear up
2. the snow will start
3. it's supposed to rain
4. this storm won't come

(17)

1. it was on time
2. he yelled at me
3. I did it perfectly
4. he paid me extra

(18)

1. walk around
2. put on a coat
3. go back soon
4. wait for this rain to stop

(19)

1. looking at things

2. scratching all over
3. wearing your sleeves
4. running around the lake

〔C〕 次の文を読んで，本文の内容に最も合うものを一つ選び，その番号をマークしなさい。

Many families keep a pet, and birds are one of the more popular pets. *Parrots* are one kind of bird that is very well-known. With their beautiful colors and ability to copy human speech, parrots are fun to look at and fun to play with. Parrots are also very social animals, meaning that they enjoy being around people and other birds, and in the wild they are usually found in large groups living together. Over 20 million parrots are kept as pets in American households, and a research study wanted to see if these social birds would enjoy video calling each other just like humans do.

The study was done with more than a dozen parrot owners and their birds, to see if parrot loneliness, known as a danger to the birds' mental health, could be decreased through access to video chats. When humans are feeling lonely, we can call or video chat with friends and family who live far away. But, scientists asked, what about pet parrots? It's clear that communicating by video chat tools such as Zoom, Skype, and FaceTime was very helpful to people during the past few years, but it seems that humans aren't the only creatures capable of using and benefiting from video calls to friends.

The study, which was organized by Northwestern University with the help of scientists from two other universities, taught parrots to make video calls with other parrots by having them ring a bell and then touch the picture of another parrot on a tablet screen to start the call. In the first part of the study, 18 parrots made 212 video calls with a maximum allowed time of 5 minutes.

Once the birds had learned how to make video calls, the second phase of the experiment began. In the ‘open call’ phase, the 15 birds who took part in this phase of the experiment freely made 147 video calls with each other over the next two months. The birds were also able to select which individual they wanted to call. Their calls were recorded and more than 1,000 hours of video recordings were collected for analysis.

Not only did the birds freely make calls and seem to understand that a real fellow parrot was on the other end, but the birds’ owners overwhelmingly reported the calls as positive experiences for their parrots. Some owners watched their birds learn skills from their video friends, including looking for food, making new sounds, and even flying. Some wanted to show the other bird their toys on the video chat. “She became lively during the calls,” reported one owner.

There were a few significant results from the study. The birds almost always made a video call for the maximum allowed time. They also formed strong preferences. Northwestern researcher Jennifer Cunha’s bird, Ellie, became good friends with a California-based bird named Cookie. “It’s been over a year and they still talk,” Cunha said. Two older, weaker birds also formed a strong friendship that carried on long after the end of the study, and would frequently call to each other, “Hi, hello, come here.” It’s simply amazing to watch these brilliant birds feel (24)_____ hundreds of miles away, especially knowing that a social life is key to a parrot’s health.

(20) The research study aimed to find out (　　　).

1. how birds copy human speech
2. how many families keep birds as pets
3. whether birds benefit from video calls
4. whether pet birds can live in large groups

(21) At the start of the study, the parrots were trained to (　　　).

1. ring a bell when lonely
2. make a video call to scientists

3. call 18 parrots every 5 minutes

4. ring a bell and touch a picture on a screen

(22) In the second part of the study, (　　).

1. bird owners could chat with other parrots

2. parrots could not choose their chat partners

3. parrots could video chat whenever they wished

4. scientists video recorded the birds after the video chats

(23) What happened because the parrots did video calls?

1. They learned to do new things.

2. They taught new skills to their owners.

3. They started chatting with their owners.

4. They began to ask for other parrots' food.

(24) Choose the best item to fill in the blank.

1. a connection with new friends

2. that they want to travel more, up to

3. that they show a sense of loneliness

4. a preference for stronger birds living

〔D〕 次の会話文を読んで，空所をうめるのに最も適切なものを一つ選び，その番号をマークしなさい。

Linda and Mike are looking at the menu in an Italian restaurant.

Linda: Ooh! That looks good. I haven't had that for such a long time.

Mike: What's that? What page are you looking at?

Linda: The second page, the pizza section. They've got 'Calzone.' I love that! You remember we had it in that place we went to for our anniversary a couple of years ago?

Mike: Anniversary a couple of years ago… Right. Ah, yes. I remember. That place by the river?

Linda: (25).

Mike: I remember the food, too. You're right. That dish was great! It's kind of like a folded pizza, right?

Linda: (26)! That's exactly what it is. It's totally a folded pizza.

(25)

1. Nice try
2. That's it
3. Here it is
4. You're on

(26)

1. Give it up
2. You got it
3. Who cares
4. No problem

Paul meets Jim in the hallway.

Paul:　Wow, what happened to you? You're smiling!

Jim:　I just (　27　) that I got the summer job I wanted. I'm so happy!

Paul:　Oh, you mean the one you told me about?

Jim:　Yeah, I didn't think I'd get it.

Paul:　But I told you to (　28　).

Jim:　And you were right!

(27)

1. gave in
2. found out
3. looked up
4. went over

(28)

1. make up
2. stay away
3. get it over with
4. hope for the best

Barb and James are at the donut shop.

James:　Oh, boy, I'm happy we came here. I sure love donuts. What're you going to get?

Barb:　I'm still (　29　). Maybe just a plain one. How about you?

James:　I'm going to get an extra-large honey donut and a chocolate donut.

Barb:　You're getting two donuts?

James:　Sure! Is there a problem?

Barb:　Donuts are delicious, but they aren't good for your health. You shouldn't get two when you can easily (　30　) with one.

(29)

1. playing it up
2. taking it down
3. thinking it over
4. seeing it through

(30)

1. get by
2. end up
3. go over
4. come down

数　学

数学解答上の注意事項

1. 問題は〔Ⅰ〕～〔Ⅲ〕の3問です。
2. 問題冊子の余白は計算に利用して構いません。
3. 問題の文中の $\boxed{\text{ア}}$，$\boxed{\text{イウ}}$ などの $\boxed{\phantom{\text{アイウ}}}$ には，符号（－），数字（0～9），または文字（a，b，n，x，y）が入ります。これらを次の方法で解答用紙の指定欄に解答してください。

(1) **ア**，**イ**，**ウ**，……のそれぞれには，符号（－），数字（0～9），または文字（a，b，n，x，y）のいずれか一つが対応します。それらを**ア**，**イ**，**ウ**，……で示された解答欄にマークしてください。

〔例〕 $\boxed{\text{アイウ}}$ に $-3x$ と答えたい場合は，次のように答えてください。

ア	●	0	1	2	3	4	5	6	7	8	9	a	b	n	x	y
イ	−	0	1	2	●	4	5	6	7	8	9	a	b	n	x	y
ウ	−	0	1	2	3	4	5	6	7	8	9	a	b	n	●	y

(2) $\fbox{アイウ}$ と細線で囲まれた部分は，同じ問題ですでに解答した $\boxed{\text{アイウ}}$ を意味します。

〔例〕 上の(1)と同じ問題なら，$\fbox{アイウ}$ は $-3x$ を意味します。

(3) 一つの $\boxed{\phantom{\text{アイウ}}}$ に，数と文字，または文字と文字などの積を答えたい場合には，数は文字より先にして，文字はアルファベット順に並べてください。

〔例〕 $\boxed{\text{エオカキ}}$ に積 $-2\times a\times x$ を答えたい場合は，$-2ax$ の形で答え，$-ax2$ や $-2xa$ のように答えてはいけません。

(4) 分数の形で解答が求められている場合は，それ以上約分できない形で答えてください。符号は分子につけ，分母につけてはいけません。また，整数を分数の形に表してはいけません。

〔例〕 $\dfrac{\boxed{\text{クケコ}}}{\boxed{\text{サ}}}$ に $-\dfrac{6x}{8}$ を得た場合は，$\dfrac{-3x}{4}$ とこれ以上約分できない形にして答えてください。

(5) 根号を含む形で解答する場合は，根号の中に現れる自然数が最小となる形で答えてください。

〔例〕 $\boxed{\text{シ}}\sqrt{\boxed{\text{ス}}}$，$\boxed{\text{セ}}\sqrt{\boxed{\text{ソタ}}}$，$\dfrac{\sqrt{\boxed{\text{チツ}}}}{\boxed{\text{テ}}}$ に $4\sqrt{2}$，$6\sqrt{2a}$，$\dfrac{\sqrt{13}}{2}$ と答えるところを，それぞれ $2\sqrt{8}$，$3\sqrt{8a}$，$\dfrac{\sqrt{52}}{4}$ のように答えてはいけません。

(6) 指数を含む形で解答する場合は，次のことに注意してください。

$\boxed{\text{ト}}\boxed{\text{ナ}}^{\boxed{\text{ニ}}}$ に $\boxed{3}\boxed{x}^{\boxed{2}}$ と答えた場合は $3x^2$ を意味します。

また，$\boxed{\text{ヌネ}}^{\boxed{\text{ノ}}}$ に $\boxed{2\ 6}^{\boxed{n}}$ と答えた場合は 26^n を意味します。

(7)　文字(a，b，n，x，y)を使わずに解答できる場合には，文字を使わずに解答してください。

〔例〕「$x+y+2=4$，$x-y+2=2$ のとき，$x=$ $\boxed{\text{ア}}$ ，$y=$ $\boxed{\text{イ}}$ である。」に解答する場合には，$\boxed{\text{ア}}$ に1，$\boxed{\text{イ}}$ に1と答えてください($\boxed{\text{ア}}$ に1，$\boxed{\text{イ}}$ に x のように答えてはいけません)。

◀経済・経営・法・現代社会・国際関係・外国語・文化・生命科（産業生命科）学部▶

（英語と 2 科目 90 分）

〔 I 〕 (1) 方程式 $(x+1)(x+2)(x+4)(x+5)=40$ を解くと，

$$x = \boxed{\text{アイ}},\quad \boxed{\text{ウ}},\quad \boxed{\text{エオ}} \pm \boxed{\text{カ}}\,i$$

となる。ただし，i を虚数単位とする。

(2) $x \geqq y > 1$, $xy = 729$ を満たす実数 x, y がある。

このとき，$\log_3 x + \log_3 y = \boxed{\text{キ}}$ である。

さらに，この x, y が $\log_x 3 + \log_y 3 = \dfrac{3}{4}$ を満たすとする。このとき，

$(\log_3 x)(\log_3 y) = \boxed{\text{ク}}$ であり，$x = \boxed{\text{ケコ}}$ である。

(3) xy 平面上に円 $C : x^2 + y^2 = 50$ がある。円 C の上に 2 点 $\mathrm{A}(5, 5)$, $\mathrm{B}(7, 1)$ をとる。円 C 上に A, B と異なる点 P をとり，$\triangle\mathrm{PAB}$ を作る。

$\triangle\mathrm{PAB}$ の面積が最大となる点 P の座標は

$$\left(\boxed{\text{サシ}}\sqrt{\boxed{\text{スセ}}},\ \boxed{\text{ソ}}\sqrt{\boxed{\text{タチ}}}\right)$$ である。

$\angle\mathrm{PAB}$ が直角となる点 P の x 座標は $\boxed{\text{ツテ}}$ であり，このとき

$$\cos\angle\mathrm{APB} = \frac{\boxed{\text{ト}}}{\sqrt{\boxed{\text{ナニ}}}}$$ である。

(4) 凸多面体 P は面が正五角形と正六角形から構成されていて，どの頂点にも 1 個の正五角形と 2 個の正六角形が集まっている。P の正五角形の面の個数は 12 であり，正六角形の面の個数は 20 である。このとき，P の頂点の個数は $\boxed{\text{ヌネ}}$，辺の個数は $\boxed{\text{ノハ}}$ である。

〔Ⅱ〕　関数 $f(x)=x^3-8x^2+16x$ を考える。

xy 平面において，曲線 $y=f(x)$ と x 軸との共有点の座標は $\left(\boxed{\text{ア}},\ \boxed{\text{イ}}\right)$，$\left(\boxed{\text{ウ}},\ \boxed{\text{エ}}\right)$ である。ただし，$\boxed{\text{ア}}<\boxed{\text{ウ}}$ とする。

関数 $f(x)$ は $x=\boxed{\text{オ}}$ のとき極小値 $\boxed{\text{カ}}$ をとり，

$x=\dfrac{\boxed{\text{キ}}}{\boxed{\text{ク}}}$ のとき極大値 $\dfrac{\boxed{\text{ケコサ}}}{\boxed{\text{シス}}}$ をとる。

曲線 $y=f(x)$ と x 軸で囲まれた図形の面積は $\dfrac{\boxed{\text{セソ}}}{\boxed{\text{タ}}}$ である。

a を実数とする。$f(a+1)=f(a+3)$ であるならば，

$a=\dfrac{\boxed{\text{チ}}\pm\sqrt{\boxed{\text{ツテ}}}}{\boxed{\text{ト}}}$ である。

$a=\dfrac{\boxed{\text{チ}}-\sqrt{\boxed{\text{ツテ}}}}{\boxed{\text{ト}}}$ のとき，$a+1<\dfrac{\boxed{\text{キ}}}{\boxed{\text{ク}}}<a+3<\boxed{\text{オ}}$ である。

関数 $f(x)$ が $a+1\leqq x\leqq a+3$ の範囲で $x=a+3$ のとき最大値をとるような a の値の範囲は

$$a\leqq\frac{\boxed{\text{ナニ}}}{\boxed{\text{ヌ}}}\quad \text{または}\quad \frac{\boxed{\text{チ}}+\sqrt{\boxed{\text{ツテ}}}}{\boxed{\text{ト}}}\leqq a\quad \text{である。}$$

関数 $f(x)$ が $a+1\leqq x\leqq a+3$ の範囲で $x=a+1$ のとき最小値をとるような a の値の範囲は

$$a\leqq\frac{\boxed{\text{チ}}-\sqrt{\boxed{\text{ツテ}}}}{\boxed{\text{ト}}}\quad \text{または}\quad \boxed{\text{ネ}}\leqq a\quad \text{である。}$$

関数 $f(x)$ が $a+1\leqq x\leqq a+3$ の範囲で $x=a+1$ のとき最大値をとるような a の値の範囲は

$$\frac{\boxed{\text{ノ}}}{\boxed{\text{ハ}}}\leqq a\leqq\frac{\boxed{\text{チ}}+\sqrt{\boxed{\text{ツテ}}}}{\boxed{\text{ト}}}\quad \text{である。}$$

〔Ⅲ〕　16枚のカードがあるとする。

この16枚のカードのうち,「数が記入されていないカード」の枚数は1であるとする。1以上5以下のすべての整数kに対して,「数kだけが記入されているカード」の枚数はkであるとする。

この16枚のカードの中から,2枚のカードを同時に取り出す試行を行う。取り出された2枚のカードのうちに「数が記入されていないカード」がある場合は,もう一方のカードの数の2倍を得点とする。
2枚のカードに等しい数が記入されている場合は,0を得点とする。
2枚のカードに異なる数が記入されている場合は,大きい方の数を得点とする。

取り出された2枚のカードのうちに「数が記入されていないカード」があり,もう一方のカードに1が記入されている確率は $\dfrac{\boxed{ア}}{\boxed{イウエ}}$ である。

得点が0である確率は $\dfrac{\boxed{オ}}{\boxed{カ}}$ である。

得点が1である確率は $\boxed{キ}$ である。

得点が2である確率は $\dfrac{\boxed{ク}}{\boxed{ケコ}}$ である。

得点が3である確率は $\dfrac{\boxed{サ}}{\boxed{シス}}$ である。

得点が4以上である確率は $\dfrac{\boxed{セソ}}{\boxed{タチ}}$ である。

得点が5である確率は $\dfrac{\boxed{ツ}}{\boxed{テト}}$ である。

得点が偶数である確率は $\dfrac{\boxed{ナニ}}{\boxed{ヌネノ}}$ である。

◀理・情報理工・生命科学部▶

（英語と 2 科目 90 分）

〔Ｉ〕 (1)　方程式 $(x^2+x)^2-5(x^2+x)-6=0$ を解くと

$$x=\boxed{\text{アイ}},\quad \boxed{\text{ウ}},\quad \frac{\boxed{\text{エオ}}\pm\sqrt{\boxed{\text{カ}}}\,i}{\boxed{\text{キ}}}$$

となる。ただし, i を虚数単位とする。

(2)　等差数列 $\{a_n\}$ は $a_4=106,\ a_7=85$ を満たしているとする。このとき, $\{a_n\}$ の初項は $\boxed{\text{クケコ}}$, 公差は $\boxed{\text{サシ}}$ である。また, 数列 $\{a_n\}$ の初項から第 n 項までの和 S_n が初めて負となる n の値は $\boxed{\text{スセ}}$ である。

(3)　$2^a=3^b=5$ のとき, $\log_{10}2$, $\log_{10}3$ をそれぞれ a, b を用いて表すと

$$\log_{10}2=\frac{\boxed{\text{ソ}}}{\boxed{\text{タ}}+1},\quad \log_{10}3=\frac{\boxed{\text{チ}}}{\boxed{\text{ツ}}\left(\boxed{\text{タ}}+1\right)}$$

となる。

(4)　0 から 9 までの整数が 1 つずつ書かれた球が 1 個ずつ合計 10 個ある。これら 10 個の球の中から 1 個取り出して, 書かれている数を確認し元に戻す操作を 2 回続けて行い, 取り出された 2 個の球に書かれた数の積を考える。積が偶数となる確率は $\dfrac{\boxed{\text{テ}}}{\boxed{\text{ト}}}$ であり, 積の一の位が 0 でない偶数となる確率は $\dfrac{\boxed{\text{ナニ}}}{\boxed{\text{ヌネ}}}$ である。

〔II〕 関数 $f(x)=x^3-8x^2+16x$ を考える。

xy 平面において，曲線 $y=f(x)$ と x 軸との共有点の座標は

$\left(\boxed{\text{ア}}, \boxed{\text{イ}}\right), \left(\boxed{\text{ウ}}, \boxed{\text{エ}}\right)$ である。ただし，$\boxed{\text{ア}} < \boxed{\text{ウ}}$ とする。

関数 $f(x)$ は $x=\boxed{\text{オ}}$ のとき極小値 $\boxed{\text{カ}}$ をとり，

$x=\dfrac{\boxed{\text{キ}}}{\boxed{\text{ク}}}$ のとき極大値 $\dfrac{\boxed{\text{ケコサ}}}{\boxed{\text{シス}}}$ をとる。

曲線 $y=f(x)$ と x 軸で囲まれた図形の面積は $\dfrac{\boxed{\text{セソ}}}{\boxed{\text{タ}}}$ である。

a を実数とする。$f(a+1)=f(a+3)$ であるならば，

$a=\dfrac{\boxed{\text{チ}}\pm\sqrt{\boxed{\text{ツテ}}}}{\boxed{\text{ト}}}$ である。

$a=\dfrac{\boxed{\text{チ}}-\sqrt{\boxed{\text{ツテ}}}}{\boxed{\text{ト}}}$ のとき，$a+1<\dfrac{\boxed{\text{キ}}}{\boxed{\text{ク}}}<a+3<\boxed{\text{オ}}$ である。

関数 $f(x)$ が $a+1 \leqq x \leqq a+3$ の範囲で $x=a+3$ のとき最大値をとるような a の値の範囲は

$$a \leqq \dfrac{\boxed{\text{ナニ}}}{\boxed{\text{ヌ}}} \quad \text{または} \quad \dfrac{\boxed{\text{チ}}+\sqrt{\boxed{\text{ツテ}}}}{\boxed{\text{ト}}} \leqq a \quad \text{である。}$$

関数 $f(x)$ が $a+1 \leqq x \leqq a+3$ の範囲で $x=a+1$ のとき最小値をとるような a の値の範囲は

$$a \leqq \dfrac{\boxed{\text{チ}}-\sqrt{\boxed{\text{ツテ}}}}{\boxed{\text{ト}}} \quad \text{または} \quad \boxed{\text{ネ}} \leqq a \quad \text{である。}$$

関数 $f(x)$ が $a+1 \leqq x \leqq a+3$ の範囲で $x=a+1$ のとき最大値をとるような a の値の範囲は

$$\dfrac{\boxed{\text{ノ}}}{\boxed{\text{ハ}}} \leqq a \leqq \dfrac{\boxed{\text{チ}}+\sqrt{\boxed{\text{ツテ}}}}{\boxed{\text{ト}}} \quad \text{である。}$$

〔Ⅲ〕 空間内の点 O, A, B, C, D から作られる, 平行四辺形 OABC, 正三角形 OAD を考える。

$\mathrm{OA}=5,\ \mathrm{OC}=4,\ \angle\mathrm{AOC}=120^\circ,\ \angle\mathrm{COD}=90^\circ$ であるとし,

$\overrightarrow{\mathrm{OA}}=\vec{a},\ \overrightarrow{\mathrm{OC}}=\vec{c},\ \overrightarrow{\mathrm{OD}}=\vec{d}$ とおく。

$\vec{a}\cdot\vec{c}=\boxed{\text{アイウ}},\ \vec{a}\cdot\vec{d}=\dfrac{\boxed{\text{エオ}}}{\boxed{\text{カ}}}$ である。

$\angle\mathrm{BAD}=\boxed{\text{キク}}^\circ$ である。

点 O から平面 ABD に垂線を下ろし, 垂線と平面 ABD の交点を P とする。

$$\overrightarrow{\mathrm{OP}}=\frac{\boxed{\text{ケ}}}{\boxed{\text{コ}}}\vec{a}+\frac{\boxed{\text{サ}}}{\boxed{\text{シス}}}\vec{c}+\frac{\boxed{\text{セ}}}{\boxed{\text{ソ}}}\vec{d}\quad \text{である。}$$

Q は直線 OP 上の点であり, R は直線 AQ と直線 CD の交点であるとする。

$$\overrightarrow{\mathrm{OQ}}=\frac{\boxed{\text{タ}}}{\boxed{\text{チツ}}}\vec{a}+\frac{\boxed{\text{テ}}}{\boxed{\text{トナ}}}\vec{c}+\frac{\boxed{\text{ニ}}}{\boxed{\text{ヌネ}}}\vec{d},$$

$$\overrightarrow{\mathrm{OR}}=\frac{\boxed{\text{ノ}}}{\boxed{\text{ハ}}}\vec{c}+\frac{\boxed{\text{ヒ}}}{\boxed{\text{フ}}}\vec{d}$$

である。

2 『在りし日の歌』
3 『邪宗門』
4 『月に吠《ほ》える』
5 『於《お》母《も》影《かげ》』

4　「詩」はあまり味わい深くないポエジーで作られたものに見えるが、伝統詩歌や小説の芸術表現ではポエジーが味わい深いものになっているということ。

5　ポエジー自体はあまり味わい深くないものだが、それは「絶対」の認識を生んでいる要因であり、「詩」の作者を聖域の居住者にしてもいるということ。

問九　本文の内容から言えることとして最も適切なものを一つ選び、マークせよ。

1　「詩」から「小説」へと表現の形式を変えた筆者にとって、「詩」作品の自作朗読やレコード制作の失敗の経験は、表現方法の問題を深く考えるための材料になっている。

2　「詩」作品の自作朗読会では多くのファンや「詩」の世界の理解者が聴いているため、詩人は自身の芸人意識を否定することなく客にサーヴィスをすることができる。

3　筆者は詩作に「アキた」ので芸術ジャンルの溝を簡単に越えられたが、多くの詩人は自作を広めようとその溝を強引に越えたため、朗読の場で客に無理な要求をする。

4　「詩」という聖域の内部では詩人本人の作品が「絶対」であるので厳密な相互批評は行われないが、「詩」の世界の外部では作品評価に関する共通文法が生み出される。

5　「詩」作品がポエジーから生まれるのと同様に、日本の伝統的韻律をもつ短歌などの他のジャンルの作品もポエジーから生まれるため、ジャンルの間には溝が全くない。

問十　本文に出てくる萩原朔太郎は大正・昭和時代に活動した詩人である。萩原朔太郎の代表作品として適切なものを一つ選び、マークせよ。

1　『春と修羅』

聖域に変えられると見誤ってしまうこと。

5　「詩」は芸能や伝統詩歌や小説といった他の芸術にも繋《つな》がっていることになるので、簡単に他の形式の芸術作品を生み出すことができると思い込んでしまうこと。

問七　二重傍線部a「タカをくくっている」b「タンカ」の意味として最も適切なものを、次の各群からそれぞれ一つずつ選び、マークせよ。

a
1　納得している
2　簡単に述べている
3　見くびっている
4　無視している
5　充分に考えている

b
1　おっとりした、皮肉を含む言葉
2　世の中を遠回しに諷刺《ふうし》する言葉
3　自他のことを全て攻撃する言葉
4　中立を保つ、人情味のない言葉
5　勢いのある、歯切れのよい言葉

問八　波線部E「「詩」作品だって「詩の素」によって調理されたものである」とはどういうことか。それを説明したものとして最も適切なものを一つ選び、マークせよ。

1　「詩の素」という純粋なポエジーが「詩」作品を生み出している根幹であるため、ポエジー以外に「詩」作品を生み出す要因はほとんどないということ。

2　伝統詩歌や小説では様々な表現の工夫をもとに作品が生まれていくが、そこではより濃縮された純粋なポエジーが意図的に加えられているということ。

3　「詩」作品は他の文芸ジャンルの作品とは異なる特別なものに見えるが、実際にはポエジーを用いて制作されていることには変わりがないということ。

5　自身を天才的な詩人と思っているのに、朗読の会をくり返し開催することで詩作よりも朗読芸が上達してしまうこと。

問五　波線部C「詩人の自作朗読には、「絶対」としての認識、芸としての認識が、両方ながらにアイマイでいい加減であるように見受けられる」とあるが、ここから筆者は何を批判しようとしているか。その解釈として最も適切なものを一つ選び、マークせよ。

1　コトバの意味と音の関係という詩の表現上の問題にぶつかり、詩人が朗読芸の難しさを見失ってしまっていること。
2　目で読まれるはずの詩を朗読の場では声で聴かせていくため、「絶対」への態度が客から失われてしまっていること。
3　コトバの意味と音の関係など、詩の創作から自作朗読までの創作表現の問題がないがしろにされてしまっていること。
4　詩の自作朗読の場では聖域脱出の手法が重要なのに、それが「詩」についての客の理解を妨げてしまっていること。
5　詩人自身が詩を歌ってレコード化する聖域脱出の試みが成功し、かえって創作の苦痛が見失われてしまっていること。

問六　波線部D「どこかで、「詩」は、溝によってへだてているいろいろのものの中心ではないかと思っている」とあるが、そこからどういうことが生じるか、最も適切なものを一つ選び、マークせよ。

1　「詩」は芸能や伝統詩歌や小説といった他の芸術の源泉となるため、他の芸術の作家も詩人のように純粋な「詩」の作品を生み出せると考えてしまうこと。
2　他の芸術と地つづきになる「詩」がポエジーのない新聞記事のような作品になることで、詩人の聖域脱出が自作朗読会以外でも容易になると勘違いすること。
3　「絶対」だった「詩」と芸能や伝統詩歌や小説といった他の芸術との間の溝がなくなり、「詩」が他の芸術の作品から純粋なポエジーを与えられると考えること。
4　芸能や伝統詩歌や小説といった他の芸術が純粋な「詩」から影響を受けていくので、詩人自身が簡単に他の芸術の世界を

エ
1 ヨ金通帳
2 農産物のヨ剰
3 内閣を組織するヨ党
4 受賞の栄ヨ

オ
1 試合を互カクに進める
2 物事のカク心にふれる
3 知カクの仕組みを調べる
4 破カクの値段をつける

問二　波線部A「一種の聖域」とはどういうことか。その説明として最も適切なものを一つ選び、マークせよ。

1 内部からも外部からも批評することが一切許されないのが、「詩」の世界であるということ。
2 常識的な文法が常に無視されて読者に意味が伝わらないのが、「詩」の世界であるということ。
3 作者による自作朗読の試みがしばしば行われているのが、「詩」の世界であるということ。
4 作品についての他人からの意見をなかなか受けつけないのが、「詩」の世界であるということ。
5 誰も添削を試みないので作品の質が下がってしまうのが、「詩」の世界であるということ。

問三　空欄 Ⅰ Ⅱ に入るべき語句として最も適切なものをそれぞれ一つずつ選び、マークせよ。

Ⅰ　1 たとえ　2 ところで　3 ただし　4 だから　5 にもかかわらず
Ⅱ　1 しかし　2 そして　3 実際に　4 むしろ　5 なぜなら

問四　波線部B「モンダイが起る」とあるが、そのことを具体的に説明したものとして最も適切なものを一つ選び、マークせよ。

1 詩人が自分のために集まってくれた客を楽しませる意識をもちながらも、「詩」のすばらしさを伝えられなかったこと。
2 「詩」の世界の外部のひとびとにも聴かせる自作朗読の場なのに、「詩」の世界でのふるまいを詩人が客に要求すること。
3 詩人が客を楽しませる衣裳をつけていながら「詩」の世界の外部のひとびとを無視して朗読を披露し続けてしまうこと。
4 「詩」の世界の外部のひとびとからなされた作品内容への批評に詩人が耐えられず、客に黙って聴くように求めること。

がある。そしてまた、萩原朔太郎《はぎわらさくたろう》(注4)をして、きみの小説なんて新聞の社会面(三面記事)みたいなものじゃないかと犀星《さいせい》(注5)にいわしめたようなユーモラスなｂタンカも出てくるのである。しかし、ポエジー純粋液は「味の素《もと》」ならぬ「詩の素」だから、それだけでおいしい感じは本来しないのである。Ｅ「詩」作品だって「詩の素」によって調理されたものである。

(富岡多恵子『表現の風景』による。出題の都合上、一部改変した)

(注1)　平出隆——詩人(一九五〇—)。
(注2)　十五、六年前——この文章が書かれた一九八五年から十五、六年前。
(注3)　勅語——天皇による意思表示のことば。
(注4)　萩原朔太郎——詩人(一八八六—一九四二)。
(注5)　犀星——詩人・小説家の室生《むろう》犀星(一八八九—一九六二)。

問一　傍線部ア〜オと同じ漢字を使うものを、次の各群からそれぞれ一つずつ選び、マークせよ。

ア
1　密輸組織が暗ヤクする
2　演劇の配ヤクを決める
3　ヤッ効があらわれる
4　ヤク災に見舞われる

イ
1　ケン当をつける
2　ケン勢を誇る
3　賃貸物ケンを探す
4　ケン事の職務に従事する

ウ
1　学校の図書イ員
2　イ怖の念
3　戦争の脅イ
4　相互イ存の関係

るための工夫を多かれ少なかれしているものである。そしてそれをくり返すと、朗読もウマくなるものである。しかしながら、あまりこだわりもなく行われている詩人の自作朗読に、勅語としての「絶対」と、芸としての聖域外部への逸脱がどのように正確に認識されているかは、朗読の他のことにもかかわっていく。

わたし自身は、自作朗読をキッカケとして、目で読むための詩から聴かせるための詩、さらにフシにして歌える詩、それをさらに自分が歌ってレコード化するような聖域脱出をさまざまに試みて失敗した者である。失敗者がいうのであるから、イ力がないと思うが、今に到《いた》るも、詩人の自作朗読には、「絶対」としての認識、芸としての認識が、両方ながらにアイマイでいい加減であるように見受けられる。神（少くとも神がかりしたヒト）のコトバ（声）でもなく、芸人のコトバ（声）でもない。もちろん、それらを、一種のファン・クラブでのヨ興と思えば、なにもいうことはなくなるが、朗読の、先にいったようなアイマイな認識、つまりカク悟のいい加減さが、他のことにももちこまれているのは、やはり考えさせられる。朗読それ自体でも、芸としての認識などという前に、詩の問題として、コトバの意味と音についての、或いはまた発現の方法、なぜオトを殺してでも書いたのか、しかもそれをなぜまたオトにするのか、というようなことについての苦痛があるはずである。

平出氏は、「詩」と「小説」の間の溝といわれたのであるが、「小説」との間の溝だけでなく、「詩」と「歌謡」の間にも溝はある。また、日本の伝統的韻律をもつ短歌、俳句等との間にも溝はある。いい替えるならば、「詩」は芸能にも、伝統詩歌にも、物語及び小説にも溝をへだてて存在している。そしてどこかで、「詩」は、溝によってへだてているいろいろのものの中心ではないかと思っている。このことによって、溝は、じつは深くて越えがたいものではなく、どこかにほとんど水のない地つづきのところがあって、そこをゆけばどことも通じているように思っている。ポエジーのない文芸なんてないのだからと思い、そのポエジーの純粋液体製造所が「詩」なのだから、純粋液体が薄められたり、一滴まじったりした他のところへいくことなど、簡単なものだろうと、タカをくくっているところがどこかにある。純粋液の稀薄《きはく》な「小説」は、だから、書こうと思えば書けるように思うところ互批評は行われる。 Ⅱ もともと「絶対」は唯一のものであるから、それを書いた本人以外には理解をもとめておらず、したがって、厳密な意味で相互に批評が行われるかどうかもあやしい。ただ、「絶対」にも色あいのちがいがあるから、このちがいは聖域居住者ならわかり、おのずとそこに人気者や有力者が出てくるのは当然であろう。

　このようにして、「詩」作品は、聖域外部の批評の風にさらされていない。読者も多くは聖域内部のひとである。けれども、詩は無償の行為であり、本人自身のために書かれるのであるから、聖域内部に自閉して「絶対」でありつづけて、いっこうにさしつかえない。

　ところが、「詩」が(当然詩人も)聖域外部へ出ようとする時からBモンダイが起る。たとえば、詩人の自作朗読が昨今はよく行われている。朗読は、数の多少は時と場合によってちがうだろうが、とにかく複数のひとびとに詩を読んで聞かせることである。十数年前にわたしは傍観者として次のような場面に出くわした。或《あ》る詩人が、軽く飲食もできる場所で、金をもらって詩の朗読をした。朗読を依頼した方は、一種のアトラクションとして朗読を考えていただろう。そこにいる客も、そのように思っていただろう。出演した詩人もそう考えるところがあった証拠に舞台用の衣裳《いしょう》をつけていた。だから朗読がはじまっても、客はなにか飲みながらの雑談をやめようとしなかった。しばらくして、詩人はついにシビレを切らして、「詩人が、天才が、詩を読むのだから、静かに聴きなさい」と客に向《むか》っていった。もしこの詩人が芸人ならば、自分の朗読芸で客のざわめきをしずめるのであろうが、その詩人は聖域のひとであった。少《すくな》くとも、静かに聴けといったことでそれをバラしてしまった。

　もっとも、こういうことはめったになく、多くは、聖域愛好者、或《ある》いはそのファンが聴衆であろうから、芸人意識がなくても朗読は行われている。いっさいのサーヴィスも芸もなくして他人にじっとコトバを聴かせられるとしたら、それは勅語に他ならない。とはいっても、目で読まれるために書かれたものを、声に出して聴かせていく時、いかに芸人意識を否定しても、聴かせ

〔二〕　次の文章を読んで、後の問いに答えよ。

「新潮」二月号(一九八五年)に、「溝の感触」というエッセイを平出《ひらいで》隆《たかし》(注1)氏が書いている。そこで、「『詩』から『小説』へ、形式としてのジャンルのあいだの溝を跨《また》いだ幾人かの作家たち」とその溝の跨ぎ方について書き、「『詩』を棄《す》てることをしないでは『小説』をはじめられなかった詩人」としてわたし自身もひきあいに出されている。

平出氏の「溝」ということばを用いれば、わたしは十五、(注2)六年前にそれを「跨いだ」ことになるが、コトはそんなに簡単にいかなかったというのが実感である。

これまではもちろん、いまだに、なぜ詩を書かないのかと問われることがあり、いつも「アキたから」と答えてヒンシュクを買ってきた。しかし詩の雑誌や詩集で、同世代のひとのものを目にすると、「よくアキずにやれるものだなあ」というのも、いつわらざる気持《きもち》である。

「詩」が書かれているところは、〔A〕一種の聖域で、「詩」を書かない人間にはわからぬ世界である。［ I ］、新聞、雑誌等が「詩」作品を詩人に依頼して、その聖域からそれがさし出されると、それにはだれも文句をつけない。ことばづかい、行分け、句読点、意味の飛〔ア〕ヤク等が聖域外の常識から見てどれほどへんてこなものであっても、その常識は通用しないと思われている。短歌や俳句のような、師匠筋の添削ということも起《おこ》りえない。また、新聞、雑誌等だけでなく、読者も聖域からさし出されたものには、質問できないし、文句もいえない。散文「作品」が受ける〔イ〕ケン閲、といえば大げさだが、編集者による文章上の疑問点の指摘のようなことは行われないのである。「これは意味が通りませんが」とか「この形容詞はオカシイのではありませんか」なんてことを、「詩」作品はいわれない。このように聖域でつづり合わされたコトバは「絶対」なのである。こういう「絶対」の言語作品には昔の勅語(注3)がある。だから当然、それへの外部からの批評はまことに困難であり、不可能な感じさえ起させる。

聖域内部では、それぞれの「作品」が「絶対」であるとはいえ、「絶対」の共通文法というべきものが生み出され、それによって相

1　ムーア――実在論　ウィトゲンシュタイン――懐疑論
2　ムーア――実在論　ウィトゲンシュタイン――実在論であるとも懐疑論であるとも言えない立場
3　ムーア――懐疑論　ウィトゲンシュタイン――実在論
4　ムーア――懐疑論　ウィトゲンシュタイン――実在論であるとも懐疑論であるとも言えない立場
5　ムーア――実在論であるとも懐疑論であるとも言えない立場　ウィトゲンシュタイン――実在論
6　ムーア――実在論であるとも懐疑論であるとも言えない立場　ウィトゲンシュタイン――懐疑論

問十　本文全体の構成を述べた次の文章の空欄に当てはまる語句をそれぞれ一つずつ選び、マークせよ。

まずムーアの主張を紹介したあと、それに対するウィトゲンシュタインの批判を説明する。更にムーア命題が［甲］ことを［乙］で述べ、それにもかかわらず［丙］理由を［丁］で説明し、最後に第［12］段落で論点をまとめる。

甲・丙
1　必ず真理である　2　必ず虚偽である　3　必ずしも真理ではない　4　必ずしも虚偽ではない
5　普段は信じられない　6　普段は疑われない　7　絶対に信じられない　8　絶対に疑われない

乙・丁
1　第［2］段落以降　2　第［3］段落以降　3　第［4］段落以降　4　第［5］段落以降　5　第［6］段落以降
6　第［7］段落以降　7　第［8］段落以降　8　第［9］段落以降　9　第［10］段落以降　0　第［11］段落

1　XとYの両方を意図している。

2　Xは意図しているが、Yは意図していない。

3　Xは意図していないが、Yは意図している。

4　XもYも意図していない。

問六　波線部D「同様のポイント」の説明として最も適切なものを一つ選び、マークせよ。

1　常識を共有していない相手にムーア命題を信じさせるのは極めて困難である。

2　普通ではない状況においては、ムーア命題も真理かどうかが問題になりうる。

3　極端な状況においては、ムーア命題に反する事柄を主張するものもでてくる。

4　実際にはあり得ない状況においては、ムーア命題も本当のことではなくなる。

問七　二重傍線部f「翻って」の「翻」の読みとして最も適切なものを一つ選び、マークせよ。

1　うらがえ　2　くつがえ　3　たちかえ　4　はねかえ　5　ひるがえ　6　ふりかえ

問八　波線部E「我々がムーアの言葉を疑うとすれば、それは大変な事態を伴うだろう」とあるが、それはなぜか。最も適切なものを一つ選び、マークせよ。

1　ムーアの言葉を疑うと、日常生活で前提とされる多くの命題を非現実的な想定に基づいて偽りとすることになるから。

2　ムーアの言葉を疑うと、日常生活で前提とされる科学的知識や常識には根拠がないことを暴露することになるから。

3　ムーアの言葉を疑うと、日常生活で前提とされる科学的知識や常識を合理的な推論によって否定することになるから。

4　ムーアの言葉を疑うと、日常生活で前提とされる無数の互いに依拠し合っている命題の総体を疑うことになるから。

問九　本文におけるムーアとウィトゲンシュタインの立場の組み合わせとして最も適切なものを一つ選び、マークせよ。

1　ムーア命題が事実であることはあまりにも明白なので、疑うことなどできないから。
2　ムーア命題が真理であることを何らかの根拠によって確認することは不可能だから。
3　ムーア命題は人が普段言葉を用いて何かを行うために必要とされているものだから。
4　ムーア命題は我々の信念に深く刻み込まれていて、疑うことは決してできないから。

問三　二重傍線部d「卓抜な」の意味として最も適切なものを一つ選び、マークせよ。

1　とても風変わりな　　2　普通には考えつかない
3　とても気の利いた　　4　他よりはるかに優れた

問四　波線部B「我々がドアを開けようとするときには蝶番は固定されていなければならない」とはどういうことか。最も適切なものを一つ選び、マークせよ。

1　我々が何かを問う時には、その問いを可能にする何らかの命題が前提とされていることが必要であるということ。
2　我々が何かを問う時には、その問いの答えを確定するための要件が成立していると認める必要があるということ。
3　我々が何かを疑うためには、どうやっても疑うことのできない命題を確実な出発点とする必要があるということ。
4　我々が何かを疑うためには、日常生活において常識とされている命題を前提にして始める必要があるということ。

問五　波線部C「いかなる状況においても常に「蝶番」の役割を果たす命題がある、と主張しているわけではない」とあるが、ここで筆者は、次のXとYのそれぞれについて、意図しているか、否か。その組み合わせとして最も適切なものを一つ選び、マークせよ。

X　状況によっては「蝶番」の役割をする命題がないことがある。
Y　状況によって「蝶番」の役割をする命題が変わることがある。

だが、ほとんど次のように言ってもよいだろう。この基礎は家の全体によって支えられてもいるのだ、と。

12　以上の論点を繰り返すなら、「私は宇宙に飛んで行ったことはない」という命題は、関連する諸命題の究極の根拠となるような、絶対確実な真理を表すものではない。そうではなく、(1)この命題が、我々が日常で依拠している他のあまりに多くの命題と結びついており、(2)この命題を疑うことが、そうした関連する命題全体を疑うことを伴うがゆえに、(3)この命題に疑いを向けることなど普通はまず考えられもしない、ということなのである。

（古田徹也『このゲームにはゴールがない　ひとの心の哲学』による。出題の都合上、一部改変した）

（注1）ムーア――イギリスの哲学者（一八七三―一九五八）。

（注2）実在論――外界が人間の意識とは独立して存在するとする哲学上の立場。

（注3）ウィトゲンシュタイン――オーストリアに生まれ、イギリスに移り住んだ哲学者（一八八九―一九五一）。

（注4）外界についての懐疑論――外界について確実な知識を得ることはできないとする考え方。

問一　二重傍線部a「常識」b「擁護」c「懐疑」e「未開」g「真偽」と同じ構成の熟語はどれか。最も適切なものをそれぞれ一つずつ選び、マークせよ。

1　慶弔　2　奇遇　3　携帯　4　喫茶　5　雷鳴　6　無事

問二　波線部A「ムーアが「知っている」と主張して列挙するのはそもそも、「知っている」「知らない」という概念自体が普通は適用されない事柄なのである」とあるが、それはなぜか。最も適切なものを一つ選び、マークせよ。

私は知っている」と言うのだが、その確信の根拠を示すことはできない。彼らは人間の飛行能力について空想的な観念をもっており、物理学に少しも馴染《なじ》みがないからだ。これは確かに、件《くだん》の言明を行う機会のひとつと言えるだろう。

10　この例における部族のように、我々とはかなり異なる文化を有し、場合によっては人は自力で月と地球の間を行き来できると信じているような人々であれば、「自分が宇宙に飛んで行ったことがないのを私は知っている」というムーアの言葉を疑いうる。そして、そのような合理的な疑いの可能性があるところでは、ムーアの言葉もポイントをもつだろう。

11　[f]翻って、[E]我々がムーアの言葉を疑うとすれば、それは大変な事態を伴うだろう。というのも、我々がいま前提にしている物理学上の様々な知識や、人間の身体の機能についての知識、それから、日常で普通起こりうることについての我々の常識——高度な文明をもつ宇宙人によって人間がサイボーグ化される事件など起こらない、といったこと——等々の下では、生身の人間が宇宙に飛んで行ける可能性など考えられないからだ。このことは逆に言うならば、関連する無数の命題によって支持されているからこそ、「私は宇宙に飛んで行ったことはない」という命題の[g]真偽に我々は疑いの目を向けない、ということでもある。これらの命題は、互いに絡み合い、依拠し合う、一個の全体論的な体系を形成しているのであって、ひとつの命題がそれ単独で信じられたり疑われたりする、ということではないのだ。この点を、ウィトゲンシュタインは次のような比喩で表現している。

　我々が何ごとかを信じるようになるとき、信じるのは個々の命題ではなくて、命題の巣である。

私は自分の確信の根底に達した。

6 たとえば、この私の手について何かを疑うためには〈私の手にはウイルスが付着しているのではないか、等々〉、ここに私の手があることは疑いの対象から自《おの》ずと外れている必要がある。同様に、私が今後宇宙に行く方法を探究したり、その可能性を疑ったりするためには、生身で宇宙に飛んで行く能力を私がもっていないということは当然、いわば鵜《う》呑《の》みにされていなければならない。このことを、彼は〈ドアと蝶番〉の比喩を用いて表すのである。

7 ただし、この点を指摘することで彼は、「ここに私の手がある」や「私は宇宙に飛んで行ったことはない」といった命題——ムーア命題——は絶対確実な真理を表している、と主張しているわけではない。言い換えれば、Cいかなる状況においても常に「蝶番」の役割を果たす命題がある、と主張しているわけではない。

8 というのも、たとえば込み入った特殊な文脈を用意すれば、ムーア命題も疑いの対象になりうるからだ。SF的な例を考えてみよう。ある日、地球にやってきた宇宙人に私が誘拐されたとする。私はやがて解放されたが、その際に彼らからこう言われる。「我々はお前をサイボーグ化し、月まで自由に飛んでいけるようにした。すでに、お前を眠らせた状態で自動運転モードの試運転を行い、成功しているから安心してほしい」。慌てて自分の体をチェックしてみると、全身が金属のような物質に置き換わっており、翼や推進装置らしきものも付いている。おまけに、体のあちこちに焼け焦げたような跡もある。——こうした状況の下では、知らぬ間に自分が宇宙に飛んで行った可能性を真剣に検討するのは理に適《かな》っているだろう。

9 D同様のポイントを示す例を、ウィトゲンシュタイン自身も挙げている。それは、「自分が宇宙に飛んで行ったことがないのを私は知っている」というムーアの言明が意味を成すケースである。

　次のようなケースを想像できる。ムーアがe未開の部族に捕《とら》えられ、彼らは、ムーアが地球と月の間のどこかからやってきた人間ではないかという嫌疑をかける。ムーアはそれに対して、「〈自分が生身で宇宙に飛んで行ったことがないのを〉

4 ウィトゲンシュタインによれば、たとえば「ここに私の手がある」とか「これは手である」といった命題が表しているのは、何らかの根拠によってその存在が確証されているような事柄ではない。そうではなく、ここにある手をめぐって我々が様々な実践を行う際に、その前提として疑いを免れている事柄にほかならない。

ムーアが問題にした「これが手であるのを私は知っている」という命題は、おおよそ次のことを意味するのではないか。すなわち、「この手が痛むんだ」とか、「この手の方がもう一方の手より弱い」とか、「私は昔この手に怪我《けが》をした」とか、そのほか様々な表現を用いて私は言語ゲーム〔＝言葉を用いた活動〕を営むが、そのとき私は、この手の存在については少しも疑っていない、ということである。

5 ウィトゲンシュタインはこの論点を明確にするために、〈ドアと蝶番《ちょうつがい》〉という d卓抜な比喩を案出している。その箇所を続けて見てみよう。

つまり、我々が立てる問いと疑いは、ある種の命題が疑いの対象から除外され、問いや疑いを動かす蝶番のような役割をしているからこそ成り立っている。

ただしこれは、我々にはすべてを探究することはできないから、たんなる想定で満足せざるをえない、という意味ではない。B我々がドアを開けようとするときには蝶番は固定されていなければならない、ということなのだ。

国語

（英語と二科目　九〇分）

〔一〕　次の文章を読んで、後の問いに答えよ。

1　ムーア(注1)は、著名な論文「外界の証明」や「常識[a]の擁護[b]」、「観念論の論駁《ろんばく》」などにおいて、実在論(注2)を擁護し、外界について無数のことを自分は確かに知っていると主張している。たとえば、「ここに私の手がある」、「私は宇宙に飛んで行ったことがない」、「私の身体は過去のある時点から存在していた」、「地球は、私の身体が生まれる遥《はる》か以前から存在していた」等々のことだ。これらの命題を、本書ではまとめて「ムーア命題」と呼ぶことにしよう。

2　さて、素朴といえば素朴なムーアのこの主張に対して、ウィトゲンシュタイン(注3)は次のような批判を向けている。

　ムーアの誤りは、人はそれを知りえないという主張に、「私はそれを知っている」という言明で対抗したところにある。

3　ウィトゲンシュタインはムーアをそう批判することで、外界(注4)についての懐疑[c]論の方が正しいと認めているわけではない。彼が言わんとしているのは、「ここに私の手がある」とか「地球は遥か昔から存在していた」といったことを疑うことが可能なケースを我々の生活のなかに見出《いだ》すのは困難だ、ということである。[A]ムーアが「知っている」と主張して列挙するのはそもそも、「知っている」「知らない」という概念自体が普通は適用されない事柄なのである。

解答編

英語

A 解答　(1)—2　(2)—4　(3)—1　(4)—3　(5)—4　(6)—2
(7)—2　(8)—1　(9)—2　(10)—3　(11)—3　(12)—4
(13)—2　(14)—3　(15)—3

解説

(1)　「明日彼に会うとき，あなたは彼に謝ったほうがよい」

might as well *do*「～したほうがよい」の語法より，正解は2。1の have better to は，正しくは，had better *do* の形で「～するのがよい，～すべきである」の意味。3の might be going は，going と空所直後の apologize という動詞の原形が文法的につながらないので不可。4の will have got も同様に，got と apologize が文法的につながらないので不可。have got to *do* とすれば「～しなければならない」の意味になる。

(2)　「このクラスの生徒の大部分が，去年，海外留学プログラムに参加した」

「*A* の大部分」を英語で表現するには，most *A*，あるいは most of the〔*one's*〕*A* とする。most of ～ は「～の大部分」という意味であるが，前置詞 of を用いる場合には，それに続く名詞が特定されていなければならないので，名詞の前に the あるいは所有格が必要。本問では the students と the がついているので of を用いる4が正解。almost は「ほとんど」の意味であるが副詞であり，原則的に名詞を直接修飾することはできない。よって1は不可。また，almost には most のような代名詞としての用法はないので，2のような almost of という形は不可。

(3)　「食料，薬，その他非常時に必要なものをカバンに詰めなさい」

necessities for emergencies で「非常時に必要なもの」の意味。

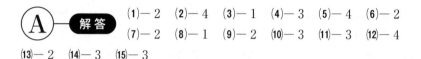

(4)「私たちがその計画を少し変更しないかぎり，彼は賛成しないだろう」

3の unless が正解。unless S V「S が V しないかぎり」の意味。1の nevertheless「それにもかかわらず」，2の otherwise「さもなければ」はともに副詞であり，文と文をつなぐことができないので不可。4の unlike は，形容詞として「似ていない，違った」，前置詞として「～に似ていない，～と違って」の意味であり，不可。

(5)「私は，町のにぎやかなところよりもむしろ静かなところで暮らしたい」

would rather *do* (than …)「(…するより) むしろ～したい」の語法より，正解は4。1は be willing to *do* で「～するのを厭わない，快く～する」の意味，2は would love〔like〕to *do* で「～したい」の意味，3は prefer to *do* (rather than …) で「(…するより) むしろ～したい」の意味になる。

(6)「あなたはすぐにこの町での新しい生活に慣れるでしょう」

get〔become, grow〕accustomed to *A* (get〔become, grow〕accustomed to *doing*)「*A* に慣れる (～することに慣れる)」の語法より，正解は2。get used to *A*, get used to *doing* も同様の意味であるが，3・4はいずれも正しい形にならないので不可。

(7)「バスが遅れて到着したので，彼女はその授業の最初の15分を聞きそこなった」

1の lastly，3の last はどちらも「最後に」，4の lately は「最近」の意味であり，いずれも文意から不可。late「遅く，遅れて」を用いている2が正解。

(8)「私がいない間にあなたが戻ってくるといけないから，私のアパートの鍵を渡しておきます」

(just) in case S V「S が V するといけないから，S が V する場合に備えて」の語法より，正解は1。2は，No sooner had S_1 *done* than S_2 *did* の形で「S_1が～するとすぐに S_2は…した」の意味を表す構文。4は，The moment S V で「S が V するとすぐに」の意味を表す接続詞の用法があるが，文意が通らないので不可。3の Over time には，文と文をつなぐ接続詞の用法はないので不可。

(9)「私は買い物中に財布を奪われた」

rob *A* of *B*「*A* から *B* を奪う」の語法より，正解は 2（本文では *A* be robbed of *B* という受動態になっている）。1 の動詞 lose は「～を失う」の意味であり，I was lost は「私（というもの）が失われた，道に迷った」，3 の動詞 steal は「～を盗む」という意味で，「私が盗まれた」となってしまうので不可。steal *A* from *B*「*A* を *B* から盗む」 4 の take away は，take *A* away (from *B*) で「*A* を（*B* から）持ち去る」の意味。

(10)「この本は，これまで若者の間で人気があり，とてもよく売れている」

動詞 sell には，自動詞で「(商品が）売れる」の用法があり，本文はこれに相当する。したがって，正解は 3（sell well で「よく売れる」の意味)。空所部分の動詞の主語は，単数形の This book であるから（空所直前の people は among で始まる前置詞句に含まれているので主語にはなりえない)，複数形を受ける 1 の are buying，4 の were sold は不可。2 の bought では，「本が買った」となってしまうので不可。

(11)「確かに彼には才能があるが，世界レベルのテニス選手になるには，もっと身体的な強さが必要だと私は思う」

空所は動詞 needs の目的語になっていると考えられるので，空所には名詞が入る。2 の strong，4 の mental はいずれも形容詞であるから不可。日本語〔カタカナ英語〕の「メンタル」に惑わされて名詞と誤解しないように注意。名詞 strength を修飾するのは原則として形容詞であるから，形容詞 physical を用いている 3 が正解（1 の mentality は名詞であり，正しくは mental strength としなければならない)。

(12)「長い 1 日を終えて，彼女は疲れすぎて宿題ができなかった」

too ～ to *do*「～すぎて…できない」の用法より，正解は 4。

(13)「安全のため，いつもシートベルトを忘れずに締めなさい」

remember to *do*「忘れずに～する，～することを覚えている」の語法より，正解は 2。remember *doing* は「～したことを覚えている」の意味。remind は，remind *A* to *do* で「*A* に～することを思い出させる」の意味。

(14)「私はその国がどのようなものか知りたい」

What is *A* like?「*A* はどのようなものか？」の構文より，正解は 3。本文では，間接疑問として組み込まれているので，what *A* is like の語順になっている。What is *A* like? = How is *A*? と書き換えられるので，本文末の like がなければ，how が入ることになる。

⒂「この用紙に必要事項を記入して，必ず金曜日までに提出してください」

no later than ～「～より遅くなることなく，遅くても～以内に」の熟語より，正解は3。1の by the time of は，前置詞 by を単独で用いれば，「～までに」の意味になる。あるいは by the time (S V) で「(S が V する) までに」の意味の接続詞として用いる。2の in は，時にかかわる前置詞としては，in＋時間で「～（時間）経つと」の意味。あるいは，「金曜日に」の意味にするには，前置詞 on を用いて，on Friday とする。4の until は，継続を表す前置詞で「～までずっと」の意味。

B　解答　⒃－3　⒄－2　⒅－3　⒆－1

全訳

《好天の公園にて》

（ケンとリサは市民公園を歩いている）

リサ：一緒に来てくれてありがとう。何しろ，あなたは仕上げなければならない仕事の報告書があるから。

ケン：そうだね。

リサ：あなたが少し休憩できそうで嬉しいわ。とても素晴らしい天気ね。

ケン：そう言えばそうかもね。

リサ：ええ，そう。本当にそうよ。まわりを見て。太陽が輝いて，鳥が歌っているわ。暑すぎもせず，寒すぎもせず。見てよ。光が湖面に反射している様子のすてきなこと。綺麗よ！

ケン：でも，今日の午後はきっと雨が降るよ。どうやら，大きな嵐が来ているらしい。

リサ：でも今は降っていないわよ。

ケン：でもこれから降るんだよ。

リサ：それはそうとして，報告書の提出期限はいつなの？

ケン：（ため息をついて）上司は今晩中に仕上げてほしいと思っているんだ。彼はとても気難しいんだ。前回提出期限を守れなかったときは，僕をどなりつけたんだよ。

リサ：それはひどいわね。どんな報告書なの？

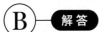

ケン：今年の売上数だよ。それと，来年売上げを増加させるための僕の計画だよ。
リサ：つまらなさそうね。
ケン：そうなんだ。そんな報告書を書くなんて耐えられないけど，書かなければならないんだ。僕はすぐに帰らないと。そうしないと時間どおりに仕上げられないよ。
リサ：えっ，うそでしょ！　この穏やかな場所で 10 分楽しく過ごしましょう。ちょっと湖のまわりを散歩するだけよ。とても素晴らしいのよ。
ケン：本当のところ，結構暑くなっているね。
リサ：いいお天気よ！
ケン：僕は半袖を着ているんだ。腕が日焼けするかもしれない。
リサ：まあ，ケンったら。
ケン：それに，とてもたくさん蚊がいるね。僕はいつも頭からつま先まで刺されるんだ。
リサ：あなたのそのものの見方を変えることはできないの？　もう少しポジティブになったらどう？
ケン：(深くため息をついて) わかったよ。そうしてみるよ。
リサ：そうよ。ほら，見て！　シカよ！

解説

(16) 直前にリサが天気のよさを述べたことを受けて，ケンが「でも，(　)」と続けるのであるから，空所には「天気がよくない」という内容が入ると推測できる。さらに，空所の後で「どうやら大きな嵐が来ている」と言い，リサも続けて「今は (雨が) 降っていないわよ」と言っているので，「雨が降ることになっている」という 3 が正解。1 は「晴れるだろう」，2 は「雪が降り始めるだろう」，4 は「この嵐は来ないだろう」の意味。

(17) 直前でケンは，「上司は気難しい」と言っている。ケンが提出期限を守らなかったときのそのような上司の反応が空所に入る。したがって，2 の「僕に対してどなりつけた」が正解。1 は「それは時間どおりだった」，3 は「私はそれを完璧にやった」，4 は「彼は私に余分に支払った」の意味。

(18) 空所の直前でケンは「報告書を書かなければならない」，空所の直後で「そうしないと時間どおりに仕上げられない」と言っている。したがって，3の「すぐに帰る」が正解。1は「歩き回る」，2は「コートを着る」，4は「この雨が止むのを待つ」の意味。

(19)　ここまでの会話の流れをみると，リサの「湖のまわりを散歩しよう」という誘いには「暑い」「日焼けするかもしれない」と応じ，「蚊がたくさんいて，いつも刺される」と付け加えるなど，ケンの乗り気でない様子がうかがえる。それに対して，リサが，空所を含む文で「あなたの（　　）やり方を変えることはできないの？」と言い，また，直後に「もう少しポジティブになったら？」と続けていることから，1の「ものを見る」が正解。2は「そこらじゅうをひっかく」，3は「袖をつける」，4は「湖のまわりを走る」の意味。

C　解答　(20)－3　(21)－4　(22)－3　(23)－1　(24)－1

全訳

《ビデオ通話をするオウム》

[1]　多くの家庭がペットを飼っていて，鳥はとても人気のあるペットのひとつである。オウムはとてもよく知られている鳥の一種である。美しい色をしていて，人間の話す言葉をまねることができ，オウムは見ているのも楽しいし，一緒に戯れるのも楽しい。オウムはまた，とても社交的な動物であり，まわりにいる人や他の鳥たちと楽しく過ごすことができ，野生では通常，大きな集団で一緒に生活しているのが見られる。2000万羽を超えるオウムがアメリカの家庭でペットとして飼われていて，ある調査研究は，こうした社交的な鳥が，人間がするのとちょうど同じように楽しくビデオ通話をするかどうかを確かめようとするものだった。

[2]　その研究はオウムとその飼い主十数人について行われ，オウムの心の健康に対する危険として知られているオウムの孤独を，ビデオチャットを利用することによって減じることができるかどうかを確かめようとした。人間が孤独を感じているとき，私たちは遠く離れて暮らす友人や家族と電話をしたりビデオチャットしたりすることができる。しかし，ペットのオウムについてはどうか，と科学者は問うた。ズームやスカイプやフェイスタイムのようなビデオチャットツールによってコミュニケーションすることが，この数年間，とても人々の役に立ったということは明らかであるが，

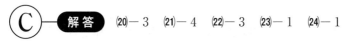

人間だけが友人とのビデオ通話を利用してその恩恵にあずかることができる唯一の生き物であるというわけではないようである。

[3] その研究は，ノースウェスタン大学が他の2つの大学の科学者の助力を得て行ったものであったが，オウムに他のオウムとビデオ通話をすることを教えた。その方法は，オウムにベルを鳴らさせ，それからタブレットの画面上の別のオウムの画像にタッチさせて通話を始めさせる，というものであった。その研究の第1段階では，18羽のオウムが，最大通話可能時間である5分間のビデオ通話を212回行った。

[4] その鳥たちがビデオ通話のやり方を覚えてしまうと，実験の第2段階が始まった。「オープン通話」の段階では，この段階の実験に参加した15羽の鳥が，その後2カ月の間，自由に147回のビデオ通話をした。その鳥たちはまた，どの個体と通話したいかを選択することができた。それらの通話は録画され，1000時間を超えるビデオ録画が分析のために収集された。

[5] その鳥たちは自由に通話し，仲間のオウムが実際に画面の向こう側にいることを理解しているようであっただけでなく，それらの通話がオウムにとって肯定的な影響がある体験であったと，その鳥たちの飼い主の大多数が報告した。飼い主のなかには，自分の鳥がビデオ上の仲間から，食べ物の探し方，新しい音の出し方，さらには飛び方も含めて，さまざまな技術を学ぶのを見た者もいた。鳥たちのなかには，ビデオ通話の相手の鳥にビデオチャットで自分のおもちゃを見せたがるものもいた。「彼女はビデオ通話の間に，元気になりました」と，ある飼い主は報告した。

[6] その研究から2，3の重要な結果が得られた。その鳥たちは，ほとんどいつも，最大通話可能時間のビデオ通話をした。その鳥たちはまた，強い好みを持つようになった。ノースウェスタン大学の研究者であるジェニファー＝クーニャの鳥，エリーは，カリフォルニア在住のクッキーという名前の鳥と親友になった。「あれから一年以上たちましたが，いまだに彼女たちは話をします」とクーニャは語った。年をとり弱くなった2羽の鳥もまた，その研究が終わった後も長く続く強い友情関係を形成し，しばしば通話を交し合ったものだった。「やあ，こんにちは，こちらへおいで」と。こうしたすばらしい鳥たちが何百マイルも離れたところにいる新しい仲間とのつながりを感じるのを見ることは，とりわけ社会生活がオウムの健康にとって重要であるということがわかって，ただただ驚くばかりである。

解説

(20)「その調査研究は（　　）を解明することを目的とした」

第2段第1文（The study was …）に，「その研究は，オウムの孤独をビデオチャットを利用することによって減じることができるかどうかを，確かめようとした」と述べられている。したがって，3の「鳥たちがビデオ通話の恩恵にあずかるか」が正解。1の「鳥たちはどのように人間の話し言葉をまねるか」について，第1段第3文（With their beautiful …）に人間の話し言葉をまねるとあるが，これは，オウムの説明として述べられているものであり，調査研究の目的ではない。2の「どのくらいの数の家庭が鳥をペットとして飼っているか」について，第1段第5文（Over 20 million …）にアメリカでオウムをペットとして飼っている家庭の数が述べられているが，これは調査研究の目的とは関係がない。4の「ペットの鳥は大きな集団で生活することができるか」について，第1段第4文（Parrots are also …）に大きな集団で生活するとあるが，野生のオウムについて述べられていることであり，調査研究の目的とは関係がない。

(21)「研究の最初に，オウムは（　　）するように訓練された」

第3段第1文（The study, which …）に，「その研究では，オウムにベルを鳴らさせ，それからタブレットの画面上の他のオウムの画像にタッチさせて通話を始めさせる」という方法で，「他のオウムとビデオ通話をすることを教えた」とあることから，4の「ベルを鳴らし画面の画像にタッチする」が正解。1の「孤独なときにベルを鳴らす」について，第3段第1文（The study, which …）に「ベルを鳴らす」ということは書かれているが，「孤独なときに」とは書かれていない。2の「科学者にビデオ通話をする」について，第3段第1文（The study, which …）によると，ビデオ通話は「他のオウムと」するのであって，「科学者に」するのではない。3の「5分ごとに18羽のオウムに電話する」について，第3段第2文（In the first …）に，「18羽のオウムが，最大通話可能時間である5分のビデオ通話を212回行った」とあり，「18羽のオウムに」「5分ごとに」電話したのではない。

(22)「研究の第2段階では，（　　）」

第4段第2文（In the ‘open …）に，「この段階の実験に参加した15羽の鳥が，その後2カ月の間，自由に147回のビデオ通話をした」とあることから，3の「オウムは望むときにいつでもビデオチャットすることができた」が正解。1の「鳥の飼い主は他のオウムとチャットすることができた」について，この研究では「オウムがオウムと話す」のであって，「オウムの飼い主が」話すのではない。2の「オウムはチャットの相手を選ぶことができなかった」について，第4段第3文（The birds were …）に，「その鳥たちはまた，どの個体と通話したいかを選択することができた」とあることと矛盾する。4の「科学者たちはビデオチャットの後，鳥たちをビデオ録画した」について，第4段第4文（Their calls were …）に「それらの通話は録画され」とあり，「ビデオチャットの後」で録画されたわけではない。

(23)「オウムがビデオ通話をしたために何が起こったか？」

第5段第2文（Some owners watched …）に，「飼い主のなかには，自分の鳥がビデオ上の仲間から，食べ物の探し方，新しい音の出し方，さらには飛び方も含めて，さまざまな技術を学ぶのを見た者もいた」とあることから，1の「彼らは新しいことをするのを覚えた」が正解。2の「彼らは新しい技術を飼い主に教えた」について，第5段第2文（Some owners watched …）によると，オウムが仲間のオウムから技術を学んだのであり，飼い主はその様子を観察していただけである。3の「彼らは飼い主とチャットし始めた」について，この調査研究は，オウムがオウムと話をすることについてのものであり，オウムが飼い主とチャットしたわけではない。また，この調査研究を経てオウムが飼い主とチャットし始めるようになった，という記述もない。4の「彼らは他のオウムの食べ物を求め始めた」について，第5段第2文（Some owners watched …）に，オウムがビデオ通話を通じて他のオウムから学んだ新しい技術として，「食べ物の探し方」が述べられているだけであり，この選択肢のような趣旨の記述はない。

(24)「空所に最も当てはまるものを選びなさい」

空所を含む部分は，「こうしたすばらしい鳥たちが何百マイルも離れた（　　）を感じるのを見ることは，ただただ驚くばかりである」という意味である。最終段第4文（Northwestern researcher Jennifer …）に，ノースウェスタン大学の研究者であるクーニャの鳥が，カリフォルニア在住の鳥と親友になった例があり，最終段第6文（Two older, weaker …）に，年をとり弱くなった２羽の鳥が長く続く友情関係を形成した例があげられている。いずれも，鳥がビデオ通話を通じて友情関係を築いたというものであるから，１の「新しい仲間とのつながり」が正解。２の「彼らはもっと（何百マイルも離れたところ）まで行きたがっていること」について，最終段第６文（Two older, weaker …）に，「やあ，こんにちは，こちらへおいで」とあるのは，オウムの心情を推測した記述であり，オウムが実際に「行きたがっている」ということを事実として述べているわけではない。３の「彼らが孤独感を示すこと」について，「驚くべきこと」は，本文全体の趣旨からしても，「孤独感を示す」ということではなく，オウム同士が友情関係を築くことである。４の「(何百マイルも離れたところに）住んでいるより強い鳥に対する好み」について，preference「好み」という表現は，最終段第３文（They also formed …）にあるが，これは，この後の例からうかがえるように，オウムがビデオ通話をする相手に「好み」があるということであり，「より強い鳥」を好むとは述べられていない。

D 解答　(25)－2　(26)－2　(27)－2　(28)－4　(29)－3　(30)－1

全訳

《イタリア料理のレストランにて》

（リンダとマイクはイタリア料理のレストランでメニューを見ている）

リンダ：まあ！　それがおいしそう。ずいぶん長い間それを食べてないわ。

マイク：それって何？　どのページを見ているの？

リンダ：２ページ目，ピザのところ。「カルツォーネ」があるわ。私はそれが好きなの！　数年前の記念日に行ったあの場所で食べたのを覚えてる？

マイク：数年前の記念日…そうだ。ああ，そうだったね。覚えてるよ。川のそばのあの場所だよね？

リンダ：そのとおり。

マイク：食べたものも覚えているよ。きみのいうとおりだ。あの料理は本当においしかった！　包み焼きのピザみたいなものだよね？

リンダ：そのとおりよ！　まさしくそれよ。包み焼きのピザそのものよ。

《望みは叶う！》

（ポールは廊下でジムと会う）

ポール：おや，何があったの？　笑ってるね！

ジム　：やりたかった夏の仕事が決まったとわかったんだ。とてもうれしいよ！

ポール：ああ，前に話してた仕事のこと？

ジム　：そうだよ。決まるとは思ってなかったよ。

ポール：でも，僕はきみに最高の結果を期待するように言ったよね。

ジム　：それで，きみの言うとおりだったよ！

《ドーナツショップにて》

（バーブとジェームズはドーナツショップにいる）

ジェームズ：いやあ，ここに来ることができてうれしいよ。僕は本当にドーナツが大好きなんだ。きみは何にするつもり？

バーブ　　：まだ考えているところ。プレーンドーナツにしようかなあ。きみは？

ジェームズ：僕は特大のハニードーナツとチョコレートドーナツにするよ。

バーブ　　：ドーナツ２つ？

ジェームズ：もちろん！　何か問題でもあるの？

バーブ　　：ドーナツはおいしいけど，健康にはよくないよ。おそらく１つで済ますことができるのに，２つ食べるのはよくないよ。

解説

(25)　リンダから数年前に行ったレストランを覚えているかと尋ねられたマイクが，「覚えている」と答え，「川のそばのあの場所か？」と確認している。空所はそれに対するリンダの返答である。空所の直後にマイクが「食べたものも覚えている」と言っている流れから，マイクは正しいことを言っていると推測できる。したがって，２の That's it「そのとおり」が適切。１の Nice try は「残念，おしい！」，３の Here it is は「さあどうぞ，ここにありますよ」，４の You're on は「承知した，その話に乗った，それに応じよう」の意味。

(26)　空所は，マイクが「包み焼きのピザみたいなものだよね？」と確認していることに対する答えであり，空所直後でリンダが「まさしくそれ。包み焼きのピザそのもの」と言っているので，２の You got it「そのとおり，あたり！」が適切。1の Give it up は「もうやめろ，時間の無駄だ」，3の Who cares は「誰も気にしない，どうでもいい」，4の No problem は「お安い御用です，大丈夫，どうしたしまして」などの意味。

(27)　空所の後に that 節が続くことから，2の find out「～とわかる，～ということを発見する」が適切。1の give in は他動詞としては「～を提出する，～を手渡す」，3の look up は他動詞としては「～を調べる，～を訪ねる」，4の go over は他動詞としては「～を調べる，～を繰り返す，～を渡る」などの意味。

(28)　直前にジムが「(仕事が) 決まるとは思っていなかった」と発言しているのに対して，ポールは「でも，僕はきみに（　　）と言った」と続くのであるから，空所はジムの発言とは反対の内容，すなわち，「うまくいく」というような趣旨であると推測できる。したがって，4の「最高のものを期待する」が適切。1の make up は自動詞としては「化粧する」など，他動詞としては「～を組み立てる，～を構成する」など，2の stay away は「離れている，寄りつかない」，3の get it over with は「それを済ませてしまう」の意味。

(29)　ジェームズが「きみは何にするつもり？」と尋ねたのに対して，バーブが「まだ（　　）している」と答えているのであるから，空所は，「決めていない」「考慮中」というような趣旨であると推測できる。したがって，3が適切。think over は「～を熟考する」の意味。1の play up は「～を強調する，～を宣伝する，～を苦しめる，～に迷惑をかける」など，2の take down は「～を降ろす，～を取り壊す，～を書き留める」など，4の see through は「～を最後までやり通す」の意味。

(30)　空所を含む文は「1つで（　　）できるのに，2つ食べるのはよくない」という意味。この発言は，ドーナツを2個食べることに何か問題があるのか，と言っているジェームズを諫めているものと考えられるので，空所は「済ませる」「満足する」というような趣旨であると推測できる。したがって，1の get by を入れて get by with「～で何とかする，うまく切り抜ける」とするのが適切。2の end up は end up with で「～で終わる」，3の go over は「(～へ) 渡る，(～に) 転向する，(事が) 成功する」など，また go over with で「～に受け入れられる」，4の come down は「降りてくる，下がる，伝わる」など，また come down with で

「(かぜなど) にかかる」の意味。

数 学

◀経済・経営・法・現代社会・国際関係・外国語・文化・生命科（産業生命科）学部▶

I 解答 (1) **アイ.** -6 **ウ.** 0 **エオ.** -3 **カ.** 2

(2) **キ.** 6 **ク.** 8 **ケコ.** 81

(3) **サシ.** -2 **スセ.** 10 **ソ.** $-$ **タチ.** 10 **ツテ.** -7 **ト.** 3 **ナニ.** 10

(4) **ヌネ.** 60 **ノハ.** 90

解説

《小問4問》

(1)
$$(x+1)(x+5)\cdot(x+2)(x+4)=40$$
$$\{(x^2+6x)+5\}\{(x^2+6x)+8\}=40$$
$$(x^2+6x)^2+13(x^2+6x)=0$$
$$(x^2+6x)\{(x^2+6x)+13\}=0$$
$$(x+6)x(x^2+6x+13)=0$$

よって，$x+6=0$ または $x=0$ または $x^2+6x+13=0$ より

$$x=-6,\ 0,\ -3\pm 2i \quad \rightarrow ア～カ$$

(2)
$$xy=729=3^6>0$$

であるから，この等式の両辺の3を底とする対数をとると

$$\log_3 xy=\log_3 3^6$$
$$\log_3 x+\log_3 y=6 \quad \cdots\cdots① \quad \rightarrow キ$$

さらに，この x，y が $\log_x 3+\log_y 3=\dfrac{3}{4}$ を満たすとすると

$$\log_x 3+\log_y 3=\frac{1}{\log_3 x}+\frac{1}{\log_3 y}$$
$$=\frac{\log_3 x+\log_3 y}{(\log_3 x)(\log_3 y)}$$
$$=\frac{6}{(\log_3 x)(\log_3 y)}$$

$=\dfrac{3}{4}$

よって　$(\log_3 x)(\log_3 y)=6\cdot\dfrac{4}{3}=8$　……②　→ク

ここで，$\log_3 x=X$，$\log_3 y=Y$ とおくと，$x\geqq y$ であり，底 3 は 1 より大きいから $X\geqq Y$ である。また，①，②より

$$\begin{cases} X+Y=6 & \cdots\cdots③ \\ XY=8 & \cdots\cdots④ \end{cases}$$

③，④より，X と Y は $t^2-6t+8=0$ の 2 解である。これを解くと

$(t-2)(t-4)=0$　　$t=2,\ 4$

よって，$X\geqq Y$ より，$X=4$，$Y=2$ であるから

$x=3^4=81$　→ケ，コ

(3)　△PAB の面積が最大となる点 P を $P_1(x_1,\ y_1)$，線分 AB の中点 $\left(\dfrac{5+7}{2},\ \dfrac{5+1}{2}\right)$ つまり (6, 3) を M とおくと，△PAB の面積が最大となるのは AB を底辺としたときの高さが最大になるときであり，円の対称性から，右図のように線分 AB の垂直二等分線と円 C の交点のうち $x<0$ の範囲にある点が P（$=P_1$）のときである。

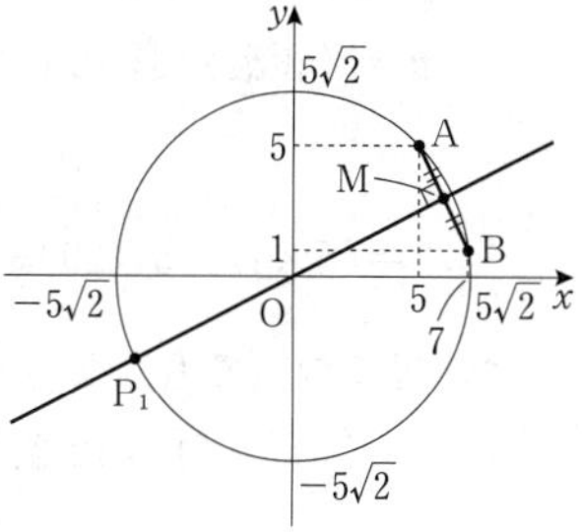

直線 P_1M：$y=\dfrac{3}{6}x=\dfrac{1}{2}x$ と円 C：$x^2+y^2=50$ を連立すると

$x^2+\left(\dfrac{1}{2}x\right)^2=50$　　$x^2=40$

$x_1<0$ から　　$x_1=-\sqrt{40}=-2\sqrt{10}$

このとき　　$y_1=\dfrac{1}{2}x_1=\dfrac{1}{2}(-2\sqrt{10})$

$=-\sqrt{10}$

よって，求める点 P の座標は

$(-2\sqrt{10},\ -\sqrt{10})$　→サ～チ

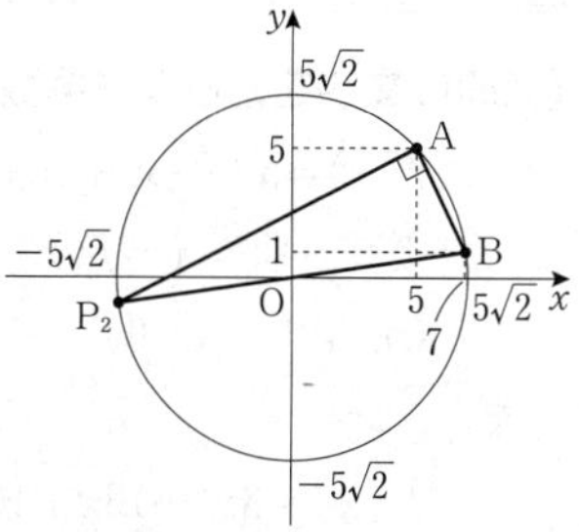

次に，∠PAB が直角となる点 P を $P_2(x_2,\ y_2)$ とおくと，∠PAB が直角とな

るのは，前図のようにPBが円 C の直径となるときであるから，P_2 は点 B(7, 1) の原点に関して対称な点 (−7, −1) である。

よって，求める点Pの x 座標は　-7　→ツ，テ

このとき

$$P_2A=\sqrt{\{5-(-7)\}^2+\{5-(-1)\}^2}=6\sqrt{5}$$

$$P_2B=\sqrt{(-7-7)^2+(-1-1)^2}=10\sqrt{2}$$

$$\cos\angle APB=\frac{P_2A}{P_2B}=\frac{6\sqrt{5}}{10\sqrt{2}}=\frac{3}{\sqrt{10}}$$　→ト～ニ

(4)　凸多面体Pの頂点の個数を v，辺の個数を e，面の個数を f とすると

f＝(正五角形の面の個数)＋(正六角形の面の個数)

　＝12＋20＝32

どの頂点についても，3つの面の頂点が集まっているから

v＝{(正五角形12個分の頂点の個数)

＋(正六角形20個分の頂点の個数)}÷3

$$=(5\times12+6\times20)\div3=\frac{180}{3}=60$$　→ヌ，ネ

どの辺についても，2つの面の辺が集まっているから

e＝{(正五角形12個分の辺の個数)

＋(正六角形20個分の辺の個数)}÷2

$$=(5\times12+6\times20)\div2=90$$　→ノ，ハ

Ⅱ 解答

ア. 0　**イ.** 0　**ウ.** 4　**エ.** 0　**オ.** 4　**カ.** 0
キ. 4　**ク.** 3　**ケコサ.** 256　**シス.** 27　**セソ.** 64
タ. 3　**チ.** 2　**ツテ.** 13　**ト.** 3　**ナニ.** −5　**ヌ.** 3　**ネ.** 3
ノ. 1　**ハ.** 3

解説

《区間に文字を含む3次関数の最大・最小》

$$f(x)=x^3-8x^2+16x=x(x-4)^2$$

これより，曲線 $y=f(x)$ と x 軸との共有点の座標は

(0, 0), (4, 0)　→ア～エ

また

$$f'(x)=3x^2-16x+16=(3x-4)(x-4)$$

これより，$f(x)$ の増減表は右のようになり

x	$\cdots$	$\frac{4}{3}$	$\cdots$	4	$\cdots$
$f'(x)$	$+$	0	$-$	0	$+$
$f(x)$	↗	極大	↘	極小	↗

$$f(4)=4(4-4)^2=0$$

$$f\left(\frac{4}{3}\right)=\frac{4}{3}\left(\frac{4}{3}-4\right)^2=\frac{256}{27}$$

よって，$x=4$ のとき極小値 0 をとり，$x=\frac{4}{3}$ のとき極大値 $\frac{256}{27}$ をとる。　→オ～ス

このとき，グラフは右図のようになるから，$y=f(x)$ と x 軸で囲まれた図形は網かけ部分であり，その面積は

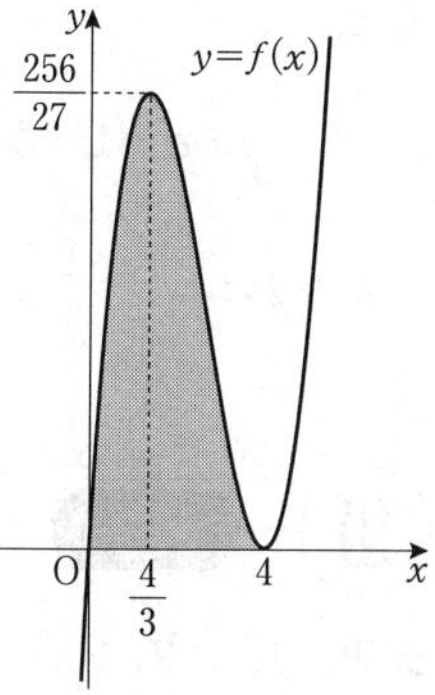

$$\int_0^4 (x^3-8x^2+16x)\,dx=\left[\frac{x^4}{4}-\frac{8}{3}x^3+8x^2\right]_0^4$$

$$=\frac{64}{3}\quad \text{→セ～タ}$$

次に，a を実数とし，$f(a+1)=f(a+3)$ であるならば

$$(a+1)^3-8(a+1)^2+16(a+1)=(a+3)^3-8(a+3)^2+16(a+3)$$

整理すると

$$3a^2-4a-3=0 \qquad \therefore\quad a=\frac{2\pm\sqrt{13}}{3}$$

→チ～ト

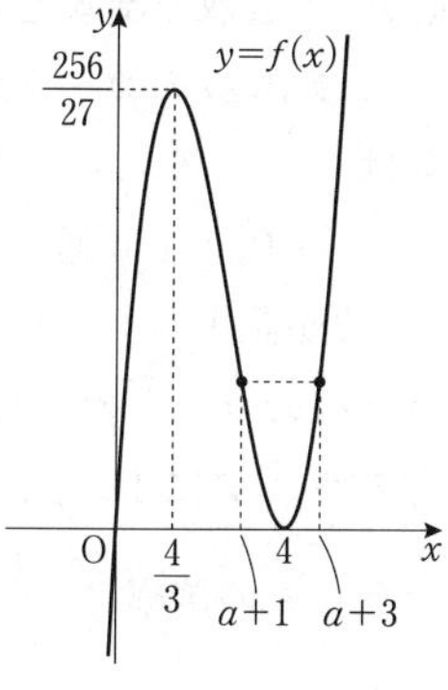

$a=\frac{2+\sqrt{13}}{3}$ のとき，$\frac{4}{3}<a+1<4<a+3$ であるから，関数 $f(x)$ が $a+1\leqq x\leqq a+3$ の範囲で $x=a+3$ のとき最大値をとるような a の値の範囲は

$$a\leqq-\frac{5}{3}\quad \text{→ナ～ヌ}\quad \text{または}\quad \frac{2+\sqrt{13}}{3}\leqq a$$

$a=\frac{2-\sqrt{13}}{3}$ のとき，$a+1<\frac{4}{3}<a+3<4$ であるから，関数 $f(x)$ が $a+1\leqq x\leqq a+3$ の範囲で $x=a+1$ のとき最小値をとるような a の値の範囲は

$$a \leqq \frac{2-\sqrt{13}}{3} \quad \text{または} \quad 3 \leqq a \quad \to ネ$$

関数 $f(x)$ が $a+1 \leqq x \leqq a+3$ の範囲で $x=a+1$ のとき最大値をとるような a の値の範囲は，$a+1 \leqq x \leqq a+3$ に $x=\frac{4}{3}$ が含まれると，$f\left(\frac{4}{3}\right)$ が極大値かつ最大値になることに注意すると

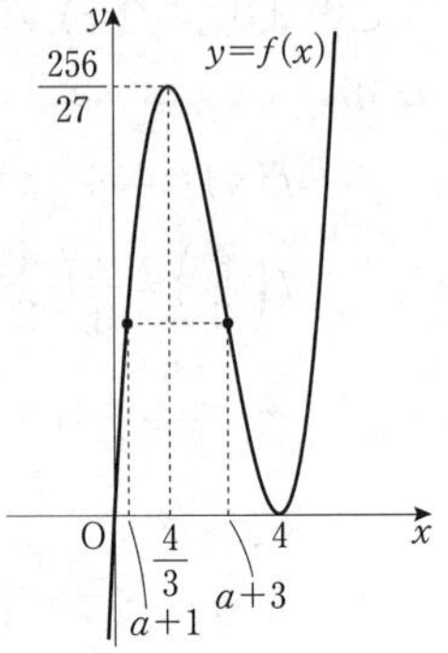

$$\frac{4}{3} \leqq a+1 \quad かつ \quad a \leqq \frac{2+\sqrt{13}}{3}$$

すなわち　$\frac{1}{3} \leqq a \leqq \frac{2+\sqrt{13}}{3}$　→ノ，ハ

Ⅲ　解答　**ア．** 1　**イウエ．** 120　**オ．** 1　**カ．** 6　**キ．** 0
ク． 1　**ケコ．** 40　**サ．** 3　**シス．** 40　**セソ．** 11
タチ． 15　**ツ．** 5　**テト．** 12　**ナニ．** 61　**ヌネノ．** 120

解説

《カードを取り出すときの得点の確率》

この16枚のカードから2枚のカードを取り出すときの取り出し方の総数は

$${}_{16}C_2=120 \text{通り}$$

「数が記入されていないカード」を「なし」と表記すると，取り出された2枚のカードのうちに「数が記入されていないカード」があり，もう一方のカードに1が記入されている場合の組は（なし，1）の1通りであるから，その確率は $\frac{1}{120}$ である。→ア～エ

得点が0である場合は $(k,\ k)$　$(k=2,\ 3,\ 4,\ 5)$ であり，取り出し方はそれぞれ ${}_kC_2$ 通りあるから，その確率は

$$\frac{{}_2C_2+{}_3C_2+{}_4C_2+{}_5C_2}{120}=\frac{20}{120}=\frac{1}{6} \quad \to オ，カ$$

得点が1である場合はないので，その確率は　0　→キ

得点が2である場合は（なし，1），(1，2) であるから，その確率は

$$\frac{1\times1+1\times2}{120}=\frac{3}{120}=\frac{1}{40}\quad\rightarrow ク〜コ$$

得点が 3 である場合は (1, 3), (2, 3) であるから，その確率は

$$\frac{1\times3+2\times3}{120}=\frac{9}{120}=\frac{3}{40}\quad\rightarrow サ〜ス$$

得点が 4 以上である確率は，余事象を考えると

「得点が 4 以上である確率」=1−「得点が 3 以下である確率」

=1−「得点が 0, 1, 2, 3 のいずれかである確率」

$$=1-\left(\frac{1}{6}+0+\frac{1}{40}+\frac{3}{40}\right)$$

$$=1-\frac{4}{15}=\frac{11}{15}\quad\rightarrow セ〜チ$$

得点が 5 である場合は (1, 5), (2, 5), (3, 5), (4, 5) であるから，その確率は

$$\frac{1\times5+2\times5+3\times5+4\times5}{120}=\frac{50}{120}=\frac{5}{12}\quad\rightarrow ツ〜ト$$

得点が偶数である確率は，余事象を考えると

「得点が偶数である確率」=1−「得点が奇数である確率」

=1−「得点が 1, 3, 5 のいずれかである確率」

$$=1-\left(0+\frac{3}{40}+\frac{5}{12}\right)$$

$$=1-\frac{59}{120}=\frac{61}{120}\quad\rightarrow ナ〜ノ$$

◀理・情報理工・生命科学部▶

I 解答

(1) **アイ.** -3　**ウ.** 2　**エオ.** -1　**カ.** 3　**キ.** 2

(2) **クケコ.** 127　**サシ.** -7　**スセ.** 38

(3) **ソ.** 1　**タ.** a　**チ.** a　**ツ.** b

(4) **テ.** 3　**ト.** 4　**ナニ.** 12　**ヌネ.** 25

解説

《小問4問》

(1)
$$(x^2+x)^2-5(x^2+x)-6=0$$
$$\{(x^2+x)-6\}\{(x^2+x)+1\}=0$$
$$(x+3)(x-2)(x^2+x+1)=0$$
$$\therefore\quad x=-3,\ 2,\ \frac{-1\pm\sqrt{3}i}{2}$$ →ア～キ

(2) 等差数列 $\{a_n\}$ の初項を a，公差を d とすると，$a_4=106$，$a_7=85$ より

$$a+3d=106,\ a+6d=85$$

これを解くと　$a=127$，$d=-7$

よって，$\{a_n\}$ の初項は127，公差は -7 である。 →ク～シ

また，数列 $\{a_n\}$ の初項から第 n 項までの和 S_n は

$$S_n=\frac{1}{2}n\{2\cdot127+(n-1)\cdot(-7)\}$$
$$=\frac{1}{2}n(261-7n)$$

S_n が負となるとき

$$261-7n<0\qquad n>\frac{261}{7}=37.28\cdots\cdots$$

よって，S_n が初めて負となる n の値は38である。 →ス，セ

(3)
$$\log_{10}5=\log_{10}\frac{10}{2}=1-\log_{10}2$$

これより，$2^a=5$ の両辺の常用対数をとると

$$\log_{10}2^a=\log_{10}5$$

$$a\log_{10}2=1-\log_{10}2$$
$$(a+1)\log_{10}2=1$$

$2^{-1}\neq 5$ すなわち $a\neq -1$ であるから，両辺を $a+1$ で割ると

$$\log_{10}2=\frac{1}{a+1}\quad \to ソ，タ$$

よって

$$\log_{10}5=1-\frac{1}{a+1}=\frac{a}{a+1}$$

であり，$3^b=5$ の両辺の常用対数をとると

$$\log_{10}3^b=\log_{10}5$$
$$b\log_{10}3=\frac{a}{a+1}$$

$3^0\neq 5$ すなわち $b\neq 0$ であるから，両辺を b で割ると

$$\log_{10}3=\frac{a}{b(a+1)}\quad \to チ，ツ$$

(4)　この2回の操作で取り出された2個の球に書かれた数の組の総数は

$10\times 10=100$ 通り

10個の球には，偶数と奇数が書かれた球がそれぞれ5個ずつあるから，積が奇数となる場合は2回とも奇数のときの

$5\times 5=25$ 通り

よって，積が偶数となる場合は

$100-25=75$ 通り

であるから，その確率は

$$\frac{75}{100}=\frac{3}{4}\quad \to テ，ト$$

次に，積の一の位が0である場合は，次の2通りある。

(i)　積が0のとき

2回の操作のうち，少なくとも1回は0を取り出す場合であるから，1回目または2回目にだけ0を取り出す場合が9通りずつあり，2回とも0を取り出す場合が1通りあるから

$9\times 2+1=19$ 通り

(ii)　積が10，20，30，40のいずれかのとき

2回の操作のうち，一方が5，他方が2，4，6，8のいずれかを取り出

す場合であるから

$1\times4\times2=8$ 通り

(i), (ii)より，積の一の位が 0 である偶数となるのは

$19+8=27$ 通り

よって，積の一の位が 0 でない偶数となる場合は

$75-27=48$ 通り

あるから，その確率は

$$\frac{48}{100}=\frac{12}{25}\quad \to ナ〜ネ$$

Ⅱ　◀経済・経営・法・現代社会・国際関係・外国語・文化・生命科（産業生命科）学部▶〔Ⅱ〕に同じ。

Ⅲ　**解答**　**アイウ.** −10　**エオ.** 25　**カ.** 2　**キク.** 60　**ケ.** 2　**コ.** 3　**サ.** 5　**シス.** 12　**セ.** 1　**ソ.** 3　**タ.** 8　**チツ.** 17　**テ.** 5　**トナ.** 17　**ニ.** 4　**ヌネ.** 17　**ノ.** 5　**ハ.** 9　**ヒ.** 4　**フ.** 9

解説

《平面への垂線の足と 2 直線の交点の位置ベクトル》

$|\vec{a}|=|\vec{d}|=\mathrm{OA}=5$，$|\vec{c}|=\mathrm{OC}=4$，$\angle\mathrm{AOC}=120^\circ$，$\angle\mathrm{AOD}=60^\circ$ より

$$\begin{aligned}\vec{a}\cdot\vec{c}&=|\vec{a}||\vec{c}|\cos120^\circ\\&=5\cdot4\cdot\left(-\frac{1}{2}\right)=-10\quad \to ア〜ウ\end{aligned}$$

$$\begin{aligned}\vec{a}\cdot\vec{d}&=|\vec{a}||\vec{d}|\cos60^\circ\\&=5\cdot5\cdot\frac{1}{2}=\frac{25}{2}\quad \to エ〜カ\end{aligned}$$

また，平行四辺形 OABC について，$\overrightarrow{\mathrm{AB}}=\overrightarrow{\mathrm{OC}}=\vec{c}$ であり，$\angle\mathrm{COD}=90^\circ$ すなわち $\vec{c}\perp\vec{d}$ であるから $\vec{c}\cdot\vec{d}=0$ より

$$\begin{aligned}\overrightarrow{\mathrm{AB}}\cdot\overrightarrow{\mathrm{AD}}&=\overrightarrow{\mathrm{OC}}\cdot(\overrightarrow{\mathrm{OD}}-\overrightarrow{\mathrm{OA}})\\&=\vec{c}\cdot(\vec{d}-\vec{a})\\&=\vec{c}\cdot\vec{d}-\vec{a}\cdot\vec{c}\end{aligned}$$

$$=0-(-10)=10$$

よって，$|\overrightarrow{\mathrm{AB}}|=\mathrm{AB}=\mathrm{OC}=4$，$|\overrightarrow{\mathrm{AD}}|=\mathrm{AD}=\mathrm{OA}=5$ より

$$\cos\angle\mathrm{BAD}=\frac{\overrightarrow{\mathrm{AB}}\cdot\overrightarrow{\mathrm{AD}}}{|\overrightarrow{\mathrm{AB}}||\overrightarrow{\mathrm{AD}}|}=\frac{10}{4\cdot5}=\frac{1}{2}$$

ゆえに，$0^\circ<\angle\mathrm{BAD}<180^\circ$ であるから，$\angle\mathrm{BAD}=60^\circ$ である。

→キ，ク

次に，点 O から平面 ABD に垂線 OP を下ろすと，実数 s，t，u を用いて

$$\overrightarrow{\mathrm{OP}}=s\overrightarrow{\mathrm{OA}}+t\overrightarrow{\mathrm{OB}}+u\overrightarrow{\mathrm{OD}},\ s+t+u=1\quad\cdots\cdots①$$

$$\overrightarrow{\mathrm{OP}}=s\vec{a}+t(\vec{a}+\vec{c})+u\vec{d}$$

$$=(s+t)\vec{a}+t\vec{c}+u\vec{d}$$

$\overrightarrow{\mathrm{OP}}\perp\overrightarrow{\mathrm{AB}}$ より，$\overrightarrow{\mathrm{OP}}\cdot\overrightarrow{\mathrm{AB}}=\overrightarrow{\mathrm{OP}}\cdot\overrightarrow{\mathrm{OC}}=0$ であるから

$$\{(s+t)\vec{a}+t\vec{c}+u\vec{d}\}\cdot\vec{c}=0$$

$$(s+t)\vec{a}\cdot\vec{c}+t|\vec{c}|^2+u\vec{c}\cdot\vec{d}=0$$

$$(s+t)\cdot(-10)+t\cdot4^2+u\cdot0=0$$

整理すると　　$5s-3t=0\quad\cdots\cdots②$

また，$\overrightarrow{\mathrm{OP}}\perp\overrightarrow{\mathrm{AD}}$ より，$\overrightarrow{\mathrm{OP}}\cdot\overrightarrow{\mathrm{AD}}=\overrightarrow{\mathrm{OP}}\cdot(\overrightarrow{\mathrm{OD}}-\overrightarrow{\mathrm{OA}})=0$ であるから

$$\{(s+t)\vec{a}+t\vec{c}+u\vec{d}\}\cdot(\vec{d}-\vec{a})=0$$

$$(s+t-u)\vec{a}\cdot\vec{d}+t\vec{c}\cdot\vec{d}+u|\vec{d}|^2-(s+t)|\vec{a}|^2-t\vec{a}\cdot\vec{c}=0$$

$$(s+t-u)\cdot\frac{25}{2}+t\cdot0+u\cdot5^2-(s+t)\cdot5^2-t\cdot(-10)=0$$

整理すると　　$5s+t-5u=0\quad\cdots\cdots③$

①，②，③を連立すると　　$s=\dfrac{1}{4}$，$t=\dfrac{5}{12}$，$u=\dfrac{1}{3}$

よって

$$\overrightarrow{\mathrm{OP}}=\left(\frac{1}{4}+\frac{5}{12}\right)\vec{a}+\frac{5}{12}\vec{c}+\frac{1}{3}\vec{d}=\frac{2}{3}\vec{a}+\frac{5}{12}\vec{c}+\frac{1}{3}\vec{d}\quad\text{→ケ～ソ}$$

直線 OP 上の点 Q について，実数 k を用いて

$$\overrightarrow{\mathrm{OQ}}=k\overrightarrow{\mathrm{OP}}=\frac{2}{3}k\vec{a}+\frac{5}{12}k\vec{c}+\frac{1}{3}k\vec{d}$$

$$\overrightarrow{\mathrm{AQ}}=\overrightarrow{\mathrm{OQ}}-\overrightarrow{\mathrm{OA}}=\left(\frac{2}{3}k-1\right)\vec{a}+\frac{5}{12}k\vec{c}+\frac{1}{3}k\vec{d}$$

直線 AQ 上の点 R について，実数 l を用いて

$$\begin{aligned}\overrightarrow{\mathrm{OR}}&=\overrightarrow{\mathrm{OA}}+l\overrightarrow{\mathrm{AQ}}\\&=\vec{a}+l\left\{\left(\frac{2}{3}k-1\right)\vec{a}+\frac{5}{12}k\vec{c}+\frac{1}{3}k\vec{d}\right\}\\&=\left(\frac{2}{3}kl-l+1\right)\vec{a}+\frac{5}{12}kl\vec{c}+\frac{1}{3}kl\vec{d}\end{aligned}$$

$\vec{a}$，$\vec{c}$，$\vec{d}$ は一次独立であり，R が直線 CD 上の点であるとき，$\vec{c}$ と $\vec{d}$ のみで表されて係数の和が 1 であるから

$$\frac{2}{3}kl-l+1=0 \quad かつ \quad \frac{5}{12}kl+\frac{1}{3}kl=1$$

$$\therefore \quad k=\frac{12}{17},\ l=\frac{17}{9}$$

したがって

$$\overrightarrow{\mathrm{OQ}}=\frac{12}{17}\overrightarrow{\mathrm{OP}}=\frac{8}{17}\vec{a}+\frac{5}{17}\vec{c}+\frac{4}{17}\vec{d} \quad \to タ〜ネ$$

$$\overrightarrow{\mathrm{OR}}=\overrightarrow{\mathrm{OA}}+\frac{17}{9}\overrightarrow{\mathrm{AQ}}=\frac{5}{9}\vec{c}+\frac{4}{9}\vec{d} \quad \to ノ〜フ$$

「詩」の世界、後者は「自作朗読」のことだから、両方に関して批判している3が適当。

問六　波線部Dの二文後で、詩によってポエジーの純粋液が造られているのだから、詩からそのポエジー液を含む他のところにいくことは「簡単」だと考えてしまっている、と述べられている。したがって5が適当。

問八　「調理された」とは、詩についてのことなので、創作された、という意味の比喩だと考えられる。また前の文より「詩の素」=「ポエジー純粋液」であるから、波線部Eは〝詩はポエジーによって創作される〟という意味となり、これと同じ意味の3が適当。

問九　第十段落の内容から1が適当。2の「芸人意識を否定することなく」は、第九段落「芸人意識がなくても」「いかに芸人意識を否定しても」と合致しない。3は、第三段落で、筆者が詩作に「アキた」という描写はあるが、「溝」との関係は述べられておらず不適。4の「…相互批評は行われない」「『詩』の世界の外部では…共通文法」は、第五段落第一文「聖域内部では…共通文法…が生み出され…相互批評は行われる」と合致しない。5は、最終段落で「溝はある」が、どこかで「通じている」と述べられていることから、「溝が全くない」が不適。

二

出典　富岡多恵子『表現の風景』〈第7章「溝跨ぎ」回想〉（講談社文芸文庫）

解答

問一　**ア**―1　**イ**―4　**ウ**―3　**エ**―2　**オ**―3
問二　4

問三　**Ⅰ**―4　**Ⅱ**―1
問四　2
問五　3
問六　5
問七　**a**―3　**b**―5
問八　3
問九　1
問十　4

解説

問二　波線部Aの後に、「聖域から」「さし出され」た作品には「だれも文句をつけない」「師匠筋の添削ということも起りえない」「編集者による文章上の疑問点の指摘」もない、とある。これらに合致する4が適当。1は第五段落第一文に「聖域内部」での「相互批評は行われる」とあるので不適。

問四　波線部B直後の第八段落冒頭で「たとえば」として、波線部Bの「モンダイ」の具体例を挙げている。筆者が目撃した「朗読」の場面における、「詩」に関わりのない一般の客に対して「詩人が…静かに聴きなさい」と言ったことが「聖域のひと」の行為を示す例だとしているので、2が適当。

問五　波線部Cには、「『絶対』としての認識」と「芸としての認識」両方が「いい加減」だとあり、ここでの前者は両立できないので、波線部CはXの意ではない。ムーア命題が「絶対確実な真理を表している、と主張しているわけではない」とは、ムーア命題が常に「『蝶番』の役割を果たす」というわけではない、という意味。つまり、ムーア命題は、ある「問い」では疑いから除外されるが、ほかの「問い」においては除外されないこともある、ということである。ただし、何かを疑うためには必ず何かが疑いから除外されなければならないので、その場合は、ムーア命題以外の別の命題が「『蝶番』の役割を果たす」ことになる。これはYの意になる。続く第8段落の例では、「宇宙人に私が誘拐された」ということが、第9段落の例では、未開の部族の「空想的な観念」が疑いから除外され、「『蝶番』の役割を果た」している。したがって3が適当。Xの意味になる〔いかなる状況においても常に〕…〔ある〕、と読んでしまいがちなので注意が必要である。〔いかなる状況においても常に〕…〔果たす（ような）命題〕と読むのが筆者の意図である。

問六 波線部D「同様のポイント」とは、第8段落冒頭の「込み入った特殊な文脈を用意すれば、ムーア命題も疑いの対象になりうる」を指す。したがって2が適当。

問八 波線部E直後の「というのも」以下で説明されていることが、第12段落で改めてまとめられている。「(1)この命題が、我々が日常で依拠している…関連する命題全体を疑うことを伴うがゆえに」と同じ意味になる4が適当。

問九 本文冒頭に「ムーアは、…実在論を擁護し」とあり、第3段落に「ウィトゲンシュタインはムーアをそう批判することで、…懐疑論の方が正しいと認めているわけではない」とある。したがって2が適当。

問十 第7段落冒頭で「ただし」と、これまでの論議を一旦置いて補足的な説明をしようとしている。よって、乙は6、甲は「絶対確実な真理を表している、と主張しているわけではない」から3が入る。第11段落冒頭で「翻って」と、元の論議に戻しているので丁は0、丙は「疑うとすれば、それは大変な事態を伴うだろう」から6が入る。

e　「未開」は、下の語を上の語が否定している。6の「無事」が同じ構成。

g　「真偽」は、上と下が反対の意味の語。1の「慶弔」が同じ構成。
5の「雷鳴」は〝雷が鳴る〟で、上が主語で下が動詞という構成。

問二　第4段落に、ムーア命題は「その存在が確証されているような事柄ではない。そうではなく、…様々な実践を行う際に、その前提として疑いを免れている事柄にほかならない」とある。「存在が確証されている」のではないから、疑うことができないわけではない。ムーア命題は、疑いを「免れている」だけである。第8段落では疑いうる「特殊な文脈」が挙げられている。したがって1と4は不適。第4段落の引用文に「言語ゲーム〔＝言葉を用いた活動〕を営むが、そのとき私は、この手の存在については少しも疑っていない」とあり、第6段落には「何かを疑うためには…疑いの対象から自ずと外れている必要がある」とある。3がこの内容に合致する。2は「不可能」が本文にない内容であり、仮に「不可能」であったとしても、波線部Aの理由にはならない。

問四　波線部Bを含む引用の冒頭「つまり、我々が…成り立っている」によれば、「ドアを開けようとする」とは、「問いや疑い」を立てることである。「蝶番」とは、「問いや疑い」を成立させるのに必要な命題で、それが「固定され」るとは、「疑いの対象から除外され」ることである。1が適当。2は「答えを確定するため」が不適。3は「どうやっても疑うことのできない」が問二の解説にあるように不適。できないのではなく「除外され」ているだけである。4は「日常生活において常識とされている」と限定する点が不適。

問五　波線部Cだけを取り出して読めば、XともYとも解釈できる。「いかなる状況においても常に」が「ある」に掛かるならばXの意、「『蝶番』の役割を果たす」に掛かるならばYの意になるからである。ここで波線部Cの直前を見ると、「言い換えれば」とあるので、その前の「ただし、この点を指摘することで彼は…絶対確実な真理を表している、と主張しているわけではない」と波線部Cは同意である。「この点」とは、第6段落の内容、つまり、「何かを疑うためには」、その前提となる命題が「疑いの対象から自ずと外れている必要がある」という点である。この内容はXと

国語

一

出典　古田徹也『このゲームにはゴールがない　ひとの心の哲学』〈第二章　懐疑論の急所　第一節　懐疑論の不明瞭さ、異常さ、不真面目さ〉（筑摩書房）

解答

問一　**a**—2　**b**—3　**c**—4　**e**—6　**g**—1
問二　3
問三　4
問四　1
問五　3
問六　2
問七　5
問八　4
問九　2
問十　**甲**—3　**乙**—6　**丙**—6　**丁**—0

解説

問一　**a**　「常識」は〝常に識《し》る〟で、上の副詞が下の動詞に掛かっている。2の「奇遇」=〝奇しくも遇《あ》う〟が同じ構成。
b　「擁護」は、〝まもる〟という同じ意味の語を重ねている。3の「携帯」が同じ構成。
c　「懐疑」は〝疑いを懐《いだ》く〟で、上が動詞で下が目的語。4の「喫茶」=〝茶を喫《の》む〟が同じ構成。

学校推薦型選抜　公募推薦入試：11 月 19 日実施分

問題編

▶試験科目・配点

学　部	教　科	科　　　目	配　点
経済・経営・法・現代社会・国際関係・外国語・文化・生命科（産業生命科〈総合評価型〉）	外国語	コミュニケーション英語Ⅰ・Ⅱ・Ⅲ，英語表現Ⅰ・Ⅱ	100 点
	数学・国語	「数学Ⅰ・Ⅱ・A」，「国語総合，現代文 B（古文・漢文を除く）」から１科目選択	100 点
理・情報理工・生命科	外国語	コミュニケーション英語Ⅰ・Ⅱ・Ⅲ，英語表現Ⅰ・Ⅱ	100 点
	数　学	数学Ⅰ・Ⅱ・A・B（数列，ベクトル）	100 点

▶備　考

- 「総合評価型」と「基礎評価型」のいずれかの評価型を選択する。

  総合評価型：上表の試験（200 点）と調査書（100 点）との総合点（300 点）により，合否を判定する。

  調査書は，高等学校等における学習成績の状況（５段階）を 20 倍にする。

  基礎評価型：上表の試験の総合点（200 点）と調査書（点数換算は行わない）により，合否を判定する。

- 生命科学部は，産業生命科学科の総合評価型のみ文系／理系どちらかの科目を出願時に選択できる。

英 語

（2 科目 90 分）

〔A〕 次の文中の空所をうめるのに最も適切なものを一つ選び，その番号をマークしなさい。

(1) I was (　　　) with my mom when I saw a man running away.

1. go shop　　2. going shopping
3. gone to shopping　　4. went to shop

(2) Freedom of speech is of (　　　) to human rights.

1. great importance　　2. great important
3. greatly importance　　4. greatly important

(3) If you have to leave early, ask the teacher, and she will (　　　) you to leave.

1. allow　　2. keep　　3. let　　4. make

(4) (　　　) the heavy rain, the game was canceled.

1. Because　　2. Due to
3. Owing　　4. The reason of

(5) Reading a lot of books (　　　) good for language development.

1. are　　2. be　　3. is　　4. were

(6) He is a very good player and will do (　　　) is needed for the team's success.

1. anything but　2. everything　3. that much　4. whatever

(7) Can you tell me the date of our next meeting again (　　　) I won't forget about it?

1. for　2. in order to　3. since　4. so that

(8) Our boss is (　　　) the farewell party on Saturday.

1. available for　2. capable of　3. convenient at　4. possible to

(9) He (　　　) to leave when I entered the room.

1. is going　2. is mostly　3. was about　4. was almost

(10) The mountain is said (　　　) in the sea millions of years ago.

1. being　2. having been　3. to be　4. to have been

(11) Since you gave me (　　　) advice, I managed to pass the exam.

1. a lot of　2. a plenty　3. full　4. many

(12) Although I'm not completely sure, your idea (　　　) good.

1. feels like　2. hears　3. seems like　4. sounds

(13) It was (　　　) to learn that my brother had broken his arm.

1. big surprise　2. extremely surprised

3. quite shocking　4. very shocked

(14) (　　　) who are interested are welcome to attend the event.

1. Everyone　2. Other　3. Someone　4. Those

(15) The temperatures in Osaka and in Hokkaido differed (　　　) 10 degrees yesterday.

1. at　　2. between　　3. by　　4. from

〔B〕 次の会話文を読んで，空所をうめるのに最も適切なものを一つ選び，その番号をマークしなさい。

Paul meets Joseph at the gate to the campus.

Paul: Hi, Joseph. How are you doing?

Joseph: Good, thanks. How about you?

Paul: Okay, I guess. I'm trying to get my plane ticket to go to India in the summer. The thing is, it's (16) than I thought it would be.

Joseph: Ah, yes. I'm having the same concerns.

Paul: Really? Where're you going?

Joseph: Well, I'm planning to take a little trip to Hong Kong to visit my brother.

Paul: Your brother is in Hong Kong now? I didn't know that. (17)?

Joseph: Yeah, his company sent him there for a couple of years. I thought it'd be a good opportunity to take a trip to Hong Kong.

Paul: Nice. Lucky him and lucky you! So, anyway, is the plane ticket there that expensive?

Joseph: Yeah. More than I was expecting. But, once I'm there, I can stay with my brother, so I don't have to spend money on a hotel. Anyway, why are you going to India? Will you be there long?

Paul: I'm going for study. I'll be at a language school for two weeks, doing a homestay, and then I hope to (18) for a little while. My plan is to stay for three weeks.

Joseph: That's a great plan. I'd love to go to India. I remember you and I went to that Indian restaurant downtown last year. That food was great!

Paul: I remember it well. To be perfectly honest, that was one of the main reasons for choosing to study in India.

Joseph: Oh yeah! I get that. I'm looking forward to eating the food in Hong

Kong too. My brother talks about it all the time. He's already chosen a whole bunch of restaurants he wants to take me to.

Paul: Nice. A bit of local knowledge is always good. Let's hope (19) to go overseas in the summer.

Joseph: Yeah. Speaking of which, I'd better get to work and make some money.

(16)

1. easier to reserve
2. a lot more expensive
3. considerably cheaper
4. more difficult to cancel

(17)

1. Was he born there
2. Did he get married
3. Is he there for work
4. Does he like summer

(18)

1. go to India
2. travel around
3. get a plane ticket
4. come straight back

(19)

1. I don't have
2. you can study
3. he will be able
4. we can both afford

〔C〕 次の文を読んで，本文の内容に最も合うものを一つ選び，その番号をマークしなさい。

After the Vietnam War ended in 1975, Annie Vang's parents escaped from the war in Laos by traveling down the Mekong River at nighttime to find safety in Thailand. "My family had no choice but to flee or die," she says.

Vang's family are *Hmong*, a cultural group who had helped the U.S. in the war in Vietnam, which later spread to Laos and Cambodia. When the U.S. lost the war, the Hmong lost everything, and many had to leave their country. Vang's family had to live in a refugee camp before they were finally able to go to the U.S. in the late 1970s. Growing up in the state of Iowa, Vang remembers being made fun of because she had a strong accent and looked different from everyone else. "I was told to go back to my country every day," she says. "I just wanted to be like everyone else and forget about my Hmong culture and language."

But now, Annie Vang, as a 44-year-old, is doing everything she can to preserve her cultural history. In her job as a computer programmer, she creates computer applications, or apps, for short. For more than a decade, she has been digitally recording the Hmong language with an app called HmongPhrases, which she made herself. The purpose of the app is to teach the Hmong language to young Hmong in the U.S. who only speak English.

Even though the Hmong language has been used for centuries, there was no written language until relatively recently. There were no books, and stories were passed down from parents to children by speaking only. However, in the 1950s, William Smalley, an American language researcher, visited the Hmong people in Laos and helped them to make a writing system for their language.

Vang says that because many Hmong people did not learn to read or write in their own language before coming to the U.S., the Hmong language is in danger of disappearing. "A lot of our rich cultural history and stories are lost, because they were not written down or recorded," she says.

She decided that the best way to save her language was to create a digital record of the language and encourage younger Hmong to learn to speak it too. After some of Vang's friends asked her how to say basic phrases like 'hello' and 'goodbye' in Hmong, she decided to create the Hmong-English language app. With this app, users can search for a phrase in Hmong, listen to how to pronounce that phrase, and then practice saying it out loud.

Since then, HmongPhrases has been downloaded more than 2,000 times. Last January, Vang re-recorded all the audio content, and (24)______ for the app, which encourages learners to have conversations with their Hmong friends. For example, she has added 3,000 translations and made flashcards to help users memorize phrases.

By adding more words to HmongPhrases, Vang hopes to save a language that has traditionally only been spoken within small communities. "Our language is a bridge between the young and the old, and now we can communicate and share stories," she says.

(20) Annie Vang and her family had to leave their home because (　　　).

1. they were refugees in Thailand
2. the U.S. lost the war in Vietnam
3. they wanted to go and live in the U.S.
4. they traveled down the Mekong River

(21) Annie Vang's intention in creating the app was to (　　　).

1. create books and stories
2. save Vang's personal history
3. help preserve the Hmong language
4. record English for Hmong learners

(22) Annie Vang claims that the Hmong culture is disappearing because (　　).

1. the Hmong language was not written down
2. the American, William Smalley, went to Laos
3. Americans made fun of the Hmong language in Iowa
4. books about Hmong culture were lost in the Mekong River

(23) With the HmongPhrases app, people can (　　).

1. add new phrases
2. record audio content
3. practice speaking the Hmong language
4. translate words like ‘hello’ into English

(24) Choose the best item to fill in the blank.

1. created new features
2. avoided basic phrases
3. wrote down cultural points
4. made a new Hmong language

〔D〕 次の会話文を読んで，空所をうめるのに最も適切なものを一つ選び，その番号をマークしなさい。

Mandy and Samantha are leaving their house to visit a friend.

Mandy: Come on, Samantha. Are you still not ready?

Samantha: I'm getting there. I just need to grab my coat and keys.

Mandy: You're so slow. I've been ready for 10 minutes.

Samantha: Oh, (25)! I had lots to do this morning. Anyway, I'm ready to go now.

Mandy: Finally. Let's go, then.

Samantha: (26), is that rain?

Mandy: Oh, yeah. It looks like it. We'd better take umbrellas.

(25)

1. it's high time
2. give me a break
3. you're out of time
4. stop holding me back

(26)

1. After all
2. Hang on
3. In the end
4. To be sure

Jack and Mary are at the university.

Jack: Hey, Mary. I didn't see you in class today. Are you okay?

Mary: Yeah. I suppose so. You remember that job I interviewed for at the museum?

Jack:　Sure, I do. Your dream job! I was going to ask you how it went, but I wasn't sure if I should (　27　).

Mary:　Well, it's bad news. I didn't get it.

Jack:　Oh, no. How come?

Mary:　They said I didn't have enough experience. I may have to (　28　) my dream.

Jack:　Don't worry. There'll be other opportunities.

(27)

1. see it off
2. take it out
3. bring it up
4. carry it over

(28)

1. drop over
2. give up on
3. close down
4. break out of

Jill and Karen are at the weekend market.

Jill:　This is fun! Look at all these people!

Karen:　(　29　), too many people for me!

Jill:　Are you okay? You've been so nervous the whole time we've been here.

Karen:　Sorry. I've been trying to enjoy myself, but you know I don't like big crowds.

Jill:　Ah, I forgot about that. Why don't we go over to that park and sit down for a while.

Karen:　Good idea. The park is pretty empty, and I may feel better once I (　30　).

(29)

1. To be honest
2. For a change
3. Once and for all
4. On the bright side

(30)

1. break up
2. stay here
3. catch my breath
4. make something up

数　学

数学解答上の注意事項

1. 問題は〔Ⅰ〕～〔Ⅲ〕の3問です。
2. 問題冊子の余白は計算に利用して構いません。
3. 問題の文中の $\boxed{ア}$，$\boxed{イウ}$ などの $\boxed{}$ には，符号(－)，数字(0～9)，または文字(a，b，n，x，y)が入ります。これらを次の方法で解答用紙の指定欄に解答してください。

(1)　ア，イ，ウ，……のそれぞれには，符号(－)，数字(0～9)，または文字(a，b，n，x，y)のいずれか一つが対応します。それらをア，イ，ウ，……で示された解答欄にマークしてください。

〔例〕 $\boxed{アイウ}$ に $-3x$ と答えたい場合は，次のように答えてください。

ア	●	⓪	①	②	③	④	⑤	⑥	⑦	⑧	⑨	ⓐ	ⓑ	ⓝ	ⓧ	ⓨ
イ	⊖	⓪	①	②	●	④	⑤	⑥	⑦	⑧	⑨	ⓐ	ⓑ	ⓝ	ⓧ	ⓨ
ウ	⊖	⓪	①	②	③	④	⑤	⑥	⑦	⑧	⑨	ⓐ	ⓑ	ⓝ	●	ⓨ

(2)　$\boxed{アイウ}$ と細線で囲まれた部分は，同じ問題ですでに解答した $\boxed{アイウ}$ を意味します。

〔例〕 上の(1)と同じ問題なら，$\boxed{アイウ}$ は $-3x$ を意味します。

(3)　一つの $\boxed{}$ に，数と文字，または文字と文字などの積を答えたい場合には，数は文字より先にして，文字はアルファベット順に並べてください。

〔例〕 $\boxed{エオカキ}$ に積 $-2\times a\times x$ を答えたい場合は，$-2ax$ の形で答え，$-ax2$ や $-2xa$ のように答えてはいけません。

(4)　分数の形で解答が求められている場合は，それ以上約分できない形で答えてください。符号は分子につけ，分母につけてはいけません。また，整数を分数の形に表してはいけません。

〔例〕 $\dfrac{\boxed{クケコ}}{\boxed{サ}}$ に $-\dfrac{6x}{8}$ を得た場合は，$\dfrac{-3x}{4}$ とこれ以上約分できない形にして答えてください。

(5)　根号を含む形で解答する場合は，根号の中に現れる自然数が最小となる形で答えてください。

〔例〕 $\boxed{シ}\sqrt{\boxed{ス}}$，$\boxed{セ}\sqrt{\boxed{ソタ}}$，$\dfrac{\sqrt{\boxed{チツ}}}{\boxed{テ}}$ に $4\sqrt{2}$，$6\sqrt{2a}$，$\dfrac{\sqrt{13}}{2}$ と答えるところを，それぞれ $2\sqrt{8}$，$3\sqrt{8a}$，$\dfrac{\sqrt{52}}{4}$ のように答えてはいけません。

(6)　指数を含む形で解答する場合は，次のことに注意してください。

$\boxed{ト}\boxed{ナ}^{\boxed{ニ}}$ に $\boxed{3}\boxed{x}^{\boxed{2}}$ と答えた場合は $3x^2$ を意味します。

また，$\boxed{ヌネ}^{\boxed{ノ}}$ に $\boxed{2\ 6}^{\boxed{n}}$ と答えた場合は 26^n を意味します。

(7) 文字(a, b, n, x, y)を使わずに解答できる場合には，文字を使わずに解答してください。
〔例〕［$x+y+2=4$，$x-y+2=2$のとき，$x=$ $\boxed{\text{ア}}$，$y=$ $\boxed{\text{イ}}$ である。］に解答する場合には，$\boxed{\text{ア}}$ に1，$\boxed{\text{イ}}$ に1と答えてください($\boxed{\text{ア}}$ に1，$\boxed{\text{イ}}$ にxのように答えてはいけません)。

◀経済・経営・法・現代社会・国際関係・外国語・文化・生命科（産業生命科）学部▶

（英語と2科目 90分）

〔Ⅰ〕 (1) 整式 x^6-64y^6 を因数分解すると,

$$\left(x-\boxed{\text{ア}}\,y\right)\left(x+\boxed{\text{イ}}\,y\right)\left(x^2+\boxed{\text{ウ}}\,xy+\boxed{\text{エ}}\,y^2\right)\left(x^2-\boxed{\text{ウ}}\,xy+\boxed{\text{エ}}\,y^2\right)$$

となる。

(2) 関数 $f(x)=x^2+3x$ に対し,

$$\int_{-1}^{1}f(x)\,dx=\frac{\boxed{\text{オ}}}{\boxed{\text{カ}}},\quad \int_{-1}^{1}xf(x)\,dx=\boxed{\text{キ}},\quad \int_{-1}^{1}x^2f(x)\,dx=\frac{\boxed{\text{ク}}}{\boxed{\text{ケ}}}$$

である。

(3) O を原点とする xy 平面内で, $\mathrm{A}(1,-1)$, $\mathrm{B}(2,1)$, $\mathrm{C}(3,3)$ とする。

線分 AB を $2:1$ に内分する点 P の座標は $\left(\dfrac{\boxed{\text{コ}}}{\boxed{\text{サ}}},\dfrac{\boxed{\text{シ}}}{\boxed{\text{ス}}}\right)$,

線分 AC を $3:1$ に外分する点 Q の座標は $\left(\boxed{\text{セ}},\boxed{\text{ソ}}\right)$ である。

また, $\triangle$ OPQ の重心 の座標は $\left(\dfrac{\boxed{\text{タチ}}}{\boxed{\text{ツ}}},\dfrac{\boxed{\text{テト}}}{\boxed{\text{ナ}}}\right)$ である。

(4) 5つの文字 A, A, B, C, C をすべて一列に並べて文字列を作る。

できる文字列の総数は $\boxed{\text{ニヌ}}$ である。

2つの A が隣り合う文字列は $\boxed{\text{ネノ}}$ 通りある。

同じ文字が隣り合わない文字列は $\boxed{\text{ハヒ}}$ 通りある。

〔Ⅱ〕 $f(x)=x^3-3x+2$ とする。xy 平面において，曲線 $C:y=f(x)$ を考える。

曲線 C と x 軸との共有点の x 座標は，小さい順に $\boxed{\text{アイ}}$，$\boxed{\text{ウ}}$ である。また，関数 $f(x)$ は $x=\boxed{\text{エオ}}$ で極大値 $\boxed{\text{カ}}$ をとり，$x=\boxed{\text{キ}}$ で極小値 $\boxed{\text{ク}}$ をとる。

$a>1$ とする。曲線 C 上の点 (a, a^3-3a+2) における曲線 C の接線を ℓ とする。接線 ℓ の方程式は

$$y=\left(\boxed{\text{ケ}}\,\boxed{\text{コ}}^{\boxed{\text{サ}}}-\boxed{\text{シ}}\right)x-\boxed{\text{ス}}\,\boxed{\text{セ}}^{\boxed{\text{ソ}}}+\boxed{\text{タ}}$$

である。

接線 ℓ が曲線 C 上の点 $(-4,-50)$ を通るとする。このとき，$a=\boxed{\text{チ}}$ である。曲線 C と接線 ℓ とで囲まれた部分の面積は $\boxed{\text{ツテト}}$ である。

また，曲線 C 上の点 $(0,2)$ を通る傾きが正である直線 m が，曲線 C と接線 ℓ とで囲まれた部分の面積を 2 等分するとする。

直線 m の方程式は

$$y=\left(\boxed{\text{ナ}}\sqrt{\boxed{\text{ニ}}}-\boxed{\text{ヌ}}\right)x+\boxed{\text{ネ}}$$

であり，曲線 C と直線 m との共有点の x 座標のうち，負であるものは

$-\boxed{\text{ノ}}\dfrac{\boxed{\text{ハ}}}{\boxed{\text{ヒ}}}$ である。

〔Ⅲ〕 自然数が1つ書かれた球が箱の中に全部で9個, 入っているとする。さらに, 1から9の各自然数に対し, その自然数が書かれた球は1個であるとする。

箱の中から3個の球を順に取り出す。ただし, 取り出した球は箱に戻さないものとする。

(a) 取り出した球に書かれた数を, 取り出した順に左から右へ並べてできる3桁の整数を x とする。

x が n となる確率が正である整数 n の総数は $\boxed{\text{アイウ}}$ である。

x が奇数となる確率は $\dfrac{\boxed{\text{エ}}}{\boxed{\text{オ}}}$ である。

x が200以下である確率は $\dfrac{\boxed{\text{カ}}}{\boxed{\text{キ}}}$ である。

x が奇数, かつ, 200以下である確率は $\dfrac{\boxed{\text{ク}}}{\boxed{\text{ケコ}}}$ である。

x が奇数, または, 200以下である確率は $\dfrac{\boxed{\text{サシ}}}{\boxed{\text{スセ}}}$ である。

(b) 取り出した球に書かれた数を, 数の大きい順に左から右へ並べてできる3桁の整数を y とする。

y が n となる確率が正である整数 n の総数は $\boxed{\text{ソタ}}$ である。

y が奇数となる確率は $\dfrac{\boxed{\text{チツ}}}{\boxed{\text{テト}}}$ である。

y が奇数, かつ, 900以上である確率は $\dfrac{\boxed{\text{ナ}}}{\boxed{\text{ニヌ}}}$ である。

y が奇数であったとき, y が600以下である条件付き確率は $\dfrac{\boxed{\text{ネ}}}{\boxed{\text{ノハ}}}$ である。

◀理・情報理工・生命科学部▶

（英語と 2 科目 90 分）

〔 I 〕 (1) aを実数とし, $f(x)=x^3-(2a-3)x^2+(a^2-5a+2)x+2a(a-1)$ とする。このとき, $f(a-1)=\boxed{\text{ア}}$ である。また,

$$f(x)=\left(x-\boxed{\text{イ}}\right)\left(x-\boxed{\text{ウ}}+\boxed{\text{エ}}\right)\left(x+\boxed{\text{オ}}\right)$$

である。

(2) θを実数とし, $y=\sin\theta+\cos\theta+\sin\theta\cos\theta$ とする。$t=\sin\theta+\cos\theta$ とおく。yはtを用いて $y=\dfrac{\boxed{\text{カ}}}{\boxed{\text{キ}}}t^2+t-\dfrac{\boxed{\text{ク}}}{\boxed{\text{ケ}}}$ と表せる。

また, $t=\sqrt{\boxed{\text{コ}}}\sin\left(\theta+\dfrac{\boxed{\text{サ}}}{\boxed{\text{シ}}}\pi\right)$ である。

$0\leqq\theta<2\pi$ のとき, yの最大値は $\dfrac{\boxed{\text{ス}}}{\boxed{\text{セ}}}+\sqrt{\boxed{\text{ソ}}}$ であり,

yの最小値は $\boxed{\text{タチ}}$ である。

(3) 方程式 $x^{\log_2 x}=\dfrac{x^3}{4}$ の解は $x=\boxed{\text{ツ}}$, $\boxed{\text{テ}}$ である。ただし, $\boxed{\text{ツ}}<\boxed{\text{テ}}$ とする。

(4) △OABにおいて, 辺OAを1 : 2に内分する点をP, 辺OBを3 : 2に内分する点をQ, 辺ABの中点をRとする。このとき,

$$\overrightarrow{\mathrm{OP}}=\frac{\boxed{\text{ト}}}{\boxed{\text{ナ}}}\overrightarrow{\mathrm{OA}},\quad \overrightarrow{\mathrm{OQ}}=\frac{\boxed{\text{ニ}}}{\boxed{\text{ヌ}}}\overrightarrow{\mathrm{OB}},\quad \overrightarrow{\mathrm{OR}}=\frac{\boxed{\text{ネ}}}{\boxed{\text{ノ}}}\left(\overrightarrow{\mathrm{OA}}+\overrightarrow{\mathrm{OB}}\right)$$

である。

また, PQとORの交点をSとすると, $\overrightarrow{\mathrm{OS}}=\dfrac{\boxed{\text{ハ}}}{\boxed{\text{ヒフ}}}\left(\overrightarrow{\mathrm{OA}}+\overrightarrow{\mathrm{OB}}\right)$

である。

〔Ⅱ〕　$f(x)=x^3-3x+2$ とする。xy 平面において，曲線 $C : y=f(x)$ を考える。

曲線 C と x 軸との共有点の x 座標は，小さい順に $\boxed{\text{アイ}}$，$\boxed{\text{ウ}}$ である。また，関数 $f(x)$ は $x=\boxed{\text{エオ}}$ で極大値 $\boxed{\text{カ}}$ をとり，$x=\boxed{\text{キ}}$ で極小値 $\boxed{\text{ク}}$ をとる。

$a>1$ とする。曲線 C 上の点 (a, a^3-3a+2) における曲線 C の接線を ℓ とする。接線 ℓ の方程式は

$$y=\left(\boxed{\text{ケ}}\,\boxed{\text{コ}}^{\boxed{\text{サ}}}-\boxed{\text{シ}}\right)x-\boxed{\text{ス}}\,\boxed{\text{セ}}^{\boxed{\text{ソ}}}+\boxed{\text{タ}}$$

である。

接線 ℓ が曲線 C 上の点 $(-4, -50)$ を通るとする。このとき，$a=\boxed{\text{チ}}$ である。曲線 C と接線 ℓ とで囲まれた部分の面積は $\boxed{\text{ツテト}}$ である。

また，曲線 C 上の点 $(0, 2)$ を通る傾きが正である直線 m が，曲線 C と接線 ℓ とで囲まれた部分の面積を2等分するとする。

直線 m の方程式は

$$y=\left(\boxed{\text{ナ}}\sqrt{\boxed{\text{ニ}}}-\boxed{\text{ヌ}}\right)x+\boxed{\text{ネ}}$$

であり，曲線 C と直線 m との共有点の x 座標のうち，負であるものは

$-\boxed{\text{ノ}}^{\frac{\boxed{\text{ハ}}}{\boxed{\text{ヒ}}}}$ である。

〔Ⅲ〕　xy 平面において, 原点Oを中心とする半径が1の円周を6等分する点

$$\mathrm{P}_k\left(\cos\frac{k\pi}{3}, \sin\frac{k\pi}{3}\right) \qquad (k=1,2,3,4,5,6)$$

がある。これら6つの点の上を次の規則に従って動く点Aがある。

動点Aは始め点 P_1 の位置にある。

動点Aはサイコロを1回投げるごとに,

1または2の目が出たときは反時計回りに1つだけ隣の点に移動し,

3, 4または5の目が出たときは反時計回りに2つだけ隣の点に移動し,

6の目が出たときはその場にとどまる。

サイコロを3回続けて投げる。A_n を, サイコロをちょうど n 回投げたときに動点Aがある点とする。ただし, $n=1,2,3$ である。また, $\mathrm{P}_1\mathrm{A}_n$ を, 点 P_1 と点 A_n の距離とする。ただし, $n=1,2,3$ である。

点 A_2 が点 P_4 である確率は $\dfrac{\boxed{\text{ア}}}{\boxed{\text{イ}}}$ である。

3点 $\mathrm{P}_1, \mathrm{A}_1, \mathrm{A}_2$ が三角形をなす確率は $\dfrac{\boxed{\text{ウエ}}}{\boxed{\text{オカ}}}$ である。

また, $\mathrm{P}_1\mathrm{A}_1+\mathrm{P}_1\mathrm{A}_2=c$ となる確率が正である実数 c の最小値は $\boxed{\text{キ}}$ であり, 最大値は $\boxed{\text{ク}}+\sqrt{\boxed{\text{ケ}}}$ である。特に,

$$\mathrm{P}_1\mathrm{A}_1+\mathrm{P}_1\mathrm{A}_2=\boxed{\text{ク}}+\sqrt{\boxed{\text{ケ}}}$$

となる確率は $\dfrac{\boxed{\text{コ}}}{\boxed{\text{サ}}}$ である。

$P_1A_1 + P_1A_2 + P_1A_3 = c$ となる確率が正である実数 c の最小値は $\boxed{\text{シ}}$ であり，最大値は $\boxed{\text{ス}} + \sqrt{\boxed{\text{セ}}}$ である。また，

$$P_1A_1 + P_1A_2 + P_1A_3 = 2\sqrt{3}$$

となる確率は $\dfrac{\boxed{\text{ソタ}}}{\boxed{\text{チツ}}}$ である。さらに，3 点 A_1, A_2, A_3 が三角形をなすという条件の下で

$$P_1A_1 + P_1A_2 + P_1A_3 = 2\sqrt{3}$$

となる条件付き確率は $\dfrac{\boxed{\text{テ}}}{\boxed{\text{トナ}}}$ である。

4　空腹の人を飾らぬ食卓に招くという行為を自然に行うことができるナポリの人の暖かさに触れて、うれしかったから。

5　自分もひもじい思いをしているのに、お腹がすいている筆者と食事を分け合おうとするおばさんの行為に感動したから。

問八　空欄　甲　に入るべき語句として最も適切なものを一つ選び、マークせよ。

1　没個性　　2　非現実　　3　前近代　　4　同時代　　5　近未来

問九　本文の特徴を説明したものとして最も適切なものを一つ選び、マークせよ。

1　地名や人名などの固有名詞を挙げて臨場感を出しながら、ナポリの様々な職種の人々の生活を生き生きと描いている。

2　父親らのナポリに対する思いに触れながら、筆者が同地への自分なりの理解を少しずつ深めていくさまが書かれている。

3　筆者が感じたナポリという都市の美しさと活気が、同地についての本の引用や会話の多用によって鮮やかに表現されている。

4　人生において特別な場所であるナポリへの愛着を、観光で印象に残ったおばさんとの交流を丁寧に描くことで表現している。

5　筆者が実際にナポリで暮らした経験をふまえ、同地での暮らしが他の都市での暮らしとは違う理由を例を挙げて検証している。

問十　本文の筆者の須賀敦子は、多くの日本の小説をイタリア語に翻訳している。その中の一つである安部公房の小説を一つ選び、マークせよ。

1　『舞姫』　　2　『羅生門』　　3　『雪国』　　4　『金閣寺』　　5　『砂の女』

チをもらえるよう遠回しに交渉したんだね。筆者はハンカチを取り返したいけれど、見つけてくれたのはおばさんだからはっきりと断れなかったんだ。だから口惜しく思っている。

2 筆者はおばさんの図々《ずうずう》しさに口惜しさを抑えきれずに怒っているね。おばさんはハンカチが自分のためではないことを知っていながら、筆者の失敗に気づかないふりをして、筆者に何か言われる前に贈り物としてもらったことにしてお礼を言ったんだ。そう言われると、間違いだったとは言い出しづらいもの。

3 ハンカチが欲しいおばさんは先手を打ってお礼を言い、筆者の了解を得て自分のものにしようとした。筆者もなんとかハンカチをあげるつもりがなかったことを伝えようとしたけれど、うまくいかなかった。筆者はおばさんの術中にはまったことを口惜しがりつつも、そのことに納得しているんだよ。

4 筆者はさりげなくおばさんにハンカチを贈ろうとしたんだよ。大げさにせず普段のお礼をするため気をつかって新聞の中に紛れ込ませた。なのに面と向かってハンカチがあったと言われてしまい、反応に困ってぎこちない会話になってしまった。だから、このゲームに負けたと感じたんじゃないかな。

5 おばさんのハンカチを手に入れようとうまく立ち回る態度に筆者は感嘆し、自分はまねできないと潔く負けを認めている。人が快くプレゼントをあげたくなる方法を心得ているんだね。だから筆者も葛藤はあったけれど、おだてられ感謝されて最終的にはやはり気持ちよくあげてもいいと思ったんだ。

問七 波線部E「私は涙が出そうだった」というのはなぜか。それを説明したものとして最も適切なものを一つ選び、マークせよ。

1 筆者を顧客ではなく友人として受け入れ、手の込んだ料理をふるまおうとしたおばさんの優しさに感銘を受けたから。

2 食べる物が多くない粗末な食卓に招かれてみじめさを感じ、おばさんとのそれまでの信頼関係が壊れた気がしたから。

3 品数が少ない食事に招待されたものの、食べてしまっていいのか遠慮した方がいいのか決めかねて困ってしまったから。

た。

4　ナポリの不便さを実感したことで人々の生活の知恵に気がつき、自分も工夫を実践することに充実感を感じるようになった。

5　テラスの眺めは生活の不便さを差し引いてもあまりある美しさなので、ナポリで暮らす価値を再確認し気持ちが落ち着いた。

問五　波線部C「大切な辞書の役目をしてくれた」とはどういうことか。それを説明したものとして最も適切なものを一つ選び、マークせよ。

1　近所に暮らす彼女はイタリア語についての情報を必要なときにはいつでも教えてくれる重要な存在であったということ。

2　典型的なナポリの人である彼女はこの町についての生き字引であり、彼女と話すだけで知識が豊かになったということ。

3　抜け目のない商売人である彼女との交流は、ナポリで暮らしていくための心得や教訓をまとめて与えてくれたということ。

4　食をはじめとしたナポリの情報を正確に伝えてくれる彼女は、新しい地で見聞を広めるためのよき案内人だったということ。

5　彼女との様々な場面での交流はナポリの人々の考え方や暮らしについての考えを深めるための道しるべとなったということ。

問六　波線部D「なにかゲームに負けたような、子供っぽい口惜しさが残っただけである」の解釈について高校生がグループ・ディスカッションをしている。次の中からその解釈として最も適切なものを一つ選び、マークせよ。

1　筆者がなくしたハンカチをせっかく見つけてくれたおばさんなのに、それが欲しいという気持ちに打ち勝てず、ハンカみ取ることができるか。それを説明したものとして最も適切なものを一つ選び、マークせよ。

1 ナポリという都会で事故にあわず生活するための素早い動きができなくなった自分の身体的衰えがもどかしく、悲しみを感じている。

2 何が起きるか予測が難しいナポリで、その場に合わせて素早く判断し、ふさわしい対応を取ることができない自分を情けなく思っている。

3 慣れないナポリで緊張ゆえに気持ちがほぐれず、体もこわばっているために、本来であれば簡単にできることが果たせずいらだっている。

4 ナポリで生活を始めてから、いかに自分の精神や肉体が鈍感になっていたかに気づくことができたので、新しくやり直そうと思っている。

5 日常生活と知的活動が一体となっているナポリにおいて、自分が受けた教育には多くの問題があったと気がついたので残念に思っている。

問四 波線部B「テラスの眺めを心から愉しむことができるようになっていった」とは筆者の心情がどのようになったことを表しているか。それを説明したものとして最も適切なものを一つ選び、マークせよ。

1 不便な暮らしを受け入れてゆくうちに町に親しみ始め、その景観の良さをわだかまりなく感じ取ることができるようになった。

2 不便なナポリの暮らしにうんざりしつつも、この町に憧れた父の夢をかなえることができたと誇らしく思うようになった。

3 不便な生活にいらだっていたが、一人で問題を解決できたため心の余裕が生まれ、ナポリも悪くないと思うようになっ

問一　傍線部ア〜オと同じ漢字を使うものを、次の各群からそれぞれ一つずつ選び、マークせよ。

ア
1　成功をカク信する
2　当時とはカク世の感がある
3　大学の設立に参カクする
4　地カク変動が起こる
5　カク式を重んじる

イ
1　教室を巡カイする
2　警カイ心を抱く
3　従業員をカイ雇する
4　カイ心して出直す
5　カイ古の情にひたる

ウ
1　果カンに立ち向かう
2　内憂外カンに直面する
3　上司のカン心を買う
4　カン膚無きまで打ちのめす
5　カン民一体で取り組む

エ
1　ショ務課に配属される
2　ショ志貫徹する
3　ものごとの端ショとなる
4　行政ショ士を目指す
5　ショ感を述べる

オ
1　バン感胸に迫る
2　バン石の備えで挑む
3　バン勇を振るう
4　裁バンを行う
5　茶バンを演じる

問二　空欄 X ・ Y に入るべき語句の組み合わせとして最も適切なものを一つ選び、マークせよ。

1　X　挫折　　Y　困惑
2　X　焦燥　　Y　悲嘆
3　X　優越　　Y　失望
4　X　達成　　Y　嫌悪
5　X　喪失　　Y　憂愁

問三　波線部A「知らぬ間に硬直してしまったわが精神と肉体は、これに対応するすべを知らず」から筆者のどのような心情を読に立ち寄った私に、「あら、お昼まだなの」とあきれたように言い、「そんなら、あたしたちと一緒に食べて行かない？」と誘ってくれた。「どうせろくなものはないけれど、ちょうどうちでもいま食べはじめるところだったのよ。ここにすわって食べてくださいよ」

　おばさんが指さした店の一隅で、彼女の息子が木箱の上に食器をならべて、熟したトマトと卵の簡単な料理を黙々と口に運んでいた。知り合ってたったひと月ほどの、いわば見知らぬ外国人を、こんな粗末な食卓に招いてくれるおばさんの気持がうれしくて、辞退はしたがE私は涙が出そうだった。すばらしいナポリのおみやげをもらったと思った。十年余を過した北の都会では一度も経験したことのない、それは暖かいもてなしだった。ミラノ（注5）が現代的で、ナポリは［甲］的だから、というような説明は安易にすぎて、真相を伝えてはくれない。

（須賀敦子「「ナポリを見て死ね」」による。出題の都合上、一部改変した）

（注1）テベーレ――イタリア中部の川。ローマを貫流して地中海に注ぐ。

（注2）ペルジノ――イタリア・ルネサンス期の画家（一四四六―一五二三）。

（注3）サンタ・キアラ――ゴシック様式の教会。

（注4）スパッカ・ナポリ――ナポリの有名な通りの名前。筆者が滞在していた部屋がある通り。

（注5）ミラノ――イタリア北部の都市。

のだけれど、はじめのうちは秤《はかり》にかけるときに一瞬気を散らしたりすると、あっというまに値段が跳ねあがるのだった。

その八百屋は買ったものをいつも新聞紙にくるんでくれた。ちょうど古新聞の処理に困っていた私は、一定の量の新聞がたまると、それを大学に行くときに持って出て、おばさんに渡すことにした。そんなことが何度かあって、私たちはだんだんと親しくなっていったように思う。ある日、いつものように大学の帰りに寄ると、おばさんがこう切りだした。「奥さん、あなたにお礼を言わなくちゃ。ほんとにすばらしいものをありがとう。でもほんとにあれはもらっていいのかしら」とっさになんのことかわからなくて、私はとまどった。おばさんはつづけた。「ああ、でも、きっとあなたは心のひろい人だから、あたしにプレゼントしてくださったに違いないよね。ほんとにありがとう」「なんのこと、いったい?」ようやくたずねた私の目のまえで、おばさんは更紗《さらさ》模様の一枚のハンカチを振ってみせた。「すばらしいハンカチだわ。あたしにと思って、新聞紙のあいだに入れといてくださったのはまちがいないと思ったんだけど、万一そうでなかったらとも考えて、とにかく聞いてみることにしたのよ。だまっていれば泥棒ですもんね。ほんとうにご親切ありがとう」あっと思った。整理のわるい私のハンカチが、古新聞に紛れたまま、おばさんの手に渡ったのだった。だが、ハンカチはすでにおばさんの支配下にあり、私はこう言うのがやっとだった。「でも、そのハンカチは使いかけだから。せめて洗濯してアイロンかけて持ってくるわ」「とんでもない」とおばさんは言った。「じゃ、やっぱりあたしにくださったのね。ありがとう。洗濯はもちろんあたしがしますよ。ほんとにありがとう。すてきなハンカチよ、これは」

こうして私はちょっと自分には贅沢《ぜいたく》だと思いながら東京を出るまえに買った、大[オ]バンの美しいハンカチを失った。やられた、と頭をかきたい気持《きもち》だったが、どういうものか腹は立たなかった。[D]なにかゲームに負けたような、子供っぽい口惜《くや》しさが残っただけである。

そのおなじおばさんが、またある日、図書館での仕事がようやく終《おわ》った午後三時すぎに、おそい昼食にとサラダ菜を買うためポリを見て死ね」のような恍惚《こうこつ》感はいささかもない。

そして、ナポリで暮らしはじめた私が感じていたのは、父の恍惚感よりも、板垣氏の［　Y　］にずっと近いものだった。この都会には、秩序とか、勤勉とか、まがりなりにも現代世界に生きると自負する私たちが、毎日の社会生活において遵守しなくてはならないと自ら信じ、人にも守らせようと躍起になっているもろもろの社会道徳を真っ向から無視して、大声で笑いとばしているようなところがあるのだ。ひろびろとしたテラスからカプリ島とヴォメロの丘とサンタ・キアラ(注3)の直線的なゴシック建築の側面が見える、いかにも現代的でしゃれた室内装飾の私のアパートメントも、住んでみると、たとえば設備の面では、家中さがしまわっても、ひとつとして満足に使える電気のコンセントがなかったし、どの水まわりも、ちょっとのことで水はけがわるくなった。毎夕、ゴミを持って、エレベーターなしの(一八世紀に建てられた、すなわち、ひどく天井が高い建物だから一階分の階段がおそろしく長い)五階から一階まで降り、また五階まで上ってくるのは、ひどく息のきれる仕事だった。

しかし、日が経《た》つにしたがって、私はそんな生活にも少しずつ慣れていった。パンを焼くあいだは、コンセントにつっこんだプラグを手で支えていればよい、流しの水ははけるまで待てばよい。私はだんだんそう思うようになったのだ。すると、また、Bテラスの眺めを心から愉《たの》しむことができるようになっていった。

家に慣れてくると私は、近所からはじめて、だんだんと遠出するようになり、徐々にスパッカ・ナポリ(注4)およびそれが代表するエショ民のなかにいて、いらいらせずにいられるようになったばかりか、これを愉しむことも覚えはじめた。

そんなころ、毎日の大学の往復にまえを通る八百屋のおばさんが、このナポリを学習する作業のなかで、C大切な辞書の役目をしてくれた。最初その店に目がとまったのは、ルゲッタという、香りのたかい、ほんのりと苦みのある私の好物のサラダ菜の、いかにも新鮮なのを売っていたからだった。そのうち私が通ると、おばさんが、今日はいいルゲッタがあるよ、と声をかけてくれるようになった。その店でいつも買うようになると、値段もだんだん安くなっていった。一キロいくらと値段は表示してある

〔二〕　次の文章を読んで、後の問いに答えよ。

〔かつてイタリア南部のナポリの素晴らしさを伝える父親からの絵はがきを受け取ったことがある筆者が、実際にナポリで暮らすことになった経験をつづっている。〕

さして大きくない都市に、半年ちかくも仕事をもって家をかまえるとなると、一応観光客とは一線をカク[ア]したかたちでその土地にかかわることになる。しかし、それまでにもイタリアでいくつかの大都市、あるいは小都市で一定の期間を過《す》ごし、それぞれについて自分なりの理解を持つなり、理解に到《いた》る方法も身につけたと自負していた私は、いまナポリに来て、深い［　X　］感のようなものにおそわれ、しばらくはすべての感覚が鈍ったように思い、反射神経が正常に働かない自分にいらだつのだった。たとえば道路を横断しようとするとき、自動車がまったく予期しない速度で、いつ、どの方向からこちらに向《む》かって走ってくるかわからない、というのがナポリでは通常の状況なのである。それが競技場で相手がボールなら、まったく初歩的な設定なのだが、道路を横断することとサッカー・ゲームをまったく別のことと判断するような学校教育や市民教育に慣らされ、[A]知らぬ間に硬直してしまったわが精神と肉体は、これに対応するすべを知らず、私はある種の屈辱感にさいなまれるのだった。

「ナポリはイタリアの中でも私の一番嫌いな都会です。よく人の語るイタリアの不愉快さは実はナポリの不愉快さでせう《しょう》。此《こ》麼《ん》な俗悪な都会にイタリアを代表させるのは困ります」

これは美術評論家の板垣鷹穂《いたがきたかお》氏の名著『イタリアの寺』の中での氏の述カイ[イ]である。あるいは「真白《まっしろ》く濃艶な姿を緑色の水に映し」、あるいは「テベーレ(注1)の河岸に中世期の物寂《さ》びた幻想を与える」、歴史に支えられた古寺の数々を訪れ、「ペルジノ(注2)の絵のように長閑《のどか》」な、また「秋の光に橄欖《かんらん》の葉の輝く平和な野が低く遠く展《ひら》け」る田園風景に接し、そのたびに心を満たすカン[ウ]喜をつづる著者が、ナポリだけは、このようにきびしい批判の数行で片付けてしまう。そこにはかつて私が父からもらった絵はがきの「ナ

4　西鶴以下の近世小説の影響を受け、一葉の内的独白が圧倒的な音声となって現れる言文一致体で綴《つづ》られた文章。

問十　本文の内容と合致するものを一つ選び、マークせよ。

1　二葉亭四迷の翻訳した小説『あひびき』は、外界を表象する主体としての「自分」が明示されているが、この文体は、明治30年代の日本の「自然主義」者たちの手本となって言文一致体の小説を生み出す契機となり、第一次の国定国語教科書では詩歌の伝統を推進する役割をになうことになる。

2　西欧の論理学に通じた漱石は、告白（自己暴露）への信頼を基調とした『吾輩は猫である』というタイトルの小説を発表したが、漱石と同じく「私は○○である」という命題形式が言語規範として制度化されることに追随した文学者に、19世紀フランスの詩人ランボーや小説家フロベールがいる。

3　20世紀初頭に言文一致体の口語文が成立したことは、当時の日本において二項的な新しい世界の切り分け方が成立したことを意味するが、その分節化のしかたは21世紀の日本の思想的・言語論的な世界においても有効な手法であり、アクチュアルな課題を解決する糸口として存在し続けている。

4　翻訳文体の「文」の論理《ロジック》を背景として明治30年代に成立した言文一致体の口語文は、当時の日本において二項的な新しい世界の切り分け方が成立したことを意味するが、分節化された近代の言説の編制のゆきづまりが見える現代では、近代以前の日本文学（詩的言語）の可能性を考察すべきである。

5　20世紀初頭に翻訳文体の「文」の論理《ロジック》を背景として成立した言文一致体の口語文は、『大つごもり』の女主人公がみずからの内なる声を独白する場面で最も効果的に使用されており、日本文学史の上で、作中人物の声が語り手の声と響きあう自由間接話法を実現した点は特筆すべき事実である。

なってしまった詩的言語のレトリック。

3　「来ぬ人を待つ」（来ない人を待つ）の動詞「待つ」が、「松帆の浦」の「松」（まつ）と掛詞になっているので、「来ぬ人を待つ」に対する作者の捉え方が明らかにされないまま、次の「文」の要素である「松帆の浦の夕凪に焼く」に組み入れられた結果、主述関係が保留されたレトリック。

4　『古今和歌集』以後の和歌や和文でよくみられる「待つ」という動詞と「松」という名詞の同音を掛けて二重の意味を陳述する掛詞を用いることで、「来ぬ人を待つ」（来ない人を待つ）女が「松帆の浦」で「藻塩」を「焼く」という主部と述部の対応関係を明快に示したレトリック。

問八　空欄 Ⅰ Ⅱ Ⅲ に入るべき言葉の組み合わせとして最も適切なものを一つ選び、マークせよ。

	Ⅰ	Ⅱ	Ⅲ
1	公正	自我	世界
2	客観	非我	人間
3	客観	自我	宇宙
4	公正	非我	世界
5	客観	自我	人間
6	公正	非我	宇宙

問九　波線部E「一葉の文章」について説明したものとして最も適切なものを一つ選び、マークせよ。

1　言文一致体の近代小説が成立する以前の詩的言語から逸脱し、伝統的な和歌・和文の文体を革新した文章。

2　センテンス（文）の意識が、明治30年代以前の小説との親和性にとぼしく、命題形式で分節化された文章。

3　命題形式で分節化されることなく、『源氏物語』以後の伝統的な和文にみられる自由間接話法で綴《つづ》られた文章。

ありえないが、世界文学レベルで見ると「私は○○である」という命題形式を顚倒させる詩的言語として、さきがけとなる実践例ともいえる。

2　当時としては高齢の男性であった藤原定家が、自分を女性に擬して和歌を詠むことは、正岡子規以後の近代短歌の世界ではありえない「主体」のあり方であり、世界文学レベルで「私は○○である」という主語の明示を推進する言文一致の先駆的実践例ともいえる。

3　男性である藤原定家が、はげしい恋情に心をもやす女性に自身を擬して和歌を詠むことは、正岡子規以後の近代短歌の世界ではめったにあることではないが、世界文学レベルで見ると「私は○○である」という命題形式を明示するありふれた実践例ともいえる。

4　男性歌人である藤原定家が、男を恋い焦がれる「待つ女」に成り代わって和歌を詠んだことは、正岡子規以後の近代短歌の世界ではありふれたことではあるが、世界文学レベルで見ると「私は○○である」という命題形式を推進するきわめて高度な実践例ともいえる。

問七　波線部D「命題形式の「文」のロジックを脱臼させてしまう詩的言語のレトリック」とは、どのようなレトリックか。最も適切なものを一つ選び、マークせよ。

1　「来ぬ人を待つ」（来ない人を待つ）女が男を待ち続ける焦燥感を、淡路島の歌枕である「松帆の浦」の「松」（まつ）にことよせて、「松帆の浦の夕凪に焼く」「藻塩」のようだとたとえることで、女の情念の強さを最大限に引き出し、当時の言語規範を根底から覆したレトリック。

2　「来ぬ人を待つ」（来ない人を待つ）という命題形式の「文」のロジックのうち、「待つ」という述語部分の動詞と同じ音をもつ「松帆の浦」（淡路島の歌枕）の「松」を掛詞に用いたことで、主体と客体が分かれ、近代の言文一致体を先取りすることに

4　V　いっぽうで　W　こうした　X　たとえば　Y　むしろ　Z　なによりも
5　V　むしろ　W　なによりも　X　いっぽうで　Y　たとえば　Z　こうした

問三　波線部A「そのような時期」を説明したものとして最も適切なものを一つ選び、マークせよ。
1　きわめて自然な日本語文で翻訳された二葉亭四迷訳『あひびき』が、「自然主義」者たちの文体の手本となった時期。
2　外界を認識・表象する主体としての主語を明示した書き言葉が必要とされ、義務教育として浸透していった時期。
3　「標準語」の確立と言文一致運動がさかんになり、国語教科書に西洋語で書かれた教材が大幅に取り入れられた時期。
4　個々人が社会的・法的な責任主体であることを求められ、使用している方言の近代化が国を挙げて推進された時期。

問四　二重傍線部d「トートロジー」の意味として最も適切なものを一つ選び、マークせよ。
1　形而上学《けいじじょうがく》　2　時代錯誤　3　虚無主義　4　構造主義　5　同語反復　6　論理構造

問五　波線部B「批評的な詩的言語」の例として適切でないものを一つ選び、マークせよ。
1　花の色は移りにけりないたづ《ず》らにわが身世にふるながめせしまに（小野《おのの》小町《こまち》、『百人一首』より）
2　夏草や兵《つわもの》どもが夢の跡（松尾芭蕉《まつおばしょう》『おくのほそ道』）
3　髪五尺ときなば水にやは《わ》らかき少女《おとめ》ごころは秘めて放たじ（与謝野晶子《よさのあきこ》『みだれ髪』）
4　この若い刺青《ほりもの》師の心には、人知らぬ快楽と宿願とが潜んで居た。（谷崎潤一郎《たにざきじゅんいちろう》『刺青』）

問六　波線部C「子規以後の近代短歌では、およそありえない作歌の「主体」のあり方だが、しかしそれは、「他者」としてしかありえない詩的言語の主体の、世界文学レベルでの先駆的な実践例ともいえる」を説明したものとして最も適切なものを一つ選び、マークせよ。
1　50歳代後半の男性であった藤原定家が「待つ女」に成り代わって和歌を詠むことは、正岡子規以後の近代短歌の世界ではの圧倒的な内的独白の声として現れる。一葉の語りでは作中人物の声が語り手の声と響きあう。明治20年代の日本語文学がはからずも実現した自由間接話法だが、それは［Z］、『源氏物語』以来の和文の伝統的な話法でもあり、また西鶴以下の近世小説の少なからぬ影響下に生まれた話法でもあった。

（兵藤裕己「言文一致体の起源──「主体」の観念、「近代的自我」の始まり」による。出題の都合上、一部改変した）

（注1）「S is P」の命題形式──S（主語）とP（述語）をis（である）でつないだ形式。
（注2）親炙した──親しく接してその感化を受けた。
（注3）アポリア──解決の糸口を見いだすことができない難しい問題。
（注4）アクチュアルな──今日的・現代的な。

問一　二重傍線部a「明示」b「不要」c「投稿」e「陳述」と同じ構成の熟語はどれか。最も適切なものをそれぞれ一つずつ選び、マークせよ。

1　偶発　　2　損得　　3　媒介　　4　非常　　5　都営　　6　取材

問二　空欄［V］［W］［X］［Y］［Z］に入るべき語句の組み合わせとして最も適切なものを一つ選び、マークせよ。

	V	W	X	Y	Z
1	こうした	たとえば	なによりも	いっぽうで	むしろ
2	たとえば	いっぽうで	むしろ	こうした	なによりも
3	なによりも	むしろ	こうした	たとえば	いっぽうで

C子規以後の近代短歌では、およそありえない作歌の「主体」のあり方だが、しかしそれは、「他者」としてしかありえない詩的言語の主体の、世界文学レベルでの先駆的な実践例ともいえるのだ。

また、『古今和歌集』以後の和歌や和文で慣用されてきた掛詞《かけことば》と縁語の修辞《レトリック》は、「S is P」の論理学的命題の究極のアポリア(注3)である。みぎの定家の歌でいえば、「来ぬ人を待つ」が「松帆の浦」(淡路島《あわじしま》の歌枕)に掛けられ、「待つ」という述語部分のe陳述は宙づりにされたまま次の「文」の要素に組み入れられる。

D命題形式の「文」のロジックを脱臼させてしまう詩的言語のレトリックだが、[X]掛詞と縁語は、謡曲や和文(雅俗折衷文)のレトリックとして江戸後期の戯作《げさく》にも引きつがれ、たとえば、近代の言文一致体の成立へ向けて苦闘した二葉亭四迷の『浮雲』にも、掛詞ふうのだじゃれが散見する。だが、『浮雲』の前半部にみられた戯作調のレトリックは、前近代的なことば遊びとして、作者本人によって後半部では廃棄されてしまう。

言文一致体の口語文は、翻訳文体の「文」の論理《ロジック》を背景として、20世紀初頭(明治30年代)に成立した。近代の新しい文体の成立は、世界の新しい切り分けかた、分節化のしかたの成立を意味する。

たとえば、主体と客体(主観と[I])、[II]と外界、[III]と自然といった二項的な枠組みだが、しかしそのようにして切り分けられた近代の世界(言説の編制)のゆきづまりが見えている現在、近代以前の日本の文学(詩的言語)の可能性は、21世紀のきわめてアクチュアル(注4)な思想的・言語論的な課題として、あらためて考察されるべきだろう。

[Y]、言文一致体の近代小説が成立する以前の明治20年代には、和歌・和文の文体の伝統のなかから、樋口一葉《ひぐちいちよう》というまぎれもない天才が出現していた。句読点の打ち方一つをみても、一葉のセンテンス(文)の意識は、明治30年代以後の近代小説のそれとは異質である。

命題形式で分節化されないE一葉の文章は、たとえば、『大つごもり』(明治27年〈1894〉)や『にごりゑ《え》』(明治28年)では、女主人公代化される明治期の社会が、主語中心に編制される言文一致体の文章を受容してゆく。

Aそのような時期に小説家として出発した漱石《そうせき》の最初の小説タイトルが、「S is P」(注1)の命題形式のパロディの『吾輩《わがはい》は猫である』だった。俳句雑誌の『ホトトギス』に連載されたこの小説は、西欧の論理学にも通じた漱石があえて選んだタイトルである。それは当時の自然主義の文学者に蔓延《まんえん》しつつあった告白(自己暴露)へのナイーブな信頼、それが不可避的に陥る自己言及的なdトートロジーへの批評的なパロディだったろう。

「私は○○である」という命題形式の規範を顚倒《てんとう》させたのは、19世紀フランスの詩人ランボーであるし、小説家のフロベールである。制度化される言語規範にたいする文学者たちの一種の行動《アンガージュマン》だが、明治30年代(20世紀初頭)の日本を生きた漱石にとって、そうしたB批評的な詩的言語として手近なところにあったのは、この極東の島国に培われた詩歌の伝統だった。

それはたとえば、明治の知識人として漱石が身につけていた漢詩文の素養であり、また子規《しき》(注2)を介して親炙《しんしゃ》した俳諧(俳句・俳文)、あるいは和歌(短歌)である。

俳句とともに子規が試みた短歌の革新に、漱石がどの程度シンパシーを寄せていたかはわからない。『漱石全集』に収録される二千数百に及ぶ俳句にたいして、短歌はわずか八首である。漱石の関心がさほど短歌(和歌)になかったことはたしかだが、しかし「私は○○である」といった命題形式を顚倒させる詩的言語の伝統は、［ W ］子規によって排撃された『古今集』以後の和歌・和文の世界にあったのだ。

一例をあげれば、たとえば『百人一首』の、「来《こ》ぬ人をまつほの浦の夕凪《ゆうなぎ》に焼くや藻塩の身も焦がれつつ」は、男を恋い焦がれる「待つ女」の絶唱といってよい。だが、この歌の作者は、じつは『百人一首』の撰者《せんじゃ》の藤原定家《ふじわらのさだいえ》なのだ。いうまでもなく定家は男であり、この歌を詠んだのは50歳代の後半、当時としては、かなり高齢の老人である。そんな定家が渾身《こんしん》の自信作として選んだ自薦歌が、自分を「待つ女」に擬した「来ぬ人をまつほの浦……」の歌だった。

国語

（英語と二科目　九〇分）

〔一〕　次の文章を読んで、後の問いに答えよ。

独歩《どっぽ》の『武蔵野』に自然描写の手本として引かれた二葉亭四迷《ふたばていしめい》訳の『あひ《い》びき』の冒頭は、外界（自然）を認識・表象する主体としての「自分」が明示[a]される。通常の日本語文では不要[b]であり、不自然ともいえる主語（sujet, subject）の明示だが、この小説の原作者ツルゲーネフは、一年の半分をフランスで過ごし、パリのサロンにも足繁《しげ》く出入りしていたロシア貴族である。

ツルゲーネフにとって公用語はフランス語であり、フランス語でものを考え、ロシア語で小説を書いたような作家だが、近代フランス語の文法規範を十二分に体得したツルゲーネフ作品の翻訳が、二葉亭訳の『あひびき』だった。そしてロシア＝フランス語の文法規範を過剰に適用して訳出された翻訳小説が、明治30年代の日本の「自然主義」者たちの文体の手本となり、近代の言文一致体の小説が成立することになる。

明治30年代には、小説以外でも、国語教科書や新聞記事、また俳句雑誌の投稿欄[c]などで、言文一致の運動がさかんに展開された。とくに明治36年（1906）に発行された第一次の国定国語教科書は、「標準語」の確立と方言の撲滅を目標としてかかげ、言文一致体の教材を大幅に取り入れた。

主語の明示を必要とした西洋語の文法規範にも適合した文章作法が、義務教育として浸透してゆくのだが、そのような書き言葉を必要としたのは、［　V　］個々人が社会的・法的な責任主体（＝国民）であることを求めた近代国家である。不可逆的に近

解答編

英語

A　解答　(1)―2　(2)―1　(3)―1　(4)―2　(5)―3　(6)―4
(7)―4　(8)―1　(9)―3　(10)―4　(11)―1　(12)―4
(13)―3　(14)―4　(15)―3

解説

(1) 「私は母と買い物に行っていたとき，一人の男が逃げていくのを見た」

空所の直前が be 動詞 was であるから，原形の go，過去形の went は入らない（1・4は不可)。「買い物に行く」は go to shopping ではなく，go shopping である（3は不可)。したがって，正解は2。なお，S_1 V_1 when S_2 V_2 は通常，「S_2 が V_2 するとき，S_1 が V_1 する」と訳すが，本文のように V_1 が進行形になっている場合には，「S_1 が V_1 していると（き)，S_2 が V_2 する」と訳すほうが自然な日本語になることがある。

(2) 「言論の自由は人権として非常に重要なものである」

of＋抽象名詞＝形容詞の語法が問われている。さらに，この of と抽象名詞の間に great，much などを置くことによって，この表現が強められる。すなわち，of great＋抽象名詞＝very＋形容詞の意味になる。以上から，正解は1。

(3) 「もし，早く退出しなければならないのなら，先生に頼みなさい。そうすれば，彼女はあなたが退出することを許してくれるでしょう」

allow *A* to *do*「*A* が～するのを許す〔認める〕」の語法より，正解は1。3の let も「*A* が～するのを許す」の意味であるが，let *A* *do* の形で用いる。4の make は make *A* *do* の形で「*A* に（強制的に）～させる」の意味。2の keep は keep *A* *B*「*A* を *B* のままにしておく」の意味であるが，この *B* の位置に入るのは，形容詞相当の現在分詞か過去分詞であり，to

不定詞や動詞の原形は入らないことに注意。

(4)「大雨のせいで，その試合は中止された」

due to *A*「*A* が原因で，*A* のために」の語法より，正解は2。because of, owing to も同意の表現である（1には of が，3には to が必要)。4の reason は，for reasons of *A* の形で「*A* の理由で」の意味になる。

(5)「多くの本を読むことは言語の発達によい」

本文の主語は動名詞 Reading であり，空所にはそれに相応する述語動詞が入る。主語としての動名詞は単数扱いであるから，単数形 is の3が正解。

(6)「彼はとても優秀な選手であり，チームの成功に必要なことは何でもするだろう」

1の anything but は，but を関係代名詞と考えれば文法的には文が成立するが，関係代名詞 but は that … not の意味であり（There is no rule but has some exception.＝There is no rule that does not have some exception.「例外のない規則はない」)，「チームの成功に必要でないことは何でも」となってしまうので，意味的に不適。2の everything は everything that と関係代名詞を補わないと，文法的に正しい文にならない。3の that much は that を（指示）代名詞，（指示）形容詞，副詞のいずれと考えても，文法的に正しい文にならない。したがって4の whatever が正解。複合関係代名詞 whatever は，anything〔everything〕that と置き換えることができ，「～するものは何でも」の意味である。

(7)「忘れないように，次の会議の日付をもう一度言ってもらえますか？」

so that S will not V「S が V しないように」の構文より，正解は4。1の接続詞 for は理由を表し「というのも～だから」の意味，2の in order to は in order to *do* の形で「～するために」，あるいは in order that S V の形で「S が V するために」の意味，3の接続詞 since は理由を表して「～だから」，起点を表して「～以来」の意味であり，いずれも不適。

(8)「私たちの上司は土曜日の送別会に出ることができる」

be available for *A*「(人が) *A* に都合がつく」の語法より，正解は1。2の (be) capable of は名詞や動名詞を続けて「～の能力がある」「～する能力がある」という意味になる。送別会の出席は能力の問題ではないので意味上不自然。3 の convenient は人を主語にするのではなく，It is convenient for *A*（人）to *do*「～することは *A* に都合がよい」という形で用いる。4 の possible も人を主語にするのではなく，It is possible for *A*（人）to *do*「*A* は～することができる」という形で用いる。

(9)「私が部屋に入ったとき，彼はちょうど出ようとしているところだった」

be about to *do*「ちょうど～しようとするところ」の語法より，正解は 3。1 の is going は，従属節が when I entered と過去形になっているので，意味的に不適。

(10)「その山は何百万年も前は海の中にあったと言われている」

be said to have *done*「～したと言われている」の語法より，正解は 4。3 は，be said to *do*「～すると言われている」の形になるが，本文では，millions of years ago「何百万年も前に」という過去を示す表現があるので，不可。

(11)「あなたが私に多くの助言をしてくれたので，私はなんとか試験に合格することができた」

a lot of *A*「多くの *A*（*A* は可算名詞・不可算名詞のどちらでもよい）」の語法より，正解は 1。2 の plenty は不可算名詞で，正しくは，plenty of *A* の形で「多くの *A*（*A* は可算名詞・不可算名詞のどちらでもよい）」の意味になる。3 の full は「（容器や場所などが）いっぱいの」「全部の，完全な」の意味であり，advice を修飾する語としては不自然。advice は不可算名詞であるから，可算名詞に用いる 4 の many は不可。

(12)「完全に確信しているというわけではないが，あなたの考えはよさそうだ」

1 の feels like の後には名詞，あるいは名詞に相当するもの（動名詞）が続く（本文では形容詞 good となっているので，不可）。3 の seems like も後に名詞が続くので，不可。動詞 hear には，後に形容詞が続く語法はないので，2 は不可。よって正解は 4。動詞 sound には第 2 文型の用法があり，sound *A*「*A* に聞こえる，*A* と思われる」の意味。この *A* は補語であるから，*A* には形容詞を入れることができる。

(13)「兄が腕を折ったと知って本当に衝撃的だった」

動詞 surprise，shock はそれぞれ「驚かせる」，「ショックを与える」，現在分詞 surprising，shocking は「驚かせるような，驚くべき」，「ショックを与えるような，衝撃的な」，過去分詞 surprised，shocked は「驚かされた，驚いた」，「ショックを与えられた，ショックを受けた」の意味になる。本文では主語が形式主語 It（真主語は不定詞句 to learn）であるから，意味上，現在分詞が適切。したがって正解は 3。通常，人を主語にする surprised，shocked は不適（2・4 は不適）。1 の big surprise の surprise は，動詞の原形ではなく，名詞で「驚くべきこと」の意味とも考えられるが，その場合，通常 a surprise の形で用いるので不適。

(14)「興味のある人はそのイベントに自由に参加してよい」

空所は関係代名詞 who の先行詞になっている。関係詞節中の動詞が複数形 are であるから，単数扱いの 1 の Everyone，3 の Someone は不可。2 の代名詞 Other は通常，定冠詞 the をつけて the other，the others の形で用いるので，不適。したがって正解は 4。those who ～ で「～する人たち」の意味。

(15)「大阪と北海道の気温は，昨日，10 度違った」

差を表す前置詞 by の用法より，3 が正解。

B　解答　(16)－2　(17)－3　(18)－2　(19)－4

全訳

《海外旅行への期待を語り合う 2 人》

（ポールとジョセフがキャンパスの門で会う）

ポール　：やあ，ジョセフ。調子はどう？

ジョセフ：いいよ，ありがとう。きみはどう？

ポール　：いいと思うよ。夏にインドへ行く飛行機のチケットを取ろうとしているところだよ。実は，思っていたよりも随分値段が高くて。

ジョセフ：ああ，そうだね。僕も同じ心配をしているところなんだ。

ポール　：本当に？　きみはどこへ行く予定なの？

ジョセフ：ええと，兄を訪ねて香港へちょっと旅行しようと計画しているんだ。

ポール　：きみのお兄さんは今香港にいるの？　それは知らなかった。香港には仕事で？

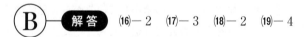

ジョセフ：そう，数年前に転勤になったんだ。僕は香港旅行をするよい機会になるだろうと思ったよ。

ポール　：いいね。お兄さんもきみも幸運だね！　それで，それはそうと，香港への飛行機チケットはそんなに高いの？

ジョセフ：そうなんだ。僕が予想していたよりももっと高くて。でも，行ってしまえば，兄のところに滞在できるから，ホテル代を払う必要はないよ。ところで，きみはどうしてインドへ行くつもりなの？　長くいるの？

ポール　：留学するんだ。ホームステイをしながら，２週間語学学校に通って，それから，しばらく旅行して回りたいと思っているんだ。僕の計画では３週間滞在するつもり。

ジョセフ：すばらしい計画だね。僕もインドへ行きたいよ。きみと僕とで，昨年，街中のインド料理のレストランに行ったのを覚えているよ。あの料理はおいしかった！

ポール　：僕もよく覚えているよ。本当に正直なところを言えば，それがインドに留学することに決めた理由の一つなんだ。

ジョセフ：ああ，そうなんだ！　なるほど。僕も香港で料理を食べることを楽しみにしているんだ。兄がいつもその話をしているから。兄は僕を連れて行きたいレストランをたくさんもう選んだんだって。

ポール　：いいね。現地のちょっとした情報が必ず役立つからね。僕ら２人とも夏に海外へ行く余裕ができることを期待しよう。

ジョセフ：そうだね。そういうことだから，働いて少しお金を稼ぐほうがいいね。

解説

⒃　ポールは直前に，「インドへの飛行機チケットを取ろうとしている」と言ったのに続いて，「実は思っていたより（　　）」と言っている。また，直後に，ジョセフが「自分も同様の心配をしている」と言っている。飛行機チケットに関する発言内容に注目して以下の会話を追うと，ポールの第５発言でこの話題が出てくる。すなわち，ポールが「飛行機チケットはそんなに高いのか？」と尋ね，ジョセフが「思っていたよりも高い」と答えている。したがって，２の「はるかにもっと値段が高い」が適切。１は「予約するのがより簡単」，３は「かなりもっと安い」，４は「キャンセル

するのがもっと難しい」の意味。

⒄　直後の発言で，ジョセフが「そう。（彼は）数年前に転勤になった」と言っているので，3の「彼は仕事でそこにいるのか」が適切。1は「彼はそこで生まれたのか」，2は「彼は結婚したのか」，4は「彼は夏が好きか」の意味。

⒅　直前でポールは「ホームステイをしながら，2週間語学学校に通う」，「それからしばらく（　　）したい」と言っている。さらに，「計画では3週間滞在する」と続けている。インド滞在中の計画を述べているから，1の「インドへ行く」は不可。3の「チケットを取る」は，直後の「しばらくの間」という，ある程度の期間継続する行為についての表現とのつながりが悪い。4の「まっすぐに戻る」は，2週間語学学校に通ってからすぐに戻ってしまうと，3週間滞在するという計画と齟齬が生じる。したがって，2の「旅行して回る」が適切。

⒆　空所はLet's hope「～を期待しよう」に続くものであるから，期待する内容として適切なものを選べばよい。1は「海外に行かなくてもよいこと」となり，不適。2は「あなたが勉強することができること」となるが，海外へ勉強しに行こうと計画しているのはポールであってジョセフではないので，「あなたが」というのは，ポールのLet'sで始まる発言中では不適。3は「彼が海外に行くことができること」となるが，海外に行きたいのはポールとジョセフの両方であるから，「彼」というのが不適。したがって，4の「僕たちが2人とも海外へ行く余裕ができる」が適切。

Ⓒ　解答　⒇－2　㉑－3　㉒－1　㉓－3　㉔－1

全訳

《モン語を救うアプリ》

1　ベトナム戦争が1975年に終わった後，アニー＝ヴァンの両親は，タイに安全な居場所を見つけるため，夜間にメコン川を下り，ラオスの戦争から逃れた。「私の両親は逃げるか，さもなければ死ぬしかなかったのです」と彼女は言う。

2　ヴァンの家族はモン族である。モン族は，ベトナム戦争で米国を助けた文化集団であり，その後，ラオスとカンボジアに散らばった。米国が戦争に負けると，モン族はすべてを失い，多くの人が自分たちの国を離れた。ヴァンの家族は，最終的に1970年代後半に米国へ行くことができるまで，難民キャンプで生活しなければならなかった。ヴァンはアイオワ州で育ったが，強い訛りがあり，他のみんなと違って見えたことが理由でからかわれたことを覚えている。「私は毎日自分の国へ帰れと言われました」と彼女は言う。「私は他のみんなと同じようになって，モン族の文化と言語を忘れたかっただけなのです」

3　しかし，現在，44歳のアニー＝ヴァンは，彼女の文化の歴史を保存するためにできるあらゆることをしている。コンピュータプログラマーとしての仕事で，彼女はコンピュータアプリケーション，略して，アプリ，を創っている。10年以上もの間，彼女は，モン語フレーズ集というアプリ，これは彼女が自分で創ったものだが，そのアプリを使って，モン語をデジタルで記録している。そのアプリの目的は，英語しか話さない米国のモン族の若者にモン語を教えることである。

4　モン語は何世紀もの間使われてきたにもかかわらず，比較的最近まで書き言葉が存在しなかった。書物はなく，物語は親から子へと口頭だけで伝えられてきた。しかし，1950年代に，アメリカ人の言語研究者であるウィリアム＝スモーリーがラオスのモン族の人々を訪ねて，彼らの言語の書き言葉を作るのを助けた。

5　ヴァンの言うところによると，多くのモン族の人々は米国に来る前に自分たちの言語での読み書きができるようになっていなかったので，モン語は消滅の危機にある，ということである。「私たちの豊かな文化の歴史や物語の多くが失われています。なぜなら，書き留められもせず記録もされなかったからです」と彼女は言う。

6　彼女は自分の言語を救う最良の方法はその言語のデジタルの記録を創り，モン族の若者がその言語も話すことができるようになるように支援することだと考えた。ヴァンの友人の何人かが，彼女に「こんにちは」や「さよなら」のような基本的フレーズをモン語でどのように言うのかを尋ねるということがあってから，彼女は，モン語と英語の変換アプリを創ることに決めた。このアプリで，ユーザーはモン語のフレーズを検索し，そのフレーズをどのように発音するかを聞き，それを声に出して言う練習をすることができる。

7　それ以降，モン語フレーズ集アプリは，2000回以上ダウンロードされている。昨年1月，ヴァンはすべてのオーディオコンテンツを録音し直し，アプリのための新機能を創った。その機能は，学習者がモン族の友人と会話するのを支援するものである。たとえば，彼女は3000の訳文を付け加え，ユーザーがフレーズを暗記するのに役立つようにフラッシュカードを作った。

8　より多くの単語をモン語フレーズ集アプリに付け加えることによって，ヴァンは，従来小さなコミュニティーの中だけで話されてきた言語を救いたいと思っている。「私たちの言語は若者と年配者とをつなぐ橋であり，現在，私たちは物語を伝え共有することができます」と彼女は言う。

解説

(20)「アニー＝ヴァンとその家族は自分たちの故国を離れなければならなかった。なぜなら（　　）」

第2段第1・2文（Vang's family are … leave their country.）に，ヴァンの家族はベトナム戦争のときに米国を助けたモン族で「米国が戦争に負けると，モン族はすべてを失い，多くの人が自分たちの国を離れた」とある。また，第2段第3文（Vang's family had …）に，「ヴァンの家族は，最終的に1970年代後半に米国へ行くことができるまで，難民キャンプで生活しなければならなかった」とあることから，2の「米国がベトナムでの戦争に負けた」が正解。1の「彼らはタイで難民であった」について，国を離れたから難民になったのであって，難民であったから国を離れたのではない。3の「彼らは米国に行って暮らしたかった」について，国を離れた結果，米国に行くことになったのであって，米国で暮らしたいから国を離れたのではない。4の「彼らはメコン川を下った」について，国を離れるためにメコン川を下ったのであって，メコン川を下ったから国を離れたのではない。

(21)「そのアプリを創ったアニー＝ヴァンの意図は（　　）することだった」

第3段第1文（But now, Annie …）に，「ヴァンは，彼女の文化の歴史を保存するためにできるあらゆることをしている」とあり，第3段第2文（In her job …）に，「彼女はアプリを創っている」とあり，第3段第3文（For more than …）に，「そのアプリを使って，モン語をデジタルで記録している」とある。以上のことから，3の「モン語を保存するのに役立てる」が正解。1の「書物や物語を創る」について，そのような記述は本文にない。2の「ヴァンの個人の歴史を保存する」について，彼女が保存しようとしているのは彼女の「個人の」歴史ではなく，彼女の属するモン族の文化の歴史である。4の「モン語学習者のために英語を記録する」について，彼女が記録しているのはモン語であって，英語ではない。

(22) 「アニー＝ヴァンが主張するところによると，モン族の文化は消滅しつつある，なぜなら（　　）」

第5段第2文（“A lot of…）に，「『私たちの豊かな文化の歴史や物語の多くが失われています。なぜなら，書き留められもせず記録もされなかったからです』と彼女は言う」とあることから，1の「モン語は書き留められなかった」が正解。2の「アメリカ人のウィリアム＝スモーリーがラオスに行った」について，第4段第3文（However, in the…）によると，彼がラオスを訪れたのは，モン語の書き言葉を作るのを助けるためであり，彼の訪問が，モン語が消滅しかかっている原因になったわけではない。3の「アメリカ人はアイオワでモン語をからかった」について，第2段第4文（Growing up in…）に述べられているのは，アニー＝ヴァンがアイオワで育ったときにモン語訛りの英語をからかわれたということであり，またそれはモン族の文化の消滅の原因とは全く関係がない。4の「モン族の文化についての本がメコン川で失われた」について，そのような記述はなく，第4段第2文（There were no…）によれば，そもそもモン族の文化では書物が（最近まで）存在しなかったということである。

(23) 「モン語フレーズ集アプリで，人々は（　　）することができる」

第6段第3文（With this app,…）に，「このアプリで，ユーザーはモン語のフレーズを検索し，そのフレーズをどのように発音するかを聞き，それを声に出して言う練習をすることができる」とあることから，3の「モン語を話す練習をする」が正解。1の「新しいフレーズを付け加える」について，第7段第3文（For example, she…）にあるように，「新しいフレーズを付け加える」というのはアニー＝ヴァンがアプリに対して行ったことであり，ユーザーがアプリでできることとは関係がない。2の「オーディオコンテンツを録音する」について，第7段第2文（Last January, Vang…）にあるように，「オーディオコンテンツの録音」は，アニー＝ヴァンがしたことであり，ユーザーがアプリでできることとは関係がない。4の「『こんにちは』のような単語を英語に翻訳する」について，第6段第3文（With this app,…）にあるように，このアプリはモン語のフレーズを検索し学習するためのものであり，「英語に翻訳する」ためのものではない。

⑷「空所に最もよく当てはまるものを選びなさい」

空所を含む文は，「昨年1月，ヴァンはすべてのオーディオコンテンツを録音し直し，そのアプリの（　　），それは，学習者がモン族の友人と会話するのを支援する」という意味である。2の「基本的フレーズを避ける」とすると，学習者が会話をする支援にはならないので，不適。3の「文化的要点を書き留める」は，アプリが言語の学習用であることを考えると，うまくあてはまらない。4の「新しいモン語を作る」は，アプリが言語の保存を目的とすることを考えると，つながりがよくない。また，そもそも新しい言語を作ることができるかということ自体，疑問である。したがって，1の「新しい機能を創った」が正解（「それ〔その新しい機能〕は，学習者がモン族の友人と会話するのを支援する」とうまくつながる）。

D　解答　㉕－2　㉖－2　㉗－3　㉘－2　㉙－1　㉚－3

全訳

《家を出発する前に》

（マンディーとサマンサは友人を訪ねるために家を出ようとしている）

マンディー：急いで，サマンサ。まだ準備できていないの？

サマンサ　：もうできるところよ。あとはコートと鍵を取ればよいだけ。

マンディー：本当に遅いわよ。私は10分前から準備できているのよ。

サマンサ　：ねえ，もうそのくらいにしてよ！　今朝はたくさんすることがあったの。とにかく，さあ，準備ができたわよ。

マンディー：やっとね。それじゃあ，行きましょう。

サマンサ　：ちょっと待って，雨かしら？

マンディー：ええ，そうね。そうみたいね。傘を持っていくほうがいいわね。

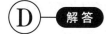

《大学にて》

（ジャックとメアリーは大学にいる）

ジャック：やあ，メアリー。今日は授業で見かけなかったね。大丈夫？

メアリー：ええ。そうだと思うわ。私が面接を受けた美術館の仕事を覚えてる？

ジャック：もちろん，覚えているよ。きみの理想の仕事だね！　どうなったか聞こうと思っていたけど，その話題を持ち出すべきかわからなかったから。

メアリー：あのね，残念な知らせなの。その仕事だめだったの。

ジャック：なんてこと。どうして？

メアリー：私には十分な経験がないんだって。夢をあきらめなければならないかもしれないわ。

ジャック：心配ないよ。また別の機会があるよ。

《週末のマーケットで》

（ジルとカレンは週末のマーケットにいる）

ジル　：ここは楽しいわ！　この人たちを見て！

カレン：正直なところ，私には多すぎる人だわ！

ジル　：大丈夫？　私たちがここに来てからずっとあなたはとても落ち着かないわね。

カレン：ごめん。楽しもうとしているんだけど，大きな人だかりが苦手なの。

ジル　：まあ，それを忘れてたわ。向こうの公園に行ってしばらく座りましょうか？

カレン：いいわね。公園にはほとんど人がいないから，ひと息つけばよくなるかもしれないわ。

解説

(25)　マンディーは，出発の準備ができていないサマンサに「急いで」「本当に遅い」など，不平を並べ立てている。空所はそれに対するサマンサの返答であるから，2の give me a break「いい加減にして，勘弁して」が適切（give *A* a break で「*A* を大目に見る」の意味）。1の it's high time は「もう時間だ」，3の you're out of time は「あなたは遅れている」（out of time で「遅れて」），4の stop holding me back は「私を引き止めるのをやめる」(hold *A* back で「*A* を抑える，*A* を引き止める」) の意味。

(26) 直前にマンディーが「行きましょう」と呼びかけているのに対して，サマンサは「(　　)，雨かしら？」と言っているのであるから，マンディーの呼びかけに即座に応じてはいないと推測できる。したがって，2の Hang on「ちょっと待って」が適切。1の After all は文頭では「だって～だから，そもそも」，3の In the end は「結局，ついに，最後には」，4の To be sure は「確かに，なるほど」の意味。

(27) 空所を含む文は「(仕事の面接が) どうなったか聞こうと思っていたけど，それを (　　) かわからなかった」という意味。したがって，3の bring up「(議題・問題など) を持ち出す」が適切。1の see off は「(人を) 見送る」，2の take out は「(物) を取り出す」，4の carry over は「(事) を延期する」の意味。

(28) 仕事の面接がうまくいかなかったメアリーが「夢を (　　) しなければならないかもしれない」と言っている。また，それに対してジャックが「心配ない，また別の機会がある」と励ましている。したがって，2の give up on「～に見切りをつける，～を断念する」が適切。1の drop over は自動詞として「立ち寄る」(drop 単独では他動詞として「(習慣・計画など) をあきらめる，(していること) を中止する」の意味がある)，3の close down は「～を閉鎖する，～を停止する」，4の break out of は「～から脱出する」の意味。

(29) ジルが「ここは楽しい！」と言っているが，カレンは「人が多すぎる」と言っていて，ジルとは違う気分であることがうかがえる。したがって，1の To be honest「正直なところ」が適切。2の For a change は「いつもと違って，たまには」，3の Once and for all は「きっぱりと，この1回限りで」，4の On the bright side は「良い方向に考えれば，明るい側面を見ると」の意味。

(30) 空所を含む部分は「いったん私が (　　) すれば，気分がよくなるかもしれない」という意味であり，3の catch *one's* breath「ひと息つく」が適切。1の break up は自動詞では「ばらばらになる，別れる」，2の stay here は「ここにとどまる」，4の make up は他動詞では「～を構成する，～を補う」の意味。

数 学

◀経済・経営・法・現代社会・国際関係・外国語・文化・生命科（産業生命科）学部▶

I 解答

(1) **ア.** 2 **イ.** 2 **ウ.** 2 **エ.** 4

(2) **オ.** 2 **カ.** 3 **キ.** 2 **ク.** 2 **ケ.** 5

(3) **コ.** 5 **サ.** 3 **シ.** 1 **ス.** 3 **セ.** 4 **ソ.** 5 **タチ.** 17 **ツ.** 9 **テト.** 16 **ナ.** 9

(4) **ニヌ.** 30 **ネノ.** 12 **ハヒ.** 12

解説

《小問4問》

(1)

$$\begin{aligned} x^6-64y^6 &= (x^3)^2-(8y^3)^2=(x^3-8y^3)(x^3+8y^3) \\ &= \{x^3-(2y)^3\}\{x^3+(2y)^3\} \\ &= (x-2y)(x^2+2xy+4y^2)(x+2y)(x^2-2xy+4y^2) \\ &= (x-2y)(x+2y)(x^2+2xy+4y^2)(x^2-2xy+4y^2) \end{aligned}$$

→ア～エ

(2) n を自然数とすると，$\int_{-1}^{1}x^{2n}dx=2\int_{0}^{1}x^{2n}dx$，$\int_{-1}^{1}x^{2n-1}dx=0$ であるから

$$\begin{aligned} \int_{-1}^{1}f(x)dx &= \int_{-1}^{1}(x^2+3x)dx=2\int_{0}^{1}x^2dx \\ &= 2\left[\frac{x^3}{3}\right]_0^1=\frac{2}{3} \end{aligned}$$

→オ，カ

$$\begin{aligned} \int_{-1}^{1}xf(x)dx &= \int_{-1}^{1}(x^3+3x^2)dx=2\int_{0}^{1}3x^2dx \\ &= 2\left[x^3\right]_0^1=2 \end{aligned}$$

→キ

$$\begin{aligned} \int_{-1}^{1}x^2f(x)dx &= \int_{-1}^{1}(x^4+3x^3)dx=2\int_{0}^{1}x^4dx \\ &= 2\left[\frac{x^5}{5}\right]_0^1=\frac{2}{5} \end{aligned}$$

→ク，ケ

(3) 線分 AB を 2：1 に内分する点 P の座標は

$$\left(\frac{1\times1+2\times2}{2+1},\ \frac{1\times(-1)+2\times1}{2+1}\right)=\left(\frac{5}{3},\ \frac{1}{3}\right)\quad \to コ〜ス$$

線分 AC を 3：1 に外分する点 Q の座標は

$$\left(\frac{-1\times1+3\times3}{3-1},\ \frac{-1\times(-1)+3\times3}{3-1}\right)=(4,\ 5)\quad \to セ，ソ$$

また，△OPQ の重心の座標は

$$\left(\frac{0+\frac{5}{3}+4}{3},\ \frac{0+\frac{1}{3}+5}{3}\right)=\left(\frac{17}{9},\ \frac{16}{9}\right)\quad \to タ〜ナ$$

(4) A が 2 個，B が 1 個，C が 2 個の計 5 個を一列に並べる順列と考えると，できる文字列の総数は

$$\frac{5!}{2!1!2!}=30\quad \to ニ，ヌ$$

このうち，2 つの A が隣り合う文字列は，2 つの A をひとまとまりにして考えると

$$\frac{4!}{1!1!2!}=12 通り\quad \to ネ，ノ$$

同様に，2 つの C が隣り合う文字列は 12 通りあり，2 つの A と 2 つの C がともに隣り合う文字列は

$$3!=6 通り$$

よって，同じ文字が隣り合わない文字列は

$$30-(12+12-6)=12 通り\quad \to ハ，ヒ$$

Ⅱ 解答

アイ. -2 **ウ.** 1 **エオ.** -1 **カ.** 4 **キ.** 1 **ク.** 0 **ケコサ.** $3a^2$ **シ.** 3 **スセソ.** $2a^3$ **タ.** 2 **チ.** 2 **ツテト.** 108 **ナ.** 6 **ニ.** 6 **ヌ.** 3 **ネ.** 2 **ノ.** 6 **ハ.** 3 **ヒ.** 4

解説

《3 次関数，曲線と接線で囲まれた部分の面積》

$f(x)=0$ を解くと

$$x^3-3x+2=0$$

$$(x-1)^2(x+2)=0 \qquad \therefore\quad x=-2,\ 1$$

よって，曲線 C と x 軸との共有点の x 座標は，小さい順に -2，1 である。 →ア～ウ

また，$f'(x)=3x^2-3=3(x+1)(x-1)$ より，$f'(x)=0$ とすると

$$x=-1,\ 1$$

$f(x)$ の増減表は右のようになるから，$x=-1$ で極大値 4，$x=1$ で極小値 0 をとる。 →エ～ク

x	$\cdots$	-1	$\cdots$	1	$\cdots$
$f'(x)$	$+$	0	$-$	0	$+$
$f(x)$	↗	極大 4	↘	極小 0	↗

$a>1$ とする。曲線 C 上の点 $(a,\ a^3-3a+2)$ における曲線 C の接線を l とすると，傾きが $f'(a)=3a^2-3$ であるから，接線 l の方程式は

$$y-(a^3-3a+2)=(3a^2-3)(x-a)$$

$$\therefore\quad y=(3a^2-3)x-2a^3+2 \quad \cdots\cdots①$$ →ケ～タ

接線 l が曲線 C 上の点 $(-4,\ -50)$ を通るとき，①に代入すると

$$-50=(3a^2-3)\cdot(-4)-2a^3+2$$

整理すると

$$a^3+6a^2-32=0 \qquad (a+4)^2(a-2)=0$$

$$\therefore\quad a=-4,\ 2$$

$a>1$ より　　$a=2$　→チ

このとき，接線 l は $y=9x-14$ であり，曲線 C と連立すると

$$x^3-3x+2=9x-14 \qquad x^3-12x+16=0$$

$$(x-2)^2(x+4)=0 \qquad \therefore\quad x=-4,\ 2$$

よって，曲線 C と接線 l の共有点の x 座標は -4，2 であり，$-4\leqq x\leqq 2$ の範囲では $9x-14\leqq x^3-3x+2$ であるから，囲まれた部分の面積は

$$\int_{-4}^{2}\{(x^3-3x+2)-(9x-14)\}dx=\int_{-4}^{2}(x^3-12x+16)dx$$

$$=\left[\frac{x^4}{4}-6x^2+16x\right]_{-4}^{2}=108$$

→ツ～ト

また，曲線 C 上の点 $(0,\ 2)$ を通る傾きが正である直線 m の方程式を $y=bx+2$ $(b>0)$ とおき，曲線 C と連立すると

$$x^3-3x+2=bx+2$$

$$x\{x^2-(b+3)\}=0 \qquad x(x-\sqrt{b+3})(x+\sqrt{b+3})=0$$

$\therefore\quad x=0,\ \pm\sqrt{b+3}$

よって，直線 m が曲線 C と接線 l とで囲まれた部分の面積を 2 等分するとき，曲線 C と直線 m で囲まれた部分の面積は

$$108\times\frac{1}{2}=54$$

このとき，$-\sqrt{b+3}\leqq x\leqq 0$ の範囲で，$bx+2\leqq x^3-3x+2$ であるから，その面積は

$$\int_{-\sqrt{b+3}}^{0}\{(x^3-3x+2)-(bx+2)\}dx=\int_{-\sqrt{b+3}}^{0}\{x^3-(b+3)x\}dx$$

$$=\left[\frac{x^4}{4}-\frac{b+3}{2}x^2\right]_{-\sqrt{b+3}}^{0}$$

$$=\frac{1}{4}(b+3)^2=54$$

したがって，$b>0$ より　　$b=6\sqrt{6}-3$

直線 m の方程式は　　$y=(6\sqrt{6}-3)x+2$　→ナ～ネ

曲線 C と直線 m との共有点の x 座標のうち，負であるものは

$$-\sqrt{(6\sqrt{6}-3)+3}=-(6^{\frac{3}{2}})^{\frac{1}{2}}=-6^{\frac{3}{4}}\quad\text{→ノ～ヒ}$$

Ⅲ　解答

(a) **アイウ.** 504　**エ.** 5　**オ.** 9　**カ.** 1　**キ.** 9　**ク.** 1　**ケコ.** 18　**サシ.** 11　**スセ.** 18

(b) **ソタ.** 84　**チツ.** 25　**テト.** 42　**ナ.** 4　**ニヌ.** 21　**ネ.** 7　**ノハ.** 50

解説

《箱から球を取り出して 3 桁の整数を作る確率》

(a)　x が整数 n となる総数は，1 から 9 が 1 つずつ書かれた異なる 9 個の球から 3 個取り出して並べる総数であるから

$${}_9P_3=9\cdot 8\cdot 7=504\quad\text{→ア～ウ}$$

x が奇数となる確率は，一の位が 1，3，5，7，9 の 5 通りあり，十の位と百の位は一の位以外の 8 個の球から 2 個を取り出して並べる総数の ${}_8P_2$ 通りあるから

$$\frac{5\times{}_8P_2}{504}=\frac{5}{9}\quad\text{→エ，オ}$$

x が 200 以下である確率は，百の位が 1 で，十の位と一の位が百の位以外の 8 個の球から 2 個を取り出して並べる総数の ${}_8\mathrm{P}_2$ 通りあるから

$$\frac{1\times{}_8\mathrm{P}_2}{504}=\frac{1}{9}\quad\to\text{カ，キ}$$

x が奇数，かつ，200 以下である確率は，百の位が 1 で，一の位が 3，5，7，9 の 4 通りあり，十の位は百の位と一の位以外の 7 通りあるから

$$\frac{1\times4\times7}{504}=\frac{1}{18}\quad\to\text{ク～コ}$$

以上から，x が奇数，または，200 以下である確率は

$$\frac{5}{9}+\frac{1}{9}-\frac{1}{18}=\frac{11}{18}\quad\to\text{サ～セ}$$

(b)　y が整数 n となる総数は，1 から 9 が 1 つずつ書かれた異なる 9 個の球から 3 個取り出す組合せの総数であるから

$${}_9\mathrm{C}_3=\frac{9\cdot8\cdot7}{3\cdot2\cdot1}=84\quad\to\text{ソ，タ}$$

y が奇数となる確率は，一の位が 1，3，5，7 のとき，百の位と十の位の取り出し方はそれぞれ ${}_8\mathrm{C}_2$，${}_6\mathrm{C}_2$，${}_4\mathrm{C}_2$，${}_2\mathrm{C}_2$ 通りあるから

$$\frac{{}_8\mathrm{C}_2+{}_6\mathrm{C}_2+{}_4\mathrm{C}_2+{}_2\mathrm{C}_2}{84}=\frac{28+15+6+1}{84}=\frac{50}{84}=\frac{25}{42}\quad\to\text{チ～ト}$$

y が奇数，かつ，900 以上である確率は，百の位が 9，一の位が 1，3，5，7 のとき，十の位はそれぞれ 7，5，3，1 通りあるから

$$\frac{7+5+3+1}{84}=\frac{16}{84}=\frac{4}{21}\quad\to\text{ナ～ヌ}$$

y が奇数，かつ，600 以下である場合は，小さい順に

$y=321,\ 421,\ 431,\ 521,\ 531,\ 541,\ 543$

の 7 通りであるから，その確率は $\frac{7}{84}$ である。

よって，y が奇数であったとき，y が 600 以下である条件付き確率は

$$\frac{7}{84}\div\frac{25}{42}=\frac{7}{50}\quad\to\text{ネ～ハ}$$

◀理・情報理工・生命科学部▶

I 解答 (1) **ア.** 0　**イ.** a　**ウ.** a　**エ.** 1　**オ.** 2

(2) **カ.** 1　**キ.** 2　**ク.** 1　**ケ.** 2　**コ.** 2

サ. 1　**シ.** 4　**ス.** 1　**セ.** 2　**ソ.** 2　**タチ.** -1

(3) **ツ.** 2　**テ.** 4

(4) **ト.** 1　**ナ.** 3　**ニ.** 3　**ヌ.** 5　**ネ.** 1　**ノ.** 2　**ハ.** 3

ヒフ. 14

解説

《小問 4 問》

(1)　$f(x)=x^3-(2a-3)x^2+(a^2-5a+2)x+2a(a-1)$ より

$$f(a-1)=(a-1)^3-(2a-3)(a-1)^2+(a^2-5a+2)(a-1)+2a(a-1)$$
$$=0 \quad \to ア$$

よって，因数定理により，$f(x)$ は $x-(a-1)=x-a+1$ を因数にもつから

$$f(x)=(x-a+1)\{x^2+(-a+2)x-2a\}$$
$$=(x-a+1)\{x+(-a)\}(x+2)$$
$$=(x-a)(x-a+1)(x+2) \quad \to イ～オ$$

(2)　$t=\sin\theta+\cos\theta$ の両辺を 2 乗すると

$$t^2=(\sin\theta+\cos\theta)^2$$
$$=\sin^2\theta+2\sin\theta\cos\theta+\cos^2\theta$$
$$=1+2\sin\theta\cos\theta$$

$$\therefore \quad \sin\theta\cos\theta=\frac{t^2-1}{2}$$

よって

$$y=\sin\theta+\cos\theta+\sin\theta\cos\theta$$
$$=t+\frac{t^2-1}{2}=\frac{1}{2}t^2+t-\frac{1}{2} \quad \to カ～ケ$$

また

$$t=\sin\theta+\cos\theta=\sqrt{2}\sin\left(\theta+\frac{\pi}{4}\right)$$ →コ〜シ

$0\leqq\theta<2\pi$ のとき，$\dfrac{\pi}{4}\leqq\theta+\dfrac{\pi}{4}<\dfrac{9}{4}\pi$ であるから

$$-1\leqq\sin\left(\theta+\frac{\pi}{4}\right)\leqq1$$

$$-\sqrt{2}\leqq\sqrt{2}\sin\left(\theta+\frac{\pi}{4}\right)\leqq\sqrt{2} \qquad \therefore\ -\sqrt{2}\leqq t\leqq\sqrt{2}$$

したがって，$y=\dfrac{1}{2}t^2+t-\dfrac{1}{2}=\dfrac{1}{2}(t+1)^2-1$ より，$-\sqrt{2}\leqq t\leqq\sqrt{2}$ の範囲で，y の最大値は $\dfrac{1}{2}+\sqrt{2}$ $(t=\sqrt{2})$ であり，y の最小値は -1 $(t=-1)$ である。 →ス〜チ

(3)　真数は正であるから，$x>0$ である。このとき，$x^{\log_2 x}>0$，$\dfrac{x^3}{4}>0$ であるから，両辺の底を 2 とする対数をとると

$$\log_2 x^{\log_2 x}=\log_2\frac{x^3}{4} \qquad (\log_2 x)^2=3\log_2 x-2$$

$$(\log_2 x)^2-3\log_2 x+2=0$$

$\log_2 x=X$ とおくと

$$X^2-3X+2=0$$

$$(X-1)(X-2)=0 \qquad \therefore\ X=1,\ 2$$

よって，$\log_2 x=1$ または $\log_2 x=2$ より　　$x=2,\ 4$　→ツ，テ

(4)　P，Q，R の条件から

$$\overrightarrow{\mathrm{OP}}=\frac{1}{1+2}\overrightarrow{\mathrm{OA}}=\frac{1}{3}\overrightarrow{\mathrm{OA}}$$ →ト，ナ

$$\overrightarrow{\mathrm{OQ}}=\frac{3}{3+2}\overrightarrow{\mathrm{OB}}=\frac{3}{5}\overrightarrow{\mathrm{OB}}$$ →ニ，ヌ

$$\overrightarrow{\mathrm{OR}}=\frac{1}{2}(\overrightarrow{\mathrm{OA}}+\overrightarrow{\mathrm{OB}})$$ →ネ，ノ

また，PQ と OR の交点を S とすると，O，S，R は一直線上にあるから，実数 k を用いて

$$\overrightarrow{\mathrm{OS}}=k\overrightarrow{\mathrm{OR}}=\frac{1}{2}k\overrightarrow{\mathrm{OA}}+\frac{1}{2}k\overrightarrow{\mathrm{OB}}$$

$$=\frac{3}{2}k\left(\frac{1}{3}\overrightarrow{\mathrm{OA}}\right)+\frac{5}{6}k\left(\frac{3}{5}\overrightarrow{\mathrm{OB}}\right)$$

$$=\frac{3}{2}k\overrightarrow{\mathrm{OP}}+\frac{5}{6}k\overrightarrow{\mathrm{OQ}}$$

S は直線 PQ 上にあるから

$$\frac{3}{2}k+\frac{5}{6}k=1 \qquad \therefore \quad k=\frac{3}{7}$$

よって

$$\overrightarrow{\mathrm{OS}}=\frac{3}{7}\overrightarrow{\mathrm{OR}}=\frac{3}{14}(\overrightarrow{\mathrm{OA}}+\overrightarrow{\mathrm{OB}}) \quad \to ハ〜フ$$

Ⅱ

◀経済・経営・法・現代社会・国際関係・外国語・文化・生命科（産業生命科）学部▶〔Ⅱ〕に同じ。

Ⅲ　解答

ア. 1　**イ.** 3　**ウエ.** 25　**オカ.** 36　**キ.** 0
ク. 2　**ケ.** 3　**コ.** 1　**サ.** 6　**シ.** 0　**ス.** 4
セ. 3　**ソタ.** 13　**チツ.** 72　**テ.** 6　**トナ.** 25

解説

《単位円周上を 6 等分する点上を動く点の確率》

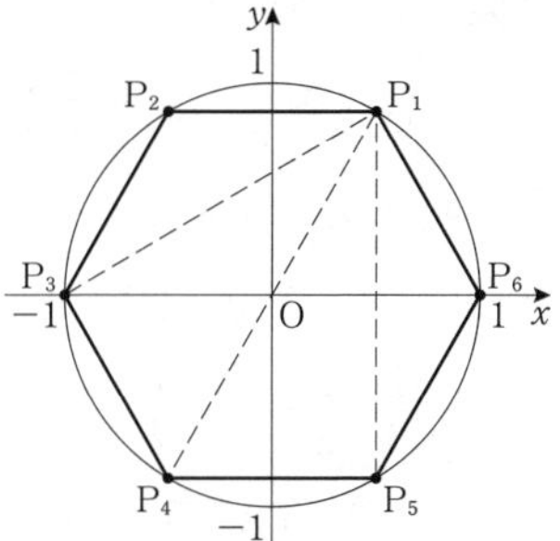

規則から，サイコロを 1 回投げて反時計回りに 1 つまたは 2 つだけ隣の点に移動する確率はそれぞれ $\frac{2}{6}=\frac{1}{3}$，$\frac{3}{6}=\frac{1}{2}$ であり，その場にとどまる確率は $\frac{1}{6}$ である。

点 A_2 が点 P_4 である場合は，$(A_1,\ A_2)=(P_2,\ P_4)$，$(P_3,\ P_4)$ であるから，その確率は

$$\frac{1}{3}\cdot\frac{1}{2}+\frac{1}{2}\cdot\frac{1}{3}=\frac{2}{6}=\frac{1}{3} \quad \to ア，イ$$

3 点 P_1，A_1，A_2 が三角形をなす場合は，サイコロを投げて 1 回目，2 回目ともその場にとどまらないときであるから，その確率は

$$\left(1-\frac{1}{6}\right)\cdot\left(1-\frac{1}{6}\right)=\frac{25}{36} \quad \to ウ〜カ$$

また，$P_1P_2=P_1P_6=1$，$P_1P_3=P_1P_5=\sqrt{3}$，$P_1P_4=2$ であるから，$P_1A_1+P_1A_2=c$ となる実数 c の最小値は

$$P_1P_1+P_1P_1=0 \quad \to キ$$

最大値は

$$P_1P_3+P_1P_4=2+\sqrt{3} \quad \to ク，ケ$$

特に，最大値をとるとき $(A_1,\ A_2)=(P_3,\ P_4)$ となる確率は

$$\frac{1}{2}\cdot\frac{1}{3}=\frac{1}{6} \quad \to コ，サ$$

$P_1A_1+P_1A_2+P_1A_3=c$ となる実数 c の最小値は

$$P_1P_1+P_1P_1+P_1P_1=0 \quad \to シ$$

最大値は

$$P_1P_3+P_1P_4+P_1P_4=4+\sqrt{3} \quad \to ス，セ$$

また，$P_1A_1+P_1A_2+P_1A_3=2\sqrt{3}$ となる場合は，$(A_1,\ A_2,\ A_3)=(P_1,\ P_3,\ P_3)$，$(P_1,\ P_3,\ P_5)$，$(P_3,\ P_5,\ P_1)$ であるから，その確率は

$$\frac{1}{6}\cdot\frac{1}{2}\cdot\frac{1}{6}+\frac{1}{6}\cdot\frac{1}{2}\cdot\frac{1}{2}+\frac{1}{2}\cdot\frac{1}{2}\cdot\frac{1}{2}=\frac{13}{72} \quad \to ソ〜ツ$$

さらに，3点 A_1，A_2，A_3 が三角形をなす場合は，サイコロを投げて2回目，3回目ともその場にとどまらないときであるから，その確率は

$$1\cdot\left(1-\frac{1}{6}\right)\cdot\left(1-\frac{1}{6}\right)=\frac{25}{36}$$

このうち，$P_1A_1+P_1A_2+P_1A_3=2\sqrt{3}$ となる場合は，$(A_1,\ A_2,\ A_3)=(P_1,\ P_3,\ P_5)$，$(P_3,\ P_5,\ P_1)$ であるから，その確率は

$$\frac{1}{6}\cdot\frac{1}{2}\cdot\frac{1}{2}+\frac{1}{2}\cdot\frac{1}{2}\cdot\frac{1}{2}=\frac{1}{6}$$

よって，3点 A_1，A_2，A_3 が三角形をなすという条件の下で，$P_1A_1+P_1A_2+P_1A_3=2\sqrt{3}$ となる条件付き確率は

$$\frac{1}{6}\div\frac{25}{36}=\frac{6}{25} \quad \to テ〜ナ$$

いと思った」が、それぞれ不適。

問七　波線部E直前に「粗末な食卓に…うれしく」とあり、二文後に「暖かいもてなし」とあるので、4が適当。1は「手の込んだ」が、2は「みじめさ」が、3は「遠慮」「困ってしまった」が、5は「自分もひもじい思い」が、それぞれ不適。

問八　空欄甲を含む文は「ミラノが現代的」に対比して「ナポリ」を評価しているから、「現代的」と対立する語を選ぶ。

問九　問二以降の設問で見てきたように、筆者は板垣氏や父のナポリへの思いを述べた上で、実際に当地で生活する中で波線部B前後にあるように、暮らしを「愉しむ」ようになったと語っている。さらに「おばさん」との交流で「すばらしいナポリ」（最終段落）を見つけたというのだから、2が適当。3は、「本の引用」はされているが、その引用はナポリをきびしく批判するものであって、「美しさと活気」を表現するものではないので不適。1は「様々な職種」が、4は「観光で印象に残った」が、5は「検証している」が、それぞれ不適。

問十 5

解説

問二 第一段落最後に「私はある種の屈辱感に…」とあるので空欄Xはマイナス方向の気持ちを表す1・2・5に絞る。波線部Aの直後にある板垣氏の述懐部分の最後に「困ります」とあるので、空欄Yは「困惑」となり、1が適当。

問三 波線部Aの「これ」が指すのは、一文前「たとえば」以降の道路横断の例である。これはさらにその前の文「すべての感覚が鈍ったように思い、反射神経が正常に働かない」ことの例だから、その内容を述べる2が適当。4に「鈍感になって」とあるが、本文の「鈍ったように思い」に合わず、不適。

問四 波線部Bの三文前で、筆者は〝不便な暮らし〟に「慣れて」ゆき、不便さにいら立つのではなく、「パンを…支えていればよい…待てばよい」と、受け入れてゆく様子と考えを述べている。その結果、波線部Bで「テラスの眺め」、つまり前の段落に述べられている自宅からの眺望を「愉しむ」という心情になった。よって、1が適当。3は、「問題を解決できた」が誤り。コンセントや水はけの問題はまったく解決していないが、慣れてそういうものだと思うようになったのである。

問五 波線部Cの直前にあるように「ナポリを学習する」ための「辞書」だから、1の「イタリア語について」は不適。また、2の「生き字引」、3の「まとめて」、4の「正確に」が、それぞれ本文に述べられておらず不適。最終段落のエピソードで「すばらしいナポリ…もらった」、「暖かいもてなし」とあるように、おばさんを通じてナポリの人を知った、ということなので、5が適当。

問六 筆者がなんのことかわからずとまどっている間におばさんは大げさにお礼を述べ続け、間違いだったとは言い出せない雰囲気をつくってしまった。筆者は口惜しがってはいるものの、「どういうものか腹は立たなかった」と述懐している。したがって3が適当。1は「筆者がなくした」「遠回しに交渉」「見つけてくれたのはおばさんだからはっきりと断れなかった」が、2は「怒っている」が、4は「ハンカチを贈ろうとした」が、5は「気持ちよくあげてもい心にする1も不適。また2は、「言文一致体を先取り」が不適。

問八　空欄を含む文に「二項的な枠組み」とあるように、対立関係の語を答える問題。

問九　波線部E直前の「命題形式で分節化されない」、二文後の「自由間接話法…『源氏物語』以来の…伝統的な話法」に合致する3が適当。1は「文体を革新」が、2は「分節化された」が、4は「言文一致体で綴られた」が、それぞれ不適。

問十　第十三・十四段落より、4が適当。1は、最後の「第一次の…詩歌の伝統を推進する」が本文に述べられていない。2は、第五段落で「パロディ」と述べているから、「信頼を基調とした」が不適。3は、第十四段落より、「その分節のしかた」以降が不適。5は、『大つごもり』で言文一致体が使用されたとする点が不適。

二

出典　須賀敦子「ナポリを見て死ね」（『須賀敦子全集第1巻』河出書房新社）

解答

問一　**ア**―3　**イ**―5　**ウ**―3　**エ**―1　**オ**―4

問二　1

問三　2

問四　1

問五　5

問六　3

問七　4

問八　3

問九　2

e　「陳述」は〝陳《の》べる〟〝述べる〟で、同じ意味の語を重ねている。3の「媒介」が同じ構成。2は上と下が反対の意味の語、5は上が主語で下が動詞という構成。

問二　空欄YとZが入れやすい。空欄Yは直前で「考察されるべき」とされている「近代以前の日本の文学（詩的言語）の可能性」の例として、直後で樋口一葉を挙げているから「たとえば」が入る。空欄Zは直後に「…でもあり、また…でもあった」とあるので「いっぽうで」が入る。また、指示語である「こうした」は、空欄直前に空欄直後の内容が書かれている場所に入れるべきで、空欄Xの直後の「掛詞と縁語」がその前段落で紹介されていることから、空欄Xに入る。「こうした」は、空欄V・W・Zには入らないし、「たとえば」は空欄Vには入らない。したがって3が適当。

問三　波線部Aの「そのような」は本文冒頭以降、特に第四段落の内容を指している。その第四段落の第一文に「主語の明示…浸透してゆく…書き言葉を必要とした」とあり、またその「主語」は第一段落第一文で「外界（自然）を認識・表象する主体としての『自分』が明示される」と説明されている。それらに合致する2が適当。1は「自然な日本語文」、3は「西洋語で書かれた教材」、4は「方言の近代化」がそれぞれ不適。

問五　波線部Bの直後に「手近なところにあったのは、…詩歌の伝統だった」とあり、次の段落冒頭で「それはたとえば、…漢詩文…俳諧（俳句・俳文）…和歌（短歌）」と列挙している。1・3は「和歌（短歌）」、2は「俳諧（俳句・俳文）」に当てはまる。4はどれにも該当しない。

問六　波線部Cは「詩的言語の主体の…実践例」だと言い、詩的言語とは波線部Bの一文前に述べられているように「『私は○○である』…を顚倒させた」ものなのだから、1が適当。

問七　波線部Dの「『文』のロジックを脱臼させてしまう」という比喩は、前の段落の「掛詞と縁語の修辞」にあるように、主語と述語のつながりが不明確になることを示している。よって、「主述関係が保留された」と述べる3が適当。4は、後半の「主部と…明快に示した」が不適。また文構造の問題なので、「女の情念」というように歌の意図を中

国語

一

出典　兵藤裕己「言文一致体の起源――「主体」の観念、「近代的自我」の始まり」〈九　詩的言語における「主体」～十　反・言文一致体の可能性〉（『iichiko』二〇二一年秋一五二号　三和酒類株式会社）

解答

問一　**a**―1　**b**―4　**c**―6　**e**―3

問二　3

問三　2

問四　5

問五　4

問六　1

問七　3

問八　5

問九　3

問十　4

解説

問一　**a**　「明示」は〝明らかに示す〟で、上の副詞が下の動詞に掛かっている。1の「偶発」＝〝偶々《たまたま》発《おこ》る〟が同じ構成。

b　「不要」は下の語を上の語が否定している。4の「非常」が同じ構成。

c　「投稿」は〝稿を投げる〟で、上が動詞で下が目的語。6の「取材」＝〝材を取る〟が同じ構成。

//////////////////// · memo · ////////////////////

////////////////////// · memo · //////////////////////

/////////////////// · memo · ///////////////////

//////////////////// · memo · ////////////////////

//////////////////// · memo · ////////////////////

· memo ·

· memo ·

2023年度

問題と解答

■学校推薦型選抜 公募推薦入試：11 月 19 日実施分

問題編

▶試験科目・配点

学　部	教　科	科　　　目	配　点
経済・経営・法・現代社会・国際関係・外国語・文化・生命科（産業生命科〈総合評価型〉）	外国語	コミュニケーション英語Ⅰ・Ⅱ・Ⅲ，英語表現Ⅰ・Ⅱ	100 点
	数学・国語	「数学Ⅰ・Ⅱ・A」，「国語総合，現代文B（古文・漢文を除く）」から１科目選択	100 点
理・情報理工・生命科	外国語	コミュニケーション英語Ⅰ・Ⅱ・Ⅲ，英語表現Ⅰ・Ⅱ	100 点
	数　学	数学Ⅰ・Ⅱ・A・B（数列，ベクトル）	100 点

▶備　考

- 「総合評価型」と「基礎評価型」のいずれかの評価型を選択する。

  総合評価型：上表の試験（200 点）と調査書（100 点）との総合点（300 点）により，合否を判定する。

  調査書は，高等学校等における学習成績の状況（５段階）を 20 倍にする。

  基礎評価型：上表の試験の総合点（200 点）と調査書（点数換算は行わない）により，合否を判定する。
- 生命科学部は，産業生命科学科の総合評価型のみ文系／理系どちらかの科目を出願時に選択できる。

英語

（2科目 90分）

〔A〕 次の文中の空所をうめるのに最も適切なものを一つ選び，その番号をマークしなさい。

(1) There seems to be a good reason why young people generally (　　) read newspapers these days.

1. aren't　2. don't　3. hasn't　4. wasn't

(2) Take your valuables with you when you (　　) your seat.

1. leave　2. left　3. were leaving　4. will leave

(3) The news of the singer's retirement was really (　　) to me.

1. surprise　2. surprised　3. surprising　4. surprisingly

(4) We (　　) set such an impossible goal last year.

1. ought not to have　2. ought to
3. should be　4. should not be

(5) (　　) the circumstances, it was time for us to warn the public.

1. As given　2. Given　3. Giving　4. To give

(6) I won't be late, (　　) I get caught in traffic.

1. if　2. since　3. unless　4. until

(7) The building is so large (　　) you can't mistake it for another.

1. as　　2. but　　3. for　　4. that

(8) I would (　　) join the group because I don't know any of the members.

1. not rather　　2. not rather to　　3. rather not　　4. rather not to

(9) Do not mind being laughed (　　) when you are brave enough to try something difficult and fail.

1. at　　2. by　　3. for　　4. with

(10) While (　　) to the lecture, he had other things on his mind.

1. he listens　　2. his listening　　3. listened　　4. listening

(11) You should try to keep your room (　　).

1. clean　　2. cleaning　　3. cleanly　　4. cleans

(12) Please (　　) not to forget to lock all the windows.

1. be careful　　2. be carefully　　3. being careful　　4. carefully

(13) (　　) to pass the exam or not is a matter of great importance to him.

1. However　　2. Whatever　　3. Whether　　4. Whichever

(14) As the head of the project team, she feels a (　　).

1. greater responsible　　2. greatly responsibility

3. great responsibility　　4. great responsible

(15) I didn't know (　　) way to turn at the intersection.

1. how　　2. neither　　3. no　　4. which

〔B〕 次の会話文を読んで，空所をうめるのに最も適切なものを一つ選び，その番号をマークしなさい。

Mike and Sam are in the kitchen.

Mike: Hey, did you get the grocery shopping done?

Sam: Sure did, but I decided to buy vegetables at that new place down the street.

Mike: The new place? Why not just stick with the grocery store?

Sam: Oh, because these vegetables are much cheaper. You see, they only sell ones (16), which have been rejected by grocery stores. Because of that, they sell them at a discount.

Mike: Rejected? What do you mean?

Sam: Well, take a look.

He opens the grocery bag.

Mike: Hey, these cucumbers are all curly, and this carrot is almost as big as a baseball bat! And these potatoes are all strange shapes as well! I don't know about this.

Sam: Oh, relax. Just because they don't look like the "perfect" vegetables you normally buy, it doesn't mean that (17). I mean, usually all of these would be thrown away by farmers or grocery stores, so we're actually reducing food waste.

Mike: OK, that makes sense, but…

Sam: …and look at these apples I bought. They were really cheap as well.

Mike: But they have brown spots all over the skin. I'm not sure (18).

Sam: Calm down. After I peel them you won't know the difference.

Mike: OK, but how're you going to use those vegetables when they're all strange shapes and sizes like that?

Sam: Don't worry, I'm going to make a stew, so (19). It'll be the same old stew you always like.

Mike: Hmm, all right, but I'm not convinced. This stuff looks funny.

Sam:　Just keep an open mind and think of the money we've saved.

(16)

1. just like new
2. you always like
3. that are past the sales date
4. that are odd shapes or sizes

(17)

1. they're bad
2. they're useful
3. you'll like them
4. you can eat them

(18)

1. they're cooked
2. I want to eat those
3. there will be enough
4. these were thrown away

(19)

1. it'll look strange
2. we won't use them
3. they'll be chopped up
4. you can try a new dish

〔C〕 次の文を読んで，本文の内容に最も合うものを一つ選び，その番号をマークしなさい。

In 2022, at the age of 48, a woman named Lhakpa climbed Mount Everest for the tenth time, breaking her own record for the most successful Everest climbs by a woman. Lhakpa's tenth summit came 22 years after her first. In 2000, she became the first Nepali woman to climb Mount Everest and make it down alive. Lhakpa went on to reach the top five more times between 2001 and 2006. "I climbed Everest eight months after giving birth to my first daughter," she told a British news reporter. "And I climbed when I was two months pregnant with my younger daughter. It was not easy, but I managed all right."

She began life in a village in eastern Nepal, more than 4000 meters above sea level. She is a member of a native Nepalese group, called the *Sherpa*, who are used to living in such high mountainous areas, where conditions are often very hard. In her village, which had no electricity, most people were farmers, but her family worked for mountain climbers in the area as guides and *porters*, people who carry heavy loads. These are very difficult jobs in such a high mountainous area. Lhakpa began working as a porter in the mountains at age 15.

Most expeditions to reach the top of Everest hire Sherpa guides and porters, but some Sherpa, like Lhakpa, were not happy being guides or porters. They wanted to become mountaineers themselves. It was not easy for Lhakpa to go from being a porter to leading an expedition. Her parents didn't support her. "My mom said I would never get married," she told the reporter. "The villagers told me that it's a man's job and I would die if I tried it."

She ignored these comments and reached the top of Everest as a mountaineer in 2000. In 2003, she became the first woman to climb Everest three times. During her 2003 climb, she was joined in the climb by her brother and sister, which was the first time three family members had been on an 8000-meter-high mountain summit together. Just after this, she got married and had children.

Her achievements failed to attract media attention and sponsors to support her future climbs. For many years she was living unrecognized, and working for a very low wage. “My jobs included taking care of the elderly, house cleaning, and dish washing,” she said. She often struggled to pay for essentials, such as clothes and haircuts for her children. Mountain climbing is an expensive sport, and a climbing expedition like Everest even more so. For many years, Lhakpa could not consider actually climbing and focused on supporting her children. But she maintained a passion for climbing.

Financially, things began to change after she (24)______. Because of this, she was able to give media interviews, speak at international events, and find a sponsor for her ninth climbing of the summit. But this time, her tenth, she was able to raise the money by herself from supporters on the Internet.

She has no plans to retire. She is even thinking of climbing Everest in the future with her son and daughters. “I've had a challenging life,” she added. “Mountains made me happy and relaxed. I will never give up. I want young women not to give up.”

(20) The Sherpa might be employed as porters because (　　　).

1. most of them are women
2. of the environment they live in
3. of their knowledge about farming
4. they can climb without electricity

(21) Lhakpa wanted to become a mountaineer, but (　　　).

1. decided to get married
2. it is impossible for porters to do so
3. her village did not support this idea
4. was also happy being a guide and porter

(22) What was unusual about one of her climbs?

1. It was 4000 meters from the sea.

2. A news reporter accompanied her.
3. She gave birth to her daughter on the climb.
4. She climbed with family members to the top.

(23) Even after setting several records, Lhakpa still found it hard to (　　　).

1. focus on her family
2. avoid media attention
3. maintain her passion for climbing
4. find money to continue mountain climbing

(24) Choose the best item to fill in the blank.

1. started a family
2. completed her tenth climb
3. learned to speak English well
4. worked for a very low payment

〔D〕 次の会話文を読んで，空所をうめるのに最も適切なものを一つ選び，その番号をマークしなさい。

Jason sees Tim before class.

Jason: You're looking very sleepy, Tim.

Tim: Yeah, there's still a lot of noise at night in my building.

Jason: I don't understand why you (25) that. Sleep is important.

Tim: Well, it's just loud music, and stuff like that.

Jason: Still, you should (26). Maybe something can be done.

Tim: You're right. I'll talk to the building manager tonight. I can't go on like this.

(25)

1. stand by
2. put up with
3. make time for
4. have enough of

(26)

1. speak up
2. turn it in
3. go ahead
4. time it out

Henry is talking to his uncle.

Uncle: Nice watch you got there.

Henry: Dad got it for me.

Uncle: Really? That was good of him. Why did he get you that?

Henry: Well, he said I could have something nice if I passed the big test last month. So, I was studying (27).

Uncle: Sounds like you really put a lot of work into that.

Henry: I was so relieved when the results came out, and all my efforts (28).

Uncle: Good for you.

(27)

1. hard up
2. day and night
3. as clear as day
4. straight enough

(28)

1. paid off
2. got around
3. paid in full
4. got done over

Sue sees her colleague John at the elevator.

Sue: Hi, John. Why the (29)?

John: My proposal was rejected by the boss.

Sue: Really? I thought it was great!

John: Well, I guess she hated it. I just can't (30).

Sue: Don't worry, you'll have better luck next time.

John: I hope so.

(29)

1. good job
2. long face
3. big smile
4. lucky break

(30)

1. put out
2. make up
3. get over it
4. turn it down

数学

数学解答上の注意事項

1. 問題は〔Ⅰ〕～〔Ⅲ〕の３問です。
2. 問題冊子の余白は計算に利用して構いません。
3. 問題の文中の [ア]，[イウ] などの [　　] には，符号(－)，数字(０～９)，または文字(a，b，n，x，y)が入ります。これらを次の方法で解答用紙の指定欄に解答してください。

(1) ア，イ，ウ，……のそれぞれには，符号(－)，数字(０～９)，または文字(a，b，n，x，y)のいずれか一つが対応します。それらをア，イ，ウ，……で示された解答欄にマークしてください。

〔例〕 [アイウ] に $-3x$ と答えたい場合は，次のように答えてください。

ア	●	⓪	①	②	③	④	⑤	⑥	⑦	⑧	⑨	ⓐ	ⓑ	ⓝ	ⓧ	ⓨ
イ	㊀	⓪	①	②	●	④	⑤	⑥	⑦	⑧	⑨	ⓐ	ⓑ	ⓝ	ⓧ	ⓨ
ウ	㊀	⓪	①	②	③	④	⑤	⑥	⑦	⑧	⑨	ⓐ	ⓑ	ⓝ	●	ⓨ

(2) [アイウ] と細線で囲まれた部分は，同じ問題ですでに解答した [アイウ] を意味します。

〔例〕 上の(1)と同じ問題なら， [アイウ] は $-3x$ を意味します。

(3) 一つの [　　] に，数と文字，または文字と文字などの積を答えたい場合には，文字はアルファベット順に並べてください。

〔例〕 [エオカキ] に積 $-2\times a\times x$ を答えたい場合は，$-2ax$ の形で答え，$-2xa$ のように答えてはいけません。

(4) 分数の形で解答が求められている場合は，それ以上約分できない形で答えてください。符号は分子につけ，分母につけてはいけません。また，整数を分数の形に表してはいけません。

〔例〕 $\dfrac{[クケコ]}{[サ]}$ に $-\dfrac{6x}{8}$ を得た場合は，$\dfrac{-3x}{4}$ とこれ以上約分できない形にして答えてください。

(5) 根号を含む形で解答する場合は，根号の中に現れる自然数が最小となる形で答えてください。

〔例〕 [シ] $\sqrt{[ス]}$，[セ] $\sqrt{[ソタ]}$，$\dfrac{\sqrt{[チツ]}}{[テ]}$ に $4\sqrt{2}$，$6\sqrt{2a}$，$\dfrac{\sqrt{13}}{2}$ と答え

るところを，それぞれ$2\sqrt{8}$，$3\sqrt{8a}$，$\dfrac{\sqrt{52}}{4}$のように答えてはいけません。

(6)　指数を含む形で解答する場合は，次のことに注意してください。

$\boxed{\text{ト}}\,\boxed{\text{ナ}}^{\boxed{\text{ニ}}}$ に $\boxed{3}\,\boxed{x}^{\boxed{2}}$ と答えた場合は $3x^2$ を意味します。

また，$\boxed{\text{ヌネ}}^{\boxed{\text{ノ}}}$ に $\boxed{2\ 6}^{\boxed{n}}$ と答えた場合は 26^n を意味します。

◀経済・経営・法・現代社会・国際関係・外国語・文化・生命科（産業生命科）学部▶

（英語と 2 科目 90 分）

〔I〕 (1)　2 次方程式 $2x^2-6x+5=0$ の 2 つの解を α と β とするとき，

$\dfrac{\alpha}{\beta}+\dfrac{\beta}{\alpha}=\dfrac{\boxed{\text{ア}}}{\boxed{\text{イ}}}$ である。また，

$$(2\alpha^2+4\alpha+5)(2\beta^2-5\beta+5)=\boxed{\text{ウエ}}$$

である。

(2)　$a=\sin\theta+\cos\theta\ \left(0\leqq\theta\leqq\dfrac{\pi}{2}\right)$ とする。

このとき，a のとりうる値の範囲は $\boxed{\text{オ}}\leqq a\leqq\sqrt{\boxed{\text{カ}}}$ である。

また，$0<\theta<\dfrac{\pi}{2}$ のとき，$\tan\theta+\dfrac{1}{\tan\theta}$ を a を用いて表すと

$$\tan\theta+\frac{1}{\tan\theta}=\frac{\boxed{\text{キ}}}{\boxed{\text{ク}}^{\boxed{\text{ケ}}}-\boxed{\text{コ}}}$$

である。

(3)　a と x を正の実数とし，$a\neq 1$ とする。このとき，

$a^{2\log_a x}=\boxed{\text{サ}}^{\boxed{\text{シ}}}$ である。これを利用すると，$9^{-\log_3 2}=\dfrac{\boxed{\text{ス}}}{\boxed{\text{セ}}}$

である。

$y=\boxed{\text{ソ}}$ のとき，$\log_2 y=-\log_4\left(9^{-\log_3 2}\right)$ を満たす。

(4)　4 で割ると 1 余り，9 で割ると 6 余るような 3 桁の自然数のうち，

最小の自然数を求める。

不定方程式 $4m+1=9n+6$ の解 (m,n) で，m と n がともに

正の整数であるようなもののうち，m の値が最も小さいものは，

$(m,n)=\left(\boxed{\text{タ}},\ \boxed{\text{チ}}\right)$ である。

したがって，求める自然数は $\boxed{\text{ツテト}}$ である。

〔Ⅱ〕　xy 平面上において, 放物線 $y=2x^2$ を C_1 とする。a, b を実数とし, 放物線 $y=-2(x-a)^2+b$ を C_2 とする。

(a) 放物線 C_1 と C_2 が異なる 2 点で交わるとする。C_1 と C_2 の交点の x 座標は

$$\boxed{\text{ア}}\,x^2-\boxed{\text{イウ}}\,x+\boxed{\text{エ}}\,a^{\boxed{\text{オ}}}-b=0$$

を満たすので, 2 つの交点の x 座標は

$$x=\frac{\boxed{\text{カ}}\pm\sqrt{\boxed{\text{キ}}-\boxed{\text{ク}}^{\boxed{\text{ケ}}}}}{\boxed{\text{コ}}}$$

である。C_1 と C_2 によって囲まれる図形の面積を S とすると,

$$S^2=\frac{\boxed{\text{サ}}}{\boxed{\text{シ}}}\left(\boxed{\text{ス}}-\boxed{\text{セ}}^{\boxed{\text{ソ}}}\right)^{\boxed{\text{タ}}}$$

である。

(b) 中心 $(0,1)$, 半径 1 の円を C とする。放物線 C_2 の頂点が円 C 上を動くとき, b のとりうる値の範囲は

$$\boxed{\text{チ}}\leqq b\leqq\boxed{\text{ツ}}$$

である。 放物線 C_1 と C_2 が異なる 2 点で交わるように C_2 の頂点が円 C 上を動くとする。このとき, b のとりうる値の範囲は

$$\boxed{\text{テ}}<b\leqq\boxed{\text{ト}}$$

である。C_1 と C_2 によって囲まれる図形の面積を S とする。

C_2 の頂点の座標が $\left(\boxed{\text{ナ}},\ \boxed{\text{ニ}}\right)$ であるとき,

S^2 は最大値 $\dfrac{\boxed{\text{ヌネ}}}{\boxed{\text{ノ}}}$ をとる。

〔Ⅲ〕　k を正の整数とする。1枚の硬貨を繰り返し投げて, 裏が k 回出たときには, そこで終了する試行を行う。n を正の整数とする。

(a)　$k=1$ であるとする。1回も表が出ない事象の確率は $\dfrac{1}{\boxed{\text{ア}}}$,

表が1回だけ出る事象の確率は $\dfrac{1}{\boxed{\text{イ}}}$,

表が2回だけ出る事象の確率は $\dfrac{1}{\boxed{\text{ウ}}}$,

表が n 回だけ出る事象の確率は $\dfrac{1}{\boxed{\text{エ}}^{\,n+\boxed{\text{オ}}}}$ である。

(b)　$k=2$ であるとする。1回も表が出ない事象の確率は $\dfrac{\boxed{\text{カ}}}{\boxed{\text{キ}}}$,

表が1回だけ出る事象の確率は $\dfrac{\boxed{\text{ク}}}{\boxed{\text{ケ}}}$,

表が2回だけ出る事象の確率は $\dfrac{\boxed{\text{コ}}}{\boxed{\text{サシ}}}$,

表が n 回だけ出る事象の確率は $\dfrac{n+\boxed{\text{ス}}}{\boxed{\text{セ}}^{\,n+\boxed{\text{ソ}}}}$ である。

(c)　$k=3$ であるとする。1回も表が出ない事象の確率は $\dfrac{\boxed{\text{タ}}}{\boxed{\text{チ}}}$,

表が1回だけ出る事象の確率は $\dfrac{\boxed{\text{ツ}}}{\boxed{\text{テト}}}$,

表が2回だけ出る事象の確率は $\dfrac{\boxed{\text{ナ}}}{\boxed{\text{ニヌ}}}$,

表が n 回だけ出る事象の確率は $\dfrac{\boxed{\text{ネ}}^{\boxed{\text{ノ}}}+\boxed{\text{ハヒ}}+\boxed{\text{フ}}}{\boxed{\text{ヘ}}^{\,n+\boxed{\text{ホ}}}}$

である。

◀理・情報理工・生命科学部▶

（英語と2科目 90分）

〔Ⅰ〕 (1) 整式 x^6-7x^3-8 を因数分解すると,

$$\left(x-\boxed{\text{ア}}\right)\left(x+\boxed{\text{イ}}\right)\left(x^2+\boxed{\text{ウ}}\,x+\boxed{\text{エ}}\right)\left(x^2-x+\boxed{\text{オ}}\right)$$

となる。

(2) θ を実数とし, $a=\sin\theta+\cos\theta$ とする。このとき,

$$\sin\theta\cos\theta=\frac{\boxed{\text{カ}}}{\boxed{\text{キ}}}a^{\boxed{\text{ク}}}-\frac{\boxed{\text{ケ}}}{\boxed{\text{コ}}},$$

$$\sin^3\theta+\cos^3\theta=-\frac{\boxed{\text{サ}}}{\boxed{\text{シ}}}a\left(a^2-\boxed{\text{ス}}\right)$$

である。

$a=\dfrac{1}{\sqrt{2}}$, $0\leqq\theta<2\pi$ のとき,

$$\theta=\frac{\boxed{\text{セ}}}{\boxed{\text{ソタ}}}\pi,\ \frac{\boxed{\text{チツ}}}{\boxed{\text{テト}}}\pi$$

である。

(3) $\vec{a}=(x,2)$, $\vec{b}=(2,-1)$ とする。$\vec{a}$ と $\vec{b}$ が平行であるのは, $x=\boxed{\text{ナニ}}$ のときである。$\vec{a}$ と $\vec{b}$ が垂直であるのは, $x=\boxed{\text{ヌ}}$ のときである。

(4) 等差数列をなす3つの数がある。その和は39, 積は1989である。このとき, この3つの数は小さい順に $\boxed{\text{ネ}}$, $\boxed{\text{ノハ}}$, $\boxed{\text{ヒフ}}$ である。

〔Ⅱ〕　xy 平面上において, 放物線 $y=2x^2$ を C_1 とする。a,b を実数とし, 放物線 $y=-2(x-a)^2+b$ を C_2 とする。

(a) 放物線 C_1 と C_2 が異なる 2 点で交わるとする。C_1 と C_2 の交点の x 座標は

$$\boxed{\text{ア}}\,x^2-\boxed{\text{イウ}}\,x+\boxed{\text{エ}}\,a^{\boxed{\text{オ}}}-b=0$$

を満たすので, 2 つの交点の x 座標は

$$x=\frac{\boxed{\text{カ}}\pm\sqrt{\boxed{\text{キ}}-\boxed{\text{ク}}^{\boxed{\text{ケ}}}}}{\boxed{\text{コ}}}$$

である。C_1 と C_2 によって囲まれる図形の面積を S とすると,

$$S^2=\frac{\boxed{\text{サ}}}{\boxed{\text{シ}}}\left(\boxed{\text{ス}}-\boxed{\text{セ}}^{\boxed{\text{ソ}}}\right)^{\boxed{\text{タ}}}$$

である。

(b) 中心 $(0,1)$, 半径 1 の円を C とする。放物線 C_2 の頂点が円 C 上を動くとき, b のとりうる値の範囲は

$$\boxed{\text{チ}}\leqq b\leqq\boxed{\text{ツ}}$$

である。 放物線 C_1 と C_2 が異なる 2 点で交わるように C_2 の頂点が円 C 上を動くとする。このとき, b のとりうる値の範囲は

$$\boxed{\text{テ}}<b\leqq\boxed{\text{ト}}$$

である。C_1 と C_2 によって囲まれる図形の面積を S とする。

C_2 の頂点の座標が $\left(\boxed{\text{ナ}},\ \boxed{\text{ニ}}\right)$ であるとき,

S^2 は最大値 $\dfrac{\boxed{\text{ヌネ}}}{\boxed{\text{ノ}}}$ をとる。

〔Ⅲ〕　2つの数字「1」または「2」を並べて6桁の整数を作る。このとき，出来る整数の総数は $\boxed{\text{アイ}}$ である。これらの全部で $\boxed{\text{アイ}}$ 個の整数を全部で $\boxed{\text{アイ}}$ 枚の紙に記入する。各紙には整数が一つずつ記入されている。これら $\boxed{\text{アイ}}$ 枚の紙を一つの袋に入れる。全部で $\boxed{\text{アイ}}$ 人の学生がこれら $\boxed{\text{アイ}}$ 枚の紙を袋から順に取り出す。ただし，取り出した紙は袋には戻さない。各学生は紙を一枚ずつ取り出している。

そこで，取り出した紙に記入されている整数の下4桁が同じである学生同士を同じグループに所属させる。このとき，出来たグループの総数は $\boxed{\text{ウエ}}$ であり，各グループに所属している学生の人数は $\boxed{\text{オ}}$ 人である。

1番目に紙を取り出した学生と2番目に紙を取り出した学生が同じグループに所属している確率は $\dfrac{\boxed{\text{カ}}}{\boxed{\text{キク}}}$ であり，異なるグループに所属している確率は $\dfrac{\boxed{\text{ケコ}}}{\boxed{\text{サシ}}}$ である。

1番目，2番目，3番目に紙を取り出した3名の学生が所属しているグループがすべて異なる確率は $\dfrac{\boxed{\text{スセ}}}{\boxed{\text{ソタ}}}$ である。

1番目に取り出された紙に書かれた6桁の整数を p とする。

(a) 整数 p に数字「2」がちょうど2個ある確率は $\dfrac{\boxed{\text{チツ}}}{\boxed{\text{テト}}}$ である。

(b) 整数 p に数字「2」がちょうど2個あり，かつ，その2個ともが p の下4桁にある確率は $\dfrac{\boxed{\text{ナ}}}{\boxed{\text{ニヌ}}}$ である。

(c) 2番目に取り出された紙に書かれた6桁の整数を q とする。

【 p も q もその下4桁にある数字「2」の個数が2であり，かつ，1番目に紙を取り出した学生と2番目に紙を取り出した学生は異なるグループに所属している 】という条件を考える。

この条件が成り立つとき, p の下 2 桁と q の下 2 桁が等しい

条件付き確率は $\dfrac{\boxed{\text{ネ}}}{\boxed{\text{ノハ}}}$ である。

4　お稽古事の味わいや風韻は今の社会に必要なものだが、強制や服従は自由な人間の主体性を奪うため、便利や快適を求める人々にとっては望ましくないものだろうと考えている。

5　退屈や苦労はお稽古事に必要なものであるが、それらは今の自由な社会と相反するので、「己を虚しうする」ことの人間的な深みや味わいにも社会的な評価を行うべきだと考えている。

問九　本文の内容と合致するものを一つ選び、マークせよ。

1　誰しも仕事をするときは心にものが一杯に詰まっているが、そのかわり主導権を握ることが可能である。

2　お稽古事をとおして自分自身を棄ててみたら、死という最大の「不快」も回避できる境地が見えてくる。

3　絶対服従と一切抛擲を通じて人々が虚心になれることは、今後のデモクラシー社会を作る条件である。

4　謡や仕舞などの厳しいお稽古事は「己を虚しうする」ことを体得するための有効な手段だと考えられる。

5　人間的な価値は日常での退屈や苦労から生まれるため、日常生活を過ごしているだけで人間は成長する。

6　「己が、己が」という意思を棄てていくことは、自由なデモクラシー社会を成立させる手段となりうる。

1　濃厚な豆腐の中身が詰まっているように、私たちの心にも何かが一杯に詰まっているので、自分自身を大事に扱いながら仕事をするべきだということ。

2　豆腐が崩れやすいように私たちの心も繊細で壊れやすいため、どんな仕事もその対象に自分自身をうまく合わせなければ心が壊れてしまうということ。

3　鍋物に入れる豆腐の多くが白い色をしているように、どんな仕事をするさいにもまずは自分自身を棄てて心を真っ白にするところから始めるべきだということ。

4　豆腐がすぐ崩れるように私たちの心もすぐ崩れてしまうので、どんな仕事をするさいにも自分自身と対象の取り扱い方を繊細にしなければならないということ。

5　私たちが崩れやすい豆腐を扱うときにはそれに合わせなければならないのと同じように、どんな仕事をするときも自分自身を対象に合わせるべきだということ。

問八　波線部F「変なデモクラシーの社会」とあるが、それについて筆者はどのように考えているか。その説明として最も適切なものを一つ選び、マークせよ。

1　人間的な価値は退屈や苦労の中から生まれてくるが、強制や服従を否定する今の社会と相反してしまうので、それらは深みや味わいを知る手段にとどめるべきではないかと考えている。

2　お稽古事をするためには日常の便利や快適を重んじる自分を棄てなければならないが、人々がそのことを理解せずに退屈や苦労を嫌って生きているのが今の社会だと考えている。

3　強制や服従は今の社会と相反してしまうものだが、便利や快適といった日常での価値を一変させるそれらの苦労や退屈こそが今の社会に求められる人間的な価値だと考えている。

問五　波線部C「犇き合っている」の意味として最も適切なものを一つ選び、マークせよ。

1　互いに押しあって騒いでいる
2　主導権を求めて戦っている
3　矛盾したまま放置されている
4　互いに引っ張りあっている
5　勘違いしたまま争っている

問六　波線部D「「りんりんとして」はすなわちこの私の全部なのである」とあるが、それを説明したものとして最も適切なものを一つ選び、マークせよ。

1　日頃の雑事が頭からすべて消え失せるだけでなく、この世を超えた神や仏もいないと感じられるほど、意志や判断を棄てて師匠の厳しい稽古に絶対服従している。
2　師匠の稽古に絶対服従しつつ謡をうたうことで、日常生活でのさまざまな雑事をすべて忘れてしまうほど、自分自身が無際限の大宇宙とほとんど一体化している。
3　師匠の稽古に絶対服従することで、多事に煩わされる日常生活のすべてのことが頭の中から消え失せて、自身が謡の節廻しとその文句にほとんど一体化している。
4　日常生活の数々の欲求や知識や感情などを投げ棄てて、師匠の稽古に絶対服従しながら謡をうたうことで、自分の体がほとんど謡の文句そのものになっている。

問七　波線部E「豆腐」とあるが、その表現を通じて筆者はどのようなことを述べようとしているか。その説明として最も適切なものを一つ選び、マークせよ。

問二　空欄 Ⅰ ・ Ⅱ に入るべき語句として最も適切なものをそれぞれ一つずつ選び、マークせよ。

Ⅰ　1　酔生夢死　2　神出鬼没　3　明鏡止水　4　一衣帯水　5　付和雷同

Ⅱ　1　上を下へ　2　付かず離れず　3　陰に陽に　4　右も左もわからず　5　行きつ戻りつ

問三　波線部A「心の働きを冴えたものにしてくれる」とはどういうことか。それを説明したものとして最も適切なものを一つ選び、マークせよ。

1　心の中に詰まっているものを全部外へ出すことによって、それらを客観的に見ることができるようになるということ。
2　心の中のものを外へ出して空にすると、自分の外にあるものの本当の姿がくっきりと見えてくるということ。
3　心の中に詰まったものを全部外へ出すと、自分の心にあるものだけを深く見つめることができるということ。
4　心の中のものを外へ出して空にすると、他人の本当の姿を見失ってしまうということ。

問四　波線部B「事態は一変する」とはどういうことか。それを説明したものとして最も適切なものを一つ選び、マークせよ。

1　習い事の師匠の前で懸命に稽古すると、欲求を安易に満足させようとしていた気持ちが、居ても立ってもいられない不安な気持ちに変わっていくということ。
2　不満と不快ばかりの日常生活をおくっている自分自身が、習い事の師匠の前で懸命に稽古をしている間は、一時的にではあるが消失してしまうということ。
3　死を含む不快を人間はなかなか避けられないが、習い事の師匠の前で稽古をしている間は、その不快が居ても立ってもいられない気持ちに変わるということ。
4　習い事の師匠の前で懸命になれば、数々の欲求とそれを満足させる試みにあふれた日常生活が忘れられ、稽古に深く集中している状態になるということ。

（注3）格――きまり。法則。
（注4）『野宮』――能の演目。
（注5）生字――ある音を長く延ばしてうたう場合に、延ばされる母音部分。
（注6）女婿――娘の夫。
（注7）抛擲――投げ出すこと。
（注8）風韻――風流なおもむき。

問一　傍線部ア～オと同じ漢字を使うものを、次の各群からそれぞれ一つずつ選び、マークせよ。

ア
1　ト板を運ぶ
2　ト息をもらす
3　身命をトする
4　意トをくみとる
5　帰国のトにつく

イ
1　駅がカン散としている
2　カン電池を換える
3　カン護師になる
4　カン詰を開ける
5　カン弁してもらう

ウ
1　一ジョウの薬
2　加減ジョウ除
3　一国一ジョウの主《あるじ》
4　ジョウ趣のある家
5　寺社へのジョウ財を募る

エ
1　イベントをキ画する
2　必勝をキする
3　人情のキ微にふれる
4　常キを逸する
5　改革のキ爆剤となる

オ
1　交サイ範囲が広い
2　要サイを築く
3　サイ月人を待たず
4　サイ興をはかる
5　サイ判所に行く

まっている状態である。

ところが稽古事——稽古事に限らず一般に仕事というものは、まさにこの「己が、己が」ではどうにもならないのである。仕事をするとは、「己」を棄てて、その仕事の要求するものに「己」を従わせるということなのである。E豆腐を素手でつかんだら、豆腐は粉々に砕けてしまうまでのことで、豆腐には豆腐を取扱う扱いようというものがある。われわれは豆腐が無言のうちにわれわれに向って要求しているところの、その扱い方を承認して、それに従わなければならない。つまり例の「己が、己が」に「引込んでいろ」と命令するわけである。多少とも仕事らしい仕事をしたことのある人は、誰しもそういう経験をした筈《はず》である。

F変なデモクラシーの社会になって、強制だの服従だのということは頭から否定されているようである。しかし強制と服従とがなかったならば、お稽古事は成り立たないし、「りんりんとして」という短い文句すら、千年万年待ったとて金輪オザイうたえっこはないであろう。

またこの変なデモクラシー社会は、いつも便利と快適を重んじて、退屈や苦労を毛嫌いするようであるが、深みとか味わいとか風韻（注8）とかいうような特に人間的な価値は、実は退屈や苦労の中から生れてくるものだということの解らない人は意外に多い。便利で快適な新建材のどこに深みや味わいや風韻があるであろうか。

それやこれやで私は、習い事、お稽古事というものは「己を虚しうする」ということを体得するための恰好《かっこう》な手段だと考える。「己を虚しうする」などということには自分は全く関心がないというような人は、私にとって縁無き衆生たるにとどまる。

（高橋義孝『私の人生頑固作法』による）

（注1）謡——能や狂言の声楽部分。

（注2）仕舞——能の舞いの部分。

あろう。しかしこの最大の「不快」を避ける可能性は皆無である。――という次第で、われわれは常日頃、欲求とその欲求の達成の試みという二つのものに小突き廻《まわ》されて生きている。

　ところが習い事の師匠の前に正坐《せいざ》すると、B事態は一変する。腋《わき》の下に冷たい汗を流し、顎を突き出して、むずかしい節廻しをどうにかうたいこなそうとして懸命になっていると、平素自分の心の中にC犇《ひし》き合っているものは、むろん一時的にではあるが、みなどこかへ姿を消してしまって、念頭にあるのはただ、たとえば「りんりんとして」(『野宮《ののみや》』(注4))の「と」の生字《うみじ》(注5)はどこまで下げればいいのかというようなことだけになってしまう。一度うたってみる。師匠はうんと云ってくれない。またうたう。こんどもだめである。さらにうたってみる。やはり合格しない。どうも実に居ても立ってもいられない気持である。

　本屋や洋服屋のカン定であるとか、ドイツ文学のことであるとか、お尻の脱肛《だっこう》の痛みであるとか、大勢の孫の顔であるとか、自分の年齢であるとか、その他くさぐさ、もろもろ、百千のことは一切念頭から消え失せて、そこにあるのは唯《ただ》だ「りんりんとして」という文句とその節廻しのみである。無際限の大宇宙は、今やこの「りんりんとして」の一句に取って代わられてしまう。この一句の前には、神や仏すらもない。つまりその時、この私、高橋義孝は「りんりんとして」なのであり、逆にまたD「りんりんとして」はすなわちこの私の全部なのである。

　一度何かの都合で、女婿(注6)を伴ってお稽古に出向き、お稽古の間中、彼をそばに坐《すわ》らせて待たせておいたことがあるが、お稽古が終って外へ出てから、私は彼に、月に一度あるいは二度位は、謡のお稽古というような、絶対服従と一切抛擲《ほうてき》(注7)という状態にわれわれの身を置いてみるということも、非常に意味のあることではあるまいかと云った。実際われわれが自分の意志、判断、感情、欲求、知識、閲歴などの一切を投げ棄《す》ててしまうというようなことは、日常生活の上では殆《ほと》んど起らないと云ってもいい。日常生活上では何かにつけて、［　Ⅱ　］「己《おれ》が、己が」が主導権を握ってしまう。それはつまり一種の、心にものが一杯に詰心ということは難事中の難事である。しかしそれをやらなければ、物の本当の姿は見えてこないらしい。と云うことは、自分のありのままの本当の姿も見えてこないということでもある。つまりそれではわれわれの人生は［ Ⅰ ］ということになってしまう。

ところで、それが果して「己を虚しうする」ことに繋《つな》がるかどうか解《わか》らないが、こういうことも「己を虚しうする」一つの方ト(ア)ではあるまいかと思われることがここに一つある。

私は昭和十五年に謡(注1)や仕舞(注2)を習い始めた。従ってもうかれこれ三十何年かの間、習い続けているカン(イ)定《じょう》になる。むろんこの三十何年かの間には、一時お稽古を休んだことも幾度かあった。お稽古は休んでいても、友人知人と興にジョウ(ウ)じて謡をうたうことはある。さて、暫《しばら》く休んでいたお稽古を再開すると、自分の謡がその間《かん》にひどく崩れてしまっていたことが解るのである。自分では格(注3)に嵌《は》まった正しい謡をうたっているつもりでいても、いざ師匠の前へ出てうたってみると、あちこち直される。それは丁度、眼《め》隠しをして真直《まっす》ぐに歩こうとしているようなもので、自分では真直ぐに歩いているつもりでも、実際はいつの間にか右の方へ曲っていたり、あるいは左の方へ歩いて行ったりしているのである。師匠につかない独学は、謡を正しくうたおうがためには、歓迎すべからざるものだと思った。師匠に始終キ(エ)道を修正して貰《もら》っていなければ、われわれ素人の芸は次第に崩れて、正格から遠く逸《そ》れて行ってしまうものである。

われわれ人間は、ごく大ざっぱに云えば、自分が生きたいように生きて行こうとする。われわれの日常生活は、数々の欲求と、それらの欲求を満足させようとする試みとをその内容としている。むろんあらゆる欲求が満足させられるということは絶対にない。そこでわれわれはある種の欲求に関しては、これを満足させることを最初から断念せざるを得ない。またその一方でわれわれは、われわれに不快を与えるものを避けるように努める。この不快回避行為も、すべてがすべて成功するとは限らない。成功する場合もむろんあるが、絶対に成功の見込みのない場合もある。死がそれである。死はわれわれ人間にとって最大の「不快」で

3 近世の俳諧も、近代以降の俳句も、西欧の「文学」のカテゴリーに収まらない特色を保持している。他者とともに共同で制作する方法にこそ、現在も結社を基盤に俳句が広く普及している理由を見出すことができる。

4 俳句の句会では、現在でも作品が人前にさらされて批評を受けるばかりか、指導者によって添削されることもある。極端な場合では原形をとどめない場合もあり、自尊心を傷つけられるとして変革が進められている。

問九 近代俳句の創始者とされる俳人を一人選び、マークせよ。

1 堀辰雄　2 国木田独歩　3 北原白秋　4 与謝野晶子　5 正岡子規

〔二〕 次の文章を読んで、後の問いに答えよ。

近年つくづくと合点したことが一つある。

総じて鍋物は、材料をあとから継ぎ足しつぎたしして、ぐつぐつ煮て食べるよりも、最初中に入れたものを全部食べ終えて、一度鍋を空にしてから、また新しく次の材料を入れるという方が食べてうまいが、人間の心も、時々その中に入っているものを一旦全部外へ出して、空にするというのが、A却《かえ》って心の働きを冴《さ》えたものにしてくれるらしい。兼好法師は『徒然草』の中で、同じことを次のように云《い》い現わしている。「虚空《こくう》よく物を容《い》る。」心の中に物が一杯に詰まっていては、別の新しいものの入りようがない道理であるし、第一そういうことでは、自分の外にあるものの本当の姿が見えてこない。見えるのはただ自分の心の中のものだけだということになる。

しかし何がむずかしいと云って、この「己《おのれ》を虚《むな》しうする」ということほどむずかしいことはない。鍋料理なら中のものを全部食べてしまえば、鍋は空になるが、それまで心の中にあったものを心の外に取り出すということは容易なことでは出来ない。虚

【ノート】

近代文学では作品と［甲］は不可分な関係と考えられてきたが、近世の俳諧から俳句へとつながる伝統においては異なるようだ。江戸時代の俳諧集『続猿蓑《ぞくさるみの》』のある歌仙と松尾芭蕉自身の草稿を比べると大きく［甲］が入れ替わっていることがわかる。また、俳諧には連句の付け方だけではなく、発句の作り方にも［乙］というものがあり、そこに俳諧の特質を見ることができる。現代の俳句の結社活動でも出された句を高弟が添削したり、指導者の句をお手本として巻頭に載せたりする。さらに、歳時記を参考として季語を覚えて句作したり、切字の使い方の指導を受けたりする。書店に行けば「俳句入門」や「俳句の作り方(上級編)」といった［乙］が並んでいる。また、即座性は、連句の場で付句を考える場合も、現代俳句の席題で句作するときも求められる要件である。俳論は連歌論や歌論はもとより能楽論、茶道、華道から大きな影響を受けて発達し、通底するものは［丙］としての論だった。このように文学というより芸能的な点に俳句の根強さがあるのだ。

【語句】

1　個人　2　作法書　3　芸道　4　作者　5　人生　6　同人誌　7　文学

問八　本文の内容と合致するものを一つ選び、マークせよ。

1　近代における「文学」の考え方に対応して、短歌や俳句も完成するまでに人前に提出されることはなくなった。これによって日本の文学も近代化を成し遂げ、作者の権利が尊重されるようになったのである。

2　和歌、連歌、俳諧から現代の俳句にいたるまで、日本の伝統詩歌は作者、読者、批評家の役割を分けることができなかった。そのため、結社や庵号など、前近代的なシステムが残存し、衰退し続けている。

4　清書された出席者全員の句の中から、優れていると思われる作品を選び出して印を付ける。

5　出席者が書いて提出した句を、筆跡から作者が推測されないよう、参加者間で分担して清書する。

6　出された句が式目（ルール）に合っていなかったり、拙かったりしたら、互いに検討しあって直す。

問六　波線部D「俳句など短詩型文芸が集団の中で作られていくという性格をもっている」とあるが、それを説明したものとして最も適切なものを一つ選び、マークせよ。

1　俳諧（連句）の時代と同じく、俳句や短歌は共通の考えや知識を同じグループの中で確認しつつ皆で作品群を作り上げていく。そのため、作者が誰かということは全く問題にされていない。

2　俳句や短歌は作者の未熟な時期には指導者の手が入ることがあるとはいえ、作品の構想や文体が本人の元の作品から大きく外れていることはない。集団の中でも個性が尊重されるのである。

3　俳壇の庵号や和歌の歌の家の継承にみられるように、小説においても独自の作風を打ち立てた作家の子、孫、弟子などがグループを形成し、共通の認識を受け継いでいくケースがある。

4　俳句や短歌は制作過程において、まず句会や短歌会に出されて多くの人の目にさらされるだけではなく、指導者によって直されることがある。そうした段階を経て作品は完成していくのである。

問七　以下の文章は、高校生のMさんが、波線部E「歳時記（季寄せ）や季語、切字の問題など合わせ、観るだけでなく自ら演じもするということ、即座性ともいうべき性格があるということから、俳句は文学というよりも芸能に近い性格を持っている」という部分を、筆者の著書『俳諧から俳句へ』を参考にしてノートにまとめた文章である。空欄［甲］［乙］［丙］に入るべき語句として最も適切なものをそれぞれ一つずつ選び、マークせよ。

問三　波線部B「俳諧は基本的に「連句」である」とあるが、その説明として最も適切なものを一つ選び、マークせよ。

1　俳諧は近世に発展した「俳諧の連歌」のことであり、連衆が競い合って一斉に句を出し、それらを宗匠がモザイクのように組み合わせて連句とする文学作品である。

2　俳諧は近世に発展した「俳諧の連歌」のことであり、連衆が発句を起点として次から次に句をつないで付けていく連句形式で作り上げる集団制作の文学作品である。

3　俳諧は近世に発展した「俳諧の連歌」のことであり、連衆が予《あらかじ》め準備して持ち寄った句を並べ自ら吟味し、優れた句を連句形式の名詩選として発表したものである。

4　俳諧は近世に発展した「俳諧の連歌」のことであり、連衆の中から選ばれた一名が作者となって、他の連衆の批評を取り入れながら連句形式で制作したものである。

問四　二重傍線部 a「出席」b「添削」c「段階」d「歌壇」と同じ構成の熟語はどれか。最も適切なものをそれぞれ一つずつ選び、マークせよ。

1　不安　　2　隔離　　3　鶏卵　　4　損得　　5　円安　　6　就職

問五　波線部C「作者が読者であると同時に批評家にもなっている」とあるが、現在の句会の運座における「読者」と「批評家」の役割として最も適切なものをそれぞれ一つずつ選び、マークせよ。

ア　「読者」　　イ　「批評家」

1　自分の番が来ると、前句の意味を読みとることから始め、次の句の作者となる準備をする。

2　清書された一連の句が書かれた用紙をそれぞれの参加者がすべて読んで理解し、鑑賞する。

3　提出された句の中で、加筆修正すればより良くなると思われる作品があれば、添削を施す。

（注8）兼題――歌会・句会などを催すとき、あらかじめ出しておく題。
（注9）席題――歌会・句会などを催すとき、その場で出す題。
（注10）運座――数人が集まり、一定の題によって俳句を作り、互選、選評をする会。
（注11）披講――詩歌などの会で、詩・短歌・俳句などの作品を読み上げること。
（注12）治定――連歌・俳諧で、字句を何度も練った結果、句形が決定すること。

問一　空欄［Ⅰ］［Ⅱ］に入るべき語句として最も適切なものをそれぞれ一つずつ選び、マークせよ。

1　哀悼　2　推敲《すいこう》　3　研鑽《けんさん》　4　押収　5　剽窃《ひょうせつ》　6　模倣　7　師事

問二　波線部A「密室で作られ密室で味わわれる」とはどういうことか。その説明として最も適切なものを一つ選び、マークせよ。

1　近代における文学作品とは、制作の過程においても享受の過程においても、個人が周囲からの干渉を排して独力で行うことを要求するものであり、そうでなければ文学作品とは言えないということ。
2　近代における文学作品とは、執筆、読解、鑑賞等のあらゆる段階において、騒音、匂い、色彩、感触など不純な要素を極力排除して達成されるものであり、そうでなければ文学作品ではないということ。
3　近代における文学作品とは、強い意志を持った作者・読者が集中力によって雑念を払いのけ、自分の周りに一種の悟りの境地を生み出して書き、読むものであり、そうでなければ文学作品と呼べないということ。
4　近代における文学作品とは、これまでのどんな作品とも似ていない作者独自の創造物であり、また読者にとっても誰にも頼らず独自の視点で読み解くべきものであり、そうでなければ文学作品とは呼べないということ。

そのことは、俳句を作る人たちの多くが、結社に属したりグループを作っていることから明らかだ。俳諧（連句）では、独吟という特殊な場合を除いては一人での制作はありえなかった。そのことが近代俳句にも受け継がれている。俳諧の場合、俳諧に対する共通の考えや知識を持っている人どうしでないと作品を巻いていくのは困難であった。近代の俳句にあっても、俳句に対する共通の認識を持った人たちが集まって結社を作り、継承されていく。藤原俊成に始まる歌の家が、その孫為家の子の代に三家に分かれながら中世を通じて歌壇の中心となってきたことや、近世の俳壇で子や高弟に庵号《あんごう》などが受け継がれていったことから考え、これも俳句など短詩型文芸が集団の中で作られていくという性格をもっているためであろう。念のためにいえば、谷崎潤一郎の小説を受け継いでその子なり弟子なりが、潤一郎の風による小説を書き続けていくということなどありえない。

その他に、歳時記（季寄せ）や季語、切字の問題など合わせ、観《み》るだけでなく自ら演じもするということ、即座性ともいうべき性格があるということから、俳句は文学というよりも芸能に近い性格を持っていると私は考えている。

（櫻井武次郎『俳諧から俳句へ』による）

（注1）チボーデ――フランスの文芸批評家（一八七四―一九三六）。
（注2）歌仙――三十六句からなる連歌・俳諧の形式。
（注3）百韻――連歌・俳諧の基本形式で、一巻が百句あるもの。
（注4）連衆――連歌・俳諧の会に作者として列席する人々。
（注5）句合――俳諧の発句を左右の組から一句ずつ出して、判者がその優劣を決める遊戯。
（注6）歌合――平安時代、歌を左右の組から一首ずつ出して組み合わせ、判者がその優劣を決めた遊戯。
（注7）衆議判――歌合などで、判者を設けず、左右の衆議によって歌の優劣を決すること。

正式の俳諧の席には宗匠と執筆《しゅひつ》がいて、出された句が式目（ルール）に合っていなかったり、拙かったりしたら付け直させるが、少人数の内輪の会であれば互いに検討しあって済ませただろうし、発句の場合に限られるが、句合《くあわせ》（注5）においては歌合《うたあわせ》（注6）に倣って衆議判《しゅぎはん》（注7）の形式が採られることもあり、場合によっては批評家の役割も果たしていたのであった。ともあれ、複数の人間によって作品が作られていき、作者と読者が重なり、批評家までも兼ねるという点に、送り手（作者）と受け手（読者）が分かれていて、さらに批評の専門家も存在するという近代文学とは大きな違いがある。

現在の句会ではどうか。やり方はいろいろあるが、兼題（注8）にしろ席題（注9）にしろ、あるいは自由詠にしろ、[a]出席者が書いて提出した句を担当者が清書し、出席者全員がそれぞれよいと思った句に印を付けて集計するという運座（注10）の形式が最も普通に行われている。この場合、近世の俳諧と同じく[C]作者が読者であると同時に批評家にもなっているのであって、この三者を兼ね備えているという点に俳句というジャンルの一つの特質が見られると思う。しかも披講（注11）という黙読ではない方法を今も用いている。思えば、現代の俳句愛好者で句集を読むのは好きだが俳句は作らないという人の数は少なく、小説を読む人の大多数が自ら小説を書こうとは考えていないことと較べてみればよくわかる。

作品が完成するまでに人前に提出されることがあるというのも、特質の一つといえる。句会に出され、そこで人前にさらされて一種の批評を受けるわけだが、さらに指導者によって[b]添削を施されることがある。俳句や短歌の作者の死後に全句（歌）集を編む時、その初期の作品がどこまで彼自身の作品だったかと話題になることがあるが、小説の場合、習作期の作品に［Ⅱ］した作家の手が入っているということはあっても、作品全体の構想や文体などが自身の作から大きくはずれているということは考えられない。まして未完成の作品を複数の人に提示することはない。句会が作品を治定《じじょう》（注12）させる前の[c]段階か、完成させた作品に対して広く批評を受ける機会と考えるかは別として、俳句は制作の場から、常に集団の中にあるのだと考えてよいであろう。

国語

（英語と二科目　九〇分）

〔一〕　次の文章を読んで、後の問いに答えよ。なお、近世は江戸期を、近代は明治期以降を指す。

近代において「文学」といえば、たぶん、深夜などに一人の作者が書斎かどこかで何度も書いたり消したりして　I　を加え、出来たと判断した段階で商業誌なり同人誌に発表する――そういう形の小説や現代詩のようなものを頭に思い浮かべるのではあるまいか。そして、（こちらの方がより大事かもしれないが）それらの作品を享受する読者もまた同じように印刷された作品を一人で黙読する。仮りに多くの人が乗っている電車の中で読んでいるとしても、その時の読者は周囲から離れて「一人」になっているといってよい。中村光夫氏の『小説の方法』で知ったのだが、チボーデ(注1)は、Aこの密室で作られ密室で味わわれるという点に近代文学のあり方の特質を見てとっている。

ところで、俳句の場合はどうか。俳句は、近世の俳諧を基盤として成り立ったものだが、B俳諧は基本的に「連句」である。もちろん当時に「連句」という語はなく、俳諧といえば即「連句」であって、その第一句目だけをとりたてていう時にだけ発句といった。近代俳句も、この俳諧の特徴を大きく受け継いでいるが、先に述べた近代文学のあり方と較《くら》べてみると、俳句というジャンルの性格が見えてくるかと思う。

歌仙(注2)とか百韻(注3)という「連句」の場合、作っていくことを巻くというが、一人で巻く独吟は例外で、普通は数人の連衆《れんじゅ》(注4)で巻いていく。その時、作者は、まず前句の意味を読みとることから始めるわけで、最初に読者となり、しかる後に作者となるわけである。

解答編

英語

A **解答** (1)—2 (2)—1 (3)—3 (4)—1 (5)—2 (6)—3
(7)—4 (8)—3 (9)—1 (10)—4 (11)—1 (12)—1
(13)—3 (14)—3 (15)—4

◀解 説▶

(1)「近ごろ若者が概して新聞を読まないことにはもっともな理由があるように思われる」
these days は通常現在形で用いる。3の hasn't と4の wasn't は主語 young people が複数であることから不可。1の aren't は受動態になり，意味上不適。

(2)「座席を離れるときは貴重品を持って行くようにしなさい」
時を表す副詞節の中では未来の事柄でも現在形を用いる。したがって1の leave が正解。

(3)「その歌手の引退のニュースは私にとって本当に驚くべきことだった」
3の surprising「(人を) 驚かせるような」が正解。2の be surprised は「(人が) 驚く」，4の suprisingly は副詞で「驚いたことに，驚くほどに」の意味であり，いずれも不適。1の surprise は動詞 (「驚かせる」の意味) の原形だけでなく，名詞で「驚くべきこと」の意味とも考えられるが，その場合，通常 a surprise の形で用いるので不適。

(4)「昨年，私たちはそのような不可能な目標を設定するべきではなかったのに」
ought not to have *done*〔should not have *done*〕「～すべきではなかったのに」の語法より，1が正解。2の ought to *do* は「～すべきである」の意味であるが，本文には last year「昨年」とあり，過去に関する事柄であるので，不可。3の should be，4の should not be はいずれも受動態になることから，意味上も不適。

⑸「諸般の事情を考慮すると，私たちは一般の人々に警告すべきときだった」

given は前置詞的に用いて「～を考慮に入れると，～があれば，～が与えられると」の意味，あるいは接続詞的に用いて「～ということを考えると，～と仮定すると」の意味。したがって，2の Given が正解。

⑹「交通渋滞に巻き込まれないかぎり，私は遅れないだろう」

文意から3の unless が入る。unless S V「S が V しないかぎり」の意味。

⑺「その建物はとても大きいので他の建物とまちがえることはありえない」

so ～（形容詞〔副詞〕）that S V「とても～（形容詞〔副詞〕）なので S V」の構文より，4の that が正解。

⑻「私はそのグループのメンバーを誰も知らないので，そのグループに加わりたくない」

would rather not *do*「～したくない」（＜would rather *do*「～したい」）の語法より，3が正解。

⑼「勇敢にも何か難しいことをしようと試みて失敗したときに，笑われることを気にしてはならない」

laugh at「～をあざ笑う」の語法より，1の at が正解。

⑽「その講義を聞いている間，彼は他のことを考えていた」

4の listening が正解。while *doing* の形で「～している間」の意味を表す分詞構文になっている。While he was listening to the lecture の he was が省略されたものと考えればよい（英語では，主語＋be 動詞はしばしば省略される）。1の he listens は，主節の時制が過去形 had となっていることから不適。2の his listening は，listening の主語が主節の主語 he と同じであるから主語を示す必要はなく，his が不要（主語を示す必要がある場合でも，分詞構文では his ではなく he である）。3の listend は，過去分詞形で，「～している間」を表す分詞構文では過去分詞形は不適格。

⑾「あなたは部屋をきれいにしておくようにすべきだ」

本文の空所は keep O C「O を C の状態にしておく」（第5文型）の C（補語）の部分に相当すると考えられる。この C に入るのは，形容詞・名詞・現在分詞・過去分詞である。clean には，形容詞で「きれいな」の意味，あるいは動詞で「きれいにする」の意味がある。3の clenaly は副詞であり不可。4の cleans は三人称単数主語の述語動詞の形であり不可。2の cleaning は現在分詞であり，your room「あなたの部屋」が cleaning「きれいにしている」状態にしておく，という意味になるので不適。したがって，正解は1（ここでの clean は形容詞）。

⑿「すべての窓に鍵をかけるのを忘れないように気をつけてください」
be careful not to *do*「～しないように気をつける」（<be careful to *do*「～するように気をつける」）の語法より，正解は1。2の be carefully，4の carefully は，carefully が副詞であるため文法的に不可。3の being careful は，being が現在分詞・動名詞のいずれと考えても文が成立しない。

⒀「試験に合格するか否かは彼にとって非常に重要な問題だ」
whether to *do* or not「～するか否か」の語法より，正解は3。

⒁「プロジェクトチームの長として，彼女は大きな責任を感じている」
空所の直前に不定冠詞 a があることから，空所には名詞が入ることになる。1の greater responsible，4の great responsible の responsible は形容詞であるから，不可。2の greatly responsibility は，greatly が副詞であり名詞 responsibility を修飾することができない（名詞を修飾するのは形容詞である）ので不可。したがって，3の great responsibility が正解。

⒂「私は交差点でどちらの道を曲がればよいのかわからなかった」
which *A* to *do*「どちらの *A* を～すべきか〔すればよいか〕」の語法より，正解は4。

B　解答　⒃－4　⒄－1　⒅－2　⒆－3

◆全　訳◆

≪形と大きさが規格外の野菜≫

（マイクとサムは台所にいる）

マイク：ねえ，食料品の買い物は済ませたの？

サム　：もちろん済ませたけど，野菜はこの（通りの）先にあるあの新しい店で買うことに決めたよ。

マイク：新しい店？　いつもの食料品店にしておけばいいだけのことじゃないの？

サム　：いや，その店の野菜のほうがはるかにもっと安いんだよ。あのね，その店では規格外の形や大きさのものばかり売ってるんだ。普通の食料品店では置いてもらえないようなものをね。だから割引した値段で売ってるんだよ。

マイク：置いてもらえないものだって？　どういう意味？

サム　：まあ，見てごらんよ。

（彼は買い物袋を開ける）

マイク：おや，このキュウリはみんな曲がってるし，このニンジンは野球のバットとほとんど同じくらいの大きさだ！　それに，このジャガイモも全部変な形だ！　こんなものがあるなんて知らないよ。

サム　：まあ，落ち着いて。普段買う「完璧な」野菜のようには見えないからというだけでそれが悪いものだということにはならないよ。僕が言いたいのは，普通こういうものは全部，農家や食料品店で捨てられるだろうから，僕たちは実際，食品廃棄物を減らしていることになるということなんだ。

マイク：なるほど，それはわかるけど，でも…。

サム　：それに僕が買ってきたこのリンゴを見てごらんよ。それも本当に安かったんだよ。

マイク：でも，皮のそこら中に茶色のしみがあるし。食べたいとは思えないなあ。

サム　：冷静になってよ。僕が皮をむいたら違いがわからなくなるよ。

マイク：それはいいとして，でも，その野菜は全部そんな変な形や大きさなのに，どんなふうに使うつもりなの？

サム　：心配しないで。シチューを作るつもりだから，切り刻むことになるよ。そうすればきみの好きないつもと同じシチューになるよ。

マイク：そうなの，それならいいけど。でも，納得いかないなあ。こんなものは奇妙に見えるよ。

サム　：ただ広い心を持って，節約できたお金のことを考えてごらん。

◀解　説▶

⒃空所には，サムが野菜を買うことに決めた店で売っている野菜がどのようなものかを説明する内容が入る。マイクの第4発言に，「曲がったキュウリ」「野球のバットとほとんど同じ大きさのニンジン」「ジャガイモは全

部変な形」とあることから，「変わった形あるいは大きさである」という 4 が正解。1 は「新しいものと全く同じような」，2 は「あなたがいつも好む」，3 は「販売期限を過ぎている」の意味。

⒄空所を含む文の形の Just because S_1 V_1, it doesn't mean that S_2 V_2 は，「ただ S_1 が V_1 だからといって S_2 が V_2 ということにはならない」という意味の構文。したがって，「ただ通常買う完璧な野菜と同じように見えないからといって～ということにならない」の「～」にふさわしい内容を考えればよい。「完璧なものと同じように見えないから～だ」という論理関係では，「～」には否定的・消極的意味合いの内容が入ると推測できる。したがって，「悪い」という意味の 1 が正解。

⒅空所を含む発言で，マイクは「リンゴの皮にしみがある」と言っていて，その後に I'm not sure ～「～かわからない」と続けているのであるから，「それを食べたい」という 2 を選択し「食べたいかどうかわからない」という文にするのが適切。1 は「それらが調理される」，3 は「十分な量があるだろう」，4 は「これらは捨てられた」の意味で，いずれも不適切。

⒆直前の発言でマイクは，それらの野菜がどのように使われるかを気にかけている。それに対して「心配しないで」とサムが言っているのであるから，サムはどのように調理されるかを説明してマイクを安心させようとしていると推測できる。したがって，「切り刻まれることになる」という 3 が正解。1 の「奇妙に見えるだろう」では，マイクの心配を解消できない。2 の「使わないだろう」というのは，直前の「シチューを作るつもり」という言葉とつじつまが合わない。4 の「新しい料理を試してみることができる」は，空所直後の「きみの好きないつもと同じシチューになる」という言葉と矛盾する。

C　**解答**　⒇―2　(21)―3　(22)―4　(23)―4　(24)―3

◆全　訳◆

≪エベレストに挑み続ける女性≫

2022 年，48 歳で，ラクパという名前の女性が 10 回目のエベレスト登頂を果たし，自身が持つ女性によるエベレスト登頂成功の最高記録を更新した。ラクパが 10 回目の登頂に成功したのは，初登頂から 22 年後のことであった。2000年，彼女は，エベレストに登頂し，生還した最初のネパール人女性となった。ラクパは，続いて，2001年から2006年の間にさらに5回，頂上に到達した。「私は最初の娘を産んで8カ月後にエベレストに登りました」と彼女は英国のニュース記者に話し，「そして，二人目の娘を妊娠して2カ月のときに登りました。簡単ではありませんでしたが，私は無事に成功しました」と話した。

彼女は，海抜4000メートルを超えるネパール東部の村に生まれた。彼女はシェルパと呼ばれるネパール先住民の集団の一員であった。シェルパは，そのような高山地帯で生活することに慣れていたが，その地域の生活条件はしばしばとても厳しいものであった。彼女の村には電気が通っておらず，その村では大部分の人が農業に従事していたが，彼女の家族は，その地域の登山者のためにガイドや重い荷物を運ぶポーターとして働いていた。これらはそのような高山地帯ではとても大変な仕事である。ラクパは15歳のときに山でポーターとして働き始めた。

エベレスト山頂への到達を目指すほとんどの遠征隊は，シェルパのガイドとポーターを雇うが，シェルパのなかには，ラクパのように，ガイドあるいはポーターであることに満足していない者もいた。自分自身，登山家になりたいと思っていたのだ。ラクパがポーターから遠征隊を率いるまでになるのは簡単なことではなかった。彼女の両親は彼女を援助しなかった。「私の母は私が結婚をしなくなるだろうと言いました」と彼女は記者に話し，「村人たちは私に，それは男の仕事であり，私がそれをしようとすれば命を落とすことになるだろうと言いました」と話した。

彼女はこうした人々の言葉に耳を貸さず，2000年に，登山家としてエベレスト山頂に到達した。2003年，彼女はエベレスト登頂を3回果たした初の女性となった。2003年の登頂のときには，彼女の弟と妹がその登頂に加わったが，それは，3人の家族が一緒に8000メートル級の山の頂上に到達した初めてのことだった。この直後に，彼女は結婚し，子どもを産んだ。

彼女の数々の偉業がメディアの注目を集めたり，彼女の将来の登頂を援助する後援者の関心を引いたりすることはなかった。長年，彼女は世間に認知されることなく過ごし，非常に低い賃金で働いていた。「私の仕事には，老人の世話，家の掃除，皿洗いが含まれていた」と彼女は語った。彼女はしばしば，子どもの衣服や散髪といった生活に必要不可欠なものの代金を払うのに苦労した。登山はお金のかかるスポーツであり，エベレスト登頂のような登山遠征隊は，さらにもっとお金のかかるものであった。長年ラクパは，実際に登山のことを考えることができず，子どもたちを養うことに専念した。しかし，彼女は登山への情熱を保ち続けた。

財政面では，彼女が英語をうまく話せるようになってから，事態は変化し始めた。このおかげで，彼女はメディアのインタビューを受け，国際的な催しで話し，9回目の登頂のための後援者を見つけることができた。しかし今回，10回目の登頂では，彼女は自らインターネット上で後援者から資金を集めることができた。

彼女には引退する計画はない。彼女は，将来，息子や娘たちとエベレストに登ることを考えてさえいる。「私は，困難ながらも挑みがいのある人生を送ってきました」と彼女は付け加えた。「山は私を幸せにしてくれ，そしてリラックスさせてくれました。私は決してあきらめることはないでしょう。私は若い女性たちにあきらめてほしくないのです」

◀解　説▶

⒇「シェルパは（　　）という理由でポーターとして雇われるのであろう」

第2段第2文（She is a…）に，シェルパは（生活）条件の厳しい高山地帯で生活するのに慣れているネパール先住民である，という説明がある。したがって，2の「彼らが住んでいる環境のため」が正解。1の「彼らのほとんどが女性であるから」については，そのような記述は本文にはない。第2段第3文（In her village, …）に，ラクパの村では大部分が農業に従事しているという記述があるが，その農業知識のゆえにポーターとして雇われる，とは述べられていないので，3の「彼らの農業に関する知識のため」は不適。第2段第3文に述べられているのは，村に電気が通っていないということだけであり，登山との関係は述べられていないので，4の「彼らは電気なしで登山することができる」も不適。

(21)「ラクパは登山家になりたかったが，（　　）」

第3段第4～6文（Her parents didn't … I tried it."）に，彼女の両親が彼女を援助しなかったこと，さらに，村人は「登山は男の仕事であり，女性であるラクパがしようとすれば落命するだろう」と言っていたことが説明されている。したがって，3の「彼女の村はこの考えを支持しなかった」が正解。第4段第4文（Just after this, …）に，ラクパが結婚したという記述があるが，これは登山家になった後のことであり，「登山家になりたかったが，結婚することに決めた」のではないので，1の「結婚することに決めた」は不適。第3段第3文（It was not …）で述べられているのは，ポーターから遠征隊を率いるまでになるのは「簡単ではなかった」ということであり，「不可能である」とは述べられていないので，2の「ポーターがそうすることは不可能である」は不適。4の「ガイドやポーターであることに幸せを感じてもいた」は，第3段第1文（Most expeditions to …）に，「ラクパのように，ガイドやポーターであることに満足していない者もあった」と書かれていることと矛盾するので不適。

(22)「彼女の登頂のうちの一つについて異例だったのはどのようなことか？」

第4段第3文（During her 2003 …）に，ラクパの2003年の登頂のときに彼女の弟と妹が加わったことは，8000メートル級の山頂に家族3人が一緒に到達した最初のことであった，と説明されている。したがって，4の「彼女が家族とともに頂上に登ったこと」が正解。第2段第1文（She began life …）より，海抜4000メートルを超えるというのは，ラクパの村が位置していた場所の説明であるので，1の「海抜4000メートルであった」は不適。2の「ニュース記者が彼女に同行した」は，このような記述は本文にはない。第1段第5・6文（“I climbed Everest … my younger daughter.）に，出産の8カ月後と妊娠2カ月のときに登頂したという記述はあるが，登山途中に出産したという記述はないので，3の「彼女は登山途中に娘を産んだ」は不適。

(23)「いくつかの記録を達成した後でさえ，ラクパは（　　）が困難であると思った」

第5段第1文（Her achievements failed …）に，「彼女の偉業が将来の登山を援助する後援者の関心を引くことはなかった」とあること，そして第5段第6文（For many years, …）に，「ラクパは実際に登山することを考えることができず，子どもを養うことに専念した」とあることから，4の「登山を続けるためのお金を集める」が正解。1の「家族のことに専念する」は，第5段第6文に「子どもを養うことに専念した」という記述があることと矛盾する。第5段第1文に,「彼女の偉業はメディアの注目を集めなかった」と書かれているので,2の「メディアの注目を避ける」は不適。3の「登山への情熱を維持する」は,第5段最終文（But she maintained …）に,「彼女は登山への情熱を保ち続けた」と書かれていることと矛盾する。

⑷「空所に最もよく当てはまるものを選びなさい」

空所を含む文は,「財政面では,彼女が（　　）後に事態は変化し始めた」という意味である。これに続く第6段第2文（Because of this, …）に,「このおかげで,彼女はメディアのインタビューを受け,国際的な催しで話すことができるようになった」とあることから,3の「英語をうまく話すようになる」が適切。1の「家族生活を始めた」ことは,「メディアのインタビューを受ける」ことや「国際的な催しで話す」こととは,うまくつながらない。2の「10回目の登頂を成し遂げた」は,後続の第6段第2文（Because of this, …）の,「このおかげで,9回目の登頂の後援者を見つけることができた」という記述との時系列が合わない。4の「非常に低い賃金で働いた」は,前述部の「事態が変化し始める」とのつながりが不自然で,また,そのおかげで,第6段第2文（Because of this, …）に記述されていることができるようになった,という結果の要因とは考えづらい。

D　解答　⒂－2　⒃－1　⒄－2　⒅－1　⒆－2　⒇－3

◆全　訳◆

≪騒音を何とかしよう！≫

（ジェイソンは授業前にティムと会う）

ジェイソン：とても眠そうに見えるね,ティム。

ティム　　：うん,僕の住んでいる建物は,夜,いまだにすごい騒音がするんだ。

ジェイソン：きみがどうして我慢しているのか僕にはわからないよ。睡眠は大切だよ。

ティム　　：そうなんだけど,ただ大きな音楽が聞こえたりとかその程度のことだから。

ジェイソン：それでもやっぱり，声を上げるべきだよ。おそらく，何かできることがあるよ。

ティム　　：そのとおりだね。今晩，建物の管理人に話してみるよ。このままというわけにはいかないからね。

≪努力の報酬≫

（ヘンリーはおじさんと話している）

おじさん：すてきな時計だね。

ヘンリー：お父さんがくれたんだ。

おじさん：本当に？　いいお父さんだね。どうしてくれたの？

ヘンリー：あのね，先月に僕が大きな試験に合格したらすてきなものをあげる，ってお父さんが言ったんだ。それで，僕はとにかく昼も夜もずっと勉強していたんだよ。

おじさん：本当にそのために一生懸命努力したみたいだね。

ヘンリー：試験の結果がわかったときは本当にほっとしたよ。僕の努力が報われたから。

おじさん：よかったね。

≪職場での会話≫

（スーは同僚のジョンとエレベーターで会う）

スー　：あら，ジョン。どうして浮かない顔をしているの？

ジョン：僕の企画が上司に却下されたんだ。

スー　：本当に？　私はとてもよいと思ったのに！

ジョン：そうだね，彼女は全く気に入らなかったんだろうね。とうてい立ち直れないよ。

スー　：心配しないで。次はもっとうまくいくわよ。

ジョン：そう願いたいね。

◀解　説▶

(25)ティムが夜に大きな騒音がすると言ったことに対して，ジェイソンが「きみがどうしてそれを（　　）かわからない」と発言している。この後，さらに，ティムが「大きな音楽が聞こえたりとかその程度のことだから」と言っていることから，ティムはこの騒音に対して特に何もしていないことがうかがえる。したがって，「我慢する」という 2 が正解。1 の stand by は「～を支持する，～の力になる」，3 の make time for は「～のために時間をつくる，都合をつける」，4の have enough of は have had enough of～で「～はもうたくさんだ，～にはうんざりだ」の意味。

(26)ティムが「大きな音楽が聞こえたりとかその程度のことだから」と言って，騒音に対して特に何もしていない様子であるのに対して，ジェイソンは「それでも（　　）するべき」と言っているのであるから，「声を上げる」という1が正解。speak up は「(黙っていないで) はっきり意見を述べる，声を上げる」の意味。2の turn it in は Turn it in! で「そんなことはやめろ」または turn in で「～を提出する」，3の go ahead は通常命令形で「(許可を表して) どうぞ，かまいません」，4の time it out は「(時間が経過して) それを自動的に終了する」の意味。

(27)直前に「試験に合格したらすてきなものをあげるとお父さんが言った」とあることから，空所には「一生懸命」「がんばって」などの意味が入ると推測できる。したがって，「昼も夜も，昼夜の区別なく，いつも」という2が正解。1の hard up は「お金に困っている」，3の as clear as day は「明白な」，4の straight は「一直線に，率直に」の意味。

(28)空所の直前で「結果がわかったときは本当にほっとした」とあるのに続いて「努力が（　　）」となるので，「報われた」という1が正解。2の get around は「(あちこち) 動き回る，(口伝えで) 広まる」，3の pay in full は「全額払う」，4の got done (over) は get done with～で「～を済ます」の意味。

(29)空所を含むスーの発言に対してジョンは「僕の企画が上司に却下された」と答えているのであるから，ジョンは何かよくないことがあった様子であったと推測できる。したがって，「浮かない顔 (をしている)」という2が正解。make〔have〕a long face で「浮かない顔をする，失望の表情を浮かべる」の意味。1の good job「よい仕事」，3の big smile「満面の笑み」，4の lucky break「幸運」は，いずれも不適。

(30)空所を含む発言でジョンは「上司が自分の企画を全く気に入らなくてとうてい（　　）できない」と述べている。それに対してスーが「心配しないで。次はもっとうまくいく」と励ましているのであるから，空所を含む発言ではジョンの落胆の気持ちが表されているはず。したがって，「立ち直る」という3が正解。get over は「～を克服する」の意味。1の put out は自動詞としては「進む，立ち去る，努力する」などの意味。2の

make up は自動詞としては「化粧する，仲直りする，へつらう」などの意味。4 の turn down は他動詞として「～を断る，～を小さくする」などの意味。

数学

◀経済・経営・法・現代社会・国際関係・外国語・文化・生命科（産業生命科）学部▶

I **解答**　(1)ア．8　イ．5　ウエ．25

(2)オ．1　カ．2　キ．2　ク．α　ケ．2　コ．1

(3)サ．x　シ．2　ス．1　セ．4　ソ．2

(4)タ．8　チ．3　ツテト．105

◀解　説▶

≪小問4問≫

(1)　解と係数の関係より

$$\alpha+\beta=-\frac{-6}{2}=3,\ \alpha\beta=\frac{5}{2}$$

よって

$$\begin{aligned}\frac{\alpha}{\beta}+\frac{\beta}{\alpha}&=\frac{\alpha^2+\beta^2}{\alpha\beta}\\&=\frac{(\alpha+\beta)^2-2\alpha\beta}{\alpha\beta}\\&=\left(3^2-2\cdot\frac{5}{2}\right)\cdot\frac{2}{5}\\&=\frac{8}{5}\quad\to ア，イ\end{aligned}$$

また，α，β が2次方程式 $2x^2-6x+5=0$ の解であるから

$$2\alpha^2-6\alpha+5=0,\ 2\beta^2-6\beta+5=0$$

ゆえに

$$\begin{aligned}&(2\alpha^2+4\alpha+5)(2\beta^2-5\beta+5)\\&=\{(2\alpha^2-6\alpha+5)+10\alpha\}\{(2\beta^2-6\beta+5)+\beta\}\\&=10\alpha\cdot\beta=10\cdot\frac{5}{2}\\&=25\quad\to ウ，エ\end{aligned}$$

(2)　$$a=\sin\theta+\cos\theta=\sqrt{2}\sin\left(\theta+\frac{\pi}{4}\right)$$

であり，$0\leqq\theta\leqq\dfrac{\pi}{2}$ のとき $\dfrac{\pi}{4}\leqq\theta+\dfrac{\pi}{4}\leqq\dfrac{3}{4}\pi$

であるから

$$\frac{1}{\sqrt{2}}\leqq\sin\left(\theta+\frac{\pi}{4}\right)\leqq1 \qquad \therefore\ 1\leqq\sqrt{2}\sin\left(\theta+\frac{\pi}{4}\right)\leqq\sqrt{2}$$

よって

$1\leqq a\leqq\sqrt{2}$　→オ，カ

また，$0<\theta<\dfrac{\pi}{2}$ のとき

$\sin\theta>0$，$\cos\theta>0$，$\tan\theta>0$，$1<a\leqq\sqrt{2}$

ここで

$$a^2=(\sin\theta+\cos\theta)^2=\sin^2\theta+2\sin\theta\cos\theta+\cos^2\theta$$
$$=1+2\sin\theta\cos\theta$$

$$\therefore\ \sin\theta\cos\theta=\frac{a^2-1}{2}$$

ゆえに

$$\tan\theta+\frac{1}{\tan\theta}=\frac{\sin\theta}{\cos\theta}+\frac{\cos\theta}{\sin\theta}$$
$$=\frac{\sin^2\theta+\cos^2\theta}{\sin\theta\cos\theta}=\frac{1}{\sin\theta\cos\theta}$$
$$=\frac{2}{a^2-1}$$　→キ～コ

(3)　$a^{2\log_a x}=t$ とおく。a を底とする両辺の対数をとると

$\log_a a^{2\log_a x}=\log_a t$　　$2\log_a x=\log_a t$

$\log_a x^2=\log_a t$

よって　　$t=x^2$

より　　$a^{2\log_a x}=x^2$　→サ，シ

これを利用すると

$$9^{-\log_3 2}=(3^2)^{\log_3 2^{-1}}$$
$$=3^{2\log_3\frac{1}{2}}$$

$$=\left(\frac{1}{2}\right)^2$$

$$=\frac{1}{4} \quad \to ス，セ$$

ゆえに

$$-\log_4(9^{-\log_3 2})=-\log_4\frac{1}{4}=1$$

であるから

$$\log_2 y=-\log_4(9^{-\log_3 2})=1$$

したがって　　$y=2$　→ソ

(4)　不定方程式 $4m+1=9n+6$ の両辺に 3 を足して変形すると

$$4(m+1)=9(n+1)$$

4 と 9 は互いに素であるから，$m+1$ は 9 の倍数であり，$m+1=9k$（k は整数）とおくと

$$4\cdot 9k=9(n+1) \qquad \therefore \quad n=4k-1$$

よって

$$(m,\ n)=(9k-1,\ 4k-1)$$

と表せ，m と n がともに正の整数であるもののうち，m の値が最も小さいものは，$k=1$ で

$$(m,\ n)=(8,\ 3) \quad \to タ，チ$$

したがって，4 で割ると 1 余り，9 で割ると 6 余るような 3 桁の自然数のうち，最小の自然数は，$k=3$ で $(m,\ n)=(26,\ 11)$ のとき

$$4\cdot 26+1=9\cdot 11+6=105 \quad \to ツ〜ト$$

II　解答

(a)ア．4　イウ．$4a$　エ．2　オ．2　カ．a　キ．b　ク．a　ケ．2　コ．2　サ．4　シ．9　ス．b　セ．a　ソ．2　タ．3

(b)チ．0　ツ．2　テ．1　ト．2　ナ．0　ニ．2　ヌネ．32　ノ．9

◀解　説▶

≪2つの放物線で囲まれた図形の面積の最大値≫

(a)　放物線 C_1 と C_2 の交点の x 座標は，y を消去した 2 次方程式

$$2x^2=-2(x-a)^2+b$$

すなわち

$$4x^2-4ax+2a^2-b=0 \quad \cdots\cdots ①$$ →ア～オ

を満たすので，2つの交点の x 座標は解の公式より

$$x=\frac{a\pm\sqrt{b-a^2}}{2}$$ →カ～コ

ここで，$\alpha=\dfrac{a-\sqrt{b-a^2}}{2}$，$\beta=\dfrac{a+\sqrt{b-a^2}}{2}$ とおくと，$\alpha\leqq x\leqq\beta$ で C_2 のグラフは C_1 のグラフの上側にあるから，C_1 と C_2 によって囲まれる図形の面積を S とすると

$$S=\int_\alpha^\beta\{-2(x-a)^2+b-2x^2\}dx$$

$$=-4\int_\alpha^\beta(x-\alpha)(x-\beta)dx$$

$$=-4\left(-\frac{1}{6}\right)(\beta-\alpha)^3$$

$$=\frac{2}{3}\left(\frac{a+\sqrt{b-a^2}}{2}-\frac{a-\sqrt{b-a^2}}{2}\right)^3$$

$$=\frac{2}{3}(b-a^2)^{\frac{3}{2}}$$

よって　　$S^2=\dfrac{4}{9}(b-a^2)^3$ →サ～タ

(b)　中心 $(0,\ 1)$，半径1の円 C の方程式は $x^2+(y-1)^2=1$ であるから，放物線 C_2 の頂点 $(a,\ b)$ が円 C 上を動くとき

$$a^2+(b-1)^2=1 \quad すなわち \quad a^2=-b^2+2b \quad \cdots\cdots ②$$

が成り立つ。a，b は実数であるから $a^2\geqq0$ より，b のとりうる値の範囲は

$$-b^2+2b\geqq0 \qquad b(b-2)\leqq0$$

$\therefore$　$0\leqq b\leqq2$ ……③ →チ，ツ

また，①の判別式を D とすると，C_1 と C_2 が異なる2点で交わるとき，$D>0$ であるから

$$\frac{D}{4}=(-2a)^2-4(2a^2-b)=-4a^2+4b>0$$

$\therefore$　$-a^2+b>0$

②を代入すると

$$-(-b^2+2b)+b>0 \qquad b(b-1)>0$$

$\therefore \ b<0,\ 1<b$ ……④

よって，放物線 C_1 と C_2 が異なる 2 点で交わるように C_2 の頂点が円 C 上を動くときの b のとりうる値の範囲は，③と④の共通範囲であるから

$1<b\leqq 2$ ……⑤ →テ，ト

次に，(a)で求めた S^2 に②を代入すると

$$S^2=\frac{4}{9}\{b-(-b^2+2b)\}^3=\frac{4}{9}(b^2-b)^3$$

$$=\frac{4}{9}\left\{\left(b-\frac{1}{2}\right)^2-\frac{1}{4}\right\}^3$$

したがって，S^2 の値は，⑤の範囲で $b=2$ すなわち $(a,\ b)=(0,\ 2)$ のとき最大値 $\frac{4}{9}\cdot 2^3=\frac{32}{9}$ をとる。 →ナ～ノ

Ⅲ 解答

(a)ア．2　イ．4　ウ．8　エ．2　オ．1

(b)カ．1　キ．4　ク．1　ケ．4　コ．3　サシ．16　ス．1　セ．2　ソ．2

(c)タ．1　チ．8　ツ．3　テト．16　ナ．3　ニヌ．16　ネ．n　ノ．2　ハヒ．$3n$　フ．2　ヘ．2　ホ．4

◀解　説▶

≪1枚の硬貨を繰り返し投げる試行の確率≫

(a)　$k=1$ であるとする。

1回も表が出ない，つまり1回目に裏が出る事象の確率は $\frac{1}{2}$ である。

→ア

表が1回だけ出る，つまり1回目に表，2回目に裏が出る事象の確率は

$$\frac{1}{2}\cdot\frac{1}{2}=\frac{1}{4} \quad \to イ$$

表が2回だけ出る，つまり1回目と2回目に表，3回目に裏が出る事象の確率は

$$\left(\frac{1}{2}\right)^2\cdot\frac{1}{2}=\frac{1}{8} \quad \to ウ$$

表が n 回だけ出る，つまり 1 回目から n 回目に表，$n+1$ 回目に裏が出る事象の確率は

$$\left(\frac{1}{2}\right)^n\cdot\frac{1}{2}=\frac{1}{2^{n+1}}\quad \to エ，オ$$

(b)　$k=2$ であるとする。

1 回も表が出ない，つまり 1 回目と 2 回目に裏が出る事象の確率は

$$\left(\frac{1}{2}\right)^2=\frac{1}{4}\quad \to カ，キ$$

表が 1 回だけ出る，つまり 1 回目と 2 回目に表と裏が 1 回ずつ出て，3 回目に裏が出る事象の確率は

$${}_2C_1\left(\frac{1}{2}\right)^1\left(\frac{1}{2}\right)^1\cdot\frac{1}{2}=\frac{1}{4}\quad \to ク，ケ$$

表が 2 回だけ出る，つまり 1 回目から 3 回目までに表が 2 回，裏が 1 回出て，4 回目に裏が出る事象の確率は

$${}_3C_1\left(\frac{1}{2}\right)^2\left(\frac{1}{2}\right)^1\cdot\frac{1}{2}=\frac{3}{16}\quad \to コ〜シ$$

表が n 回だけ出る，つまり 1 回目から $n+1$ 回目までに表が n 回，裏が 1 回出て，$n+2$ 回目に裏が出る事象の確率は

$${}_{n+1}C_1\left(\frac{1}{2}\right)^n\left(\frac{1}{2}\right)^1\cdot\frac{1}{2}=\frac{n+1}{2^{n+2}}\quad \to ス〜ソ$$

(c)　$k=3$ であるとする。

1 回も表が出ない，つまり 1 回目から 3 回目に裏が出る事象の確率は

$$\left(\frac{1}{2}\right)^3=\frac{1}{8}\quad \to タ，チ$$

表が 1 回だけ出る，つまり 1 回目から 3 回目までに表が 1 回，裏が 2 回出て，4 回目に裏が出る事象の確率は

$${}_3C_2\left(\frac{1}{2}\right)^1\left(\frac{1}{2}\right)^2\cdot\frac{1}{2}=\frac{3}{16}\quad \to ツ〜ト$$

表が 2 回だけ出る，つまり 1 回目から 4 回目までに表が 2 回，裏が 2 回出て，5 回目に裏が出る事象の確率は

$${}_4C_2\left(\frac{1}{2}\right)^2\left(\frac{1}{2}\right)^2\cdot\frac{1}{2}=\frac{3}{16}\quad \to ナ〜ヌ$$

表が n 回だけ出る，つまり 1 回目から $n+2$ 回目までに表が n 回，裏が 2

回出て，$n+3$ 回目に裏が出る事象の確率は

$$ {}_{n+2}\mathrm{C}_2\left(\frac{1}{2}\right)^n\left(\frac{1}{2}\right)^2\cdot\frac{1}{2}=\frac{(n+2)(n+1)}{2}\cdot\frac{1}{2^{n+3}} $$

$$ =\frac{n^2+3n+2}{2^{n+4}} \quad \to ネ〜ホ $$

◀理・情報理工・生命科学部▶

I

解答　(1)ア．2　イ．1　ウ．2　エ．4　オ．1

(2)カ．1　キ．2　ク．2　ケ．1　コ．2　サ．1　シ．2　ス．3　セ．7　ソタ．12　チツ．23　テト．12

(3)ナニ．−4　ヌ．1　(4)ネ．9　ノハ．13　ヒフ．17

◀解　説▶

≪小問4問≫

(1)　$x^6-7x^3-8=(x^3)^2-7x^3-8$

$$=(x^3-8)(x^3+1)=(x^3-2^3)(x^3+1^3)$$
$$=(x-2)(x^2+2x+4)(x+1)(x^2-x+1)$$
$$=(x-2)(x+1)(x^2+2x+4)(x^2-x+1) \quad \toア〜オ$$

(2)　両辺を2乗すると

$$a^2=(\sin\theta+\cos\theta)^2$$
$$=\sin^2\theta+2\sin\theta\cos\theta+\cos^2\theta$$
$$=1+2\sin\theta\cos\theta$$

$$\therefore \quad \sin\theta\cos\theta=\frac{1}{2}a^2-\frac{1}{2} \quad \toカ〜コ$$

よって

$$\sin^3\theta+\cos^3\theta=(\sin\theta+\cos\theta)^3-3\sin\theta\cos\theta(\sin\theta+\cos\theta)$$
$$=a^3-3\left(\frac{1}{2}a^2-\frac{1}{2}\right)a$$
$$=-\frac{1}{2}a(a^2-3) \quad \toサ〜ス$$

また，$a=\sin\theta+\cos\theta=\sqrt{2}\sin\left(\theta+\frac{\pi}{4}\right)$ であるから，$0\leqq\theta<2\pi$ のとき $\frac{\pi}{4}\leqq\theta+\frac{\pi}{4}<\frac{9}{4}\pi$ より，$a=\frac{1}{\sqrt{2}}$ すなわち $\sin\left(\theta+\frac{\pi}{4}\right)=\frac{1}{2}$ となるのは

$$\theta+\frac{\pi}{4}=\frac{5}{6}\pi,\ \frac{13}{6}\pi \qquad \therefore \quad \theta=\frac{7}{12}\pi,\ \frac{23}{12}\pi \quad \toセ〜ト$$

(3)　$\vec{a}\neq\vec{0}$，$\vec{b}\neq\vec{0}$ である。$\vec{a}/\!/\vec{b}$ のとき

$x:2=2:(-1)$　　∴　$x=-4$　→ナ，ニ

また，$\vec{a}\perp\vec{b}$ のとき $\vec{a}\cdot\vec{b}=0$ であるから

$x\cdot2+2\cdot(-1)=0$　　∴　$x=1$　→ヌ

(4)　等差数列をなす3つの数を a，b，c とおくと

$a+c=2b$　……①

さらに，その和が39，積が1989であるから

$a+b+c=39$　……②，$abc=1989$　……③

①を②に代入すると

$2b+b=39$　　∴　$b=13$

①に代入すると

$a+c=26$　　∴　$c=26-a$

これらを③に代入すると

$a\cdot13\cdot(26-a)=1989$

$a^2-26a+153=0$

$(a-9)(a-17)=0$　　∴　$a=9,\ 17$

$a=9$ のとき $c=17$，$a=17$ のとき $c=9$ であるから，この3つの数は小さい順に9，13，17である。→ネ～フ

II

◀経済・経営・法・現代社会・国際関係・外国語・文化・生命科（産業生命科）学部▶IIに同じ。

III

解答　アイ．64　ウエ．16　オ．4　カ．1　キク．21
ケコ．20　サシ．21　スセ．80　ソタ．93
(a)チツ．15　テト．64　(b)ナ．3　ニヌ．32　(c)ネ．2　ノハ．15

◀解　説▶

≪6桁の整数が書かれた紙を袋から取り出す確率≫

2つの数字「1」または「2」を並べて6桁の整数を作るとき，出来る整数の総数は

$2^6=64$ である。→ア，イ

出来たグループの総数は，下4桁を考えると

$2^4=16$ である。→ウ，エ

さらに，各グループに所属している学生の人数は，上2桁を考えると

$2^2=4$ 人である。 →オ

1番目と2番目の学生の紙の取り出し方は ${}_{64}P_2$ 通りあり，この2名が同じグループに所属している場合はグループの選び方が16通り，1つのグループの4枚のカードから2枚を選んで並べる並べ方は ${}_4P_2$ 通りあるから，その確率は

$$\frac{16\cdot{}_4P_2}{{}_{64}P_2}=\frac{1}{21} \quad \text{→カ～ク}$$

異なるグループに所属している確率は，余事象を考えると

$$1-\frac{1}{21}=\frac{20}{21} \quad \text{→ケ～シ}$$

次に，1番目，2番目，3番目の学生の紙の取り出し方は ${}_{64}P_3$ 通りあり，この3名が所属しているグループがすべて異なる場合は，グループの並び方が ${}_{16}P_3$ 通りあり，1つのグループの4枚のカードから1枚ずつを選んで並べる並べ方が 4^3 通りあるから，その確率は

$$\frac{{}_{16}P_3\cdot 4^3}{{}_{64}P_3}=\frac{80}{93} \quad \text{→ス～タ}$$

1番目に取り出された紙に書かれた6桁の整数を p とする。

(a)　整数 p の総数は64通りあり，このうち数字「2」がちょうど2個ある場合は，数字「2」を2個，数字「1」を4個並べる並べ方の ${}_6C_2$ 通りであるから，その確率は

$$\frac{{}_6C_2}{64}=\frac{15}{64} \quad \text{→チ～ト}$$

(b)　整数 p に数字「2」がちょうど2個あり，かつ，その2個ともが p の下4桁にある場合は，上2桁の数字がともに「1」で，下4桁に数字「2」を2個，数字「1」を2個並べるときであるから，その確率は

$$\frac{{}_4C_2}{64}=\frac{3}{32} \quad \text{→ナ～ヌ}$$

(c)　2番目に取り出された紙に書かれた6桁の整数を q とする。

下4桁にある数字「2」の個数が2であるグループの総数は ${}_4C_2=6$ であるから，1番目と2番目の学生のグループの並び方が ${}_6P_2$ 通りあり，それぞれのグループの4個の整数のうち1個ずつ選ぶから

$$\frac{{}_6\mathrm{P}_2\cdot 4^2}{{}_{64}\mathrm{P}_2}=\frac{5}{42}$$

このうち，p の下 2 桁と q の下 2 桁が等しい場合は，下 4 桁の選び方が 1212 と 2112 または 2121 と 1221 の 2 通りあり，グループの並び方が 2! 通りある。それぞれのグループの 4 個の整数のうち 1 個ずつ選ぶから，その確率は

$$\frac{2\cdot 2!\cdot 4^2}{{}_{64}\mathrm{P}_2}=\frac{1}{63}$$

よって，求める条件付き確率は

$$\frac{1}{63}\div\frac{5}{42}=\frac{2}{15}\quad \rightarrow ネ〜ハ$$

問六　波線部Dを含む段落に、日常の「百千のことは一切念頭から消え失せて…節廻しのみ」であり、「この私」が『りんりんとして』なのであり…この私の全部なのである」とあるので、3が適当。4は「謡の文句」「自分の体」に限定しているので不適。

問七　波線部Eを含む文の「豆腐には豆腐を取扱う扱いよう」があるとは、自分の扱う対象にはそれぞれ扱い方があるということの比喩で、これは波線部直前の「仕事をするとは…従わせるということ」を説明しているので、5が適当。

問八　波線部Fの次の段落で、波線部Fについて「便利と快適を重んじて」「人間的な価値」を生む「退屈や苦労」を「解らない人」が多いと述べているので、2が適当。3と迷うが、筆者は「今の社会」に「苦労や退屈」そのものが「人間的な価値」として求められているとは述べていないので不適。また問九とも関連するが、筆者は「デモクラシーの社会」を「変な」と表しているように肯定していないので、「今の社会」を前提として「退屈や苦労」を全面的には認めない1・5も不適。

問九　最終段落の「私は、習い事…恰好な手段だと考える」に合致する4が適当。3・6については、問八の解説でも述べたように筆者は「デモクラシーの社会」を肯定していないので、不適。

二

出典　高橋義孝『私の人生頑固作法——高橋義孝エッセイ選』〈Ⅱ　稽古事の深い意味〉（講談社文芸文庫）

解答

問一　ア―5　イ―5　ウ―2　エ―4　オ―1
問二　Ⅰ―1　Ⅱ―3
問三　2
問四　4
問五　1
問六　3
問七　5
問八　2
問九　4

◀解　説▶

問三　波線部Aの三文後に、「心の中に物が一杯に詰まっていては…自分の外にあるものの本当の姿が見えてこない」とあり、第三段落でも同じことを述べているので2が適当。なお、「冴える」は、〝くっきり、はっきりと見える〟の意であり、語意からも導ける。

問四　「一変する」前の事態は波線部Bの前段落最終文の「われわれは常日頃、欲求とその欲求の達成の試みという…生きている」であるから、2の「不満と不快ばかりの日常生活」と3の「避けられない」「不快」は不適。「一変」後は第七段落第二文「平素自分の…姿を消してしまって」と、「欲求とその欲求の達成」の気持ちが無くなると述べているから4が適当。第七段落最終文の「居ても立ってもいられない気持」は、習い事に合格したいができない状況に対しての気持ちだから、1の「不安」ではない。

う点」を「近代文学の…特質」としている。冒頭文で「一人の作者が書斎かどこかで」作り、次文以降で「読者も」「一人で黙読」したり、「周囲から離れて」読んだりしているとあるから、1が適当。

問三　選択肢の形がそろっている設問は、選択肢からキーワードのヒントを得られる。ここでは選択肢後半の文の主語「連衆」に目を付け、その語が出ている第三段落を読むと、「前句の意味を読みとる…しかる後に作者となる」「複数の人間によって…作られ」るとある。また波線部Bの後の「第一句目だけを…発句といった」にも合うから2が適当。

問五　設問要求に注意すると、「現在の句会」とあるから、第三段落で述べられた近世の連句に関する1・6は不適。また第五段落より3は「指導者」、第四段落より5は「担当者」にあたるので不適。「鑑賞する」とある2がア「読者」、「優れている」と評価する4がイ「批評家」となる。

問六　第五段落最終文の「俳句は制作の場から、常に集団の中にある」が、波線部Dと同意の内容となっている。この第五段落の第一・二文に「作品が完成するまでに…句会に出され…指導者によって添削を施される」とあるので、4が適当である。

問七　問二・問三でチェックしたように、近代文学の小説や現代詩などは「一人の作者」が作り、俳句は「集団」で作る。空所甲は「個人」とも考えられるが、二つ目の空所甲の前後にあるように、『続猿蓑』と草稿で入れ替わるものとしては、4の「作者」が適当。空所乙は、二つ目の空所乙の直前の「『俳句入門』や『俳句の作り方（上級編）』」というマニュアル本の言い換えだから、2の「作法書」が適当。空所丙は、空所丙を含む文の「俳論は…能楽論、茶道、華道から大きな影響を受けて」、その次文の「芸能的な点に俳句の根強さがある」から、3の「芸道」が適当。

問八　1は、「人前に提出されることはなくなった」が、現在の句会の状況に反するから不適。筆者は俳句や俳諧の特徴について、近代文学との対比で際立たせようとしているが、2「衰退し続けている」、4「自尊心を…変革が進められている」というような現状への否定的な評価は述べられていないので不適。3の後半が第五・六段落に合致する。

国語

一

出典　櫻井武次郎『俳諧から俳句へ』〈Ⅱ　俳句芸能論　俳句というジャンル〉（角川学芸出版）

解答

問一　Ⅰ―2　Ⅱ―7
問二　1

問三　2

問四　a―6　b―4　c―2　d―3

問五　ア―2　イ―4

問六　4

問七　甲―4　乙―2　丙―3

問八　3

問九　5

▲解　説▼

問一　Ⅰは、直前の「作者が…何度も書いたり消したり」する、〝文章を作る際、その字句や表現をよく練る〟意の2の「推敲」、Ⅱは、「習作期の作品」に「手」を入れてくれた（＝指導してくれた）作家を説明する語が入るので、〝師として尊敬し、教えを受ける〟意の7の「師事」がそれぞれ適当。

問二　波線部Aの直前には指示語「この」が付いていることに注目。直前の三文の内容をまとめた「密室で作られ…とい

■学校推薦型選抜 公募推薦入試：11月20日実施分

問題編

▶試験科目・配点

学　部	教　科	科　　　目	配　点
経済・経営・法・現代社会・国際関係・外国語・文化・生命科（産業生命科〈総合評価型〉）	外国語	コミュニケーション英語Ⅰ・Ⅱ・Ⅲ，英語表現Ⅰ・Ⅱ	100点
	数学・国語	「数学Ⅰ・Ⅱ・A」，「国語総合，現代文B（古文・漢文を除く）」から1科目選択	100点
理・情報理工・生命科	外国語	コミュニケーション英語Ⅰ・Ⅱ・Ⅲ，英語表現Ⅰ・Ⅱ	100点
	数　学	数学Ⅰ・Ⅱ・A・B（数列，ベクトル）	100点

▶備　考

- 「総合評価型」と「基礎評価型」のいずれかの評価型を選択する。

  総合評価型：上表の試験（200点）と調査書（100点）との総合点（300点）により，合否を判定する。

  調査書は，高等学校等における学習成績の状況（5段階）を20倍にする。

  基礎評価型：上表の試験の総合点（200点）と調査書（点数換算は行わない）により，合否を判定する。

- 生命科学部は，産業生命科学科の総合評価型のみ文系／理系どちらかの科目を出願時に選択できる。

英語

（2科目 90分）

〔A〕 次の文中の空所をうめるのに最も適切なものを一つ選び，その番号をマークしなさい。

(1) The doctor (　　) me to drink water every morning after I get up.
1. ordered　2. said　3. spoke　4. understood

(2) I'll write down the date in my notebook (　　) I won't forget it.
1. as if　2. in case　3. in order　4. so that

(3) Basically, the members are positive about the new policy, but (　　).
1. most of them are not　2. none of them are not
3. not all of them are　4. some of them are

(4) Ms. Rose finally found a comfortable home to live in after she (　　) quite a few houses for three months.
1. had considered　2. has considered
3. was considered　4. would have considered

(5) Although Mr. Patterson is a project team member, he (　　) attends the team meetings.
1. frequent　2. most　3. rare　4. seldom

(6) I wish I (　　) you with the task, but unfortunately, I will be out of town this weekend.

1. can help　2. could help　3. have helped　4. will help

(7) Did you see which room (　　　)?

1. did the guests enter　2. the guests entered

3. the guests entered in　4. would the guests enter into

(8) Osaka is said to be (　　　) city in Japan.

1. as twice large　2. the largest second

3. the second largest　4. twice as large

(9) Because I liked the pen case that was broken, I am going to buy the same (　　　) again.

1. another　2. itself　3. one　4. that

(10) Martha expects her children (　　　) for the family pet.

1. by caring　2. care　3. careful　4. to care

(11) (　　　) him play the piano, you would think he was a professional pianist.

1. Being heard　2. To hear　3. When heard　4. With hearing

(12) She insisted on (　　　) to the office meeting.

1. you came　2. you come　3. your come　4. your coming

(13) Mr. Watson may look unfriendly at first sight, but (　　　) you get to know him, he is really kind.

1. even if　2. once　3. since　4. unless

(14) We remained quiet because there were (　　　) babies in the room.

1. asleep　2. sleep　3. sleeping　4. slept

(15) The course was not required, but the teacher made students (　　) it anyway.

1. take　　2. taken　　3. took　　4. to take

〔B〕 次の会話文を読んで，空所をうめるのに最も適切なものを一つ選び，その番号をマークしなさい。

Karl and Mary are shopping for gardening goods.

Karl (*unhappily*): Okay, so we're here. Now what?

Mary: I'm so excited about this! Now that we bought a house with a yard, I can finally have my own garden.

Karl: What do you need?

Mary: Let's see. Um, I need gardening tools, gloves, soil, and seeds.

Karl: The gardening section is over there.

Mary: Um, okay. I'm really happy you (16), Karl. Especially since I know you're not really interested in gardening.

Karl: No, I don't like it at all.

Mary: Oh, don't say that. You've never even tried it before.

Karl: Yes, I did. When I was ten years old, my father forced me to plant a garden with him. And I (17).

Mary: Why?

Karl: I was stung by a bee. And my dad yelled at me because I planted the tomatoes wrong.

Mary: Well, I'm not going to yell at you. I'll (18).

Karl: No, you won't. Look, let me make this very clear. I drove you here to buy the things you need for the garden because it's your birthday, but I won't do any of the work planting it. That's completely your job.

Mary: But I was hoping we'd do it together.

Karl: Why would I do that?

Mary: Because gardening is great. You can spend time outside, in nature, and you can get lots of exercise. You can put your hands deep into the earth!

Karl: I don't like getting my hands dirty.

Mary: And, at the end, you (19)!

Karl: I can get those at the supermarket.

Mary: But you have to pay for them.

(16)

1. walked here
2. came with me
3. bought the tools
4. have tried gardening

(17)

1. hated it
2. still miss it
3. didn't regret it
4. want to do it again

(18)

1. teach you
2. buy the house
3. refuse to let you work
4. plant the garden alone

(19)

1. force them
2. avoid the bees
3. buy some tools
4. get vegetables for free

〔C〕 次の文を読んで，本文の内容に最も合うものを一つ選び，その番号をマークしなさい。

If you're like most people, you're used to eating three meals a day. You might be surprised to learn that this habit is quite modern. Throughout history, the typical pattern for many societies was like that of the Ancient Romans, who, according to food historian Seren Charrington-Hollins, ate only one full meal per day, in the middle of the afternoon. In some cases, people ate additional meals in the morning, but these were much smaller than the morning meals people are now familiar with.

According to Charrington-Hollins, a more regular breakfast became popular among the wealthy classes in the 17th century, when it became a luxury for people who had the time and money for a meal in the morning. During the Industrial Revolution, breakfast became more widespread with changes to the work environment. Because average people didn't need to wake up very early to work long hours, they could leave for work later and had more time to eat in the morning. It also became common for workers to bring some food from home to eat in the middle of the day, an activity we now know as lunch. Then they would return home in the evening for a larger meal with their families. In this way, the change in work style in the 19th century helped to create the habit of eating three meals a day.

We can see that people's eating habits have changed, but how many meals a day is best for our health? Scientists have studied the health effects of deliberately not eating for long periods of time. One area of research investigates the effects of not eating for at least 12 hours in a 24-hour day. Going at least 12 hours a day without eating helps our body to process food, says Emily Manoogian, a researcher at the Salk Institute for Biological Studies in California, and author of a 2019 paper called "When to Eat." But Manoogian doesn't recommend one meal a day, since this can increase the level of sugar in our blood when we're not eating, which can result in sickness. Instead, she says, two to three meals a day is best—with most calories consumed earlier in the day.

However, David Levitsky, a professor at Cornell University in New York, argues it's best to have only one meal a day. He says that in the past it was natural for people to eat only one meal because food was less available. He believes that people want to eat more than one meal a day now not because they need to, but because food is so common. "If I show you food or pictures of food, you're likely to eat, and the more (23)______, the more you're going to eat that day," he says.

No matter how many meals we think is normal, Charrington-Hollins thinks eating habits in the future will be different. She says we now live less actively than in the 19th century, so we need less food, possibly obtained in just two meals. "We've become used to three meals a day, but this is being challenged now and people's attitudes to food are changing."

(20) The usual pattern for much of history has been eating (　　).

1. three typical meals per day
2. two main meals in the afternoon
3. a large lunch sometimes followed by a very small meal
4. a large afternoon meal and occasionally a small morning meal

(21) Which of the following is true for the 19th century?

1. Factories told workers to eat lunch.
2. Rich people started to eat breakfast.
3. Ordinary people didn't need to leave for work as early.
4. Workers started to bring food home from the factories for their families.

(22) According to Emily Manoogian, eating one meal a day is (　　).

1. a good way to increase healthy sugar
2. not the best way because it can make people sick
3. suggested if the meal can be eaten early in the day

4. not recommended without avoiding food for twelve hours

(23) Choose the best words to fill in the blank.

1. uncommon food is
2. calories you consume
3. food is in front of you
4. often you eat one meal per day

(24) Charrington-Hollins thinks we will eat less food in the future because (　　).

1. we don't need as much food as we used to
2. finding food has become more challenging
3. our attitudes toward food are becoming normal
4. we can obtain three meals' worth of food in only two meals

〔D〕 次の会話文を読んで，空所をうめるのに最も適切なものを一つ選び，その番号をマークしなさい。

Fawn is talking with her husband Jack one evening at home.

Fawn: Hey, are you OK? You don't look so good.

Jack: I'm feeling kind of worn out tonight.

Fawn: Oh, no. I hope you're not (25) something. Do you have a fever?

Jack: No, nothing like that. I just feel tired, and my throat hurts a little. I'm sure I'll be fine after a good night's sleep.

Fawn: Still, maybe you should (26) tomorrow and get some rest.

Jack: Good idea. Maybe I'll do that.

(25)

1. running out of

2. dropping out of
3. going along with
4. coming down with

(26)

1. add it up
2. bring it on
3. take it easy
4. break it off

Emma and Bethan are studying together in their room.

Emma: How are you (27) with the science homework?

Bethan: Oh, I finished that ages ago. I'm doing the history homework now.

Emma: Wow, you did that in (28)! How long did that take you?

Bethan: Only about twenty minutes. I remembered from class how to do it.

Emma: So, you did everything in twenty minutes? Questions one, two, three, and four?

Bethan: Yeah. They were easy questions.

(27)

1. giving up
2. getting on
3. having out
4. going about

(28)

1. high time
2. over time
3. double time
4. the time being

Tim has lost his wallet and is looking for it.

Ken: So, when did you last have it?

Tim: At the restaurant. I bet someone stole it.

Ken: Oh, don't jump to conclusions. Maybe you (29). You're always forgetting things.

Tim: Yeah, you're probably right. I really need to find it, though.

Ken: Don't worry, I'm sure it will (30).

Tim: I sure hope so.

(29)

1. paid it up
2. spent it all
3. dealt with it
4. left it behind

(30)

1. turn up
2. wind down
3. change over
4. keep on going

数学

数学解答上の注意事項

1. 問題は〔Ⅰ〕～〔Ⅲ〕の3問です。
2. 問題冊子の余白は計算に利用して構いません。
3. 問題の文中の $\boxed{\text{ア}}$，$\boxed{\text{イウ}}$ などの $\boxed{}$ には，符号(−)，数字(0～9)，または文字(a，b，n，x，y)が入ります。これらを次の方法で解答用紙の指定欄に解答してください。

(1) **ア**，**イ**，**ウ**，……のそれぞれには，符号(−)，数字(0～9)，または文字(a，b，n，x，y)のいずれか一つが対応します。それらを**ア**，**イ**，**ウ**，……で示された解答欄にマークしてください。

〔例〕 $\boxed{\text{アイウ}}$ に $-3x$ と答えたい場合は，次のように答えてください。

ア	●	⓪	①	②	③	④	⑤	⑥	⑦	⑧	⑨	ⓐ	ⓑ	ⓝ	ⓧ	ⓨ
イ	⊖	⓪	①	②	●	④	⑤	⑥	⑦	⑧	⑨	ⓐ	ⓑ	ⓝ	ⓧ	ⓨ
ウ	⊖	⓪	①	②	③	④	⑤	⑥	⑦	⑧	⑨	ⓐ	ⓑ	ⓝ	●	ⓨ

(2) $\boxed{\text{アイウ}}$ と細線で囲まれた部分は，同じ問題ですでに解答した $\boxed{\text{アイウ}}$ を意味します。

〔例〕 上の(1)と同じ問題なら，$\boxed{\text{アイウ}}$ は $-3x$ を意味します。

(3) 一つの $\boxed{}$ に，数と文字，または文字と文字などの積を答えたい場合には，文字はアルファベット順に並べてください。

〔例〕 $\boxed{\text{エオカキ}}$ に積 $-2\times a\times x$ を答えたい場合は，$-2ax$ の形で答え，$-2xa$ のように答えてはいけません。

(4) 分数の形で解答が求められている場合は，それ以上約分できない形で答えてください。符号は分子につけ，分母につけてはいけません。また，整数を分数の形に表してはいけません。

〔例〕 $\dfrac{\boxed{\text{クケコ}}}{\boxed{\text{サ}}}$ に $-\dfrac{6x}{8}$ を得た場合は，$\dfrac{-3x}{4}$ とこれ以上約分できない形にして答えてください。

(5) 根号を含む形で解答する場合は，根号の中に現れる自然数が最小となる形で答えてください。

〔例〕 $\boxed{\text{シ}}\sqrt{\boxed{\text{ス}}}$，$\boxed{\text{セ}}\sqrt{\boxed{\text{ソタ}}}$，$\dfrac{\sqrt{\boxed{\text{チツ}}}}{\boxed{\text{テ}}}$ に $4\sqrt{2}$，$6\sqrt{2a}$，$\dfrac{\sqrt{13}}{2}$ と答え

るところを，それぞれ $2\sqrt{8}$，$3\sqrt{8a}$，$\dfrac{\sqrt{52}}{4}$ のように答えてはいけません。

(6)　指数を含む形で解答する場合は，次のことに注意してください。

$\boxed{\text{ト}}\,\boxed{\text{ナ}}^{\boxed{\text{ニ}}}$ に $\boxed{3}\,\boxed{x}^{\boxed{2}}$ と答えた場合は $3x^2$ を意味します。

また，$\boxed{\text{ヌネ}}^{\boxed{\text{ノ}}}$ に $\boxed{2\ 6}^{\boxed{n}}$ と答えた場合は 26^n を意味します。

◀経済・経営・法・現代社会・国際関係・外国語・文化・生命科（産業生命科）学部▶

（英語と 2 科目 90 分）

〔 I 〕 (1) 整式 $2x^2-2y^2-3z^2-3xy+7yz-xz$ を因数分解すると,

$$\left(\boxed{\text{ア}}-\boxed{\text{イウ}}+z\right)\left(\boxed{\text{エオ}}+\boxed{\text{カ}}-\boxed{\text{キ}}z\right)$$

となる。

(2) 2 つの不等式

$$|x-9|<3 \qquad \text{(i)}$$

$$|x-2|<k \qquad \text{(ii)}$$

を考える。ただし, k は正の定数とする。

(i), (ii) をともに満たす実数 x が存在するような k の値の範囲は,

$k>\boxed{\text{ク}}$ である。(i) を満たす x の範囲が (ii) を満たす x の範囲に含まれるような k の値の範囲は, $k \geqq \boxed{\text{ケコ}}$ である。

(3) p, q は定数とする。$(px-q)^{11}$ の展開式における x^9 の係数は

$\boxed{\text{サシ}}\,p^{\boxed{\text{ス}}}q^{\boxed{\text{セ}}}$ である。

$(x-2y^2+3z)^7$ の展開式における $x^3y^4z^2$ の係数は $\boxed{\text{ソタチツ}}$

である。

(4) 12^{100} は $\boxed{\text{テトナ}}$ 桁の整数である。12^{100} の最高位の数は $\boxed{\text{ニ}}$

である。ただし, $\log_{10}2=0.30103$, $\log_{10}3=0.47712$ とする。

〔Ⅱ〕　a は $a>-1$ を満たす実数とする。xy 平面において, 放物線 $C: y=x^2$ 上に点 $\mathrm{A}(a,a^2)$ と点 $\mathrm{B}(-1,1)$ をとる。点Aにおける C の接線を ℓ とし, 点Bにおける C の接線を m とし, ℓ と m の交点をPとする。

直線 ℓ の方程式は $y=\boxed{\text{アイウ}}-\boxed{\text{エ}}^{\boxed{\text{オ}}}$ である。

点Pの座標は $\left(\dfrac{\boxed{\text{カ}}-\boxed{\text{キ}}}{\boxed{\text{ク}}},\ \boxed{\text{ケコ}}\right)$ である。

線分ABと放物線 C で囲まれた図形の面積は $\dfrac{\left(a+\boxed{\text{サ}}\right)^{\boxed{\text{シ}}}}{\boxed{\text{ス}}}$ である。

ℓ と m が垂直に交わるのは, $a=\dfrac{\boxed{\text{セ}}}{\boxed{\text{ソ}}}$ のときである。

$\mathrm{BA}=\mathrm{BP}$ となるのは, $a=\dfrac{\boxed{\text{タ}}}{\boxed{\text{チ}}},\ \dfrac{\boxed{\text{ツ}}}{\boxed{\text{テ}}}$ のときである。ただし, $\dfrac{\boxed{\text{タ}}}{\boxed{\text{チ}}}<\dfrac{\boxed{\text{ツ}}}{\boxed{\text{テ}}}$ とする。$a=\dfrac{\boxed{\text{ツ}}}{\boxed{\text{テ}}}$ のとき, $\angle\mathrm{APB}=\boxed{\text{トナ}}^\circ$ である。

$\mathrm{PB}^2-\mathrm{PA}^2$ が最大となるのは, $a=\dfrac{\boxed{\text{ニ}}}{\boxed{\text{ヌ}}}$ のときである。

$a=\dfrac{\boxed{\text{ニ}}}{\boxed{\text{ヌ}}}$ のとき, 点Bから直線PAに引いた垂線と直線PAの交点の座標は $\left(\dfrac{\boxed{\text{ネ}}}{\boxed{\text{ノ}}},\ \dfrac{\boxed{\text{ハヒ}}}{\boxed{\text{フ}}}\right)$ である。

〔Ⅲ〕　1辺の長さが1の正四面体OABCにおいて，辺BCの中点をDとし，辺ODを$t:(1-t)$に内分する点をEとする。ただし，tは$0<t<1$を満たす実数とする。$\angle\mathrm{AOD}=\alpha$, $\angle\mathrm{AEB}=\beta$ $(0<\alpha<\pi,\ 0<\beta<\pi)$とする。

(a) $\mathrm{OD}=\dfrac{\sqrt{\boxed{ア}}}{\boxed{イ}}$, $\mathrm{AD}=\dfrac{\sqrt{\boxed{ウ}}}{\boxed{エ}}$である。

(b) $\cos\alpha=\dfrac{\boxed{オ}}{\sqrt{\boxed{カ}}}$, $\sin\alpha=\sqrt{\dfrac{\boxed{キ}}{\boxed{ク}}}$である。

(c) BEおよびAEをtを用いて表すと，

$$\mathrm{BE}=\sqrt{\frac{\boxed{ケ}}{\boxed{コ}}t^2-\frac{\boxed{サ}}{\boxed{シ}}t+\boxed{ス}},$$

$$\mathrm{AE}=\sqrt{\frac{\boxed{セ}}{\boxed{ソ}}t^2-t+\boxed{タ}}$$ である。

(d) 点Aと点Eの距離が最小になるのは$t=\dfrac{\boxed{チ}}{\boxed{ツ}}$のときであり，

このとき，$\mathrm{AE}=\sqrt{\dfrac{\boxed{テ}}{\boxed{ト}}}$, $\mathrm{BE}=\dfrac{\boxed{ナ}}{\sqrt{\boxed{ニ}}}$, $\beta=\dfrac{\pi}{\boxed{ヌ}}$であり，

$\triangle\mathrm{ABE}$の面積は$\dfrac{\sqrt{\boxed{ネ}}}{\boxed{ノ}}$である。

◀理・情報理工・生命科学部▶

（英語と２科目 90 分）

〔Ⅰ〕 (1)　整式 $x(x+1)(x+2)(x+3)-24$ を因数分解すると,

$$\left(x-\boxed{\text{ア}}\right)\left(x+\boxed{\text{イ}}\right)\left(x^2+\boxed{\text{ウ}}\,x+\boxed{\text{エ}}\right)$$

となる。

(2)　$\vec{a}=(2,-1,3)$, $\vec{b}=(1,3,-4)$, $\vec{c}=\vec{a}+t\vec{b}$ とする。ただし, t は実数とする。$\vec{a}$ と $\vec{c}$ が垂直になるときの t の値は $\dfrac{\boxed{\text{オカ}}}{\boxed{\text{キク}}}$ である。

また, $|\vec{c}|$ は $t=\dfrac{\boxed{\text{ケ}}}{\boxed{\text{コ}}}$ のとき, 最小値 $\dfrac{\sqrt{\boxed{\text{サシ}}}}{\boxed{\text{ス}}}$ をとる。

(3)　$\sin\theta-\cos\theta=\dfrac{\sqrt{3}}{2}$ のとき, $\sin\theta\cos\theta=\dfrac{\boxed{\text{セ}}}{\boxed{\text{ソ}}}$ であり,

$$(\sin^3\theta-\cos^3\theta)\sin 2\theta=\frac{\boxed{\text{タ}}\sqrt{\boxed{\text{チ}}}}{\boxed{\text{ツテ}}}$$

である。

(4)　座標平面上の３点 A$(-1,-2)$, B$(6,2)$, C$(2,5)$ を頂点とする △ABC がある。点 A から直線 BC に垂線 AH を引くと, AH$=\dfrac{\boxed{\text{トナ}}}{\boxed{\text{ニ}}}$

であり, △ABC の面積は $\dfrac{\boxed{\text{ヌネ}}}{\boxed{\text{ノ}}}$ である。

〔Ⅱ〕　a は $a>-1$ を満たす実数とする。xy 平面において, 放物線 $C: y=x^2$ 上に点 $\mathrm{A}(a, a^2)$ と点 $\mathrm{B}(-1, 1)$ をとる。点Aにおける C の接線を ℓ とし, 点Bにおける C の接線を m とし, ℓ と m の交点をPとする。

直線 ℓ の方程式は $y=\boxed{\text{アイウ}}-\boxed{\text{エ}}^{\boxed{\text{オ}}}$ である。

点Pの座標は $\left(\dfrac{\boxed{\text{カ}}-\boxed{\text{キ}}}{\boxed{\text{ク}}},\ \boxed{\text{ケコ}}\right)$ である。

線分ABと放物線 C で囲まれた図形の面積は $\dfrac{\left(a+\boxed{\text{サ}}\right)^{\boxed{\text{シ}}}}{\boxed{\text{ス}}}$ である。

ℓ と m が垂直に交わるのは, $a=\dfrac{\boxed{\text{セ}}}{\boxed{\text{ソ}}}$ のときである。

$\mathrm{BA}=\mathrm{BP}$ となるのは, $a=\dfrac{\boxed{\text{タ}}}{\boxed{\text{チ}}},\ \dfrac{\boxed{\text{ツ}}}{\boxed{\text{テ}}}$ のときである。ただし, $\dfrac{\boxed{\text{タ}}}{\boxed{\text{チ}}}<\dfrac{\boxed{\text{ツ}}}{\boxed{\text{テ}}}$ とする。$a=\dfrac{\boxed{\text{ツ}}}{\boxed{\text{テ}}}$ のとき, $\angle\mathrm{APB}=\boxed{\text{トナ}}^\circ$ である。

$\mathrm{PB}^2-\mathrm{PA}^2$ が最大となるのは, $a=\dfrac{\boxed{\text{ニ}}}{\boxed{\text{ヌ}}}$ のときである。

$a=\dfrac{\boxed{\text{ニ}}}{\boxed{\text{ヌ}}}$ のとき, 点Bから直線PAに引いた垂線と直線PAの交点の座標は $\left(\dfrac{\boxed{\text{ネ}}}{\boxed{\text{ノ}}},\ \dfrac{\boxed{\text{ハヒ}}}{\boxed{\text{フ}}}\right)$ である。

〔Ⅲ〕　正三角形ABCにおいて，その重心をGとする。点A，B，C，G上を動く点Pが，時刻0にいる位置はAであるとする。0以上の整数nに対して，時刻$n+1$に動点Pがいる位置は以下の規則に従うとする。

- 時刻nにPがGにいる場合，時刻$n+1$にPは
  それぞれ確率$\frac{1}{3}$，$\frac{2}{9}$，$\frac{2}{9}$，$\frac{2}{9}$でG，A，B，Cにいる。
- 時刻nにPがAにいる場合，時刻$n+1$にPは
  それぞれ確率$\frac{1}{4}$，$\frac{3}{8}$，$\frac{3}{8}$でG，A，Bにいる。
- 時刻nにPがBにいる場合，時刻$n+1$にPは
  それぞれ確率$\frac{1}{4}$，$\frac{3}{8}$，$\frac{3}{8}$でG，B，Cにいる。
- 時刻nにPがCにいる場合，時刻$n+1$にPは
  それぞれ確率$\frac{1}{4}$，$\frac{3}{8}$，$\frac{3}{8}$でG，C，Aにいる。

0以上の整数nに対して，時刻nにPがG，A，B，Cにいる確率をそれぞれg_n，a_n，b_n，c_nとする。

(a)　$g_1 = \dfrac{\boxed{\text{ア}}}{\boxed{\text{イ}}}$，$g_2 = \dfrac{\boxed{\text{ウエ}}}{\boxed{\text{オカ}}}$である。$n$は0以上の整数であるとする。

g_{n+1}は，g_nを用いて

$$g_{n+1} = \frac{\boxed{\text{キ}}}{\boxed{\text{クケ}}}g_n + \frac{\boxed{\text{コ}}}{\boxed{\text{サ}}}$$

と表される。これより，g_nを求めると，

$$g_n = \frac{\boxed{\text{シ}}}{\boxed{\text{スセ}}}\left\{\boxed{\text{ソ}} - \left(\frac{\boxed{\text{タ}}}{\boxed{\text{チツ}}}\right)^{\boxed{\text{テ}}}\right\}$$

である。

(b) n は 0 以上の 3 の倍数であるとする。

$$a_{n+3}-b_{n+3}=\left(\frac{\boxed{\text{トナ}}}{\boxed{\text{ニ}}}\right)^3(a_n-b_n),$$

$$a_n-b_n=\left(\frac{\boxed{\text{トナ}}}{\boxed{\text{ニ}}}\right)^{\boxed{\text{ヌ}}},\quad b_n-c_n=\boxed{\text{ネ}}$$

である。これより, a_n を求めると,

$$a_n=\frac{\boxed{\text{ノ}}}{\boxed{\text{ハヒ}}}+\frac{\boxed{\text{フ}}}{\boxed{\text{ヘホ}}}\left(\frac{\boxed{\text{タ}}}{\boxed{\text{チツ}}}\right)^{\boxed{\text{テ}}}+\frac{\boxed{\text{マ}}}{\boxed{\text{ミ}}}\left(\frac{\boxed{\text{トナ}}}{\boxed{\text{ニ}}}\right)^{\boxed{\text{ヌ}}}$$

である。

クせよ。

1 フランスの科学と日本の文学を比較することで、「自分」と合理主義の関係を論じている。

2 近代文学の権威をその背景から説明することで、「自分」の問題を国際的に比較している。

3 人間の遺伝的資性と文学の関係を具体的に説明することで、人間社会の普遍性を論じている。

4 近代文学とその背景を具体的に説明することで、「自分」をめぐる問題点を考察している。

5 フランスの文学と日本の文学を比較することで、自然科学と文学作品の関係を論じている。

問十 本文に出てくる「藤村」とは自然主義文学の作家である島崎藤村を指す。島崎藤村の作品として適切でないものを一つ選び、マークせよ。

1 『千曲川《ちくまがわ》のスケッチ』

2 『破戒』

3 『蒲団《ふとん》』

4 『夜明け前』

5 『若菜集』

義のもつ合理主義的な自然科学の観点が人々に伝統的な権威を覆しうる新たな権威と見えたから。

4　フランスでは自然主義の文学が当時の自然科学の学説に影響を与えるほど一時代を風靡したのに対し、日本では自然主義の自然科学的な観点が伝統的な諸権威に抗《あらが》う当時の作家に強い文学的共感を呼び起こしたから。

5　フランスでは自然科学の学説が文学に一時的な影響を与えていたのに対し、日本では新たな真理である自然科学と自然主義の文学とが伝統的な諸権威に挑戦するための決定的な組合せであると人々に信じられたから。

問八　波線部E「自らの解体を意識することを強いられるという事態」とあるが、それは具体的にどのような事態だと考えられるか。最も適切なものを一つ選び、マークせよ。

1　近代的な自然科学や自然主義の輸入が人々の共感を生んだが、結局は日本の伝統的価値そのものを自ら破壊してしまったことを痛感させられるという事態。

2　近代的な自然主義が個人の自我を伝統的な権威から解放したことで、かえって個人の自我が外部によって支配されていることに気づかされるという事態。

3　新たな権威である合理主義が信じられ、自我も解放されたことによって、その自我が初めて科学的観察の対象となったことを痛感させられるという事態。

4　科学が社会の価値を自然に還元したことで、充実した内容を持たない自然主義文学が逆に道徳を破壊する手段になりつつあることを痛感させられるという事態。

5　自然主義もロマン主義も時代の内面の実相を主張した結果、個人の解放を目ざしていた自我が逆に自由を失うことになったことに気づかされるという事態。

問九　この文章全体はⅠ・Ⅱ・Ⅲ・Ⅳの四つに分かれている。Ⅲについて説明したものとして最も適切なものを一つ選び、マーとって客観的には意識しにくいものであるということ。

3　見る自分は対象と明確に切り離すことが可能であるが、見る自分というものは本来曖昧なものであるため、自分を他人と同じように観察することに無理が生じるということ。

4　他人を客観的に観察することは自分にとってわからない部分が多いので難しく見えるが、本当のところは自分自身を主観的に観察する規準を捉えるほうが難しいということ。

問六　波線部C「私小説」とは、一般的にはどのような小説か。最も適切なものを一つ選び、マークせよ。

1　フィクションを扱った一般の娯楽小説とは異なり、起こった事件だけを克明に描写した小説。

2　自然科学の客観的な視点で描くことで、作者の体験した心境や感懐を間接的に表現した小説。

3　広範囲の読者がもっている私的な欲望を描写し、既成の封建的な道徳観念を攻撃した小説。

4　既存の権威に対抗するために、作者の生活体験で無意識に行った行動を批判した小説。

5　作者自身の生活体験を素材としながら、そのなかに作者の心境や感懐を吐露していく小説。

問七　波線部D「本国より強い永続性をわが国で持った」とあるが、それはなぜだと筆者は考えているか。その理由として最も適切なものを一つ選び、マークせよ。

1　フランスでは環境や遺伝が人間の行動を一時的に決めると合理的に考えた自然科学の影響が強いのに対し、日本では自然主義の科学的な観点が権威の手段として輸入され、同時代の人々の共感や反響を生んだから。

2　フランスでは自然主義が当時の自然科学の学説と結びついた美の一時的な流行であったのに対し、日本では自然主義の作家が人間の醜い面を描いたことで、それが封建的な社会の偽善を暴く新しい文学となったから。

3　フランスでは自然主義が当時の自然科学の学説と結びついたことで一時的な影響力を持ったのに対し、日本では自然主

問二　二重傍線部a〜cの読みとして最も適切なものを、次の各群からそれぞれ一つずつ選び、マークせよ。

a
1　はか
2　ほう
3　なら
4　たよ
5　したが

b
1　しゅう
2　き
3　く
4　きゅう
5　ひ

c
1　りょう
2　し
3　き
4　そく
5　り

問三　空欄［X］［Y］に入るべき語句として最も適切なものをそれぞれ一つずつ選び、マークせよ。

X　1　矛盾　2　逆行　3　同化　4　照応　5　予期

Y　1　共通項　2　解体物　3　所産　4　本質　5　要因

問四　波線部A「必ずしもそうではありません」とあるが、なぜそういえるのか。最も適切なものを一つ選び、マークせよ。

1　自分自身が行動の規範を持っていても、それが正義にはならない場合もあるから。
2　良い行動のためにこれまでの行動全体を反省するというのは、わずらわしいから。
3　精神の限界や経験の不足によって、自分の規範の正しさを勘違いしてしまうから。
4　行動の規範が誤っている可能性があり、すべてを各自で判断するのも面倒だから。

問五　波線部B「構造的なむずかしさ」とあるが、それを説明したものとして最も適切なものを一つ選び、マークせよ。

1　自己意識によって自分の行動に対する反省を行っても、他人を観察することに比べて客観的にわかることが少ないために、結論が正確ではなくなってしまうということ。
2　自分自身を他人のように観察することは自分の精神が自身を捉えようとすることだが、その観察の対象が自分の精神に

Ⅳ
以上、回り道をしながら、云いたかったのは、現代人の「自分」はこれを大切にするにしろ、粗末にするにしろ、こういう厄介な歴史を背負っているということです。

（中村光夫『知人多逝　秋の断想』による）

（注1）藤村――小説家の島崎藤村（一八七二―一九四三）。
（注2）ゾラ――フランスの小説家（一八四〇―一九〇二）。
（注3）風靡――広い範囲にわたってつき従わせること。

問一　傍線部ア〜オと同じ漢字を使うものを、次の各群からそれぞれ一つずつ選び、マークせよ。

ア
1　提出キ日を守る
2　キ金を設立する
3　液体がキ化する
4　綱キが乱れる
5　神仏にキ依する

イ
1　キョを衝《つ》かれる
2　起キョを共にする
3　キョ匠の作品を観《み》る
4　キョ諾を得る
5　キョ就を決める

ウ
1　血液の凝コ
2　コ大広告
3　静かなコ畔
4　病院のコ室
5　コ高に生きた人

エ
1　心身が疲ヘイする
2　鉱山がヘイ山される
3　ヘイ団を組織する
4　ヘイ穏な毎日を送る
5　ヘイ越しに話しかける

オ
1　タン念に調べる
2　結果に落タンする
3　タン偵を雇う
4　タン身赴任をする
5　タン酸水を飲む

の背景をなした自然科学が、一般の人心にたいして持った権威の差によると思われます。

自然主義の主張が、同時代の大多数の共感を呼んだのは、自然科学的な世界観、人間観によって、伝統的な諸権威に挑戦し、これを覆したことによります。

人間の動物性を強調し、彼を盲目な自然によって操られる一匹の獣と見る考えは、社会の偽善を曝露《ばくろ》する有力な武器であったので、本来、美を追求するはずの文学が、人間の醜b を描いて憚《はばか》らなかったのは、そこに真理があると信じたからなのです。

この、社会の諸価値を自然に還元し、自然科学を既成道徳破壊の手段とする文学は、封建的な桎梏《しっこく》のなかで、権威に対抗する新たな権威を求めていたわが国の作家に強い共感を呼びおこしました。彼らがこの新しい人間観にもとづいて制作した作品が、それほど充実した文学的内容を持たなかったのに、社会に大きな反響をよび、ひろく一般の共感と反響の対象になったのは、それをうけ入れる準備が社会の側にできていたことを意味します。

明治の輸入された近代で、伝統的価値を自然科学の影響で破壊されたのは、文学者だけではなかったので、技師や官吏c や軍人など、文化の輸入に直接あたった人々のなかで、僕らは意外な合理主義の信奉者を見出《いだ》すのです。

自然主義文学の功績は、この人々が既成の権威を憚って口にしなかった時代の内面の実相を大タンオ に主張し、表現したことです。ことにわが国では、それが個人の群からの解放を目ざすロマン主義の役割も同時に果したので、その影響はますます大きかったのですが、そこに同時に自然科学の決定論が支配した結果、ここで解放された自我が、外部の桎梏と闘って勝つと同時に、この武器によって、E 自らの解体を意識することを強いられるという事態を招きました。

人間が遺伝と環境の［Y］ならば、彼の行動はすべて外部から支配され、彼に自由はなく、したがって責任もないわけです。こういう自我が自我とよべるかどうかいうまでもないことです。人間の内面と外界、自分と他人の区別がどこにあるかも、容易に解決のつかぬ問題になってきます。

自分の内心の声を聞いたつもりでも、実は時代の流行を追っていたにすぎないという経験は、おそらく誰にもあるでしょう。

そんなふうに考えると、自分というものが一体あるのかないのかが問題になってきます。僕らが自分で考えたと思っていることが、すべて他人のうけ売りだとすれば、僕らの本来の自分はないに等しいはずです。しかしまた別の考えかたをすると、他から入りこんだ要素によって構成されているにしろ、これらの要素の配分の量や、おのおのの純粋性や強さは、人によって違うはずです。僕らが自分の性格とか個性と呼んでいるのは、おそらくこれらの要素の組合せの差異にすぎないのです。これが僕らの生れつきによるものか、それとも周囲の影響によるものか、どちらとも云えないのが本当のところでしょう。

Ⅲ

「遺伝と環境」とゾラ(注2)は云いました。いわゆる自然主義の決定論を唱えたこの作家によれば、人間は、「自分」では何か欲しいものを自由に撰択《せんたく》しているつもりでも、実際には両親（あるいはさらに先祖）の遺伝的資性や環境の影響をうけているのであり、彼はただそのときあらかじめ決定された道を自《みず》から選んだと信じて進んでいるだけなのです。

この極端に聞える説が、少なくも生活のかなりの部分について当っていることは、僕らが両親と似たことを無意識にする場合が多いことを考えて見てもわかります。

ゾラの主張は、当時の自然科学の学説と結びついていたため、一時代の文学を風靡《ふうび》(注3)する影響力を、フランスはじめヨーロッパの諸国に振いましたが、わが国においても、この自然主義の思想が輸入され、近代小説の主流がそれによって形成されるといってよいほどの影響をのこしました。これはわが国の近代精神史の特色として記憶しておくべきことと思います。

フランス文学の歴史を考えるとき、自然主義は一時期の傾向と見られるのに、わが国ではC私小説という形で、その影響はまだ生きています。それが近代小説の基礎をなしたといった所以《ゆえん》ですが、Dこのように本国より強い永続性をわが国で持ったのは、そに骨が折れるという点から見れば、前者よりずっと厄介な仕事なのです。

僕らの感覚の器官が、眼《め》や耳から、皮膚の触覚まで、もっぱら外部にだけむけられたもので、外部のものはかなり鋭敏に感じとる代《かわ》りに、身体の内部にたいしてはまったく鈍感であるように、僕らの精神も他人を観察するほど客観的には自分自身を意識することはできません。話をしながら相手の表情をよみとることは正確にできても、自分が何を欲しているかについては思い違いをする場合がしばしばです。

むろん他人について思い違いすることもよくあるにはありますが、これは主として経験の不足からくるので、自分で自分を顧みるような、B構造的なむずかしさはないはずです。

「自分について書くことと、他人について書くことと、どっちがむずかしいか」という意味のことを藤村(注1)が云《い》っていましたが、これは普通考えるのと反対に、本質的には自分の方がむずかしいのです。

また一方から考えると、見られる自分というものも、はなはだ曖昧です。

僕らが、どんなに自分にウコ執しようと、時代や環境の影響を免れないのは明らかですが、そうだとすると、僕らが自分の考えと思っているものは、たいがい他人から学んだもの、あるいは、他人の是認を予期しているものでしょう。自分のなかの本当に自分といえる部分は何か、という疑問は自己反省を多少でも本気で行った者が必ず逢着《ほうちゃく》するものであり、僕らが人生でいくつか出会う解決のない問題のひとつです。

よく考えて見れば、僕らの内面にも、まったく他人に依存しない思想や感情などないといってよいので、僕らがエヘイ素「自分」と思いこんでいるものは、多くの他人の影響の複合体であり、ただその要素の組合せが、多少異っているにすぎないのです。

そうでなければ、時代の影響が、人間の性格や行動に見られるはずはありません。

これは僕らの生命が限られていることとも［X］する現象です。

〔二〕　次の文章を読んで、後の問いに答えよ。

Ⅰ

「自分を大切にする」ことの基礎には、まず認識する自分と認識される自分との分離があります。そして行動する自分は認識される側にぞくします。僕らの自己意識が、その行動にたいする反省の形で行われるのは、誰しも経験で知るところでしょう。

そして、「自分を大切にする」とは、結局この反省にしたがって、自分の行動を規制していくということです。自分がしていること（またはしたこと）が、本当に自分の欲していることか、善と信じていることか、こうたえず自問することが、自分に忠実に、したがって自分に満足して生きるための前提であり、「自分を大切にする」ことも結局ここにキ着します。

Ⅱ

自分の行動の規範を、いつも自分のなかに持つことは、舟で言えば羅針盤を備えているようなものであり、陸地や島影だけを頼りにしていたむかしにくらべれば、望ましい方向に導くのが容易になったように思われるかも知れませんが、必ずしもそうではありません。

羅針盤を一々のぞくのは、ある意味ではわずらわしいことだし、第一、羅針盤そのものが正確とはかぎらないのです。群キョする人間が、自分のなかに行動の規準を持たず、もっぱら他人の指図にしたがい、あるいは彼らを模倣して行動するのは、ちょうど、船隊の一隻として進む船のようなものです。こういう生き方をする人々は、彼らの内面に規準を持たなくとも、他人に倣っていれば、誤りなく目的地に、比較的骨を折らずに達することができます。全体の動きを導く指揮者は、彼自身より錬達である場合が多いからです。

各自の羅針盤を持つことは、このような全体の動きから自分を切り離し、独自の進路を自分の判断できめて行くことで、たん

3　人を挑発して失言を言わせてから非難すること

4　人がしてきた非難を逆手に取ってやり返すこと

問九　本文の内容と合致するものを一つ選び、マークせよ。

1　バリでのホームステイ・プログラムの目的は学生たちに差別意識を自覚させることにある。

2　インドネシアでの生活を体験した学生たちの中には、言語の差別性を指摘するものもいる。

3　ひらがな書きの「げんちじん」と漢字書きの「現地人」では差別意識の有無に違いがある。

4　少しでも差別的な意味がある言葉は、絶えずそうでない言葉に言い換えていく必要がある。

5　人は自分の言葉遣いに無意識の差別意識が表れていることに気がついていないことが多い。

問十　次の文章は本文の構成について述べたものである。空欄 [X] [Y] [Z] に入るべき段落はどれか。後の選択肢から最も適切なものをそれぞれ一つずつ選び、マークせよ。

まず、インドネシアでのホームステイ・プログラムの紹介から始まり、本文で言いたいことを示す具体例を [X] 以降で説明している。さらに、 [Y] 以降で類似した他の具体例を追加し、最後に [Z] 以降で議論の射程を拡大して、全体をまとめている。

1　第[4]段落　　2　第[5]段落　　3　第[6]段落　　4　第[7]段落

5　第[8]段落　　6　第[9]段落　　7　第[10]段落　　8　第[11]段落

問五　波線部D「面白いことに」とあるが、なぜ面白いといえるのか。その理由として最も適切なものを一つ選び、マークせよ。

1　現在では差別意識を感じさせる言葉が、かつてはむしろ差別を感じさせない言葉として扱われていたから。
2　現在よりも日本軍占領下のインドネシアの方が差別的な表現を敏感に感じ取って言い換えをしていたから。
3　日常会話では差別意識を感じさせる言葉であっても、公文書で使われるとそれほど差別的でなくなるから。
4　ひらがな書きだと差別意識を感じさせる言葉が、漢字表記にするとそれほど差別を感じさせなくなるから。

問六　二重傍線部e「同胞」の本来の意味として最も適切なものを一つ選び、マークせよ。

1　同じ屋根の下に一緒に住む家族　2　同じ村落に居住する隣人
3　同じ君主に献身的に仕える家来　4　同じ利害を共有する友人
5　同じ両親から生まれた兄弟姉妹　6　同じ理想を追求する仲間

問七　波線部E「これはなぜかもっぱら白人に対して使われる」とあるが、本文の趣旨から考えると、使われるときにはどのような心理が隠されていると考えられるか。最も適切なものを一つ選び、マークせよ。

1　黄色人種とは異なる白人を見下す気持ち
2　植民地を支配してきた白人に対する反感
3　繁栄を誇り世界を支配した白人への憧憬
4　白人をよそ者として排除しようとする心

問八　二重傍線部f「揚げ足取り」の意味として最も適切なものを一つ選び、マークせよ。

1　人の言った言葉を強引に曲解して非難すること
2　人の小さな失言を殊更に取り上げ非難すること

2　学生たちの質問に対して真摯に答えずに質問で返しているから。

3　学生たちが答えに窮することをわかっていて質問をしているから。

4　学生たちの善意を遠慮なく頭ごなしに否定することになるから。

問三　波線部B「この言葉が躊躇なく口からでてくるかどうかといったことが一つの指標となる」とあるが、何の指標となるのか。最も適切なものを一つ選び、マークせよ。

1　「げんちじん」という言葉を使うことは、インドネシア人を個人個人として見ずに、集団としてひとまとめにして見ているということ。

2　「げんちじん」という言葉を使うことは、本人は意識していなくてもインドネシアを現地という概念で捉えてしまっているということ。

3　「げんちじん」という言葉を使うことは、インドネシアは開発途上国だという考えをはっきりと言葉で表現することと同じということ。

4　「げんちじん」という言葉を使うことは、本人は気がついていなくてもインドネシアの人たちを心のどこかで見下しているということ。

問四　波線部C「言語学的に差別用語ではない」の解釈として最も適切なものを一つ選び、マークせよ。

1　「げんちじん」という言葉を「現地」と「人」に分解しても差別を意味する要素がない。

2　「げんちじん」という言葉を使っている人の多くは差別的な意図を少しも持っていない。

3　「げんちじん」という言葉の実際の使用実態を調査しても差別的な用法を確認できない。

4　「げんちじん」という言葉の本来の正しい使用法から考えて差別を意味する根拠がない。

とが問題になってメディアを賑《にぎ》わせている。パワハラ、セクハラへの風当たりが強く、メディアの攻撃もあまりにも過熱して、いささかf揚げ足取りのような側面もみられるが、本質はその発言の背景に何があるかだ。発言はいくら取り繕っても必ずどこかに本音がにじんでいる。そしてその本音は、その人がそれまで生きてきた環境によって形成されてきたものであるから、本人には「悪気」がないことが多い。なぜ悪いのかがわからない。その人の周辺の環境では当たり前のことだから……。そして、そのことこそが問題なのだ。

12 微妙に隠され、表立って問題視されない発言の背後に、「上から目線」に起因する蔑視や潜在的差別意識が忍んでいる。実は私だって、偉そうなことを言っているが、気づいていないだけで、無意識のうちにそのようなことをしているケースはたくさんあるのだと思う。怖いことである。

（倉沢愛子「「げんちじん」に潜む差別意識」による）

（注1） 隣保組織――近隣の人々が互いに助け合う組織。
（注2） 宣撫――占領地において占領政策を知らせることで人心を安定させること。

問一 二重傍線部a「在職」b「募集」c「動機」d「不足」と同じ構成の熟語はどれか。最も適切なものをそれぞれ一つずつ選び、マークせよ。

1 隠匿　2 骨折　3 衆寡　4 着席　5 敗因　6 未来

問二 波線部A「意地悪く」とあるが、なぜ筆者は「意地悪く」と言っているのか。その理由として最も適切なものを一つ選び、マークせよ。

1 学生たちが目上の人に言い返せないことをわかっているから。

後定着していったのかもしれない。その歴史的変遷は私にはわからないが、問題は、「より差別的でない」と考えて使用され始めたはずの言葉が、結局ある種の状況下では蔑称になっていったということである。そのように考えていくと、表向き蔑称や差別用語でないものが、実は我々の心理の深層にあるネガティブな評価を体現していることがあるのだと思われる。しかし、そのことに対する自覚が欠如しているために、この言葉を使うことにまったく違和感さえ伴わないのであろう。ホームステイ・プログラムに参加した若者たちが、絶対この言葉を使っていないかどうかは実際わからないが、おそらくは、ホストファミリーのお父さんお母さんが「げんちじん」と呼ばれているのを見るとなんらかの躊躇や違和感を抱くであろう。

9 同じように、日本人が無意識のうちに使いわけている言葉が、「ガイジン」である。Eこれはなぜかもっぱら白人に対して使われる。それ以外の人たちは「外国人」である。これは「白人」であるかそれ以外かという人種的な基準に起因する使いわけのように思えるが、そこには、かつて「白人」の国々は経済的に栄え、アジア・アフリカの国々を植民地化していった支配者たちだったという歴史的過去がある。結局ここでも経済力や国力に基づいた、人種や民族に対するランキングが感じられる。経済指標だけで上下を格付けする偏差値的発想に基づいて相手国をランク付け、「畏敬の念」を抱いたり「上から目線」を持ったりした過去の遺産だ。それらの国々がやがて日本経済を凌駕《りょうが》していくとき、いったいこういった言葉遣いは変わっていくのだろうか。

10 日本人にとってもっとも身近な外国人は、東アジアや東南アジアの人である。日本にもたくさんの人が住んでいる。犯罪報道などのなかで、容疑者の候補として「アジア系外国人」という表現が使われるときにはしばしば「怪しい人」「油断のならない人」だからというような先入観が見え隠れする。かつて私が家探しをしていた時不動産屋さんに「この辺はアジア系外国人もあまりいないので治安はいいですよ」と自慢げに言われたとき、私はプッツンしてしまって、かなり気に入っていた家を見ていたのだが、その取引はやめてしまったことがある。

11 近年、政府高官や、社会的地位や責任を負った人たちが、女性蔑視、人権無視などを体現したさまざまな差別発言をしたこシア人を指すのに「げんちじん」という言葉が使われることがあるが、この言葉が躊躇《ちゅうちょ》なく口からでてくるかどうかといったことが一つの指標となる。「げんちじん」という表現は、結構一般的に流布していて、おそらく多くの人は何の悪気もなく使っているのだと思うが、日ごろから私はこれが気になっている。ネットなどで調べるとただ「現地の人」「現地に住む人」などという説明が淡々とでてくる。しかし、「げんちじん」と「現地の人」では、つまり真ん中に「の」が入るのと入らないのとでは、実はまったくニュアンスが異なっているように思えるのだ。つまり「の」がない場合には、無意識のうちに差別意識が表れていないだろうか。

7　それがなぜ差別であるかは、こう考えてみればわかるだろう。あなたがアメリカやヨーロッパにいるとき、その国の人たちを指して「げんちじん」という言葉を使うだろうか？　そこでは少なくとも「アメリカ人」などと民族名を出すか、あるいは「現地の人」などというのではないだろうか？　また日本国内にいて、外国人どうしの会話のなかであなたが「げんちじん」と呼ばれたらどんな感じがするだろうか？　そのように考えていくと、たとえ言語学的に差別用語ではないにしても、これは中立的な言葉ではありえず、そこには明らかな蔑視がこもっている。

8　歴史的に見ていつから日本人がこの言葉を使うようになったのかはよくわからない。インドネシアを含む「南方地域」に対して戦前・戦中には、「原住民」という言葉が留保なしに使われた。公文書にも時としてこの言葉が使われている。ただ面白いことに、日本軍のインドネシア占領下では、文書や法令のなかで、「原住民」が「現地民」や「現地人」という言葉で置き換えられているのをしばしば見たことがある。アジアの「同胞」として、インドネシアの人々を戦争協力へ動員していく必要が有ったあの時代、「原住民」は「土人」と同じように露骨な言葉だと意識して、宣撫《せんぶ》(注2)的な意味で使用を控えようとしたのではないかと思う。ただし当時はまだ不徹底で、さまざまな表現が混用されており、試行錯誤の跡がみられる。それらの表現のうち「現地人」が戦すか?」というような怪訝《けげん》な顔をする。「ではいったいあなたは何ができるの?」「あなたが彼らより勝っていることってあるの?」とA意地悪く質問すると、成績優秀なまじめな学生たちは、一応はうなずくものの、なんとない不服を抱えたままこのホームステイに参加する。

4　しかしプログラムが終わるころには、「彼らはすごい!」と住民の生き方に感嘆する学生たちがでてくる。ありあわせの物や、十分とはいえない国家の支えのなかで、驚くほど器用に自ら工夫し、隣保組織(注1)などを機能させて地域社会で支えあい、「豊かさ」のなかで生きていることがわかったというのである。そして何より、たまたまGDPがより大きな国に生まれ育ったからといって、自分たちの方が教えてあげられることを持っているはずだと、当然のことのように思っていた自分の無力さを痛感したというのだ。

5　日本人の多くは、まだ何も知らないうちからインドネシアに対して「開発途上国」という「格付け」をして、おそらく無意識のうちに心の奥深いところで「上から目線」を持っている。ホームステイ・プログラムは、それを全否定して、再設定するところから始めてみようというものである。今までの経験から常々感じているのは、そのような「入口」から入ってインドネシアと知り合った若者たちは、たとえばその後就職して駐在員としてインドネシアのような国々に赴任した場合、初めて駐在員としてその国に接することになる若者と比べて、この社会を見る目線がずいぶん違うのではないかということだ。つまり最初のインドネシア人との接点が、ホストファミリーのお父さんお母さん、あるいは兄弟など同じ平面の上で出会った人たちだった場合と、本社から派遣された日系企業の駐在員として、インドネシア人職員と上下関係のなかで出会った場合との違いである。前者のようなケースは、ホームステイでなくても、たとえば留学などで、対等の友人として出会った者、逆に日本にいる間に留学生の友人を持っていた者などさまざまな場合にも当てはまるだろう。

6　その感覚の違いは、日常のなかでの言葉遣いなどでもふとでてくる。例えば、インドネシアでは在留邦人の間で、インドネ

国語

（英語と二科目　九〇分）

〔一〕　次の文章を読んで、後の問いに答えよ。

1　東南アジアの地域研究をなりわいにしている私が、その対象地域と向き合う際に、自分への戒めもこめて常々感じ続けてきたことを綴《つづ》ってみたい。大学を定年退職してからもう一〇年になるが、私は、[a]在職中ゼミで実施していたプログラムを続けて、その後も一般から[b]募集した学生を対象に、毎年夏にインドネシア・バリ島のある農村でホームステイ・プログラムを実施している。それはコロナ禍が始まるまで続き、いつの間にかその参加者の累計は五〇〇名を超えている。

2　観光のために準備されているわけではない、あるがままのバリの農家に分宿して生活し、ホストファミリーの耕す畑に行って作業を見学したり、小学校への訪問、村の行事、祭事へ参加させてもらったりする企画である。その目的は、近ごろとかく内向きだと言われる若い人たちに外の世界を知ってもらいたい、特にホストファミリーとの触れあいを通してインドネシア、バリの人々の生活を内側から見聞し体験してもらいたいという「ありふれた」[c]動機であるが、その体験から気づいたことがある。

3　これまで参加者のなかには参加目的として「開発途上国の問題点をみつけ、村人の生活向上のための政策提言につながるようなことをしたい」という、ＯＤＡの下請けのような発想をする学生がしばしばいた。しかしこの企画の目的は、とにかくインドネシア社会を「知り」、そこから「学ぶ」ことにあって、我々の社会に照らし合わせて彼らの社会に何が[d]不足しているかを探り、我々は何をすべきなのかをみつけることではない。そのように言うと皆「発展途上国の発展に資することがなぜ悪いので

解答編

英語

A

解答　(1)―1　(2)―4　(3)―3　(4)―1　(5)―4　(6)―2　(7)―2　(8)―3　(9)―3　(10)―4　(11)―2　(12)―4　(13)―2　(14)―3　(15)―1

◀解　説▶

(1)「医師は私に毎朝起床後に水を飲むように指示した」
order *A* to *do*「*A* に～するように指示する〔命令する〕」の語法より，1が正解。

(2)「私はその日付を忘れないように，それをノートに書き留めることにしよう」
so that S will not *do*「Sが～しないようにするために」の構文より，4が正解。1は as if「まるで～のように」，2は in case「～する場合に備えて」，3の in order は in order that S will〔can, may〕*do* の形で「Sが～する〔できる〕ために」の意味。

(3)「基本的に，メンバーはその新しい政策に肯定的であるが，全員がそうであるというわけではない」
1の most of them are not「大部分がそうではない」と4の some of them are「何人かはそうである」は，Basically … positive「基本的に…肯定的である」という内容に合わない。2の none of them are not は，主語に none とあるにもかかわらず，さらに述語にも not があるので不可。したがって正解は3。not all of them are は部分否定で「すべて～というわけではない」の意味になる。

(4)「ローズさんは3カ月間多くの家を検討した後，ついに快適な住まいを見つけた」
主節の意味内容は「家を見つける」であり，空所を含む従属節の意味内容は「多くの家を検討する」であるから，従属節のほうが時間的に先行する

(「検討して」その後「見つける」という順序になるはず)。主節の時制が過去形 found となっているので，それに先行する従属節の時制は過去完了形が適切。したがって，正解は１。

(5)「パターソン氏はプロジェクトチームのメンバーであるにもかかわらず，チームの会議にめったに出席しない」

空所は直後の動詞 attend を修飾すると考えられる。１の frequent「たびたびの」，３の rare「まれな」は形容詞であるから不可（動詞を修飾するのは副詞)。２の most の副詞としての意味は「最も，とても」であり，意味上不適。したがって４の seldom「めったに～ない」が正解（rare の副詞形 rarely も同様の意味)。

(6)「あなたの仕事を手伝えたらいいのですが，残念ながら今週末は町にいません」

I wish（that）S V の構文では，V の動詞の形は，wish と同時の内容の場合には仮定法過去を，wish より以前の内容の場合には仮定法過去完了を用いる。また，I wish（that）S would〔could〕*do* の形では「S が～すれば〔できれば〕いいのだけれど」の意味になる。本文はこれに相当する。したがって正解は２。

(7)「どちらの部屋に客が入ったかを見ましたか？」

which room（　　）は see の目的語になる間接疑問文であるから，平叙文の語順になる。enter「～に入る」は他動詞であるから，前置詞は不要である。以上のことから正解は２。

(8)「大阪は日本で二番目に大きな都市だと言われている」

the＋序数詞＋最上級「…番目に～な」の語法より，正解は３。

(9)「私は壊れたそのペンケースを気に入っていたので，同じものをもう一度買うつもりだ」

文意から，空所には pen case を表す代名詞が入ると考えられる。１の another には「もう一つ，別の物〔人〕，同類」の意味があるが，直前に the same とあるので不適（the same another とは言わない)。２の itself「それ自身」は意味的に不可。４の that は，前出の名詞の代用（壊れたペンケースまさにその物を指すときに使う）という用法はあるが，直前に the same とあるので不適（the same that とは言わない)。したがって正解は３。

⑽「マーサは子どもたちが家族のペットを世話することを期待している」
expect *A* to *do*「*A* が～することを期待する」の語法より，正解は４。

⑾「彼がピアノを演奏するのを聞けば，彼のことをプロのピアニストだと思うでしょう」
１．Being heard，３．When heard はいずれも受動態の分詞構文の形であると考えられるが，空所直後に him play the piano という heard の目的語に相当するものがあり，文法的に不可。４の With hearing は，hearing の主語が本文の主語 you と同じであるから，with が不要。したがって，正解は２。この To hear の to は，仮定の意味を表す不定詞の副詞用法で主に知覚動詞に用いられる。

⑿「彼女はあなたが会社の会議に来ることを強く要求した」
insist on *doing*「～することを（強く）要求〔主張〕する」の語法より，正解は４。your coming の your は come の意味上の主語を示している。

⒀「ワトソン氏は一見したところ冷たいように見えるかもしれないが，いったん彼と知り合いになると彼は本当に親切だ」
文意から，２の once S V「いったん S が V すると」が入る。１の even if S V は「たとえ S が V でも」，３の since S V は「S が V なので，S が V 以来」，４の unless S V は「S が V でないかぎり」の意味。

⒁「部屋には眠っている赤ちゃんがいたので，私たちはずっと静かにしていた」
空所には直後の名詞 babies を修飾する語が入ると考えられる。２の sleep は動詞の原形あるいは名詞であり，名詞を修飾するには不適切。４の slept は分詞形容詞であり名詞を修飾することは可能だが，意味的に不可。１の asleep は形容詞で「眠っている」の意味であるが，叙述用法（補語としての用法）でのみ使い，限定用法（名詞を直接修飾する用法）では使わない。したがって正解は３。

⒂「その講座は必修ではなかったが，先生は生徒たちにとにかくそれを履修させた」
make *A* *do*「*A* に～させる」の語法より，正解は１。

B　解答　⒃－2　⒄－1　⒅－1　⒆－4

◆全　訳◆

≪二人でガーデニングを！≫

（カールとメアリーはガーデニング用品を買いに来ている）

カール（不機嫌そうに）：さあ，着いたよ。それでどうするの？

メアリー：これからのことを考えるととてもわくわくするわ！　もう庭付きの家も買ったことだし，とうとう自分の庭を持つことができるわ。

カール　：何が必要なの？

メアリー：そうね。ええっと，ガーデニング道具と手袋と土と種が要るわ。

カール　：ガーデニングコーナーはあそこだよ。

メアリー：ええ，わかったわ。カール，あなたが一緒に来てくれて本当に嬉しいわ。なにしろあなたが本当のところガーデニングに関心がないとわかっているから。

カール　：うん，僕は全く好きじゃないよ。

メアリー：まあ，そんなことを言わないで。これまでに一度もやってみたことさえないでしょ。

カール　：いいや，やったよ。10歳のとき，父と一緒に庭作業をやらされたんだ。それがすごく嫌だった。

メアリー：どうしてなの？

カール　：ハチに刺されたんだ。それに，僕がトマトの植え方を間違えたから父に怒鳴られたんだ。

メアリー：そうなの，私はあなたに大声を出したりしないわよ。私があなたに教えてあげるわ。

カール　：いや，教えてくれなくていいよ。いいかい，これはぜひはっきりさせておきたいんだ。きみが庭に必要なものを買うことができるようにここまできみを車で連れてきたのは，きみの誕生日だからだよ。でも，そこにいろいろ植える作業を僕は全くしないよ。それは全部きみの仕事だからね。

メアリー：でも，私は一緒にやりたいと思っていたのに。

カール　：どうして僕がそれをしなければならないの？

メアリー：だって，ガーデニングはすばらしいことだから。屋外で，自然の中で過ごすことができるし，体をいっぱい動かすこともできるし。土の中に深く手を入れることもできるのよ！

カール　：僕は手が汚れるのは好きじゃないな。

メアリー：それに，最後は，ただで野菜が手に入るのよ！

カール　：野菜はスーパーマーケットで買えるよ。

メアリー：でも，代金を払わなければいけないでしょ。

◀解　説▶

⑯空所を含む文は「あなたが（　　）なので，私は本当に嬉しい」の意味。したがって，空所にはメアリーが喜んでいる理由が入ることになる。1の「ここに歩いてきた」は，カールの第7発言に「きみをここに車で連れてきた」とあることから，不適。3の「道具を買った」は，そのようなことを推察できる発言はない。4の「試しにガーデニングをやってみた」は，メアリーが第4発言で「あなたはこれまでに一度もやってみたことさえない」と言っていることと矛盾する。したがって，「一緒に来た」という2が正解。

⑰空所の直後の発言で，メアリーはなぜそうなったのか理由を尋ねている。それに対するカールの答えは「ハチに刺された」「父に怒鳴られた」とあることから，カールはガーデニングに対して良い感情を持たなかったと推測できる。したがって，「すごく嫌だった」という1が正解。2は「いまだにそれがないのを寂しく思う」，3は「それを後悔しなかった」，4は「それをもう一度したいと思う」の意味であり，いずれも不適切。

⑱カールが，「かつてガーデニングで父親に怒鳴られたことがある」と言ったことに対して，「私はあなたに大声を出したりしない。（　　）する」というのが，空所を含むメアリーの発言である。また，それに対してカールは「そうしなくてよい」と答え，「自分はガーデニングを一緒にはしない」と言っているのであるから，メアリーは空所で，なんとかカールにガーデニングを一緒にしてもらおうと説得していると考えられる。したがって，「教えてあげる」という1が正解。2の「家を買う」，3の「あなたが仕事をすることを断じて許さない」，4の「一人で庭に植える」は，いずれも意味的に不自然である。

⑲メアリーの空所の発言に対して，カールは「それをスーパーマーケット

で買うことができる」と答えていることから，空所にはスーパーマーケットで売っているものが入ると容易に推測できる。したがって，「野菜をただで手に入れることができる」という4が正解。1は「それらを強制する」，2は「ハチを避ける」，3は「いくつか道具を買う」の意味であり，いずれも不適。

C　解答　(20)—4　(21)—3　(22)—2　(23)—3　(24)—1

◆全　訳◆

≪一日何食が適切か？≫

もしあなたが大部分の人と同じようであるなら，あなたは一日に三回食事をすることに慣れている。この習慣がごく最近のものであると知れば，あなたは驚くかもしれない。歴史を通じて，多くの社会にとって典型的なパターンは，古代ローマ人のものと同様であった。食の歴史家であるセレン＝チャーリントンホリンズによると，古代ローマ人は一日に一回だけ，十分な量の食事を午後の中頃に取った，ということである。場合によっては午前中に余分の食事を取ることもあったが，人々が現在慣れ親しんでいる朝食よりもはるかにもっと少量であった。

チャーリントンホリンズによると，より規則的な朝食が17世紀に富裕層の間で広まり，午前中に食事を取る時間とお金のある人々にとっての贅沢となった。産業革命期に，朝食は労働環境の変化とともにさらに広まった。平均的な人々は，長時間働くためにそれほど早く起きる必要がなくなったので，より遅く仕事に出かけることができるようになり，朝食を取る時間がもっと取れるようになった。そしてまた，労働者が家からいくらかの食べ物を持ってきて日中に食べること，つまり私たちが現在昼食として知っている行動が広く見られるようになった。それから，夜に帰宅して家族とともにより多量の食事を取るようになった。このようにして，19世紀における労働様式の変化が一日三食の習慣形成を促進した。

人々の食習慣が変化してきたということは理解できるが，はたして一日に何食が私たちの健康に最善か？　科学者は，意図的に長期間食事を取らないことが健康に与える影響を研究してきた。ある研究分野では，一日24時間のうち少なくとも12時間食事を取らないことの影響を調査している。一日少なくとも12時間食事を取らずに過ごすことは，私たちの体が食物を処理するのに役立つと，カリフォルニアにあるソーク生物学研究所の研究者で，『いつ食べるべきか』というタイトルの2019年に発表された論文の著者であるエミリー＝マヌージアンは述べている。しかし，マヌージアンは，一日一食を推奨してはいない。なぜなら，これは，私たちが食事をしていないときに血糖値を上げる可能性があり，その結果として病気になる可能性があるからである。彼女が述べているのは，一日一食ではなく，一日二～三食が最善であり，大部分のカロリーが日中の早めに消費されるのがよい，ということである。

しかし，ニューヨークにあるコーネル大学教授のデイビッド＝レビツキーは，一日一食だけ取ることが最善である，と主張する。昔は食物が現在よりも手に入りにくかったので一日一食があたりまえだった，と彼は言う。彼の考えるところでは，人々が現在一日に二食以上取りたいと思うのは，そうする必要があるからではなく，食物がとても広く行き渡っているからである。「もし私があなたに食物あるいは食物の写真を見せると，あなたはきっと食べたくなり，あなたの目の前により多くの食物があればあるほど，あなたはその日，より多く食べることになる」と彼は言う。

私たちが何食を正常であると考えようとも，将来の食習慣は違ったものになるだろうとチャーリントンホリンズは考える。現在私たちは19世紀ほど活動的な生活をしていないので，より少量の食物しか必要ではなく，おそらく二食だけで摂取されるだろう，と彼女は言う。「私たちは一日三食に慣れてしまっているが，現在これには異論が提起されていて，また，人々の食物に対する態度も変化しつつある」と彼女は言う。

◀解　説▶

(20)「歴史上多くの期間，通常のパターンは（　　）を食べてきた」

第1段第3・4文（Throughout history, the … now familiar with.）に，「一日に一回だけ十分な量の食事を午後の中頃に取る」というローマ人のパターンが典型的であったこと，そして，「ときには現在よりもはるかに少量の朝食を取ることもあった」と説明されている。したがって，4の「大量の午後の食事とときには少量の朝食」が正解。なお，3は「大量の昼食の後に非常に少量の食事が続く」という意味である。

(21)「次のうちのどれが19世紀について正しいか？」

1.「工場は労働者に昼食を取るように言った」
第2段第4文（It also became …）に書かれているのは，「労働者が家から食物を持って行くようになった」ということであり，「工場が労働者に昼食を取るように言った」ということではない。

2.「裕福な人々は朝食を取り始めた」
第2段第1文（According to Charrington-Hollins, …）によると，富裕層に朝食が広まったのは17世紀であり，19世紀ではない。

3.「普通の人々はこれまでほど早く仕事に出かける必要がなくなった」
第2段第3文（Because average people …）の記述と一致する。したがって，これが正解。

4.「労働者は家族のために工場から家に食物を持って帰り始めた」
第2段第4文（It also became …）に書かれているのは，「労働者が家から食物を持って行くようになった」ということであり，「工場から家に持って帰るようになった」わけではない。

(22)「エミリー＝マヌージアンによると，一日一食は（　　）」
第3段第5文（But Manoogian doesn't …）に，「一日一食を推奨しない。なぜなら，血糖値を上げ，病気になる可能性があるから」と述べられている。したがって，「それは人々を病気にする可能性があるので最善ではない」という2が正解。1の「健康な糖を増加させるよい方法」，3の「もし食事を日中早くに取ることができるなら勧められる」，4の「12時間食物を控えることなしに勧められない」はいずれも，そのような内容の記述は本文にはない。

(23)「空所に最もよく当てはまるものを選びなさい」
空所はデイビッド＝レビツキー教授の発言中にあるが，彼の主張の要点は，空所を含む文の直前，第4段第3文（He believes that …）に説明されている。すなわち，私たちが一日複数回食事を取りたくなるのは，必要性ではなく食物があるから，要するに「食物があるから食べる」ということである。この主張を補足する例が，空所を含む発言であり，「より（　　）あればあるほど，あなたはその日，より多く食べることになる」という意味である。したがって，3の「食物が目の前にある」が入る。1は「食物がめったにない」，2は「あなたが消費するカロリー」，4は「しばしば一日一食にする」の意味。

(24)「チャーリントンホリンズは，(　　)だから，私たちは将来より少量の食物を食べるようになるだろうと考えている」
最終段第2文（She says we …）に，現在の私たちの生活は19世紀ほど活動的ではなく，それゆえに必要な食物も減る，と説明されている。したがって，1の「私たちはかつてほど多くの食物を必要としない」が正解。2の「食物を見つけることが難しくなった」について，このような記述は本文にはない。3の「私たちの食物に対する態度は正常になりつつある」について，最終段最終文（“We've become used …）に述べられているのは，人々の食物に対する態度が「変化しつつある」ということだけであって，「正常になりつつある」と述べられているわけではない。4の「私たちは三食に相当する食物を二食だけで摂取することができる」について，最終段第2文に述べられているのは，私たちの必要とする食物の量が減り，その量なら二食で摂取できる，ということである。現在のままの三食分の量を二食で摂取できる，ということではない。

D　**解答**　(25)—4　(26)—3　(27)—2　(28)—3　(29)—4　(30)—1

◆全　訳◆

≪体調は大丈夫？≫

（ある晩家でファウンは夫のジャックと話している）

ファウン：ねえ，あなた大丈夫？　調子があまりよくなさそうだけど。

ジャック：今夜はちょっと疲れてるように感じるよ。

ファウン：まあ，大変。何かの病気になっていなければいいけど。熱はあるの？

ジャック：いや，そういうことは全くないよ。ただ疲れていて，のどが少し痛いよ。一晩ぐっすり眠ればきっとよくなると思う。

ファウン：それでも，明日はのんびりして休むのがいいかもしれないわ。

ジャック：それがいいね。場合によってはそうすることにしよう。

≪宿題をする二人≫

（エマとベサンは部屋で一緒に勉強をしている）

エマ　：理科の宿題ははかどってる？

ベサン：ええ，私はとっくに済ませたわよ。今は歴史の宿題をしているところよ。

エマ ：まあ，そんなにはやくやってしまったの！ どのくらい時間がかかったの？

ベサン：20分ぐらいだけよ。授業でやり方を覚えていたから。

エマ ：それで，20分で全部やってしまったと言うの？ 問1も問2も問3も問4も？

ベサン：ええ，とても簡単な問題だったわよ。

≪財布はどこに？≫

（ティムは財布をなくして探している）

ケン ：それで，最後に持っていたのはいつ？

ティム：レストランだよ。きっと誰かが盗んだんだ。

ケン ：まあ，慌てて決めつけないで。きみがどこかに置いてきたのかもしれない。きみはいつも忘れ物ばかりしているからね。

ティム：うん，きみの言うとおりかもしれないね。でも，本当に見つけなければならないんだ。

ケン ：心配しないで。きっと出てくると思うよ。

ティム：ぜひそうであってほしいよ。

◀解 説▶

㉕空所を含む発言でファウンは，ジャックが「疲れている」と言っていることに対して「何か（　　）していないことを願う」と心配している。さらに，直後に「熱があるの？」と尋ねていることからも，ファウンはジャックが病気ではないかと心配していることがわかる。したがって，come down with「～（病気）にかかる」という4が正解。1の run out of は「～を使い果たす」，2の drop out of は「～から離脱する」，3の going along with は「～に同意する」の意味。

㉖直前にジャックが「一晩ぐっすり眠ればきっとよくなると思う」と言っているのに対して，ファウンは「それでも明日は（　　）して休むべき」と言っているのであるから，take it easy「のんびりする」という3が正解。1の add up は「～を合計する」，2の bring on は「～を引き起こす」，4の break off は「～を中断する」の意味。

㉗エマの空所を含む質問に対して，ベサンは「とっくに済ませてしまった」と答えていることから，エマは宿題の進行状況を尋ねていると容易に

推測できる。したがって「はかどっている」という2が正解。get on「進行する，うまくいく」の意味。1の give up は「〜をあきらめる」，3の have out は have it out の形で「決着をつける」，4の go about は「〜に取りかかる」の意味。

(28)直前の発言でベサンが，「とっくに（理科の宿題を）済ませてしまった」と言っていること，また，エマが空所に続いて「どのくらい時間がかかったか」を尋ねていることから，エマはベサンが理科の宿題をとてもはやく終えてしまったことに驚いていることがわかる。したがって，「とてもはやく」という3が正解。in double time で「駆け足で」の意味。1の high time は It's high time の形で「もう（とっくに）〜する時間」，2の over time は「時がたてば」，4の the time being は for the time being の形で「しばらくの間」の意味。

(29)ティムが，「きっと誰かが財布を盗んだのだろう」と言ったのに対して，ケンは，慌てて決めつけないようにと言い，さらにそれに続くのが空所である。また，空所の直後に，「きみはいつも忘れ物ばかりしている」と言っていることから，「(どこかに）置いてきた」という4が正解。leave behind は「〜を後に残す，〜を置き忘れる」の意味。1の pay up は「(借金を）全部支払う」，2の spend it all は「それを全部使う」，3の deal with は「〜を処理する」の意味。

(30)ティムが，「どうしても財布を見つけなければならない」と言っているのに対して，ケンは「心配しないで，きっと（　　）」と言っているのであるから，「財布が見つかる」という趣旨の発言をしていると推測できる。したがって，「出てくる」という1が正解。turn up は「(紛失物が)（偶然）見つかる，出てくる」の意味。2の wind down は「(時計のぜんまいが）ゆるんで止まる，(時間などが）だんだん終わりに近づく，だんだん弱まる」，3の change over は「切り替わる，交替する」，4の keep on going は「進み続ける」の意味。

数学

◀経済・経営・法・現代社会・国際関係・外国語・文化・生命科（産業生命科）学部▶

I **解答** (1)ア．x　イウ．$2y$　エオ．$2x$　カ．y　キ．3

(2)ク．4　ケコ．10

(3)サシ．55　ス．9　セ．2　ソタチツ．7560

(4)テトナ．108　ニ．8

◀解　説▶

≪小問4問≫

(1)
$$2x^2-2y^2-3z^2-3xy+7yz-xz$$
$$=2x^2-(3y+z)x-(2y^2-7yz+3z^2)$$
$$=2x^2-(3y+z)x-(2y-z)(y-3z)$$
$$=\{x-(2y-z)\}\{2x+(y-3z)\}$$
$$=(x-2y+z)(2x+y-3z)\quad \to ア〜キ$$

(2) 不等式(i)を解くと
$$-3<x-9<3\qquad \therefore\ 6<x<12$$
$k>0$ より，不等式(ii)を解くと
$$-k<x-2<k\qquad \therefore\ 2-k<x<2+k$$
よって，(i), (ii)をともに満たす実数 x が存在するような k の値の範囲は，$k>0$ より $2-k<2$ であるから

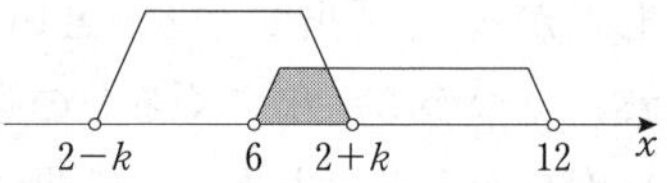

$$6<2+k\qquad \therefore\ k>4\quad \to ク$$
また，(i)を満たす x の範囲が(ii)を満たす x の範囲に含まれるような k の値の範囲は

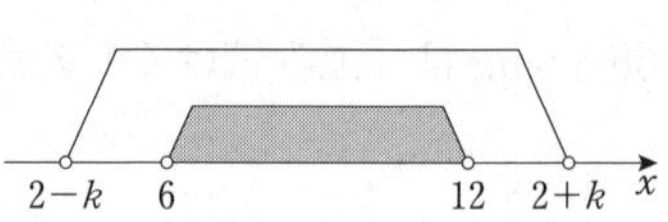

$$12\leqq 2+k\qquad \therefore\ k\geqq 10\quad \to ケ，コ$$

(3) $(px-q)^{11}$ の展開式の一般項は ${}_{11}\mathrm{C}_r(px)^{11-r}(-q)^r$ であり，x^9 の項

になるのは $r=2$ のときであるから，その係数は

$${}_{11}C_2p^9(-q)^2=55p^9q^2$$ →サ〜セ

また，$(x-2y^2+3z)^7$ の展開式で，$x^3y^4z^2$ の項は

$$\frac{7!}{3!2!2!}x^3(-2y^2)^2(3z)^2=7560x^3y^4z^2$$

よって，この項の係数は 7560 である。 →ソ〜ツ

(4)　12^{100} に 10 を底とする対数をとると

$$\begin{aligned}\log_{10}12^{100}&=100\log_{10}12\\&=100(2\log_{10}2+\log_{10}3)\\&=100(2\times0.30103+0.47712)\\&=107.918\end{aligned}$$

$$107<\log_{10}12^{100}<108$$

よって

$$10^{107}<12^{100}<10^{108}$$

したがって，12^{100} は 108 桁の整数である。 →テ〜ナ

さらに，$\log_{10}12^{100}=107.918$ より

$$12^{100}=10^{107.918}=10^{107}\cdot10^{0.918}$$

であり，$\log_{10}8=3\log_{10}2=0.90309$，$\log_{10}9=2\log_{10}3=0.95424$ より

$$10^{0.90309}<10^{0.918}<10^{0.95424}$$

$$8<10^{0.918}<9$$

各項に 10^{107} をかけると

$$8\times10^{107}<10^{107.918}<9\times10^{107}\qquad\therefore\quad 8\times10^{107}<12^{100}<9\times10^{107}$$

したがって，12^{100} の最高位の数は 8 である。 →ニ

II 解答

アイウ．$2ax$　エ．a　オ．2　カ．a　キ．1　ク．2　ケコ．$-a$　サ．1　シ．3　ス．6　セ．1　ソ．4　タ．1　チ．2　ツ．3　テ．2　トナ．45　ニ．1　ヌ．2　ネ．1　ノ．8　ハヒ．-1　フ．8

◀解　説▶

≪放物線上の 2 つの接線≫

$y=x^2$ より，$y'=2x$ であるから，点 $\mathrm{A}(a,\ a^2)$ における放物線 C の接線 l

の方程式は

$$y-a^2=2a(x-a)$$

$$y=2ax-a^2 \quad \cdots\cdots① \quad \rightarrow ア\sim オ$$

また，点 B$(-1,\ 1)$ における C の接線 m の方程式は

$$y-1=2\cdot(-1)\{x-(-1)\}$$

$$y=-2x-1 \quad \cdots\cdots②$$

①，②から y を消去して，l と m の交点の x 座標を求めると

$$2ax-a^2=-2x-1$$

$$2(a+1)x=a^2-1$$

$a>-1$ より，両辺を $2(a+1)$ $(\neq 0)$ で割ると

$$x=\frac{a^2-1}{2(a+1)}=\frac{(a+1)(a-1)}{2(a+1)}=\frac{a-1}{2}$$

②に代入すると　$y=-2\cdot\dfrac{a-1}{2}-1=-a$

よって，l と m の交点 P の座標は　$\left(\dfrac{a-1}{2},\ -a\right)$　→カ～コ

直線 AB の方程式は

$$y-1=\frac{a^2-1}{a-(-1)}\{x-(-1)\} \quad すなわち \quad y=(a-1)x+a$$

であり，$-1\leqq x\leqq a$ では線分 AB が C の上側にあるから，その囲まれた図形の面積は

$$\int_{-1}^{a}\{(a-1)x+a-x^2\}dx=\left[-\frac{x^3}{3}+\frac{a-1}{2}x^2+ax\right]_{-1}^{a}$$

$$=\frac{(a+1)^3}{6} \quad \rightarrow サ\sim ス$$

l と m が垂直に交わるのは，傾きがそれぞれ $2a$，-2 の直線であるから

$$2a\cdot(-2)=-1 \qquad \therefore \quad a=\frac{1}{4} \quad \rightarrow セ，ソ$$

BA＝BP となるのは，BA＝BP $\Longleftrightarrow$ $\mathrm{BA}^2=\mathrm{BP}^2$ より

$$\{a-(-1)\}^2+(a^2-1)^2=\left\{\frac{a-1}{2}-(-1)\right\}^2+(-a-1)^2$$

$$(a^2-1)^2-\left(\frac{a+1}{2}\right)^2=0$$

$$(a+1)^2\left\{(a-1)^2-\frac{1}{4}\right\}=0$$

$$(a+1)^2\left\{(a-1)+\frac{1}{2}\right\}\left\{(a-1)-\frac{1}{2}\right\}=0$$

$$(a+1)^2\left(a-\frac{1}{2}\right)\left(a-\frac{3}{2}\right)=0$$

$a>-1$ より　　$a=\dfrac{1}{2},\ \dfrac{3}{2}$　→タ～テ

$a=\dfrac{3}{2}$ のとき，直線 AB の傾きは $\dfrac{3}{2}-1=\dfrac{1}{2}$ であるから，m と垂直に交わる。

よって，△APB は ∠ABP＝90°，BA＝BP の直角二等辺三角形であるから，∠APB＝45° である。 →ト，ナ

$$\mathrm{PB}^2-\mathrm{PA}^2=\left(\frac{a-1}{2}+1\right)^2+(-a-1)^2-\left\{\left(a-\frac{a-1}{2}\right)^2+(a^2+a)^2\right\}$$

$$=-a^4-2a^3+2a+1$$

$f(a)=-a^4-2a^3+2a+1$ とおくと

$$f'(a)=-4a^3-6a^2+2$$

$$=-2(a+1)^2(2a-1)$$

$a>-1$ で $f'(a)=0$ とすると　　$a=\dfrac{1}{2}$

$a>-1$ における $f(a)$ の増減は右の表のようになるから，$\mathrm{PB}^2-\mathrm{PA}^2$ が最大となるのは $a=\dfrac{1}{2}$ のときである。 →ニ，ヌ

a	-1	$\cdots$	$\frac{1}{2}$	$\cdots$
$f'(a)$	／	$+$	0	$-$
$f(a)$	／	↗	最大	↘

このとき，①より直線 PA の方程式は $y=x-\dfrac{1}{4}$ である。

点 B を通り，直線 PA に垂直な直線は

$$y-1=(-1)\{x-(-1)\}\quad すなわち\quad y=-x$$

であるから，この 2 直線の交点の x 座標は

$$x-\frac{1}{4}=-x \qquad \therefore\quad x=\frac{1}{8}$$

よって，点 B から直線 PA に引いた垂線と直線 PA の交点の座標は

$\left(\dfrac{1}{8},\ -\dfrac{1}{8}\right)$　→ネ～フ

Ⅲ　解答

(a)ア．3　イ．2　ウ．3　エ．2

(b)オ．1　カ．3　キ．2　ク．3

(c)ケ．3　コ．4　サ．3　シ．2　ス．1　セ．3　ソ．4　タ．1

(d)チ．2　ツ．3　テ．2　ト．3　ナ．1　ニ．3　ヌ．2　ネ．2　ノ．6

◀解　説▶

≪正四面体の切断面の線分の長さと面積≫

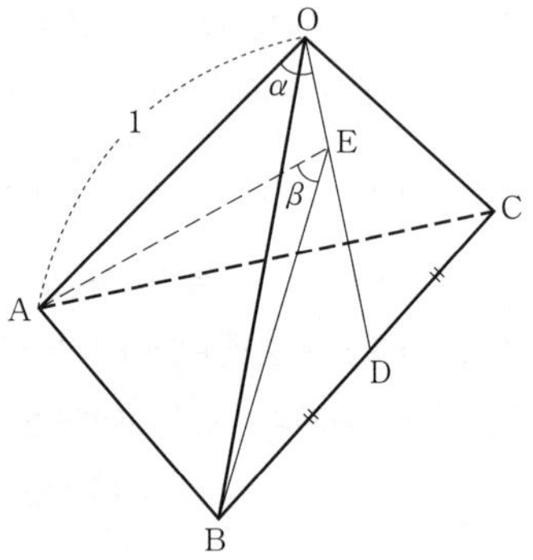

(a)　△OBC と △ABC は 1 辺が 1 の正三角形であるから

$$\mathrm{OD}=\mathrm{AD}=\sqrt{3}\,\mathrm{BD}=\sqrt{3}\cdot\frac{1}{2}$$

$$=\frac{\sqrt{3}}{2}\quad \text{→ア～エ}$$

(b)　△ADO で余弦定理により

$$\cos\alpha=\frac{\mathrm{OA}^2+\mathrm{OD}^2-\mathrm{AD}^2}{2\cdot\mathrm{OA}\cdot\mathrm{OD}}$$

$$=\frac{1^2+\left(\dfrac{\sqrt{3}}{2}\right)^2-\left(\dfrac{\sqrt{3}}{2}\right)^2}{2\cdot1\cdot\dfrac{\sqrt{3}}{2}}$$

$$=\frac{1}{\sqrt{3}}\quad \text{→オ，カ}$$

$0<\alpha<\pi$ より $\sin\alpha>0$ であるから

$$\sin\alpha=\sqrt{1-\cos^2\alpha}$$

$$=\sqrt{1-\left(\frac{1}{\sqrt{3}}\right)^2}=\sqrt{\frac{2}{3}}\quad \text{→キ，ク}$$

(c)　$\mathrm{DE}=(1-t)\mathrm{OD}=\dfrac{\sqrt{3}}{2}(1-t)$ であり，△BDE で三平方の定理により

$$\mathrm{BE}=\sqrt{\mathrm{BD}^2+\mathrm{ED}^2}$$

$$=\sqrt{\left(\frac{1}{2}\right)^2+\left\{\frac{\sqrt{3}}{2}(1-t)\right\}^2}=\sqrt{\frac{3}{4}t^2-\frac{3}{2}t+1}\quad \text{→ケ～ス}$$

$\mathrm{OE}=t\mathrm{OD}=\dfrac{\sqrt{3}}{2}t$ であり，△OAE で余弦定理により

$$\begin{aligned}\mathrm{AE}^2&=\mathrm{OA}^2+\mathrm{OE}^2-2\cdot\mathrm{OA}\cdot\mathrm{OE}\cos\alpha\\&=1^2+\left(\frac{\sqrt{3}}{2}t\right)^2-2\cdot1\cdot\frac{\sqrt{3}}{2}t\cdot\frac{1}{\sqrt{3}}\\&=\frac{3}{4}t^2-t+1\end{aligned}$$

AE>0 であるから　　$\mathrm{AE}=\sqrt{\dfrac{3}{4}t^2-t+1}$　→セ～タ

(d)　$$\begin{aligned}\mathrm{AE}&=\sqrt{\frac{3}{4}t^2-t+1}\\&=\sqrt{\frac{3}{4}\left(t-\frac{2}{3}\right)^2+\frac{2}{3}}\end{aligned}$$

よって，点 A と点 E の距離が最小になるのは，線分 AE の長さが最小になる $t=\dfrac{2}{3}$ のときで，最小値は $\mathrm{AE}=\sqrt{\dfrac{2}{3}}$ である。→チ～ト

このとき，(c)の結果から

$$\mathrm{BE}=\sqrt{\frac{3}{4}\left(\frac{2}{3}\right)^2-\frac{3}{2}\cdot\frac{2}{3}+1}=\frac{1}{\sqrt{3}}$$　→ナ，ニ

さらに，△ABE で余弦定理により

$$\cos\beta=\frac{\mathrm{AE}^2+\mathrm{BE}^2-\mathrm{AB}^2}{2\cdot\mathrm{AE}\cdot\mathrm{BE}}=\frac{\left(\sqrt{\frac{2}{3}}\right)^2+\left(\frac{1}{\sqrt{3}}\right)^2-1^2}{2\cdot\sqrt{\frac{2}{3}}\cdot\frac{1}{\sqrt{3}}}=0$$

よって，$0<\beta<\pi$ より，$\beta=\dfrac{\pi}{2}$ である。→ヌ

△ABE は $\angle\mathrm{AEB}=\dfrac{\pi}{2}$ の直角三角形であるから，その面積は

$$\mathrm{AE}\cdot\mathrm{BE}\cdot\frac{1}{2}=\sqrt{\frac{2}{3}}\cdot\frac{1}{\sqrt{3}}\cdot\frac{1}{2}=\frac{\sqrt{2}}{6}$$　→ネ，ノ

◀理・情報理工・生命科学部▶

I

解答　(1)ア．1　イ．4　ウ．3　エ．6

(2)オカ．14　キク．13　ケ．1　コ．2　サシ．30　ス．2

(3)セ．1　ソ．8　タ．9　チ．3　ツテ．64

(4)トナ．37　ニ．5　ヌネ．37　ノ．2

◀解　説▶

≪小問 4 問≫

(1)

$$x(x+1)(x+2)(x+3)-24=(x^2+3x)(x^2+3x+2)-24$$
$$=(x^2+3x)^2+2(x^2+3x)-24$$
$$=\{(x^2+3x)-4\}\{(x^2+3x)+6\}$$
$$=(x^2+3x-4)(x^2+3x+6)$$
$$=(x-1)(x+4)(x^2+3x+6)$$

→ア～エ

(2)　$\vec{a}=(2,\ -1,\ 3)$，$\vec{b}=(1,\ 3,\ -4)$ より

$$\vec{c}=\vec{a}+t\vec{b}$$
$$=(2,\ -1,\ 3)+t(1,\ 3,\ -4)$$
$$=(2+t,\ -1+3t,\ 3-4t)$$

$\vec{a}\neq\vec{0}$，$\vec{c}\neq\vec{0}$ であるから，$\vec{a}\perp\vec{c}$ のとき $\vec{a}\cdot\vec{c}=0$ より

$$2(2+t)-(-1+3t)+3(3-4t)=0 \qquad \therefore\quad t=\frac{14}{13}$$ →オ～ク

また

$$|\vec{c}|=\sqrt{(2+t)^2+(-1+3t)^2+(3-4t)^2}$$
$$=\sqrt{26t^2-26t+14}$$
$$=\sqrt{26\left(t-\frac{1}{2}\right)^2+\frac{15}{2}}$$

よって，$|\vec{c}|$ は $t=\frac{1}{2}$ のとき，最小値 $\sqrt{\frac{15}{2}}=\frac{\sqrt{30}}{2}$ をとる。→ケ～ス

(3)　両辺を 2 乗すると

$$(\sin\theta-\cos\theta)^2=\left(\frac{\sqrt{3}}{2}\right)^2$$

$$\sin^2\theta-2\sin\theta\cos\theta+\cos^2\theta=\frac{3}{4}$$

$$1-2\sin\theta\cos\theta=\frac{3}{4} \qquad \therefore \quad \sin\theta\cos\theta=\frac{1}{8}$$ →セ，ソ

さらに

$$\begin{aligned}&(\sin^3\theta-\cos^3\theta)\sin2\theta\\&=\{(\sin\theta-\cos\theta)^3+3\sin\theta\cos\theta(\sin\theta-\cos\theta)\}\cdot2\sin\theta\cos\theta\\&=\left\{\left(\frac{\sqrt{3}}{2}\right)^3+3\cdot\frac{1}{8}\cdot\frac{\sqrt{3}}{2}\right\}\cdot2\cdot\frac{1}{8}\\&=\frac{9\sqrt{3}}{64}\end{aligned}$$ →タ～テ

(4)　直線BCの方程式は

$$y-2=\frac{2-5}{6-2}(x-6) \quad \text{すなわち} \quad 3x+4y-26=0$$

よって，点A$(-1,\ -2)$と直線BCの距離は，点Aから直線BCに引いた垂線AHの長さと等しいから

$$\mathrm{AH}=\frac{|3\cdot(-1)+4\cdot(-2)-26|}{\sqrt{3^2+4^2}}=\frac{|-37|}{5}=\frac{37}{5}$$ →ト～ニ

$$\mathrm{BC}=\sqrt{(6-2)^2+(2-5)^2}=5$$

ゆえに，△ABCの面積は

$$\mathrm{AH}\cdot\mathrm{BC}\cdot\frac{1}{2}=\frac{37}{5}\cdot5\cdot\frac{1}{2}=\frac{37}{2}$$ →ヌ～ノ

II

◀経済・経営・法・現代社会・国際関係・外国語・文化・生命科（産業生命科）学部▶IIに同じ。

III

解答　(a)ア．1　イ．4　ウエ．13　オカ．48　キ．1　クケ．12　コ．1　サ．4　シ．3　スセ．11　ソ．1　タ．1　チツ．12　テ．n

(b)トナ．-3　ニ．8　ヌ．n　ネ．0　ノ．8　ハヒ．33　フ．1　ヘホ．11　マ．2　ミ．3

◀解　説▶

≪正三角形の頂点および重心上を動く点の確率≫

(a)　時刻1にPがGにいる確率は，規則から　$g_1=\frac{1}{4}$　→ア，イ

時刻2にPがGにいる場合は，時刻1にG，A，Bにいて，時刻2でGに動くから，その確率 g_2 は

$$g_2=\frac{1}{4}\cdot\frac{1}{3}+\frac{3}{8}\cdot\frac{1}{4}+\frac{3}{8}\cdot\frac{1}{4}=\frac{13}{48}\quad →ウ～カ$$

時刻 $n+1$ にPがGにいる場合は，時刻 n にGにいて，時刻 $n+1$ でもGにいる場合または時刻 n にG以外すなわちA，B，Cにいて，時刻 $n+1$ でGに動く場合であるから

$$g_{n+1}=g_n\cdot\frac{1}{3}+(1-g_n)\cdot\frac{1}{4}$$

$$=\frac{1}{12}g_n+\frac{1}{4}\quad →キ～サ$$

この式を変形すると

$$g_{n+1}-\frac{3}{11}=\frac{1}{12}\left(g_n-\frac{3}{11}\right)$$

数列 $\left\{g_n-\frac{3}{11}\right\}$ は，初項 $g_0-\frac{3}{11}=0-\frac{3}{11}=-\frac{3}{11}$，公比 $\frac{1}{12}$ の等比数列であるから

$$g_n-\frac{3}{11}=-\frac{3}{11}\left(\frac{1}{12}\right)^n$$

$$g_n=\frac{3}{11}\left\{1-\left(\frac{1}{12}\right)^n\right\}\quad (n=0,\ 1,\ 2,\ \cdots)\quad →シ～テ$$

(b)　時刻 $n+1$ にPがA，B，Cにいる場合は，時刻 n にどの点にいるかを考えると

$$a_{n+1}=\frac{2}{9}g_n+\frac{3}{8}(a_n+c_n)$$

$$b_{n+1}=\frac{2}{9}g_n+\frac{3}{8}(a_n+b_n)$$

$$c_{n+1}=\frac{2}{9}g_n+\frac{3}{8}(b_n+c_n)$$

よって

$$a_{n+3}-b_{n+3}=\left\{\frac{2}{9}g_{n+2}+\frac{3}{8}(a_{n+2}+c_{n+2})\right\}-\left\{\frac{2}{9}g_{n+2}+\frac{3}{8}(a_{n+2}+b_{n+2})\right\}$$

$$=\frac{3}{8}(c_{n+2}-b_{n+2})$$

$$=\frac{3}{8}\cdot\frac{3}{8}(c_{n+1}-a_{n+1})$$

$$=\left(-\frac{3}{8}\right)^3(a_n-b_n)\quad \to ト\sim ニ$$

n が 0 以上の 3 の倍数のとき，$n=3k$（k は 0 以上の整数）とおくと

$$a_{3(k+1)}-b_{3(k+1)}=\left(-\frac{3}{8}\right)^3(a_{3k}-b_{3k})$$

したがって，数列 $\{a_{3k}-b_{3k}\}$ は，初項 $a_0-b_0=1-0=1$，公比 $\left(-\frac{3}{8}\right)^3$ の等比数列であるから

$$a_{3k}-b_{3k}=\left(-\frac{3}{8}\right)^{3k}\quad (k=0,\ 1,\ 2,\ \cdots)$$

$$\therefore\quad a_n-b_n=\left(-\frac{3}{8}\right)^{n}\quad (n=0,\ 1,\ 2,\ \cdots)\quad \cdots\cdots①\quad \to ヌ$$

同様にして $b_{n+3}-c_{n+3}=\left(-\frac{3}{8}\right)^3(b_n-c_n)$ が得られ，数列 $\{b_n-c_n\}$ の初項は $b_0-c_0=0$ であるから

$$b_n-c_n=0\quad (n=0,\ 1,\ 2,\ \cdots)\quad \cdots\cdots②\quad \to ネ$$

時刻 n において，$g_n+a_n+b_n+c_n=1$ であるから，(a)の結果と①，②より

$$a_n=1-(g_n+b_n+c_n)$$

$$=1-g_n-2b_n$$

$$=1-\frac{3}{11}\left\{1-\left(\frac{1}{12}\right)^n\right\}-2\left\{a_n-\left(-\frac{3}{8}\right)^n\right\}$$

a_n について式を整理すると

$$a_n=\frac{8}{33}+\frac{1}{11}\left(\frac{1}{12}\right)^n+\frac{2}{3}\left(-\frac{3}{8}\right)^n\quad (n=0,\ 1,\ 2,\ \cdots)\quad \to ノ\sim ミ$$

が不適。５は注意しよう。「ロマン主義」が「時代の…主張した」が不適。波線部Ｅを含む段落第二文で、「ロマン主義」は「個人の群からの解放を目ざす」とある。

問九　Ⅲでは、「自然主義の決定論」が日本の近代文学に影響を与え、人々の「自我」の捉え方への問題提起となったことが述べられている。問三のＹや問八でもこの点について見てきた。よって、４が適当。

る。人間の選択や行動がこれら「外部」のものに〝産みだされるもの〟という文意になる3の「所産」が適当。

問四　波線部A直後の第四段落に、Aの理由が「羅針盤を…わずらわしい」「第一…正確とはかぎらない」と、二つ述べられている。「わずらわし」さについて、第六段落で、「羅針盤を持つことは」「自分の判断できめて行くことで」、それは「厄介な仕事」だと説明されている。よって、4が適当。

問五　波線部Bは、直前に「ような」が付いているので、その前の「自分で自分を顧みる」ことについて言っているとわかる。この「むずかしさ」は、第七段落第一文で「僕らの精神も…意識することはできません」と説明されているので、2が適当。1は「行動」に限定している点が、4は「主観的に観察」が不適。3は「見る自分」が「曖昧なもの」とは本文になく不適だが、第十段落で「見られる自分」が「曖昧」だと述べているのでうっかり選んではいけない。

問六　設問要求に「一般的には」とあるから、文学史上の「私小説」の説明である5を選ぶ。本文には説明されていないので注意しよう。

問七　Ⅲの第三～七段落を丁寧に読もう。第三段落に「当時の自然科学の学説と…振いました」、第四段落に「一般の人心に…権威」、第五段落に「伝統的な諸権威に…覆した」とあるので、3が適当。1は、「人間の行動を一時的に決める」が、2は、「美の一時的な流行」が、4は、「自然科学の学説に影響を与える」が、5は、「決定的な組合せ…信じられた」が、それぞれ不適。

問八　波線部Eは、その前で述べられているように、自然主義文学の影響に加えて「自然科学の決定論が支配した」ことが招いた事態である。これはⅢ冒頭のゾラの主張である。つまり、人間が「『遺伝と環境』」という外部のものに支配されているのであれば、自分自身というまとまりなど持たない存在であると言うほかない。それを意識したということであるので、2が適当。1は、波線部Eが指すのは「自ら」という個人の「解体」だから、「日本の伝統的価値…破壊」が不適。3は、「科学的観察の対象となった」が「解体」とは異なるため不適。4は「道徳を…なりつつある」

最後の第十一・十二段落で、それまで述べられてきた外国に対する「差別意識」から、現在の日常での「差別発言」について話題を広げて取り上げているので8が適当。

二

出典　中村光夫『知人多逝　秋の断想』〈Ⅰ　秋の断想　自分は大切か〉（筑摩書房）

解答

問一　ア―5　イ―2　ウ―1　エ―4　オ―2
問二　a―3　b―1　c―5
問三　X―4　Y―3
問四　4
問五　2
問六　5
問七　3
問八　2
問九　4
問十　3

◀解　説▶

問三　空所Xを含む文の文頭の「これ」は直前の内容の、「時代の影響が…見られる」を指している。このことは「生命が限られている」ことに対応し、その時代にしか生きていないから「時代の影響」を受けると考えられる。よって〝二つのものが関連・対応する〟意の4の「照応」が適当。空所Y前後の「人間が遺伝と環境の…外部から支配され」は、Ⅲ冒頭段落の「人間は、…遺伝的資性や環境の影響をうけている」という「自然主義の決定論」を繰り返していな問いを投げかければ答えに窮することは自明なので3が適当。

問三　波線部Bを含む第六段落の最終文で、「『現地の人』」とは違い、「『げんちじん』」には「無意識のうちに差別意識」が表れていることを述べているので、4が適当。

問四　波線部Cの対象は「『げんちじん』」という言葉。言葉の意味としては「現地（=ある事が実際に行われている場所）」に住んでいる「人」、という意味で、この言葉自体に差別的な意味はないということなので、1が適当。「言語学的に」とあるので4と迷うかもしれないが、言語学は言語を実証的に研究する学問であり、「本来の正しい使用法」を求めるものではない。

問五　波線部Dは、波線部後で述べられている、「日本軍のインドネシア占領下」で、「『原住民』」という「露骨な言葉」が、「『より差別的でない』」と考えられる「『現地民』や『現地人』」という言葉に「置き換えられ」たにもかかわらず、「結局…蔑称になっていった」ことを指している。よって1が適当。

問七　波線部Eの二文後に、「『ガイジン』」という言葉について「そこには…『白人』の国々は経済的に栄え、…支配者たちだった」とあり、次文の「経済力や国力に基づいた…ランキングが感じられる」、さらにその次文の「『畏敬の念』」も踏まえると、3が適当。

問九　5は、第十一・十二段落の趣旨に合致している。「ホームステイ・プログラム」の目的は、第三段落で現地を「『知り』」「『学ぶ』」ことだとあるから、1は不適。2の「言語の差別性」の指摘は、学生ではなく筆者の問題意識だから不適。「ひらがな書き」と「漢字書き」の比較はしていないので、3も不適。4は、「言い換えていく必要がある」とは述べられていないので、不適。

問十　空所Xは「本文で言いたいこと（=言葉に潜む無意識の差別意識）」の「具体例」を示す段落だから、「『げんちじん』」という言葉が具体例として示されている第六段落であり、3が適当。第五段落はまだ「ホームステイ・プログラム」の話題である。空所Yは、第九段落冒頭で「同じように」と次の類例が示されているから6が適当。空所Zは、

国語

一

出典　倉沢愛子「『げんちじん』に潜む差別意識」（『思想』二〇二一年十月号　岩波書店）

解答

問一　a―4　b―1　c―5　d―6

問二　3

問三　4

問四　1

問五　1

問六　5

問七　3

問八　2

問九　5

問十　X―3　Y―6　Z―8

▲解　説▼

問二　波線部A「意地悪く」は〝わざと人を困らせたりつらくあたったりするさま〟の意なので1・3に絞られる。第四段落の末尾にあるように「たまたまＧＤＰが…当然のことのように思って」いる学生たちに対して、自分たちに「何ができる」か、「(インドネシアの人たちより) 勝っていること」があるのか、と彼らが疑問に思ったこともないよう

2022年度

問題と解答

■学校推薦型選抜 公募推薦入試：11 月 20 日実施分

問題編

▶試験科目・配点

学　部	教　科	科　　　目	配　点
経済・経営・法・現代社会・国際関係・外国語・文化・生命科（産業生命科〈総合評価型〉）	外国語	コミュニケーション英語Ⅰ・Ⅱ・Ⅲ，英語表現Ⅰ・Ⅱ	100点
	数学・国語	「数学Ⅰ・Ⅱ・A」，「国語総合，現代文B（古文・漢文を除く）」から1科目選択	100点
理・情報理工・生命科	外国語	コミュニケーション英語Ⅰ・Ⅱ・Ⅲ，英語表現Ⅰ・Ⅱ	100点
	数　学	数学Ⅰ・Ⅱ・A・B（数列，ベクトル）	100点

▶備　考

- 「総合評価型」と「基礎評価型」のいずれかの評価型を選択する。

  総合評価型：上表の試験（200点）と調査書（100点）との総合点（300点）により，合否を判定する。

  調査書は，高等学校等における学習成績の状況（5段階）を20倍にする。

  基礎評価型：上表の試験の総合点（200点）と調査書（点数換算は行わない）により，合否を判定する。
- 生命科学部は，産業生命科学科の総合評価型のみ文系／理系どちらかの科目を出願時に選択できる。

英語

（2科目 90分）

〔A〕 次の文中の空所をうめるのに最も適切なものを一つ選び，その番号をマークしなさい。

(1) I (　　　) an early lunch before the restaurant became crowded.

1. had　　2. had been　　3. have　　4. have had

(2) I will have my report (　　　) before our team meeting.

1. checked by someone　　2. checking something

3. check it　　4. to check at

(3) Please divide the children (　　　) three groups according to age.

1. about　　2. by　　3. into　　4. to

(4) Since the meeting will be held online, you (　　　) come to the office.

1. do not have to　　2. do not need

3. have not to　　4. need not to

(5) Jack is often late, but I (　　　) he comes on time today.

1. afraid　　2. doubt　　3. suspect　　4. uneasy

(6) Your plan is absolutely unique and (　　　) carrying out.

1. helpful　　2. usefully　　3. wonder　　4. worth

(7)（　　）students interested in science are welcome to attend this seminar.

1. Almost　2. Any　3. Every　4. Much

(8) I（　　）around the park on Sunday mornings.

1. have been walk　2. often walk

3. take walking　4. usually walking

(9) The mother told her five-year-old son（　　）go out alone.

1. did not　2. not　3. not to　4. that not

(10)（　　）your new apartment like?

1. How much　2. How to be　3. What does　4. What is

(11) The experts worked（　　）to solve the problem.

1. active　2. hard　3. lot　4. slight

(12) I am（　　）to hear that you received the award for your performance.

1. pleasantly　2. please　3. pleased　4. pleasure

(13) This theory was said（　　）true 50 years ago.

1. being　2. had been　3. that being　4. to be

(14) You should probably give（　　）thought to this matter.

1. by far　2. far　3. further　4. furthermore

(15) It is necessary（　　）to prepare for this opportunity.

1. for him　2. for himself　3. of him　4. of himself

〔B〕 次の会話文を読んで，空所をうめるのに最も適切なものを一つ選び，その番号をマークしなさい。

Frankie approaches Jeff, who is sitting at a table in the university library.

Frankie:　Hey Jeff, how're you doing?

Jeff:　Frankie! Keep your voice down! This is the library!

Frankie lowers his voice and speaks quietly.

Frankie:　Sorry. I totally forgot where we were. Anyway, how're you doing?

Jeff:　Good, thanks. Yourself?

Frankie:　Fine. I came in to get some books for our class essay. I chose the topic of forest birds of South America.

Jeff:　Ha ha. I wondered if that's why you were here.

Frankie:　Huh? What do you mean?

Jeff:　Well, look around the table. I've got (16) the professor's recommended books on the forest birds of South America right here. The only one I couldn't get was the one on the top of the list.

Frankie:　Ah. We chose the same topic, then. You have indeed got a lot of books here. What's the name of the book you couldn't get?

Jeff:　It's called *South American Forest Birds*. I couldn't find it anywhere.

Frankie:　Don't worry. I've got it (17). I borrowed it yesterday. I read most of it last night.

Jeff:　Great. I'll share mine, if you share yours.

Frankie:　So, you don't (18)?

Jeff:　Not at all. Take a seat. At the moment, I'm just taking notes and trying to write an outline.

Frankie:　Good way to start. It looks like (19). There's paper all over the place. How long have you been here?

Jeff:　I've been here since eight this morning. I just went for lunch, and I'll probably stay until about eight tonight.

Frankie: Wow! Good for you. I've only got a couple of hours now, but I'll come back after my fifth period class. Then, I can also stay until about eight. You can use the *South American Forest Birds* book while I'm in class.

Jeff: Thank you. I'll keep all these other books for you to use later.

⒃

1. about half of
2. only a few of
3. absolutely all
4. pretty much all

⒄

1. at home
2. on order
3. right here
4. here and there

⒅

1. want my help
2. mind if I join you
3. have enough books
4. like working together

⒆

1. you just arrived
2. we're in trouble
3. my work is complete
4. you've got a lot done

〔C〕 次の英文を読んで，本文の内容に最も合うものを一つ選び，その番号をマークしなさい。

Since the beginning of mankind, humans either hunted or gathered, or later grew, all the food they ate. In our twenty-first century world, however, most people buy the food they want in shops. This means that much of the food we eat has to go on a long journey between the producer and the consumer. Shockingly, according to the United Nations Food and Agriculture Organization, almost half of the fruits and vegetables produced in the world go to waste. So, almost half is never consumed by the humans for whom it is grown.

Food waste occurs during production, during processing, during transportation, and even after being purchased by the customer. Fifty percent of all fruits and vegetables going to waste is an enormous amount. But, cutting out all waste in the production and distribution of food is an impossible goal. For example, even in small sustainable communities, where they produce all their own food, there will be some waste. We cannot reduce waste to zero because fruits and vegetables easily spoil. Insects and disease also cause waste. However, surely we should at least try to reduce waste. If we think it is a good idea to reduce waste, how can we do it?

It seems that about twenty-five percent of the waste in fruits and vegetables happens in the packaging and distribution systems. In 1998, the U.S. Department of Agriculture released a study of fruits and vegetables arriving at the Chicago Terminal Market, the main point of distribution for the American Middle West. The report showed that some basic vegetables including lettuce, broccoli, and peas traveled over 3,000 km before reaching the Market. Such long transportation time causes food to spoil. With new techniques, it should be possible to produce all the fruits and vegetables locally, which limits transportation time, thus reducing waste.

An example of a new agricultural technique is *aeroponics*, which can grow large amounts of food locally, in cities where it is consumed. This would reduce waste caused by long transportation. By using this technique, plants are grown with their roots hanging down in the air, without soil. These roots are regularly sprayed with water and a liquid plant food that gives them what they need to grow. But, it's very high-tech and it's not cheap, so it cannot totally replace current agricultural techniques.

Supporters of aeroponics say it does produce much less of another type of waste. Aeroponic agriculture reduces water waste to zero. The only water used is what is actually taken up by the roots of plants when they are sprayed with water and the liquid plant food. Any water not used can be collected and reused. However, aeroponic agriculture uses artificial heat and light. In contrast, traditional agriculture uses the sun as the source of heat and light. This means that electricity must be used to make the heat and light for aeroponics.

Aeroponics may be the best solution for reducing waste in fruits and vegetables in the future. But, for now, we need to reduce the distance that food travels (24)______ to reduce food waste. Current examples of this are the 'Eat Local' campaigns that are very popular. Eat Local means to consume foods that are produced locally. In addition, we could also be more careful not to waste the food we buy.

(20) Totally reducing the waste of fruits and vegetables is impossible because (　　　).

1. they decay quickly
2. waste causes transportation
3. they are all consumed by the customers
4. sustainable communities produce all their own food

(21) The 1998 study of the Chicago Terminal Market found that (　　　).

1. Chicago was the center of the American Middle West

2. the U.S. Department of Agriculture distributed fruits and vegetables
3. fruits and vegetables traveled over 3,000 km on trains to reach the Market
4. some vegetables were transported thousands of kilometers to reach the Market

(22) Aeroponics is a new agricultural technique that (　　).

1. wastes no water
2. produces only water
3. is cheap, though high-tech
4. can now replace present farming techniques

(23) What is a problem with aeroponics?

1. It uses liquid plant food.
2. It cannot reduce waste water.
3. It uses more of the heat and light from the sun.
4. It must use energy to make artificial heat and light.

(24) Choose the best item to fill in the blank.

1. regardless of expense
2. in a much simpler way
3. while being consumed
4. by introducing faster transportation

〔D〕 次の会話文を読んで，空所をうめるのに最も適切なものを一つ選び，その番号をマークしなさい。

Joan and Paula are looking at shoes in the shop.

Joan: Oh, I like those shoes!

Paula: Which ones? The cute ones, with the small bows on the sides?

Joan: Yes. They're (25).

Paula: I think they'd really suit you. Why don't you try them on?

Joan: You know, I think I will. Where's the shop assistant?

Paula: I can't see her now. She was right here a minute ago, but she (26).

(25)

1. over the line
2. just my style
3. so far so good
4. a long way to go

(26)

1. made it
2. came to
3. took off
4. timed out

Sue and Jane are playing cards together.

Sue: You're taking a lot of time.

Jane: I can't decide which card to play.

Sue: It can't be (27).

Jane: Sorry, this is the first time I've ever played this game.

Sue: Well, get (28). You need to play your card.

Jane:　I think I'm going to lose.

(27)

1. my turn
2. that tough
3. time to go
4. in the cards

(28)

1. down
2. in touch
3. a move on
4. out of here

Alan and Mick are on the train.

Alan:　I've never been to Tokyo before.

Mick:　It's a pretty big city. Do you know our stop?

Alan:　I'm looking at the map, but I can't (　29　).

Mick:　Let me see. This map is complicated.

Alan:　Wait… what was that announcement…

Mick:　Let's (　30　)! This is where we get off.

(29)

1. make it out
2. take it easy
3. help myself
4. see it through

(30)

1. get going
2. have a seat
3. leave it out
4. take our time

数学

数学解答上の注意事項

1. 問題は〔Ⅰ〕～〔Ⅲ〕の３問です。
2. 問題冊子の余白は計算に利用して構いません。
3. 問題の文中の ア ， イウ などの ＿＿ には，符号(－)，数字(０～９)，または文字(a，b，n，x，y)が入ります。これらを次の方法で解答用紙の指定欄に解答してください。

⑴　**ア**，**イ**，**ウ**，……のそれぞれには，符号(－)，数字(０～９)，または文字(a，b，n，x，y)のいずれか一つが対応します。それらを**ア**，**イ**，**ウ**，……で示された解答欄にマークしてください。

〔例〕 **アイウ** に $-3x$ と答えたい場合は，次のように答えてください。

ア	●	⓪	①	②	③	④	⑤	⑥	⑦	⑧	⑨	ⓐ	ⓑ	ⓝ	ⓧ	ⓨ
イ	㊀	⓪	①	②	●	④	⑤	⑥	⑦	⑧	⑨	ⓐ	ⓑ	ⓝ	ⓧ	ⓨ
ウ	㊀	⓪	①	②	③	④	⑤	⑥	⑦	⑧	⑨	ⓐ	ⓑ	ⓝ	●	ⓨ

⑵　アイウ と細線で囲まれた部分は，同じ問題ですでに解答した **アイウ** を意味します。

〔例〕 上の⑴と同じ問題なら， アイウ は $-3x$ を意味します。

⑶　一つの ＿＿ に，数と文字，または文字と文字などの積を答えたい場合には，文字はアルファベット順に並べてください。

〔例〕 **エオカキ** に積 $-2\times a\times x$ を答えたい場合は，$-2ax$ の形で答え，$-2xa$ のように答えてはいけません。

⑷　分数の形で解答が求められている場合は，それ以上約分できない形で答えてください。符号は分子につけ，分母につけてはいけません。また，整数を分数の形に表してはいけません。

〔例〕 $\dfrac{\text{クケコ}}{\text{サ}}$ に $-\dfrac{6x}{8}$ を得た場合は，$\dfrac{-3x}{4}$ とこれ以上約分できない形にして答えてください。

⑸　根号を含む形で解答する場合は，根号の中に現れる自然数が最小となる形で答えてください。

〔例〕 $\text{シ}\sqrt{\text{ス}}$，$\text{セ}\sqrt{\text{ソタ}}$，$\sqrt{\dfrac{\text{チツ}}{\text{テ}}}$ に $4\sqrt{2}$，$6\sqrt{2a}$，$\dfrac{\sqrt{13}}{2}$ と答え

るところを，それぞれ $2\sqrt{8}$，$3\sqrt{8a}$，$\dfrac{\sqrt{52}}{4}$ のように答えてはいけません。

(6)　指数を含む形で解答する場合は，次のことに注意してください。

$\boxed{ト}\,\boxed{ナ}^{\boxed{ニ}}$ に $\boxed{3}\,\boxed{x}^{\boxed{2}}$ と答えた場合は $3x^2$ を意味します。

また，$\boxed{ヌネ}^{\boxed{ノ}}$ に $\boxed{2\ 6}^{\boxed{n}}$ と答えた場合は 26^n を意味します。

◀経済・経営・法・現代社会・国際関係・外国語・文化・生命科（産業生命科）学部▶

（英語と２科目 90分）

〔Ⅰ〕

(1) $\dfrac{\sqrt{5}+1}{\sqrt{5}-1}$ の小数部分を a とする。$a=\dfrac{\sqrt{\boxed{\text{ア}}}-\boxed{\text{イ}}}{\boxed{\text{ウ}}}$ である。

$\dfrac{1}{a^2}-a=\boxed{\text{エ}}$ である。また, a についての等式 $\dfrac{1}{a^2}=\dfrac{1}{\boxed{\text{オ}}}+\boxed{\text{カ}}$ が成り立つ。

(2) 1辺の長さが2である正四面体ABCDにおいて, 辺BCの中点をMとする。このとき, $\cos\angle\mathrm{AMD}=\dfrac{\boxed{\text{キ}}}{\boxed{\text{ク}}}$,

$\sin\angle\mathrm{AMD}=\dfrac{\boxed{\text{ケ}}\sqrt{\boxed{\text{コ}}}}{\boxed{\text{サ}}}$ であり, $\triangle\mathrm{AMD}$ の外接円の半径は

$\dfrac{\boxed{\text{シ}}\sqrt{\boxed{\text{ス}}}}{\boxed{\text{セ}}}$ である。

(3) 0.3^{60} は小数第 $\boxed{\text{ソタ}}$ 位に初めて0でない数が現れ, その数は $\boxed{\text{チ}}$ である。また, 0.3^{60} の小数第 m 位が0でない数になるような最大の m は $\boxed{\text{ツテ}}$ である。

ただし, $\log_{10}2=0.3010$, $\log_{10}3=0.4771$ とする。

(4) xy 平面において, 原点Oを中心とする, 点 $(2\sqrt{3}, 2\sqrt{6})$ を通る円Oの方程式は $x^2+y^2=\boxed{\text{トナ}}$ である。円O上の点 $\mathrm{A}(a,-b)$ での接線を ℓ とする。直線 ℓ の方程式は $\boxed{\text{ニヌ}}-\boxed{\text{ネノ}}=\boxed{\text{トナ}}$ である。線分OAの中点を通り, 直線 ℓ に平行な直線を m とする。領域 $x^2+y^2\leqq\boxed{\text{トナ}}$ が直線 m によって分けられた部分のうち, 小さい方の面積は $\boxed{\text{ハヒ}}\pi-\boxed{\text{フ}}\sqrt{\boxed{\text{ヘ}}}$ である。

〔Ⅱ〕　a を正の実数とする。xy 平面において, 放物線

$$y = -x^2 - 4x - 2$$

を F とする。

F を y 軸の正の方向に a だけ平行移動して得られる放物線を A とする。

F を x 軸の正の方向に $2a$ だけ平行移動して得られる放物線を B とする。

F を y 軸の正の方向に a, x 軸の正の方向に $2a$ だけ平行移動して得られる放物線を C とする。

放物線 A の方程式は

$$y = -x^2 - \boxed{\text{ア}}\,x + \boxed{\text{イ}} - \boxed{\text{ウ}},$$

放物線 B の方程式は

$$y = -x^2 + \boxed{\text{エ}}\left(\boxed{\text{オ}} - \boxed{\text{カ}}\right)x - \boxed{\text{キ}}\,\boxed{\text{ク}}^{\boxed{\text{ケ}}} + \boxed{\text{コサ}} - \boxed{\text{シ}},$$

放物線 C の方程式は

$$y = -x^2 + \boxed{\text{エ}}\left(\boxed{\text{オ}} - \boxed{\text{カ}}\right)x - \boxed{\text{キ}}\,\boxed{\text{ク}}^{\boxed{\text{ケ}}} + \boxed{\text{ス}}\,\boxed{\text{サ}} - \boxed{\text{シ}}$$

である。放物線 $y = x^2$ と放物線 C が異なる2点で交わるための必要十分条件は $0 < a < \dfrac{\boxed{\text{セ}}}{\boxed{\text{ソ}}}$ である。放物線 $y = x^2$ と放物線 C が異なる2点で交わるとき, それらが囲む部分の面積を S とする。

$$S = \frac{\boxed{\text{タ}}}{\boxed{\text{チ}}}\left(\boxed{\text{ツテ}}\,\boxed{\text{ト}}^{\boxed{\text{ナ}}} + \boxed{\text{ニヌネ}}\right)^{\frac{\boxed{\text{ノ}}}{\boxed{\text{ハ}}}}$$

であり, S^2 は $a = \dfrac{\boxed{\text{ヒ}}}{\boxed{\text{フ}}}$ のとき最大値をとる。

〔Ⅲ〕　トランプの5種類のカード「スペードのエース」,「ダイヤのエース」,「ハートのエース」,「クラブのエース」,「ジョーカー」が各1枚ずつある。この計5枚のカードを裏にしてかき混ぜてから1枚を引き,カードの種類を確認した後に元に戻すという試行を9回行うことにする。

(a) 1回目から5回目までの計5回の試行の中で引くカードの種類が5種類である確率は,$\dfrac{\boxed{\text{アイ}}}{\boxed{\text{ウエオ}}}$ である。

(b) 1回目から6回目までの計6回の試行の中で引くカードの種類が5種類である確率は,$\dfrac{\boxed{\text{カキ}}}{\boxed{\text{クケコ}}}$ である。

(c) 1回目から8回目までの計8回の試行の中で引くカードの種類が2種類であるときの,1回目から9回目までの計9回の試行の中で引くカードの種類が3種類である条件付き確率は,$\dfrac{\boxed{\text{サ}}}{\boxed{\text{シ}}}$ である。

(d) 1回目から7回目までの計7回の試行の中で引くカードの種類が2種類であるときの,1回目から9回目までの計9回の試行の中で引くカードの種類が「3種類以上」である条件付き確率は,$\dfrac{\boxed{\text{スセ}}}{\boxed{\text{ソタ}}}$ である。

例えば, 9回の試行で, 1回目から3回目まではハートのエース, 4回目から8回目まではスペードのエース, 9回目にはジョーカーを引くとすると, 1回目から4回目までの計4回の試行の中で引くカードの種類は2種類(ハート, スペード)であり, その2種類以外(クラブ, ダイヤ, ジョーカー)のカードを1回目から9回目までの計9回の試行の中で引く回数は1回である。

(e) 1回目から4回目までの計4回の試行の中で引くカードの種類が2種類であるときの, その2種類以外のカードを1回目から9回目までの計9回の試行の中で引く回数が1回である条件付き確率は, $\dfrac{\boxed{\text{チツ}}}{\boxed{\text{テトナ}}}$ である。

(f) 1回目から4回目までの計4回の試行の中で引くカードの種類が2種類であるときの, その2種類以外のカードを1回目から9回目までの計9回の試行の中で引く回数が2回であり, かつ, 1回目から9回目までの計9回の試行の中で引くカードの種類が4種類である条件付き確率は, $\dfrac{\boxed{\text{ニヌ}}}{\boxed{\text{ネノハ}}}$ である。

◀理・情報理工・生命科学部▶

（英語と 2 科目 90 分）

〔 I 〕 (1)　整式 $(x+y+1)(x-2y+1)-10y^2$ を因数分解すると,

$$\left(x+\boxed{\text{アイ}}+\boxed{\text{ウ}}\right)\left(x-\boxed{\text{エオ}}+\boxed{\text{カ}}\right)$$

となる。

(2)　$-1 \leqq x \leqq 2$ のとき, 関数 $y=4^x-3\cdot 2^{x+1}+8$ の最小値は $\boxed{\text{キク}}$,

最大値は $\dfrac{\boxed{\text{ケコ}}}{\boxed{\text{サ}}}$ である。

(3)　関数 $y=2\sin^2 x+6\sin x\cos x+10\cos^2 x$ は

$y=\boxed{\text{シ}}\sin 2x+\boxed{\text{ス}}\cos 2x+\boxed{\text{セ}}$ と表すことができ,

最大値は $\boxed{\text{ソタ}}$ であり, 最小値は $\boxed{\text{チ}}$ である。

(4)　漸化式 $a_1=3,\ a_{n+1}=-\dfrac{1}{5}a_n+\dfrac{3}{2}$ (n は自然数) で定義される数列

$\{a_n\}$ の一般項は,

$$a_n=\frac{\boxed{\text{ツ}}}{\boxed{\text{テ}}}\left(\frac{\boxed{\text{トナ}}}{\boxed{\text{ニ}}}\right)^{n-\boxed{\text{ヌ}}}+\frac{\boxed{\text{ネ}}}{\boxed{\text{ノ}}}$$

である。

〔Ⅱ〕　a を正の実数とする。xy 平面において, 放物線

$$y = -x^2 - 4x - 2$$

を F とする。

F を y 軸の正の方向に a だけ平行移動して得られる放物線を A とする。

F を x 軸の正の方向に $2a$ だけ平行移動して得られる放物線を B とする。

F を y 軸の正の方向に a, x 軸の正の方向に $2a$ だけ平行移動して得られる放物線を C とする。

放物線 A の方程式は

$$y = -x^2 - \boxed{\text{ア}}\,x + \boxed{\text{イ}} - \boxed{\text{ウ}},$$

放物線 B の方程式は

$$y = -x^2 + \boxed{\text{エ}}\left(\boxed{\text{オ}} - \boxed{\text{カ}}\right)x - \boxed{\text{キ}}\,\boxed{\text{ク}}^{\boxed{\text{ケ}}} + \boxed{\text{コサ}} - \boxed{\text{シ}},$$

放物線 C の方程式は

$$y = -x^2 + \boxed{\text{エ}}\left(\boxed{\text{オ}} - \boxed{\text{カ}}\right)x - \boxed{\text{キ}}\,\boxed{\text{ク}}^{\boxed{\text{ケ}}} + \boxed{\text{ス}}\,\boxed{\text{サ}} - \boxed{\text{シ}}$$

である。放物線 $y = x^2$ と放物線 C が異なる2点で交わるための必要十分条件は $0 < a < \dfrac{\boxed{\text{セ}}}{\boxed{\text{ソ}}}$ である。放物線 $y = x^2$ と放物線 C が異なる2点で交わるとき, それらが囲む部分の面積を S とする。

$$S = \frac{\boxed{\text{タ}}}{\boxed{\text{チ}}}\left(\boxed{\text{ツテ}}\,\boxed{\text{ト}}^{\boxed{\text{ナ}}} + \boxed{\text{ニヌネ}}\right)^{\frac{\boxed{\text{ノ}}}{\boxed{\text{ハ}}}}$$

であり, S^2 は $a = \dfrac{\boxed{\text{ヒ}}}{\boxed{\text{フ}}}$ のとき最大値をとる。

〔Ⅲ〕　Oを原点とする xyz 空間内に3点 $\mathrm{A}(2,0,0)$, $\mathrm{B}(0,2,0)$, $\mathrm{C}(0,0,2)$ をとる。

線分ACを1:3に内分する点をPとし，

線分BCを1:2に内分する点をQとする。

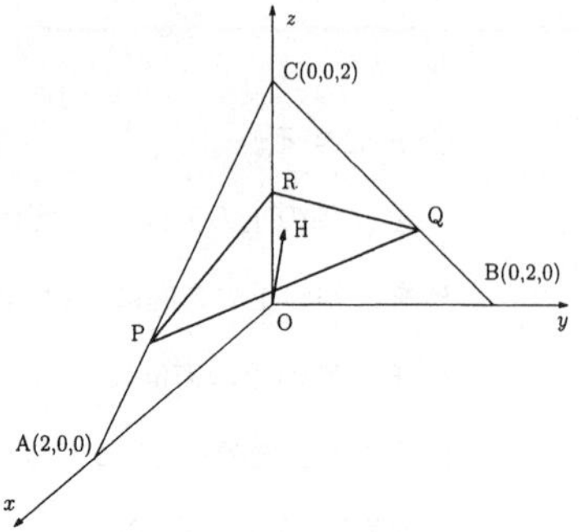

$$\overrightarrow{\mathrm{OP}}=\left(\frac{\boxed{\text{ア}}}{\boxed{\text{イ}}},0,\frac{\boxed{\text{ウ}}}{\boxed{\text{エ}}}\right),$$

$$\overrightarrow{\mathrm{OQ}}=\left(0,\frac{\boxed{\text{オ}}}{\boxed{\text{カ}}},\frac{\boxed{\text{キ}}}{\boxed{\text{ク}}}\right)\text{ であり，}$$

$$\overrightarrow{\mathrm{PQ}}=\left(-\frac{\boxed{\text{ア}}}{\boxed{\text{イ}}},\frac{\boxed{\text{オ}}}{\boxed{\text{カ}}},\frac{\boxed{\text{ケ}}}{\boxed{\text{コ}}}\right)\text{ である。}$$

直線OC上に点 $\mathrm{R}(0,0,k)$ をとる。

$\overrightarrow{\mathrm{PR}}\cdot\overrightarrow{\mathrm{QR}}=0$ のとき，$k=\dfrac{\boxed{\text{サ}}}{\boxed{\text{シ}}}$, $\dfrac{\boxed{\text{ス}}}{\boxed{\text{セ}}}$ である。ただし，$\dfrac{\boxed{\text{サ}}}{\boxed{\text{シ}}}<\dfrac{\boxed{\text{ス}}}{\boxed{\text{セ}}}$ とする。$\overrightarrow{\mathrm{PR}}\cdot\overrightarrow{\mathrm{QR}}$ の値が最小になるとき，$k=\dfrac{\boxed{\text{ソ}}}{\boxed{\text{タチ}}}$ である。

$k=1$ とし，原点Oから平面PQRへ下した垂線と平面PQRとの交点を $\mathrm{H}(u,v,w)$ とする。$\overrightarrow{\mathrm{OH}}\cdot\overrightarrow{\mathrm{PR}}=\overrightarrow{\mathrm{OH}}\cdot\overrightarrow{\mathrm{QR}}=0$ であり，

$$\boxed{\text{ツ}}\,u=\boxed{\text{テ}}\,v=w$$

である。s, t を実数とし，

$$\overrightarrow{\mathrm{OH}}=\overrightarrow{\mathrm{OR}}+s\overrightarrow{\mathrm{RP}}+t\overrightarrow{\mathrm{RQ}}$$

とすると，$s=\dfrac{\boxed{\text{ト}}}{\boxed{\text{ナ}}}w$, $t=\dfrac{\boxed{\text{ニ}}}{\boxed{\text{ヌネ}}}w$ である。$w=\dfrac{\boxed{\text{ノハヒ}}}{\boxed{\text{フヘホ}}}$ である。

なかった。だから「泥の固り」が鞄にも入ってしまったのだ、という忠告に違いない。

2　私が気になったのは、「泥の固り」が鞄に入っていたところかな。文章で「鞄」が何度か出てきている。これは学校用の鞄で、主人公は学校にも行かず家にも帰らず、世間に「泥」を塗ろうとしている。実際にも泥が本を汚しているね。つまりはこの汚れなんだな。この本はきっと教科書だ。主人公は誰に対しても反抗的だね。

3　主人公は傾斜を滑ったあとで、それを小説に書きたくなった。鞄に入った「泥の固り」は主人公が経験したことを暗に表している気がする。「泥の固り」がどこから鞄に入ったのかわからないというのは、その経験が主人公の理解を超えているところがあるからじゃないかな。本についた泥はその経験の跡みたいなものだね。

4　僕も「泥の固り」が本を汚している点は重要だと思う。だけど主人公は小説を書くんだから、大事な本が汚れたところをクールに書いている感じがするのは不思議だった。普通は何か思うはずだけどなあ。この主人公はたぶん気持ちを抑えたような描写が好きで、自己を書きたい、語りたいという気持ちもないんだよ。

問九　この文章の作者は『檸檬《れもん》』という小説で知られる梶井基次郎である。同じく近代日本の小説家と文学作品の組み合わせとして、次のうちには適切でないものが含まれている。それを一つ選び、マークせよ。

1　森鷗外　――　『舞姫』『山椒《さんしょう》大夫』
2　夏目漱石　――　『吾輩は猫である』『三四郎』
3　樋口一葉　――　『たけくらべ』『みだれ髪』
4　谷崎潤一郎　――　『春琴抄』『細雪《ささめゆき》』
5　芥川龍之介　――　『地獄変』『蜘蛛《くも》の糸』

1　傾斜と自分のかかわりをめぐって、誰も見てくれていない淋しさだけが思い出されるということ。
2　傾斜での経験をつうじた自分の変化が、すっきりとは説明できないものになっているということ。
3　自分が思わず地面に転んだことで、逆に草の葉や泥を手にして自然の豊かさに亢奮したということ。
4　傾斜をめぐる自分の経験が、誰かに否定されても問題がないほどに確信できているということ。

問七　本文の「自分」は小説を書いている大学生である。波線部E「書かないではいられないと、自分は何故か深く思った」とあるが、それは具体的にどのような状態にあると考えられるか。最も適切なものを一つ選び、マークせよ。
1　傾斜の泥の様子をしっかり小説に書いて今度こそ他の人たちを驚かせたいと考えているため、傾斜を滑ったことで垣間《かいま》見えた自己にはあまり意識が向いていない状態にある。
2　傾斜を靴で滑った出来事ではなく、そこで垣間見えた自己についての心情だけを忠実に語る小説を書こうと考えており、小説家としての純粋な野心にもえている状態にある。
3　傾斜を滑ったことで垣間見えた自己よりも、赤土の上を靴で滑る楽しさをテーマに小説を書こうと考え始めており、小説家としての目標がはっきりと見えてきた状態にある。
4　傾斜での出来事を小説に書きたくなったものの、そこで垣間見えた自己を表現したいという心情も生じているため、なぜ小説を書きたいのかを簡単には言えない状態にある。

問八　波線部F「泥の固り」の解釈をめぐって、高校生たちがこの文章全体を読んでグループ・ディスカッションをしている。次の解釈のなかから最も適切なものを一つ選び、マークせよ。
1　ここは、若者が何も考えずに動くと心の中に無駄なものが入りこんでしまうよ、と言いたいんじゃないか。だいたい靴で危険な泥の傾斜を滑るっていう時点で無茶だよ。そりゃ転んで当然だ。それに主人公は身体についた泥を全く払いもし

1　自分だけは危険な傾斜で転ばないだろうと思っていたのに、足が滑って転んでしまったから。
2　崖の近道にある傾斜は危険だと思っていたのに、その危険を誰にも伝えられなくなったから。
3　真剣に傾斜を進もうと思ったのに、自分の一連の動きを誰も見ていなくて拍子抜けしたから。
4　傾斜で滑らないように注意をはらっていたのに、滑ったところを他の人から嘲笑されたから。

問四　波線部B「一瞬間前の鋭い心構えが悲しいものに思い返せるのであった」とあるが、ここでの「自分」の心情を説明したものとして最も適切なものを一つ選び、マークせよ。

1　飛び下りる覚悟までしていた自分を、誰も見ていなかったことが残念に思われている。
2　ふとした偶然で靴が自然と滑り始めたので、誰かに見守ってほしかったと思っている。
3　危険な傾斜ではいったん立留ろうとしていたので、滑って転んだことを悲しんでいる。
4　危険な崖の手前で靴はなんとか止まったが、誰かに嘲笑されると悲観的になっている。

問五　波線部C「成る程こんなにして滑って来るのだと思った」とあるが、ここでの「自分」の心情からどのようなことが読みとれるか。最も適切なものを一つ選び、マークせよ。

1　傾斜を滑る自分の勇気を他の誰かが認めてくれていたら恐怖が消えて楽しくなっただろうと分析している。
2　石垣の下に転がされてあったローラーに衝突する怖さを想像して、安易に滑った無謀さを深く反省している。
3　危険な傾斜を滑るときに自力で靴を止めてみせたので、靴による泥の傾斜の滑り方を体得したと喜んでいる。
4　危険な傾斜に惹《ひ》きつけられた自分自身に怖さを感じつつ、傾斜を滑った行為を冷静に振り返り納得している。

問六　波線部D「不自然な連鎖」とあるが、そこから「自分」のどのような状態が読みとれるか。最も適切なものを一つ選び、マークせよ。

（注1） 二間——約三・六メートル。
（注2） 廓寥——がらんとしてさびしいさま。

問一 傍線部ア〜オと同じ漢字を使うものを、次の各群からそれぞれ一つずつ選び、マークせよ。

ア
1 授業をタン当する
2 時タン営業をおこなう
3 元タンに雑煮を食べる
4 タン的に述べる
5 タン水魚を飼う

イ
1 師匠にケイ古をつけてもらう
2 ケイ示板に貼りだす
3 太陽ケイの惑星
4 野球中ケイを楽しむ
5 自己ケイ発のために本を読む

ウ
1 大気ケンに突入する
2 乗車ケンを買う
3 ケン実に生活する
4 実ケンを握る
5 ケン垂をして筋肉を鍛える

エ
1 あまりの辛さにネを上げる
2 ネ耳に水
3 商品のネ段を聞く
4 草のネ元を掘る
5 小麦粉をネる

オ
1 水ショウ玉を買う
2 ショウ燥感にかられる
3 ショウ状が軽くなる
4 ショウ明写真を撮る
5 資料集を参ショウする

問二 空欄 Ⅰ ・ Ⅱ に入る語句として最も適切なものをそれぞれ一つずつ選び、マークせよ。

Ⅰ　1 下りる気　2 起きる気　3 元気　4 危うい気　5 本気
Ⅱ　1 安全　2 人家　3 危険　4 階段　5 帰途

問三 波線部A「変な気持であった」とあるが、「自分」がこのように感じたのはなぜか。最も適切なものを一つ選び、マークせよ。

（注2）廓寥《かくりょう》として人影はなかった。あっけない気がした。嘲笑《あざわら》っていてもいい、誰かが自分の今したことを見ていてくれたらと思った。B一瞬間前の鋭い心構えが悲しいものに思い返せるのであった。

どうして引返そうとはしなかったのか。魅せられたように滑って来た自分が恐ろしかった。――破滅というものの一つの姿を見たような気がした。C成《な》る程《ほど》こんなにして滑って来るのだと思った。

下に降り立って、草の葉で手や洋服の泥を落しながら、自分は自分がひとりでに亢奮《こうふん》しているのを感じた。滑ったという今の出来事がなにか夢の中の出来事だったような気がした。変に覚えていなかった。傾斜へ出かかるまでの自分、不意に自分を引摺《ず》り込んだ危険、そして今の自分。それはなにか均衡のとれないD不自然な連鎖であった。そんなことは起りはしなかったと否定するものがあれば自分も信じてしまいそうな気がした。

自分、自分の意識というもの、そして世界というものが、オショウ点を外れて泳ぎ出して行くような気持に自分は捕えられた。笑っていてもかまわない。誰か見てはいなかったかしらと二度目にあたりを見廻したときの廓寥とした淋しさを自分は思い出した。

帰途、E書かないではいられないと、自分は何故か深く思った。それが、滑ったことを書かねばいられないという気持か、小説を書くことによってこの自己を語らないではいられないという気持か、自分には判然《はっきり》しなかった。恐らくはその両方を思っていたのだった。

帰って鞄を開けて見たら、どこから入ったのか、入りそうにも思えない泥のF固《かたま》りが一つ入っていて、本を汚していた。

（梶井基次郎「路上」による）

らした。片手を泥についてしまった。しかしまだ［Ⅰ］にはなっていなかった。起きあがろうとすると、力を入れた足がまたずるずる滑って行った。今度は片肱《かたひじ》をつき、尻餅をつき、背中まで地面につけて、やっとその姿勢で身体は止った。止った所はもう一つの傾斜へ続く、ちょっと階段の踊り場のようになった所であった。自分は鞄《かばん》を持った片手を、鞄のまま泥について恐る恐る立ち上った。――いつの間にか本気になっていた。

誰かがどこかで見ていやしなかったかと、自分は眼の下の人家の方を見た。それらの人家から見れば、自分は高みの舞台で一人滑[イ]ケイな芸当を一生[ウ]ケン命やっているように見えるにちがいなかった。――誰も見ていなかった。[A]変な気持であった。

自分の立ち上ったところはやや安全であった。しかし自分はまだ引返そうともしなかったし、立留って考えて見ようともしなかった。泥に塗れたまままた危い一歩を踏出そうとした。とっさの思いつきで、今度はスキーのようにして滑り下りて見ようと思った。身体の重心さえ失わなかったら滑り切れるだろうと思った。鋲《びょう》の打ってない靴の底はずるずる赤土の上を滑りはじめた。(注1)二間《にけん》余りの間である。しかしその二間余りが尽《つ》きてしまった所は高い石崖《いしがけ》の鼻であった。その下がテニスコートの平地になっている。崖は二間、それくらいであった。もし止まる余裕がなかったら惰力で自分は石垣から飛び下りなければならなかった。しかし飛び下りるあたりに石があるか、材木があるか、それはその石垣の出っ鼻まで行かねば知ることが出来なかった。非常な速さでその［Ⅱ］が頭に映じた。

石垣の鼻のザラザラした肌で靴は自然に止った。それはなにかが止めてくれたという感じであった。全《まった》く自力を施《ほどこ》す術《すべ》はどこにもなかった。いくら危険を感じていても、滑るに任せ止まるに任せる外はなかったのだった。

飛び下りる心構えをしていた脛《すね》はその緊張を弛《ゆる》めた。石垣の下にはコートのローラーが転がされてあった。自分はきょとんとした。

どこかで見ていた人はなかったかと、また自分は見廻《まわ》して見た。垂れ下った曇空《くもりぞら》の下に大きな邸《やしき》の屋[エ]ネが並んでいた。しかし

問十　次の文章は本文の構成について述べたものである。空欄 X Y Z に入る段落はどれか。後の選択肢から最も適切なものをそれぞれ一つずつ選び、マークせよ。

最初に、ひとが何かを忘れようとしても忘れることはできないという議論を導入し、それについて説明を続けた後、X でどのように問題が生じているかを明確にする。そして、Y から必要な概念を整理した上で、Z で問題を解決する。

1　第2段落　　2　第3段落　　3　第4段落　　4　第5段落
5　第6段落　　6　第7段落　　7　第8段落

〔二〕　次の文章を読んで、後の問いに答えよ。

それは或《あ》る雨あがりの日のことであった。午後で、自分は学校の帰途であった。

いつもの道から崖の近道へ這入《はい》った自分は、雨あがりで下の赤土が軟くなっていることに気がついた。人の足跡もついていないようなその路は歩く度《たび》少しずつ滑った。

高い方の見晴らしへ出た。それからが傾斜である。自分は少し危いぞと思った。

傾斜についている路はもう一層軟かであった。しかし自分は引返そうとも、立留って考えようともしなかった。危ぶみながら下りてゆく。一と足下りかけた瞬間から、すでに、自分はきっと滑って転ぶにちがいないと思った。――ア途タン自分は足を滑

問八　波線部E「「ショパンのワルツを……あったはずです」の説明として最も適切なものを一つ選び、マークせよ。

1　楽譜を見ずに弾いてこそショパンのワルツを弾いたと言えるのだが、その境地に至るにはまずは楽譜を見て弾く必要がある。

2　ショパンのワルツを弾くためには演奏上の創造性が必要だが、その前にまずは楽譜通りに正確に演奏することが必要である。

3　ショパンのワルツに聞こえるようにするためには、それぞれの音符をひとつも間違えることなく正確に音にする必要がある。

4　ショパンのワルツを弾けるようになるには、まずはたとえゆっくりとでも楽譜の音符を順番に弾いてみることが必要である。

問九　波線部F「この二種類の言い方が異なる」の説明として最も適切なものを一つ選び、マークせよ。

1　第二の部類の出来事の場合にはいずれその出来事が完成した形に至ることを含意するが、第一の部類の出来事の場合にはそのような含意はなく、その出来事が生じてすらいないことを意味する。

2　第二の部類の出来事の場合にはその出来事が生じるまでの見通しがあることを含意するが、第一の部類の出来事の場合にはそのような含意はなく、どう生じるか見当がつかないことを意味する。

3　第二の部類の出来事の場合にはその出来事が初めから生じていることを含意するが、第一の部類の出来事の場合にはそのような含意はなく、その出来事が生じるか予測できないことを意味する。

4　第二の部類の出来事の場合には部分的にでもその出来事が生じていることを含意するが、第一の部類の出来事の場合にはそのような含意はなく、その出来事が生じるようにすることを意味する。

3　同じ人の言動や文章が前後で食い違っていること　4　同じ人の言動や文章が二通りに解釈できること

問五　波線部C「それでもなお……ためらいが残ります」とあるが、それはなぜか。最も適切なものを一つ選び、マークせよ。

1　ひとが何かを忘れたと思っても、実は無意識の記憶が消えておらず、ふとしたきっかけで思い出す可能性があり続けるから。

2　どんなに忘れようとしても、意識すればするほどますます忘れることができなくなってしまうということが実際にあるから。

3　ひとが忘れようと思うことは、そのひとの心に嫌なこととして刻み込まれていて、そう簡単には忘れられるはずがないから。

4　忘れるということは意識的に行うことではないのに、それを意識的に行うということは矛盾しているように感じられるから。

問六　空欄 甲 に入る漢字として最も適切なものを一つ選び、マークせよ。

1　釈　2　整　3　泰　4　陶　5　悠

問七　波線部D「これはもう、立派に哲学的問題の渦中にいるということになります」で、筆者はなぜ「立派に」という表現を用いているのか。最も適切なものを一つ選び、マークせよ。

1　哲学的問題の渦中にためらわずに入っていくのは勇敢なことだと筆者は考えているから。

2　哲学的問題の渦中にいて真剣に思い悩む姿勢が実に素晴らしいと筆者は考えているから。

3　哲学的問題の渦中にいると言うに足る十分な要件を備えていると筆者は考えているから。

4　哲学的問題の渦中にいると言うこと自体がとても優れたことだと筆者は考えているから。

1　この議論が、科学的な検証を目指さずに、言葉の表す概念だけから組み立てられているから。
2　この議論が、深く考えるまでもなく、直感的におかしいものであることがすぐにわかるから。
3　この議論が引き起こす問題は、言葉の表す概念を明らかにしていけば容易に解決できるから。
4　この議論について考えても、人生の意味等の真に哲学的な問いへの答えをもたらさないから。

問二　二重傍線部a「探索」c「合理」d「窮境」と同じ構成の二字熟語はどれか。最も適切なものをそれぞれ一つずつ選び、マークせよ。

1　違　法　　2　納　期　　3　是　非　　4　天　与　　5　隔　離

問三　波線部B「明らかにばかげています」とあるが、それはなぜか。最も適切なものを一つ選び、マークせよ。

1　ひとが何かを意識的に覚えようとして、実際に覚えられることがあるし、また、そのことには論理的に一貫していないところがあるから。
2　ひとが何かを意識的に覚えようとして、実際に覚えられることがあるし、また、そのことには論理的に矛盾したところは全くないから。
3　ひとが何かを意識的に覚えようとして、実際には覚えられないこともあるし、また、そのことには論理的に一貫していないところがあるから。
4　ひとが何かを意識的に覚えようとして、実際には覚えられないこともあるし、また、そのことには論理的に矛盾したところは全くないから。

問四　二重傍線部b「自家撞着」の意味として最も適切なものを一つ選び、マークせよ。

1　ある人の言動や文章が支離滅裂で脈絡がないこと　　2　ある人の言動や文章がその人に危険を招くこと

しょうか。

8　でも、「忘れようとする」という言い方、また、「眠ろうとする」という言い方があるじゃないかと言われるでしょう。「意識的に」「努力して」忘れることもあれば、眠ることもある、これはいったい何をしているのだろう、というわけです。答えは、こうです。眠るのに適した状況や、忘れるのに適した状況というものがあります。「眠ろうとする」こと、「忘れようとする」ことは、それぞれ、眠ることや忘れることに適した状況を自分から作ろうとすることなのです。このように考えれば、「眠ろうとして努力する」や「忘れようと努力する」といった言い方に矛盾がないことは明らかでしょう。ここに何か矛盾があるように思えてしまうのは、こうした言い方が、「問題を解こうとして努力する」とか「山頂まで行こうと努力する」といった言い方と同じだとみなすからです。Fこの二種類の言い方が異なることに、まだ納得が行かないならば、つぎのように考えてみたらどうでしょうか。山頂まで行こうと努力することもまた、山頂に自分が立つという出来事が実現するのに適した状況を作ろうとすることだと言えるかもしれません。しかしながら、このときになされること——山頂までの道を歩くこと——は、「山頂まで行く」という過程の一部にほかなりません。それに対して、「眠ろうと努力する」際になされるさまざまな事柄——寝具を用意すること、寝間着に着替えること、部屋のあかりを消すこと、等々——は、断じて、眠ることの一部ではありません。あるいは、このように言ってもよいかもしれません。眠ろうとするひとにとって、眠るための準備をしたあと、なすべきことはただ、眠りが訪れるのを待つことだけです。それに対して、山頂をきわめようとするひとは、山頂に自分が立つときの準備をしたあと、その事態が到来することをただ待ったりはしないのです。

（飯田隆『分析哲学　これからとこれまで』による）

問一　波線部A「この議論に、たいした哲学的深みはないかもしれません。いや、きっと、ないでしょう。」とあるが、筆者はなぜそのように考えるのか。最も適切なものを一つ選び、マークせよ。

5　わざわざそうしようと思ったり、そうしようと努力したりすることなしに、ひとの身に生じる出来事というものがあります。たとえば、眠ることがそうです。そして、忘れることもまた、この部類に属します。他方、そうしようと思い、それなりの努力をしなければ生じない出来事も、たくさんあります。たとえば、ピアノを弾くこと、外国語で書かれた本を読むことなどは、こちらの部類に属するでしょう。さらに、これら二つの部類のどちらに属するかが、場合によって異なるものもあります。何かを覚えるということが、その例です。精一杯の努力をして何かを覚える場合もあれば、何の努力もせず、また、覚えようとも考えていなかったのに、何かを覚えてしまったという場合もあります。（ついでですが、「してしまった」という表現が使えるかどうかが、ある出来事が、第一の部類に属するか、それとも第二の部類に属するかのテストとして使えそうです。）

6　第二の部類に属する出来事を取り上げましょう。たとえば、ショパンのある曲を弾くという出来事です。この出来事を実現させるためには、実際にピアノにさわって、ショパンのその曲を追ってみることが必要です。どんなにへたであっても、その曲を弾いてみなければ、それを弾けるようにはならないからです。一般に、第二の部類に属する出来事を実現させるためには、その出来事そのものではなくても、それと同じような表現で言い表されることをしなくてはなりません。いまの言い方はわかりにくかったでしょうから、例で言い直します。E「ショパンのワルツを弾く」という出来事が実現するためには、それ以前に、どんなにつっかえながらであっても「ショパンのワルツの楽譜に従って音を出す」ということがあったはずです。同様に、外国語で書かれた本を読もうとしているのならば、その本の一部である外国語で書かれている文章をひとつずつ読んでいるのでなければなりません。

7　それに対して、第一の部類に属する出来事については、事情はまったく異なります。自分が眠っているという状態を実現させるために、どれだけ不完全な仕方であろうが先に眠っていなくてはならないというのは、意味をなしません。忘れるについても、同様です。何かを忘れるために、まず、本当に忘れるまえに、忘れることの練習をするなどということがありうるでく、ここで述べる以外のやり方もたくさんあるはずです）。「忘れる」ということが問題となっているのですから、それと対をなす「覚える」を、比較のために持ち出してみたらどうでしょうか。まず誰でも気がつくのは、「覚える」に関して、同じような議論はできそうにないということでしょう。「ひとが何かを意識的に覚えようとしても、そうすることは決してできない」という主張は、B明らかにばかげています。もちろん、もとの議論の結論にも、ひっかかる点がないわけではありません。もしもこうした結論が正しいとすれば、忘れようとすることは、まさにそれが目指す事態の実現をさまたげるという、b自家撞着《どうちゃく》的なものでしかありえないということになります。しかし、ひとの振る舞いや態度を記述するのに「忘れようとしている」といった表現を用いても、その振る舞いや態度がc不合理だといった含みは、この表現にはないと思えます。たとえば、「ぼくが旅に出るのは、つらいことを忘れるためだ」という説明を受けたからといって、相手の行動が不合理だと決めつけるひとは、まず、いないでしょう。Cそれでもなお、「ひとが何かを意識的に忘れようとしても、そうすることは決してできない」という主張が誤っていると即座に断言することには、ためらいが残ります。ためらいがなぜ残るのかといえば、それは、「意識的に忘れようとする」という句に、まだ何か〔甲〕然としない感じをもつからではないかと思います。

〔4〕ふだんの生活で私たちは、この句に関して何の問題も感じません。だが、ひとによっては、いったん、「意識的に」と「忘れる」とがこの句のなかで直接結合されているということに気付くと、なぜそのようなことが可能なのかと思いわずらうということが起こりえます。一方には、忘れるということが、意識的になされることでないだけでなく、意識的にできることでもないという考えがあり、他方には、「意識的に忘れようとする」という句が実際に流通しているのだから、何かを意識的に忘れることはやはり可能なのだという考えがあります。この両方から引っ張られて身動きが取れなくなったりすれば、Dこれはもう、立派に哲学的問題の渦中にいるということになります。といっても、この哲学的d窮境から脱け出すのは、それほどむずかしくはありません――この問題が「哲学的に深く」はないと言ったのは、そのためです。

国語

（英語と二科目　九〇分）

〔一〕　次の文章を読んで、後の問いに答えよ。

1　あるとき、こんな議論を思いつきました。その結論は、「ひとが、何かを忘れようとしても、そうすることによって実際にその何かを忘れるということは不可能である」というものです。そして、その根拠はこうです。——いやなことを忘れようとして、「このことは忘れよう」と常に心がけている人間は、いつも「このこと」を自分の「心がけ」の一部として意識するのであるから、そうすることは、いつも「このこと」を念頭に浮かべていることになる。したがって、ひとは、何かを意識的に忘れようとして、それに成功することはできない。

2　[A]この議論に、たいした哲学的深みはないかもしれません。いや、きっと、ないでしょう。しかし、これが、心理学とか生理学とかでなく、哲学に属する議論であることはたしかだと思えます。何人ものひとを被験者として、意識的に何かを忘れることを試みてもらい、その成功率を統計処理するといったことが、ここで目指されているわけではありません。ここにあるのはあくまでも議論だけで、しかも、その議論を成り立たせているのは、「忘れる」とか「意識する」といった言葉によって指される概念のあいだに成り立つと考えられる関係です。それゆえ、この議論は、それ自体としてはつまらないものかもしれませんが、いくつかの重要な概念のあいだの関係を探索[a]するきっかけにはなりうるはずです。

3　どのようにしてそうした探索に取りかかるべきでしょうか。ひとつの可能な道は、こうです（ただひとつの道があるわけではな

解答編

英語

A

解答 (1)—1 (2)—1 (3)—3 (4)—1 (5)—3 (6)—4 (7)—2 (8)—2 (9)—3 (10)—4 (11)—2 (12)—3 (13)—4 (14)—3 (15)—1

◀解　説▶

(1)「レストランが混む前に私は早めの昼食をとった」
before 節の動詞が過去形 became になっているので，現在形の 3．have および現在完了形の 4．have had は不可。have lunch で「昼食をとる」の意味であり，2 の had been では意味をなさない。1 の had が正解。

(2)「チーム会議の前に誰かにレポートをチェックしてもらおう」
have *A* *done*「*A* を〜してもらう」(*A* は後に続く動詞 *done* の目的語になっている）の用法より，正解は 1。have *A* *do*「*A* に〜してもらう」(*A* は後に続く動詞 *do* の主語になっている）の用法もあるが，本文では，*A* は my report であり，check の主語ではなく目的語であるから，後続の動詞は原形 *do* ではなく過去分詞 *done* でなければならない。

(3)「年齢にしたがって子どもたちを三つのグループに分けてください」
divide *A* into *B*「*A* を *B* に分割する」の語法より，3 の into が正解。

(4)「その会議はオンラインで行われるだろうから，あなたは会社に来なくてよい」
「〜する必要はない」という意味を表すには，まず，have to *do*「〜しなければならない」の否定形 do not have to *do*（have not to *do* ではないことに注意）を用いることができる。次に助動詞 need の否定形 need not *do*（need not to *do* ではないことに注意），さらに動詞 need to *do*「〜する必要がある」の否定形 do not need to *do*（do not need *do* ではないことに注意）を用いることができる。以上のことから，正解は 1。

(5)「ジャックはしばしば遅刻するが，今日は時間どおりに来ているのではないかと思う」
suspect that ～ は「～ではないかと思う」, doubt that ～ は「～でないと思う，～を疑う」の意味であることを正しく理解していなければならない。本文の意味を考えると,「ジャックはしばしば遅刻するが,（しかし）今日は時間どおりに来ている」と「思う」とならなければならない。したがって，正解は3。なお，1の afraid，4の uneasy はともに形容詞であるから，be 動詞が必要。

⑹「あなたのプランは本当にすばらしく，実行する価値がある」
be worth *doing*「～する価値がある」の語法より，正解は4。1の helpful は（be） helpful to ～ で「～に役立つ，～の助けになる」，2の usefully は副詞で「有益に，役に立つように」，3の wonder は「～だろうかと思う」の意味であり，いずれも不適。

⑺「科学に興味のある生徒は誰でも自由にこのセミナーに出席してよい」
1の Almost は副詞であるから名詞 students を直接修飾することはできない（名詞を修飾するのは形容詞）。3の Every の後には単数形が続く。4の Much の後には不可算名詞が続く。2の Any の後には通常可算名詞の場合，複数形が続くため，これが正解。

⑻「私は日曜日の朝にしばしば公園を散歩する」
文法・語法的に正しい選択肢は2だけである。1は have been walking あるいは have walked，4は am usually walking あるいは usually walk とすれば文法的に正しい形になる。3は take a walk「散歩する」とすれば正しい。

⑼「母親は5歳の息子に一人で外出しないように言った」
tell *A* not to *do*「*A* に～しないように言う」の語法より，正解は3。

⑽「あなたの新しいアパートはどのようなものですか」
What is ～ like?「～はどのようなものか」の構文より，正解は4。

⑾「専門家らはその問題を解決するために懸命に努力した」
SV に続く空所には動詞 worked を修飾する語が入ると考えられるので，副詞が適切。したがって，2の hard が正解。1の active，4の slight はともに形容詞である（副詞は actively, slightly）。3の lot は副詞的に使うには a lot としなければならない。

⑿「あなたの演奏が受賞したと聞いて私は嬉しく思う」

be pleased to *do*「～して嬉しい」の語法より，正解は3。1のpleasantlyは副詞で「楽しく」，2のpleaseは動詞で「～を楽しませる」，4のpleasureは名詞で「楽しさ，喜び」の意味であり，I amの後に続けるのは不適。

⒀「この理論は50年前には正しいと言われていた」

be said to *do*「～すると言われている」の語法より，正解は4。なお，be said to have *done*で「～したと言われている」の意味。

⒁「あなたはこの問題をさらに考えるべきだろう」

VとOの間にある空所には名詞thoughtを修飾する語が入ると考えられるので，形容詞が適切。2のfarは形容詞でもあるが「(距離が) 遠い，(時間が) ずっと先の」の意味であるから，不適切。したがって，3のfurther「さらに進んだ，それ以上の」が正解。1のby farは「とても，はるかに」の意味の副詞句。4のfurthermoreは副詞で「さらに，その上」の意味。

⒂「彼はこの機会のために準備する必要がある」

It is necessary for *A* to *do*「*A*は～する必要がある」の構文より，正解は1。主語はHeではなくItであるから，*A*に相当する部分はただhimとすればよく，2のようにhimselfとする必要はない。通常for *oneself*は「自分のために，自力で」の意味。

B　**解答**　⒃－4　⒄－3　⒅－2　⒆－4

◆全　訳◆

≪図書館でレポートの準備をする二人≫

(大学の図書館の机についているジェフにフランキーが近づいてくる)

フランキー：やあ，ジェフ。調子はどう？

ジェフ　　：フランキー！　声を小さくして！　ここは図書館だよ！

(フランキーは声を小さくして静かに話す)

フランキー：ごめん。どこにいるかをすっかり忘れてたよ。それはそうと，調子はどうなの？

ジェフ　　：いいよ，ありがとう。きみのほうは？

フランキー：好調だよ。授業のレポートのために何冊か本を探しに来たんだ。僕は南アメリカの森の鳥をテーマに選んだんだ。

ジェフ　　：ははは。だから，きみがここにいるのかなと思ったよ。

フランキー：えっ？　どういうこと？

ジェフ　　：ほら，机を見てみなよ。僕は教授が薦めた南アメリカの森の鳥の本をここにほとんど全部集めたんだ。ただ一冊見つけることができなかったのは，推薦リストの一番最初の本なんだ。

フランキー：ああ。それじゃあ，僕たちは同じテーマを選んだんだね。きみは本当にたくさんの本をここに集めたね。見つけることができなかったのは何ていう本なの？

ジェフ　　：『南アメリカの森の鳥』という本だよ。どこにも見つからなかったんだ。

フランキー：心配ないよ。それは僕がちょうどここに持ってきているから。昨日借りたんだ。それで昨日の晩にほとんど読んだよ。

ジェフ　　：すばらしい。きみの本を見せてくれたら，僕の本を見せてあげるよ。

フランキー：それなら，ここで一緒にやっても構わないかな？

ジェフ　　：もちろん。座って。ちょうど今，メモをとって，概略を書いているところだよ。

フランキー：そうして取りかかるのがいいね。ずいぶんはかどったみたいだね。資料でいっぱいだ。どのぐらいここにいたの？

ジェフ　　：朝の８時からここにいるよ。昼食を食べに行っただけで，今晩の８時頃までずっといると思うよ。

フランキー：すごい！　すばらしいことだね。僕は今のところたった２，３時間だけど，５時間目の授業の後戻ってくるよ。その後は，僕も８時頃までずっといることができるよ。僕が授業の間，『南アメリカの森の鳥』を使っていいよ。

ジェフ　　：ありがとう。ここにある他の本全部，後できみが使えるようにとっておくよ。

◀解　説▶

(16)空所を含む文の直後に，「ただ一冊見つけることができなかった」と述べられていることから，教授が薦めた本のほぼすべてをジェフは手にしていると考えられる。したがって，「ほとんど全部」という４が正解。１は

「だいたい半分」，2は「ほんの少しだけ」，3は「すっかり全部」の意味。

⒄2は「注文して」，4は「あちこちに」の意味であり，フランキーの第6発言（Don't worry. … it last night.）の，昨日借りてきて昨晩ほとんど読んだという内容と合わず不適。したがって，1の「家に」，あるいは3の「ちょうどここに」のいずれかになる。フランキーは最後の発言で「自分が授業の間に」その本を「使っていい」と言っているので，そこにその本を持っていることがわかる。それゆえ，3が正解。

⒅直後に，ジェフがフランキーに座るように促していることから，フランキーがジェフに同席の可否を尋ねたと推測できる。したがって，「一緒にやっても構わないか」という2が正解。mind は「～を嫌だと思う」の意味なので，Would you mind ～? や Do you mind ～? という形式で意向を問われて承諾の返事をする場合は，Not at all.「全く嫌だと思わない，構わない」というように，否定の形になることに注意。

⒆空所の後に，「資料でいっぱい」とあり，また，直後にジェフが「朝の8時からいた」と言っていることから，フランキーはジェフの作業がかなり進んでいると推測したと考えられる。したがって，正解は4。get a lot (of things) done で「(仕事などが) はかどる」の意味。

C　**解答**　⒇―1　(21)―4　(22)―1　(23)―4　(24)―2

◆全　訳◆

≪食品廃棄物の削減を目指して≫

人類の始まり以来，人間は自分が食べるものすべてを，狩猟や採集，あるいは，その後，栽培したりしてきた。しかし，私たち21世紀の世界においては，ほとんどの人が必要な食べものを店で購入する。これは，私たちが口にする食べものの多くは生産者から消費者へと長距離輸送される，ということを意味する。衝撃的なことに，国連食糧農業機関によれば，世界で生産される果物と野菜のほぼ半分が廃棄される。そういうわけで，ほぼ半分が，人間のために栽培されながらも人間によって消費されることなく終わる。

食品廃棄物は，生産，加工，輸送の間に，さらには顧客が購入した後でも，発生する。すべての果物と野菜の50パーセントが廃棄されるというのは莫大な量である。しかし，食物の生産や流通におけるすべての廃棄物をなくすというのは達成不可能な目標である。たとえば，持続可能な小さな社会において，自分たちの食物をすべて自分たちで生産する場合でさえ，いくらかの廃棄物は出るだろう。果物と野菜はすぐにだめになるので，私たちは廃棄物をゼロに減らすことはできない。害虫や病気もまた廃棄物を生じさせる。しかし，確かに，少なくとも廃棄物を減らそうと努めるべきである。廃棄物を減らすのはよい思いつきであると考えるとして，どのようにしてそれを実行することができるのか。

果物と野菜の廃棄物のおよそ25パーセントは梱包と流通のシステムにおいて発生するようである。1998年に，米国農務省は，アメリカ中西部の流通拠点であるシカゴ中央卸売市場に届く果物と野菜に関する研究を発表した。その報告書が明らかにしたところによると，レタス，ブロッコリー，エンドウを含む数種の主要野菜は，その市場に届けられるまでに3000 kmを超えて輸送される，ということであった。このような長い輸送時間は，食物を損なう。新たな技術によって，地元ですべての果物と野菜を生産することが可能になるはずであり，それによって，輸送時間を制限し，廃棄物を減らすことができるはずである。

新たな農業技術の一例は空中栽培であるが，これによって，消費地である都市では，地元で大量の食物を生産することができる。これは，長時間輸送により生じる廃棄物を減らすであろう。この技術を使うことによって，植物は，根を空中に垂らしたまま，土なしで栽培される。これらの植物の根には，定期的に，水や，植物の成育に必要なものを与える液肥が散布される。しかし，それは非常に高度な技術であり，安価ではないので，現在の農業技術に完全に取って代わることができるというわけではない。

空中栽培の支持者は，空中栽培はまた別の種類の廃棄物もはるかに減少させる，と述べる。空中栽培農業は廃水をゼロに減らす。使用される唯一の水は，水と液肥を散布されるときに植物の根によって実際に吸収されるものである。使用されない水はすべて，集められ，再利用される。しかし，空中栽培農業は人工の熱と光を使用する。それとは対照的に，従来の農業は熱と光の源として太陽を利用する。これは，空中栽培のための熱と光を作り出すために電気を使用しなければならない，ということを意味する。

空中栽培は，将来，果物と野菜の廃棄物を減らすための最善の解決方法かもしれない。しかし，現在のところ，私たちは食品廃棄物を減らすために，食物輸送の距離をもっと簡単な方法で減らす必要がある。その現在の例は，非常に有名な「地産地消」運動である。地産地消というのは，地元で生産される食物を消費するということである。それに加えて，私たちが購入する食物を廃棄しないようにもっと注意するということもできるであろう。

◀解　説▶

(20)「果物と野菜の廃棄物を完全に減らすことは不可能である。なぜなら（　　）からである」

第2段第5文（We cannot reduce …）に，「果物と野菜はすぐにだめになるので，私たちは廃棄物をゼロに減らすことはできない」とあることから，1の「それらはすぐに腐る」が正解。2の「廃棄物が輸送を生じさせる」，3の「それらは顧客によってすべて消費される」，4の「持続可能な社会は自分たちのすべての食物を生産する」は，いずれも内容に一致せず，全く意味をなさない。

(21)「シカゴ中央卸売市場の1998年の研究が示したところによれば（　　）」

第3段第3文（The report showed …）に，「数種の主要野菜は，その市場に届けられるまでに3000km を超えて輸送される」とあることから，4の「数種の野菜はその市場に届けられるまでに数千km も輸送された」が正解。3の「果物と野菜はその市場に届けられるまで3000km を超えて鉄道で輸送された」は，本文では「果物」については触れられていないし，輸送手段も「鉄道」に限定されているわけではないので不適切。1の「シカゴはアメリカ中西部の中心であった」，2の「米国農務省は果物と野菜を配給した」ということは（そもそも事実であるかどうかはさておき），いずれも研究によって示されたことではない。

(22)「空中栽培は（　　）新しい農業技術である」

第5段第2文（Aeroponic agriculture reduces …）に，「空中栽培農業は廃水をゼロに減らす」とあることから，1の「廃水を全く生じない」が正解。2の「水だけを生産する」は，内容に合わない。3の「高度な技術であるが安価」は，第4段最終文（But, it's very …）に，「非常に高度な技術であり，安価ではない」と全く逆のことが述べられている。4の「今や現在の農業技術に取って代わることができる」は，第4段最終文（But, it's very …）に，「現在の農業技術に完全に取って代わることができるというわけではない」と述べられていることと矛盾する。

(23)「空中栽培の問題はどれか？」

第5段第5文（However, aeroponic agriculture …）に，「人工の熱と光を使用する」とあり，また，第5段第7文（This means that …）に，「空中栽培のための熱と光を作り出すために電気を使用しなければならない」とあることから，4の「人工の熱や光を作り出すためにエネルギーを使用しなければならない」が正解。1の「液肥を使う」ということは第4段第4文（These roots are …）に述べられているが，それが問題であるとは書かれていない。2の「廃水を減らすことはできない」は，第5段第2文（Aeroponic agriculture reduces …）に，「空中栽培農業は廃水をゼロに減らす」とあることと矛盾する。3の「太陽からの熱と光をより多く使う」は，第5段第5文（However, aeroponic agriculture …）にあるように空中栽培では「人工の」すなわち，人工的に作り出された熱や光を使用するのであって，「太陽からの」熱や光をより多く使うわけではないので，不適。

(24)「空所に最も当てはまるものを選びなさい」

空所を含む文は，「しかし，現在のところ，私たちは食品廃棄物を減らすために，食物が輸送される距離を（　　　）減らす必要がある」という意味である。直後の文（Current examples of …）で，その例として，地産地消という運動が挙げられている。これは，1の「費用にかかわらず」ということではないし，4の「もっと高速の輸送手段を導入することによって」ということでもない。また，3の「消費されている間に」では意味が通らない。したがって，正解は2の「(空中栽培農業より) もっと簡単な方法で」である。

D　解答　(25)―2　(26)―3　(27)―2　(28)―3　(29)―1　(30)―1

◆全　訳◆

≪靴屋にて≫

（ジョーンとポーラは店で靴を見ている）

ジョーン：まあ，この靴すてきだわ！
ポーラ　：どれ？　横に小さいリボンのついてるかわいい靴？
ジョーン：そう。私の好みにぴったりだわ。
ポーラ　：あなたにとても似合うと思うわ。試しに履いてみたらどう？
ジョーン：ええ，そうしようと思うの。店員さんはどこかしら？
ポーラ　：今はいないわね。少し前にはいたのに，どこかに行ってしまったわ。

≪トランプをする二人≫

（スーとジェーンは一緒にトランプをしている）
スー　　：ずいぶん時間を使っているわよ。
ジェーン：どのカードにすればいいのか決められないの。
スー　　：そんなに難しくないはずよ。
ジェーン：ごめん，このゲームをするのは初めてだから。
スー　　：ほら，早く。あなたの番よ。
ジェーン：負けそうなんだもの。

≪どこで電車を降りる？≫

（アランとミックは電車に乗っている）
アラン：僕はこれまで東京に来たことがないんだ。
ミック：本当に大都会だね。僕たちが降りる駅はわかる？
アラン：地図を見ているんだけど，わからないよ。
ミック：えっと。この地図はややこしいね。
アラン：待って…さっきのアナウンスは何て言ってた…？
ミック：急ごう！　ここが降りるところだよ。

◀解　説▶

(25)ジョーンは靴を見て気に入ったと言っていて，その気に入った靴について，さらに発言しているのが空所部分である。したがって，「まさに私の好み」という2が正解。3のso far so goodは「これまでのところはこれでよい」，4のa long way to goはhave〔there's〕a long way to goで「道はまだ遠い」の意味。

(26)「店員が少し前にはいたのに今はいない」の後に続く発言であるから，「どこかへ行ってしまった」という趣旨の発言が続くと考えられる。したがって，「立ち去った」の意味を表す3が正解（take offは「急にいなくなる，出かける」の意味)。1の make it は「成功する，うまくやる」の意味。4の time out は，コンピュータ・プログラムなどがあらかじめ設定した時間が経過して自動的に終了することを表す。

(27)ジェーンが「どのカードにするか決められない」と言ったのに対して，スーは「(　　　)とは，ありえない」と言っている。したがって，「そんなに難しい」という意味の2が正解（that tough の that は副詞で「それほど，そんなに」の意味)。

(28)空所を含むスーの発言は，なかなかカードを決められずにかなりの時間とまどっているジェーンに対してのものであるから，「急いで」という3が正解（get a move on は，しばしば命令形で用いて，「急ぐ，急いで始める」の意味)。1の get down は「(高いところから) 降りる」または「気が滅入る」など，2の get in touch は「接触する，やりとりする」，4の get out of here は「ここから出て行く」の意味。

(29)アランが「地図を見ているが（　　　)」と言ったのに対して，ミックも「ややこしい」と言っているのであるから，「わからない」という趣旨の発言が入ることは容易に推測できる。したがって，正解は1（make out は「～を理解する」の意味)。2の take it easy は「のんきにかまえる，あせらない」，3の help *oneself* は「(飲食物などを) 自分で取って食べる」または「困難を切り抜けようと努力する」など，4の see through は「～を最後までやり通す，(苦難) を乗り切る」の意味。

(30)空所の直後に「ここが降りるところだ」と言っていることから，「急ごう」という1が正解（get going は「取りかかる，動き出す，急ぐ」の意味)。2の have a seat は「座る」，3の leave it out は「やめろ，いい加減にしろ」，4の take *one's* time は「自分のペースでやる，ゆっくりやる」の意味。

数学

◀経済・経営・法・現代社会・国際関係・外国語・文化・生命科（産業生命科）学部▶

I 解答 (1)ア．5　イ．1　ウ．2　エ．2　オ．a　カ．1

(2)キ．1　ク．3　ケ．2　コ．2　サ．3

シ．3　ス．2　セ．4

(3)ソタ．32　チ．4　ツテ．60

(4)トナ．36　ニヌ．ax　ネノ．by　ハヒ．12　フ．9　ヘ．3

◀解　説▶

≪小問4問≫

(1)　$$\frac{\sqrt{5}+1}{\sqrt{5}-1}=\frac{(\sqrt{5}+1)^2}{(\sqrt{5}-1)(\sqrt{5}+1)}=\frac{\sqrt{5}+3}{2}$$

$2<\sqrt{5}<3$ より $2<\dfrac{5}{2}<\dfrac{\sqrt{5}+3}{2}<3$ であるから，$\dfrac{\sqrt{5}+1}{\sqrt{5}-1}$ の整数部分は2であり，小数部分 a は

$$a=\frac{\sqrt{5}+3}{2}-2=\frac{\sqrt{5}-1}{2}\quad \to ア〜ウ$$

よって，$\dfrac{1}{a}=\dfrac{2}{\sqrt{5}-1}=\dfrac{\sqrt{5}+1}{2}$ であるから

$$\frac{1}{a^2}-a=\left(\frac{\sqrt{5}+1}{2}\right)^2-\frac{\sqrt{5}-1}{2}$$

$$=\frac{\sqrt{5}+3}{2}-\frac{\sqrt{5}-1}{2}=2\quad \to エ$$

さらに

$$\frac{1}{a^2}=\frac{\sqrt{5}+3}{2}$$

$$=\frac{\sqrt{5}+1}{2}+1$$

$$=\frac{1}{a}+1 \quad \to オ，カ$$

が成り立つ。

(2)　△ABC，△BCD は正三角形であるから $AM=MD=\sqrt{3}$，$AD=2$ である。

△AMD において，余弦定理により

$$\cos\angle AMD=\frac{AM^2+MD^2-AD^2}{2\cdot AM\cdot MD}$$

$$=\frac{(\sqrt{3})^2+(\sqrt{3})^2-2^2}{2\cdot\sqrt{3}\cdot\sqrt{3}}$$

$$=\frac{1}{3} \quad \to キ，ク$$

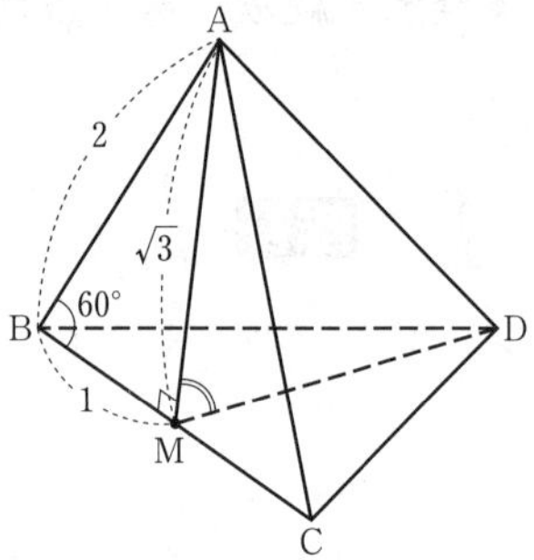

$0^\circ<\angle AMD<180^\circ$ より，$\sin\angle AMD>0$ であるから

$$\sin\angle AMD=\sqrt{1-\cos^2\angle AMD}=\sqrt{1-\left(\frac{1}{3}\right)^2}=\frac{2\sqrt{2}}{3} \quad \to ケ〜サ$$

また，△AMD の外接円の半径を R とすると，正弦定理により

$$\frac{AD}{\sin\angle AMD}=2R$$

$$R=2\cdot\frac{3}{2\sqrt{2}}\cdot\frac{1}{2}=\frac{3\sqrt{2}}{4} \quad \to シ〜セ$$

(3)　
$$\log_{10}0.3^{60}=60\log_{10}0.3$$
$$=60(\log_{10}3-1)$$
$$=60(0.4771-1)$$
$$=-31.374$$

$-32<\log_{10}0.3^{60}<-31$ より $10^{-32}<0.3^{60}<10^{-31}$ であるから，0.3^{60} は小数第 32 位に初めて 0 でない数が現れる。 →ソタ

さらに，$0.3^{60}=10^{-31.374}=10^{0.626}\cdot10^{-32}$ であり，$\log_{10}4=\log_{10}2^2=2\log_{10}2=0.6020$，$\log_{10}5=\log_{10}\frac{10}{2}=1-\log_{10}2=0.6990$ であるから

$$4<10^{0.626}<5$$

$$4\times10^{-32}<10^{-31.374}<5\times10^{-32}$$

よって，初めて現れる 0 でない数は 4 である。 →チ

また，3^{60} について，$\log_{10}3^{60}=60\log_{10}3=28.626$ より，$28<\log_{10}3^{60}<29$ である。

よって，3^{60} は 29 桁の整数であり，3^n について $n=1,\ 2,\ 3,\ 4,\ 5,\ \cdots$ のとき，一の位は 3，9，7，1，3，…となり 0 でない数（$60=4\cdot15$ より 3^{60} の一の位は 1）である。

ゆえに，0.3^{60} の小数第 m 位が 0 でない数になるような m の最大値は

$$m=32+(29-1)$$
$$=60 \quad \to ツテ$$

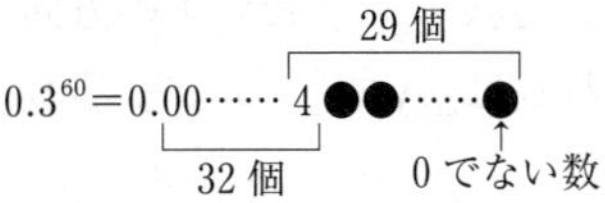

(4)　原点と点 $(2\sqrt{3},\ 2\sqrt{6})$ の距離は

$$\sqrt{(2\sqrt{3})^2+(2\sqrt{6})^2}=6$$

よって，原点 O を中心とする点 $(2\sqrt{3},\ 2\sqrt{6})$ を通る円 O の半径は 6 であるから，その方程式は

$$x^2+y^2=36 \quad \to トナ$$

円 O 上の点 $\mathrm{A}(a,\ -b)$ での接線 l の方程式は

$$ax+(-b)y=36$$
$$ax-by=36 \quad \to ニ〜ノ$$

線分 OA の中点を $\mathrm{M}\left(\dfrac{a}{2},\ -\dfrac{b}{2}\right)$ とすると，この点を通り，直線 l に平行な直線 m は円 O と 2 点で交わる。2 つの交点を B，C とすると，$\triangle$OBM について，$\mathrm{OA}\perp l$，$l /\!/ m$ より $\mathrm{OA}\perp m$ であるから

$$\mathrm{OB}=6,\ \mathrm{OM}=\frac{1}{2}\mathrm{OA}=3,\ \angle\mathrm{OMB}=\frac{\pi}{2},\ \angle\mathrm{BOM}=\frac{\pi}{3}$$

よって，$\angle\mathrm{BOC}=2\times\angle\mathrm{BOM}=2\times\dfrac{\pi}{3}=\dfrac{2}{3}\pi$ であるから，領域 $x^2+y^2\leqq36$ が直線 m によって分けられた部分のうち，小さい方の面積は，半径が 6，中心角が $\dfrac{2}{3}\pi$ の扇形から $\triangle$OBC を除くと考えて

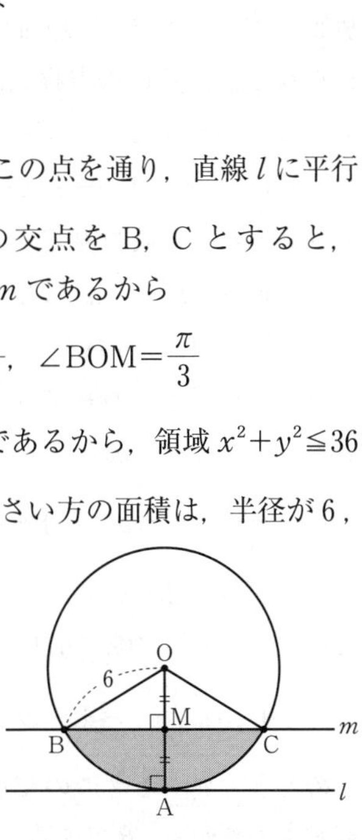

$$\frac{1}{2}\cdot\mathrm{OB}^2\cdot\frac{2}{3}\pi-\frac{1}{2}\cdot\mathrm{BC}\cdot\mathrm{OM}$$
$$=\frac{1}{2}\cdot6^2\cdot\frac{2}{3}\pi-\frac{1}{2}\cdot2\times3\sqrt{3}\cdot3$$
$$=12\pi-9\sqrt{3} \quad \to ハ〜ヘ$$

Ⅱ　解答

ア．4　イ．a　ウ．2　エ．4　オ．a　カ．1
キ．4　ク．a　ケ．2　コサ．$8a$　シ．2　ス．9
セ．5　ソ．2　タ．1　チ．3　ツテ．-4　ト．a　ナ．2
ニヌネ．$10a$　ノ．3　ハ．2　ヒ．5　フ．4

◀解　説▶

≪2つの放物線が囲む図形の面積≫

放物線 F を y 軸の正の方向に a だけ平行移動して得られる放物線 A の方程式は，y を $y-a$ に置き換えて

$$y-a=-x^2-4x-2$$

$$y=-x^2-4x+a-2 \quad \to ア〜ウ$$

放物線 F を x 軸の正の方向に $2a$ だけ平行移動して得られる放物線 B の方程式は，x を $x-2a$ に置き換えて

$$y=-(x-2a)^2-4(x-2a)-2$$

$$=-x^2+4(a-1)x-4a^2+8a-2 \quad \to エ〜シ$$

放物線 F を y 軸の正の方向に a，x 軸の正の方向に $2a$ だけ平行移動して得られる放物線 C の方程式は

$$y-a=-(x-2a)^2-4(x-2a)-2$$

$$y=-x^2+4(a-1)x-4a^2+9a-2 \quad \to ス$$

放物線 $y=x^2$ と放物線 C を連立すると

$$x^2=-x^2+4(a-1)x-4a^2+9a-2$$

$$2x^2-4(a-1)x+4a^2-9a+2=0 \quad \cdots\cdots①$$

放物線 $y=x^2$ と放物線 C が異なる2点で交わるための必要十分条件は，2次方程式①の判別式を D とすると，$D>0$ が成り立つことである。

$$\frac{D}{4}=\{-2(a-1)\}^2-2(4a^2-9a+2)$$

$$=-4a^2+10a$$

よって，$-4a^2+10a>0$ より　　$a(2a-5)<0$

$$\therefore \quad 0<a<\frac{5}{2} \quad \to セ，ソ$$

このとき，異なる2つの交点の x 座標を α，β $(\alpha<\beta)$ とおくと，2次方程式①の解が α，β であるから，解と係数の関係より

$$\alpha+\beta=2(a-1),\ \alpha\beta=\frac{1}{2}(4a^2-9a+2)$$

よって

$$(\beta-\alpha)^2=(\alpha+\beta)^2-4\alpha\beta$$
$$=\{2(a-1)\}^2-4\cdot\frac{1}{2}(4a^2-9a+2)$$
$$=-4a^2+10a$$

$\beta-\alpha>0$ より　　$\beta-\alpha=\sqrt{-4a^2+10a}$

したがって，放物線 $y=x^2$ と放物線 C が囲む図形の面積を S とすると，

$0<a<\dfrac{5}{2}$ では放物線 C が上側にあるから

$$S=\int_{\alpha}^{\beta}[\{-x^2+4(a-1)x-4a^2+9a-2\}-x^2]dx$$
$$=-2\int_{\alpha}^{\beta}(x-\alpha)(x-\beta)dx$$
$$=-2\left\{-\frac{1}{6}(\beta-\alpha)^3\right\}$$
$$=\frac{1}{3}(\sqrt{-4a^2+10a})^3$$
$$=\frac{1}{3}(-4a^2+10a)^{\frac{3}{2}}\quad \rightarrow タ〜ハ$$

であり

$$S^2=\frac{1}{9}(-4a^2+10a)^3$$
$$=\frac{1}{9}\left\{-4\left(a-\frac{5}{4}\right)^2+\frac{25}{4}\right\}^3$$

S^2 は，$0<a<\dfrac{5}{2}$ の範囲で $-4a^2+10a$ が最大のとき最大値をとるから，

$a=\dfrac{5}{4}$ のとき最大値をとる。 →ヒ，フ

III　解答　(a)アイ．24　ウエオ．625　(b)カキ．72　クケコ．625　(c)サ．3　シ．5　(d)スセ．21　ソタ．25　(e)チツ．48　テトナ．625　(f)ニヌ．96　ネノハ．625

◀解　説▶

≪トランプの5種類のカードを引く条件付き確率≫

この試行のすべての場合の数は 5^9 通りである。

(a)　1回目から5回目までの計5回の試行の中で引くカードの種類が5種類である場合は，1回目から5回目まで1回ずつ5種類出る場合が5! 通り，6回目から9回目までは5種類のどれでもよく 5^4 通りであるから，その確率は

$$\frac{5!\times5^4}{5^9}=\frac{5!}{5^5}=\frac{24}{625}\quad\rightarrow ア～オ$$

(b)　1回目から6回目までの計6回の試行の中で引くカードの種類が5種類である場合は，1回目から6回目まで1種類が2回，残り4種類が1回ずつ出る場合が $5\times{}_6C_2\times4!$ 通り，7回目から9回目までは5種類のどれでもよく 5^3 通りであるから，その確率は

$$\frac{5\times{}_6C_2\times4!\times5^3}{5^9}=\frac{{}_6C_2\times4!}{5^5}=\frac{72}{625}\quad\rightarrow カ～コ$$

(c)　1回目から8回目までの計8回の試行の中で引くカードの種類が2種類であるときの，1回目から9回目までの計9回の試行の中で引くカードの種類が3種類である条件付き確率は，9回目に1回目から8回目までの2種類以外を引くから $\frac{3}{5}$ である。→サ，シ

(d)　1回目から7回目までの計7回の試行の中で引くカードの種類が2種類であるときの，1回目から9回目までの計9回の試行の中で引くカードの種類が「3種類以上」である条件付き確率について，余事象を考えると，8回目と9回目が7回目までの2種類のいずれかで，計9回の試行の中で引くカードが2種類である確率 $\frac{2^2}{5^2}=\frac{4}{25}$ となる。よって，求める確率は

$$1-\frac{4}{25}=\frac{21}{25}\quad\rightarrow ス～タ$$

(e)　1回目から4回目までの計4回の試行の中で引くカードの種類が2種類であるとき，その2種類以外のカードを1回目から9回目までの計9回の試行の中で引く回数が1回である場合を考える。カードの種類は1～4回目の2種類以外の3通りあり，5～9回目のどこで引くかが5通り，ま

た1～4回目は2種類のいずれかで2^4通りあるから，その条件付き確率は

$$\frac{3\times5\times2^4}{5^5}=\frac{48}{625}\quad\to チ～ナ$$

(f)　1回目から4回目までの計4回の試行の中で引くカードの種類が2種類であるとき，その2種類以外のカードを1回目から9回目までの計9回の試行の中で引く回数が2回であり，かつ，1回目から9回目までの計9回の試行の中で引くカードの種類が4種類である場合を考える。カードの種類は1～4回目の2種類以外の3種類のうち2種類の選び方で${}_3C_2$通りあり，5～9回目のうちどこの2回で引くかが${}_5P_2$通り，またそれ以外の3回は1～4回目の2種類のいずれかで2^3通りあるから，その条件付き確率は

$$\frac{{}_3C_2\times{}_5P_2\times2^3}{5^5}=\frac{96}{625}\quad\to ニ～ハ$$

◀理・情報理工・生命科学部▶

I

解答　(1)アイ．$3y$　ウ．1　エオ．$4y$　カ．1

(2)キク．-1　ケコ．21　サ．4

(3)シ．3　ス．4　セ．6　ソタ．11　チ．1

(4)ツ．7　テ．4　トナ．-1　ニ．5　ヌ．1　ネ．5　ノ．4

◀解　説▶

≪小問4問≫

(1)
$$(x+y+1)(x-2y+1)-10y^2$$
$$=x^2-12y^2-xy+2x-y+1$$
$$=x^2-(y-2)x-12y^2-y+1$$
$$=x^2-(y-2)x-(3y+1)(4y-1)$$
$$=\{x+(3y+1)\}\{x-(4y-1)\}$$
$$=(x+3y+1)(x-4y+1)$$
→ア～カ

(2)
$$y=4^x-3\cdot2^{x+1}+8$$
$$=(2^x)^2-6\cdot2^x+8$$

$2^x=t$ とおくと，$-1\leqq x\leqq 2$ のとき，$2^{-1}\leqq 2^x\leqq 2^2$ より

$$\frac{1}{2}\leqq t\leqq 4 \quad \cdots\cdots①$$

$$y=t^2-6t+8$$
$$=(t-3)^2-1$$

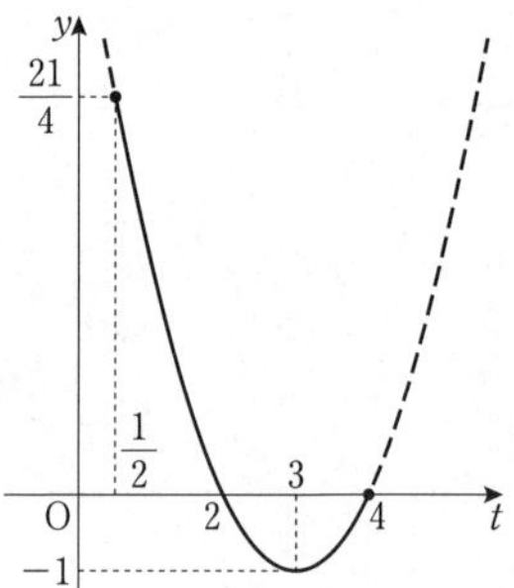

よって，①よりグラフは右のようになるから，

$t=3$ すなわち $2^x=3$ より

$x=\log_2 3$ のとき最小値 -1

$t=\dfrac{1}{2}$ すなわち $2^x=\dfrac{1}{2}$ より

$x=-1$ のとき最大値 $\dfrac{21}{4}$

である。　→キ～サ

(3)
$$y=2\sin^2 x+6\sin x\cos x+10\cos^2 x$$
$$=2\cdot\frac{1-\cos2x}{2}+3\sin2x+10\cdot\frac{1+\cos2x}{2}$$

$=3\sin 2x+4\cos 2x+6$ →シ～セ

$=5\sin(2x+\alpha)+6$ $\left(ただし，\cos\alpha=\dfrac{3}{5}，\sin\alpha=\dfrac{4}{5}\right)$

よって，$-1\leqq\sin(2x+\alpha)\leqq 1$ であるから

$-5\leqq 5\sin(2x+\alpha)\leqq 5$

$1\leqq 5\sin(2x+\alpha)+6\leqq 11$　$\therefore$ $1\leqq y\leqq 11$

ゆえに，最大値は11，最小値は1である。 →ソ～チ

(4) この漸化式を変形すると　$a_{n+1}-\dfrac{5}{4}=-\dfrac{1}{5}\left(a_n-\dfrac{5}{4}\right)$

数列 $\left\{a_n-\dfrac{5}{4}\right\}$ は，初項 $a_1-\dfrac{5}{4}=\dfrac{7}{4}$，公比 $-\dfrac{1}{5}$ の等比数列であるから

$a_n-\dfrac{5}{4}=\dfrac{7}{4}\left(-\dfrac{1}{5}\right)^{n-1}$

$a_n=\dfrac{7}{4}\left(-\dfrac{1}{5}\right)^{n-1}+\dfrac{5}{4}$ →ツ～ノ

II

◀経済・経営・法・現代社会・国際関係・外国語・文化・生命科（産業生命科）学部▶IIに同じ。

III

解答 ア．3　イ．2　ウ．1　エ．2　オ．4　カ．3
キ．2　ク．3　ケ．1　コ．6　サ．1　シ．2
ス．2　セ．3　ソ．7　タチ．12　ツ．3　テ．4　ト．2　ナ．9
ニ．3　ヌネ．16　ノハヒ．144　フヘホ．169

◀解　説▶

≪空間内の点から平面に下ろした垂線の足の位置ベクトル≫

点Pは線分ACを1：3に内分するから

$\overrightarrow{OP}=\dfrac{3}{4}\overrightarrow{OA}+\dfrac{1}{4}\overrightarrow{OC}$

$=\dfrac{3}{4}(2,\ 0,\ 0)+\dfrac{1}{4}(0,\ 0,\ 2)$

$=\left(\dfrac{3}{2},\ 0,\ \dfrac{1}{2}\right)$ →ア～エ

点Qは線分BCを1：2に内分するから

$$\overrightarrow{OQ}=\frac{2}{3}\overrightarrow{OB}+\frac{1}{3}\overrightarrow{OC}$$
$$=\frac{2}{3}(0,\ 2,\ 0)+\frac{1}{3}(0,\ 0,\ 2)$$
$$=\left(0,\ \frac{4}{3},\ \frac{2}{3}\right)\quad\rightarrow オ〜ク$$

よって

$$\overrightarrow{PQ}=\overrightarrow{OQ}-\overrightarrow{OP}$$
$$=\left(0,\ \frac{4}{3},\ \frac{2}{3}\right)-\left(\frac{3}{2},\ 0,\ \frac{1}{2}\right)$$
$$=\left(-\frac{3}{2},\ \frac{4}{3},\ \frac{1}{6}\right)\quad\rightarrow ケ,\ コ$$

直線 OC 上に点 $\mathrm{R}(0,\ 0,\ k)$ をとると

$$\overrightarrow{PR}=\overrightarrow{OR}-\overrightarrow{OP}=\left(-\frac{3}{2},\ 0,\ k-\frac{1}{2}\right)$$
$$\overrightarrow{QR}=\overrightarrow{OR}-\overrightarrow{OQ}=\left(0,\ -\frac{4}{3},\ k-\frac{2}{3}\right)$$

であるから

$$\overrightarrow{PR}\cdot\overrightarrow{QR}=\left(k-\frac{1}{2}\right)\left(k-\frac{2}{3}\right)$$

よって，$\overrightarrow{PR}\cdot\overrightarrow{QR}=0$ のとき，$k=\frac{1}{2},\ \frac{2}{3}$ である。 →サ〜セ

また，$\overrightarrow{PR}\cdot\overrightarrow{QR}=k^2-\frac{7}{6}k+\frac{1}{3}=\left(k-\frac{7}{12}\right)^2-\frac{1}{144}$ より，$\overrightarrow{PR}\cdot\overrightarrow{QR}$ の値が最小になるとき，$k=\frac{7}{12}$ である。 →ソ〜チ

$k=1$ とし，原点 O から平面 PQR へ下ろした垂線と平面 PQR との交点を $\mathrm{H}(u,\ v,\ w)$ とすると

$$\overrightarrow{PR}=\left(-\frac{3}{2},\ 0,\ \frac{1}{2}\right),\ \overrightarrow{QR}=\left(0,\ -\frac{4}{3},\ \frac{1}{3}\right)$$

であり

$\overrightarrow{OH}\cdot\overrightarrow{PR}=0$ より　$-\frac{3}{2}u+\frac{1}{2}w=0$　$\therefore\ 3u=w$

$\overrightarrow{OH}\cdot\overrightarrow{QR}=0$ より　$-\frac{4}{3}v+\frac{1}{3}w=0$　$\therefore\ 4v=w$

よって　$3u=4v=w$　……①　→ツ，テ

s，t を実数とし

$$\overrightarrow{\mathrm{OH}}=\overrightarrow{\mathrm{OR}}+s\overrightarrow{\mathrm{RP}}+t\overrightarrow{\mathrm{RQ}}$$

とすると

$$(u,\ v,\ w)=(0,\ 0,\ 1)+\left(\frac{3}{2}s,\ 0,\ -\frac{1}{2}s\right)+\left(0,\ \frac{4}{3}t,\ -\frac{1}{3}t\right)$$

$$=\left(\frac{3}{2}s,\ \frac{4}{3}t,\ 1-\frac{1}{2}s-\frac{1}{3}t\right)$$

よって　$u=\frac{3}{2}s$，$v=\frac{4}{3}t$，$w=1-\frac{1}{2}s-\frac{1}{3}t$

①より，$u=\frac{1}{3}w$，$v=\frac{1}{4}w$ であるから

$$s=\frac{2}{3}\cdot\frac{1}{3}w=\frac{2}{9}w \quad \text{→ト，ナ}$$

$$t=\frac{3}{4}\cdot\frac{1}{4}w=\frac{3}{16}w \quad \text{→ニ～ネ}$$

ゆえに

$$w=1-\frac{1}{2}\cdot\frac{2}{9}w-\frac{1}{3}\cdot\frac{3}{16}w \qquad \therefore\ w=\frac{144}{169} \quad \text{→ノ～ホ}$$

を全く払いもしなかった」が不適。２は、本文冒頭で、「学校の帰途」とあるから、「学校にも行かず」が不適。４は問七で見たように「自己」を書きたいという気持ちがあるから、「自己を…ないんだよ」が不適。

Ⅱは、空所直前の「その」が指す直前内容を端的に示す言葉を入れる。直前内容は崖から滑り下りた先に、「石があるか、材木があるか」という、どうなるかわからないという状況である。よって、3の「危険」が適当。

問三　設問要求は「感じた」理由だから、この気持ちになる原因の事実を探すと、直前の「誰も見ていなかった」となる。よって、それが記されている3が適当。

問四　波線部Bの「心構え」は前の段落の冒頭「飛び下りる心構え」のことである。そして「誰かが自分の今したことを見ていてくれたらと思った」のであるから、それらが含まれている1が適当。

問五　波線部Cには「こんなにして」とあるから、「こんな」が指し示している同段落の内容も入れて説明している選択肢を探す。同段落で「自分が恐ろしかった」「破滅…を見た」とあるから、「自分自身に怖さ」を感じている4が適している。また波線部の「成る程」も、4の後半「冷静に振り返り納得している」に合致する。2は「ローラーに衝突する怖さを想像し」が、3は「靴による…喜んでいる」が不適。1は「傾斜を…たら」の仮定部分が本文では述べられておらず、「恐怖が消えて…分析」も不適。

問六　波線部Dを含む文の主語は「それは」であり、直前内容の「傾斜へ…自分、…危険、…今の自分」と、自分に起こった状況の推移を指している。よって、「自分の変化」を含む2が適当。また、波線部直前からの「なにか…不自然」も、2の後半「すっきりとは説明できない」と合致する。

問七　波線部E直後の文で「滑ったこと」と「自己」について書きたいという二つの気持ちが述べられ、その後さらに、「その両方を思っていた」とあるから、両方の気持ちについて「傾斜での出来事を小説に書きた」い、「自己を表現したい」と述べられている4が適当。また、同じく波線部直後の文の「自分には判然《はっきり》しなかった」も、4の末尾「簡単には言えない」と合致する。

問八　「グループ・ディスカッション」の形式で、本文全体の内容理解を問う問題。ここまでの設問処理を通じて読み取れた本文の内容を丁寧に選択肢と照らし合わそう。1は、波線部Cの次の文に「泥を落しながら」とあるから、「泥の道を歩くこと——は、『山頂まで行く』という過程の一部にほかなりません。それに対して、『眠ろうと努力する』際になされるさまざまな事柄…は、…眠ることの一部ではありません。…ただ、眠りが訪れるのを待つことだけです」という内容が4に合致する。

問十　問七で見たように、第四段落の波線部Dで「これはもう、立派に…問題の渦中にいる」と強調、つまり〈明確化〉しているので、Xには3が入る。第五段落から「第一の部類」「第二の部類」に分けて整理し、最終段落第六文で、「このように考えれば…明らかでしょう」とあるように解決しているので、Y・Zはそれぞれ4・7が適当。

二

出典　梶井基次郎「路上」

解答

問一　ア—4　イ—1　ウ—5　エ—4　オ—2

問二　Ⅰ—5　Ⅱ—3

問三　3

問四　1

問五　4

問六　2

問七　4

問八　3

問九　3

◀解　説▶

問二　Ⅰは、段落末に「いつの間にか本気になっていた」とあり、Ⅰの時点では「まだ」であったのだから、5が適当。

であるから、これに合致する3が正解となる。

問三　波線部Bの「ばかげてい」る対象は直前の「覚えられない」という主張だから、まずそれに対立する意の「実際に覚えられる」を含む1・2に絞る。そして1・2の前半「覚えようとして…覚えられることがある」は原因と結果の関係が正しいので「論理的」と言えるから、「矛盾したところは全くない」とする2が適当。

問五　直後の文で波線部Cの「ためらいが残」る理由を「『意識的に忘れようとする』という句」について腑に落ちないからだと簡潔に述べた上で、その内容は第四段落第二文に、「『意識的に』と『忘れる』とが」結びつくことが「可能なのかと思いわずらう」と具体化されている。そして第三文の「一方には…考えがあり」までが「意識的に」という句（言葉）と「忘れる」という句（言葉）との結びつきに疑問を呈している箇所なので、この部分に合致する4が適当。

問七　「立派にAである」は、〝十分Aである〟つまり〝要件を備えている〟という意であり、意味としても正しく、本文内容にも矛盾しない3が適当。1の「ためらわずに入っていくのは勇敢」、2の「思い悩む姿勢が実に素晴らしい」、4の「優れたことだ」がそれぞれ本文内容に合致せず、不適。

問八　波線部Eの前半に「『ショパンのワルツを弾く』という出来事が実現するためには」という目的が述べられており、後半には「それ以前に…あったはずです」と目的が達せられるための〈条件〉が述べられている。その後半の〈条件〉については、同段落第三・四文に「実際にピアノにさわって…。どんなにへたであっても、その曲を弾いてみなければ…」とも述べられており、それに合致する4が適当。1の「楽譜を見ずに…弾いたと言える」、2の「創造性が必要」という主張を筆者はしていないので不適。3は「聞こえるようにするため」が目的違いで不適。

問九　波線部Fの「この二種類」とは、「忘れる」「眠る」のような「第一の部類」と、「（ピアノを）弾く」「（問題を）解く」「（山頂まで）行く」のような「第二の部類」とを指している。そして、その「二種類」の「異なる」点については、波線部に続いて「つぎのように考えてみたらどうでしょうか」とした後で説明されている。その中の「山頂まで

国語

一

出典　飯田隆『分析哲学　これからとこれまで』〈Ⅰ　分析哲学とは何か？　1　哲学と「哲学の言葉」〉（勁草書房）

解答

問一　3
問二　a－5　c－1　d－2
問三　2
問四　3
問五　4
問六　1
問七　3
問八　4
問九　4
問十　X－3　Y－4　Z－7

▲解　説▼

問一　第四段落の最後に「この問題が『哲学的に深く』はないと言ったのは、そのためです」とあるので、「そのため」が指す内容を探せばよい。第四段落で述べられているように「思いわずらう」ことも起こるが、それは第三段落にあるように、例えば「忘れる」に対して「覚える」という語を持ち出して考えてみれば解決する、というのがその内容

■学校推薦型選抜 公募推薦入試：11 月 21 日実施分

問題編

▶試験科目・配点

学　部	教　科	科　　　　目	配　点
経済・経営・法・現代社会・国際関係・外国語・文化・生命科（産業生命科〈総合評価型〉）	外国語	コミュニケーション英語Ⅰ・Ⅱ・Ⅲ，英語表現Ⅰ・Ⅱ	100 点
	数学・国語	「数学Ⅰ・Ⅱ・A」，「国語総合，現代文B（古文・漢文を除く）」から1科目選択	100 点
理・情報理工・生命科	外国語	コミュニケーション英語Ⅰ・Ⅱ・Ⅲ，英語表現Ⅰ・Ⅱ	100 点
	数　学	数学Ⅰ・Ⅱ・A・B（数列，ベクトル）	100 点

▶備　考

- 「総合評価型」と「基礎評価型」のいずれかの評価型を選択する。

  総合評価型：上表の試験（200 点）と調査書（100 点）との総合点（300 点）により，合否を判定する。

  調査書は，高等学校等における学習成績の状況（５段階）を 20 倍にする。

  基礎評価型：上表の試験の総合点（200 点）と調査書（点数換算は行わない）により，合否を判定する。
- 生命科学部は，産業生命科学科の総合評価型のみ文系／理系どちらかの科目を出願時に選択できる。

英語

（2科目 90分）

〔A〕 次の文中の空所をうめるのに最も適切なものを一つ選び，その番号をマークしなさい。

(1) We discussed (　　) which plan to adopt.

1. him　　2. him about
3. with him　　4. with him over

(2) The room should be cleaned up (　　) the time the first guest arrives.

1. by　　2. in　　3. until　　4. within

(3) The traditional festival is believed to (　　) in the 14th century.

1. be origin　　2. be originated
3. have original　　4. have originated

(4) (　　) from a distance, the castle looks five stories high.

1. Be viewing　　2. To view　　3. Viewed　　4. Views

(5) (　　) the lucky accident, the scientist would not have succeeded in his invention.

1. Because　　2. Even if　　3. Far from　　4. Without

(6) Much to my (　　), she has fully recovered from her illness.

1. relief　　2. relieve　　3. relieved　　4. relieving

(7) Tom gradually got (　　　) to living with his host family.

1. accustom　　2. interested　　3. used　　4. willing

(8) (　　　) I want to say is, it's time for us to make a decision.

1. That　　2. What　　3. Which　　4. Why

(9) We have two foreign students in our class: one from China, (　　　) from Canada.

1. an other　　2. other　　3. the one　　4. the other

(10) The office needs to handle the issue as (　　　) as possible.

1. earlier　　2. hardly　　3. quickly　　4. sooner

(11) The team (　　　) members of various nationalities.

1. consists from　　2. consists of　　3. is consisted　　4. will consist

(12) I should (　　　) the documents before the meeting yesterday.

1. finish to review　　2. finish reviewing

3. have finished to review　　4. have finished reviewing

(13) According to the news, no one was (　　　) in the fire.

1. serious injure　　2. serious injuring

3. seriously injured　　4. seriously injury

(14) I have never seen (　　　) movie before.

1. so amusing a　　2. so an amused

3. such amusing a　　4. such an amused

(15) There is (　　　) when a big earthquake may happen.

1. no tell　　2. no telling　　3. not telling　　4. not to tell

〔B〕 次の会話文を読んで，空所をうめるのに最も適切なものを一つ選び，その番号をマークしなさい。

Luke and Jen are meeting Perry and Lucy at the airport.

Luke: Finally! I thought we'd never get here. But we're late. Their plane was supposed to land fifteen minutes ago.

Jen: Don't worry. They still have to get their baggage and go through customs.

Luke: I hate to be late. We would have arrived here on time if you'd（　16　）.

Jen: It wasn't my fault. It was raining hard and the traffic was terrible.

Luke: That wasn't the problem. We were supposed to leave the house at twelve o'clock and you weren't ready to go on time. Why did you clean the house at the last minute?

Jen: I didn't want（　17　）when they came.

Luke: It was already clean! I wanted to arrive here early, so we could have some coffee at the airport café. But now it's too late.

Jen: We can stop at the café after we pick up Perry and Lucy. Where exactly are we supposed to meet them, anyway?

Luke: Um, let's see. They're arriving on Oasis Airlines, Flight 768, so we should meet them at the arrivals area for Oasis. I don't know where that is.

Jen: Let's check the signs.

Luke: Boy, there must be a million signs in here. They're（　18　）.

Jen: It's not so hard. There it is! Oasis Airlines.

Luke: Where?

Jen: On the sign next to the big clock. And it says the arrivals area for Oasis is in the North Building.

Luke: Where's that?

Jen: I don't know.

Luke: This is terrible! They're waiting for us!

Jen:　Hey, look. There's a map on the wall. The North Building… Here it is! We need to go to the second floor and follow the green arrows.

Luke:　Okay, then! Let's go. We (19).

Jen:　Wait. That's not necessary. Look at the new message on the Flight Announcement Board. Their flight's been cancelled because of the storm.

Luke:　Oh, no!

(16)

1. driven your car
2. gotten ready earlier
3. found the baggage area
4. left the house fifteen minutes later

(17)

1. it to be dirty
2. to take a shower
3. the rain to come in
4. to make too much time

(18)

1. hard to imagine
2. really confusing
3. kind of interesting
4. not about the airport

(19)

1. need to hurry
2. can't get their baggage
3. must meet them at the café
4. aren't reading the map right

〔C〕 次の英文を読んで，本文の内容に最も合うものを一つ選び，その番号をマークしなさい。

With many different species, wolves can be found throughout North America, as well as Europe and Asia. Wolves have long been considered a danger to farm animals and have also been labeled as dangerous to humans. As a result, they have been actively hunted in areas with large human populations and farms. One example of this is the gray wolf (also known as the "timber wolf"). Gray wolves have lived in North America for at least half a million years, but during the 1800s and early 1900s, because of hunting, they almost disappeared. By the 1960s, the U.S. gray wolf population was limited to a handful in the northern Midwest and Alaska.

Some groups believe that the disappearance of wolves would be a great loss, and actually harmful for the environment. Over the years, these groups have worked to preserve wolf populations but were not always successful. Then, in 1973, a law was created, the Endangered Species Act (ESA). This law protects animals whose survival is threatened. Gray wolves were one of the first animals to be considered for protection by the ESA. They were put on a special endangered species list. Once they were placed on the list, killing them became illegal and the U.S. government worked to promote their preservation. They did this by creating protected areas for wolves. They also moved wolves to other remote areas in hopes that their numbers would naturally increase. In a famous example of this effort, starting in 1995, thirty-one wolves were moved from Canada to Yellowstone National Park in America. By 2015, more than 500 gray wolves were living in the Greater Yellowstone Ecosystem.

Today, the continental U.S. is home to more than 6,000 gray wolves. This increase was considered a great success for the ESA, and on January 4, 2021, the U.S. government decided to remove the gray wolf from the endangered species list. Usually, an animal's delisting would be cause for celebration. But some experts say that wolves still need protection. Adrian Treves, a wolf expert at the University of Wisconsin says, “People can’t agree about their protected status or whether they’re actually safe and secure.”

In some parts of the country, wolves are doing well. More than a thousand of them can be found in Michigan and Wisconsin. But overall, their territory is still a fraction of what it was before the 1800s. Not only has the number of wolves decreased from years ago, but so has (22)______. Wolves used to live across most of the U.S., but now they’re found in fewer than a dozen states.

Some experts say the goal of the ESA should be to protect an animal until it has reclaimed its original territory. Others argue that unless a species is at risk of disappearance, it doesn’t belong on the endangered species list. And farmers with land in wolf territory say that if the wolf population continues to grow, more of their farm animals will be killed by wolves. In October 2020, when the U.S. government announced plans to delist the gray wolf, the head of the National Park Service, David Bernhardt, said that the gray wolf population had sufficiently recovered. Because of this, according to Bernhardt, the wolf's survival is no longer threatened.

But Jason Rylander of the group Defenders of Wildlife worries that without protection, the wolf population will dramatically decrease again. He says that there are still too many places where the wolf population hasn’t recovered. Environmental groups are trying to stop the U.S. government from delisting the wolf. Rylander hopes that no matter what, people and wolves can peacefully coexist.

(20) Gray wolves have lived in North America (　　　).

1. from the 1800s
2. beginning in the 1960s
3. starting in the early 1900s
4. for 500,000 years or more

(21) What is the purpose of the Endangered Species Act (ESA)?

1. to transport animals around the country
2. to put wolves on the endangered species list
3. to increase the number of groups that help animals
4. to protect animals that are in danger of disappearing

(22) Choose the best item to fill in the blank.

1. their population
2. the food that they hunt
3. the area in which they live
4. the success of the new law

(23) Why did the U.S. government want to remove the gray wolf from the endangered species list?

1. Wolves were safe and secure.
2. There were more farm animals than wolves.
3. The wolf population had grown significantly.
4. The wolves were no longer a danger to people.

(24) What is one opinion about the present gray wolf population?

1. It will never recover.
2. It still needs protection to survive.
3. The number of wolves is not important.
4. The wolves have reclaimed their original territory.

〔D〕 次の会話文を読んで，空所をうめるのに最も適切なものを一つ選び，その番号をマークしなさい。

Paul and Lilith are driving around, searching for their friend Jim's house.

Paul: I think we're going the wrong way.

Lilith: Really? I don't think so. Jim said he lives on Oak Street. This is Oak Street.

Paul: Yeah, but his house number is 401, which means it should be (25) the City Library. Which we just went past.

Lilith: Oh, yeah. Okay, I'll (26) at the next light.

(25)

1. just over
2. on top of
3. right after
4. dropped from

(26)

1. go away
2. drive off
3. draw down
4. turn around

Patricia is talking to her son Doug.

Patricia: Did you send in your job application yet?

Doug: Not yet, Mom.

Patricia: Well, you'd better (27). You need to send it today.

Doug: Okay, Mom, I got it. There's no need to keep telling me.

Patricia: Seriously, send it today. Don't (28).

Doug:　I told you I'd get it done and I will!

Patricia:　Well, the post office closes in an hour.

(27)

1. get on it
2. give it up
3. put it over
4. tear it down

(28)

1. put it off
2. hold it out
3. figure it out
4. close it down

Bill and Mark are eating in the cafeteria.

Bill:　I'll have that sandwich if you're not going to eat it.

Bill grabs the sandwich from Mark's plate.

Mark:　Hey, that's mine!

Bill:　I thought you were all done.

Mark:　I'm not! (　29　)!

Bill:　Oh, come on!

Mark:　Go buy another one. This one's mine.

Bill:　But, (　30　)!

(29)

1. Have at it
2. Here you go
3. Hand it over

4. It’s all yours

(30)

1. I’m OK
2. I’m starving
3. you’re cheap
4. we’re finished

数学

数学解答上の注意事項

1. 問題は〔Ⅰ〕～〔Ⅲ〕の３問です。
2. 問題冊子の余白は計算に利用して構いません。
3. 問題の文中の [ア] ， [イウ] などの [　　] には，符号(－)，数字(０～９)，または文字(a，b，n，x，y)が入ります。これらを次の方法で解答用紙の指定欄に解答してください。

⑴　**ア**，**イ**，**ウ**，……のそれぞれには，符号(－)，数字(０～９)，または文字(a，b，n，x，y)のいずれか一つが対応します。それらを**ア**，**イ**，**ウ**，……で示された解答欄にマークしてください。

〔例〕 [アイウ] に $-3x$ と答えたい場合は，次のように答えてください。

ア	●	⓪	①	②	③	④	⑤	⑥	⑦	⑧	⑨	ⓐ	ⓑ	ⓝ	ⓧ	ⓨ
イ	⊖	⓪	①	②	●	④	⑤	⑥	⑦	⑧	⑨	ⓐ	ⓑ	ⓝ	ⓧ	ⓨ
ウ	⊖	⓪	①	②	③	④	⑤	⑥	⑦	⑧	⑨	ⓐ	ⓑ	ⓝ	●	ⓨ

⑵　[アイウ] と細線で囲まれた部分は，同じ問題ですでに解答した [アイウ] を意味します。

〔例〕 上の⑴と同じ問題なら， [アイウ] は $-3x$ を意味します。

⑶　一つの [　　] に，数と文字，または文字と文字などの積を答えたい場合には，文字はアルファベット順に並べてください。

〔例〕 [エオカキ] に積 $-2\times a\times x$ を答えたい場合は，$-2ax$ の形で答え，$-2xa$ のように答えてはいけません。

⑷　分数の形で解答が求められている場合は，それ以上約分できない形で答えてください。符号は分子につけ，分母につけてはいけません。また，整数を分数の形に表してはいけません。

〔例〕 $\dfrac{\boxed{\text{クケコ}}}{\boxed{\text{サ}}}$ に $-\dfrac{6x}{8}$ を得た場合は，$\dfrac{-3x}{4}$ とこれ以上約分できない形にして答えてください。

⑸　根号を含む形で解答する場合は，根号の中に現れる自然数が最小となる形で答えてください。

〔例〕 $\boxed{\text{シ}}\sqrt{\boxed{\text{ス}}}$，$\boxed{\text{セ}}\sqrt{\boxed{\text{ソタ}}}$，$\dfrac{\sqrt{\boxed{\text{チツ}}}}{\boxed{\text{テ}}}$ に $4\sqrt{2}$，$6\sqrt{2a}$，$\dfrac{\sqrt{13}}{2}$ と答え

るところを，それぞれ $2\sqrt{8}$，$3\sqrt{8a}$，$\dfrac{\sqrt{52}}{4}$ のように答えてはいけません。

(6) 指数を含む形で解答する場合は，次のことに注意してください。

[ト][ナ]$^{[ニ]}$ に [3][x]$^{[2]}$ と答えた場合は $3x^2$ を意味します。

また，[ヌネ]$^{[ノ]}$ に [2 6]$^{[n]}$ と答えた場合は 26^n を意味します。

◀経済・経営・法・現代社会・国際関係・外国語・文化・生命科（産業生命科）学部▶

（英語と２科目 90分）

〔 I 〕 (1) x についての恒等式

$$ax(x-1)(x-2)+bx(x-1)+cx+d=x^3+7x^2+6x+5$$

が成り立つとき, $a=\boxed{\text{ア}}$, $b=\boxed{\text{イウ}}$, $c=\boxed{\text{エオ}}$, $d=\boxed{\text{カ}}$ である。

(2) 対応する2つの変量 x, y の組を (x_1, y_1), (x_2, y_2), (x_3, y_3) とする。変量 x, y について, 平均値がそれぞれ $\bar{x}=7$, $\bar{y}=4$, 標準偏差がそれぞれ $s_x=3$, $s_y=2$, 共分散が $s_{xy}=-2$ であるとする。このとき, $z_1=x_1+y_1$, $z_2=x_2+y_2$, $z_3=x_3+y_3$ で定義される変量 z の平均値 $\bar{z}$ は $\boxed{\text{キク}}$, 標準偏差 s_z は $\boxed{\text{ケ}}$ である。

(3) 実数 θ が $\cos\theta+5\sin\theta=1$ を満たすとき, $\tan\theta=\boxed{\text{コ}}$, $\dfrac{\boxed{\text{サシ}}}{\boxed{\text{スセ}}}$ である。

(4) $x>1$ の範囲で, 関数 $y=\log_9\left(\dfrac{x^4}{27}\right)+\log_x\left(9\sqrt{x}\right)$ は $x=\boxed{\text{ソ}}$ のとき最小値 $\boxed{\text{タ}}$ をとる。

〔Ⅱ〕 関数

$$
\begin{aligned}
f(x) &= 3x^2 - 21x, \\
g(x) &= -2x^2 + 24x - 40, \\
h(x) &= \frac{1}{2}\Big\{ f(x) + g(x) + \big| f(x) - g(x) \big| \Big\}, \\
H(x) &= \int_0^x h(t)\,dt
\end{aligned}
$$

を考える。

xy 平面において, 曲線 $y = g(x)$ と x 軸との交点の x 座標は $\boxed{\text{ア}}$, $\boxed{\text{イウ}}$ である。

曲線 $y = f(x)$ と 曲線 $y = g(x)$ との交点の x 座標は $\boxed{\text{エ}}$, $\boxed{\text{オ}}$ である。ただし, $\boxed{\text{エ}} < \boxed{\text{オ}}$ とする。

$\boxed{\text{エ}} < x < \boxed{\text{オ}}$ のとき, $h(x) = \boxed{\text{カキ}}\,x^2 + \boxed{\text{クケ}}\,x - \boxed{\text{コサ}}$ である。

t が $\boxed{\text{エ}} < t < \boxed{\text{オ}}$ を満たす実数で, 点 $\big(t, g(t)\big)$ における曲線 $y = g(x)$ の接線が原点を通るとき, $t = \boxed{\text{シ}}\sqrt{\boxed{\text{ス}}}$ である。

a を実数とする。方程式 $h(x) - a = 0$ が異なる 4 つの実数解をもつための必要十分条件は, $\boxed{\text{セソ}} < a < \boxed{\text{タチ}}$ である。

方程式 $h(x) - ax = 0$ が異なる 4 つの実数解をもつための必要十分条件は, $\boxed{\text{ツ}} < a < \boxed{\text{テト}} - \boxed{\text{ナ}}\sqrt{\boxed{\text{ニ}}}$ である。

$0 \leqq x \leqq \boxed{\text{イウ}}$ において, 関数 $H(x)$ は $x = \boxed{\text{ヌ}}$ のとき最小値をとる。$H\left(\boxed{\text{ヌ}}\right) = \dfrac{\boxed{\text{ネノハヒ}}}{\boxed{\text{フ}}}$ である。

〔Ⅲ〕 参加者がA,B,C,D,Eの5人でパーティを開催し, 各参加者はお菓子を箱に入れて持参する。そのパーティでは, それら計5個の箱から各参加者に箱を1つずつ配る。ただし, それら計5個の箱は互いに見分けがつかない。各参加者は自分に配られた箱の中のお菓子を食べることにする。
なお, 感染症対策を徹底した上でパーティを実施するものとする。

(a) Aが持参したお菓子をAが食べる確率は, $\dfrac{\boxed{\text{ア}}}{\boxed{\text{イ}}}$ である。

(b) Aが持参したお菓子をAが食べ, かつ, Bが持参したお菓子をBが食べる確率は, $\dfrac{\boxed{\text{ウ}}}{\boxed{\text{エオ}}}$ である。

(c) Aが持参したお菓子をAが食べるか, または, Bが持参したお菓子をBが食べる確率は, $\dfrac{\boxed{\text{カ}}}{\boxed{\text{キク}}}$ である。

(d) Aが持参したお菓子をAが食べず, かつ, Bが持参したお菓子をBが食べない確率は, $\dfrac{\boxed{\text{ケコ}}}{\boxed{\text{サシ}}}$ である。

(e) Aが持参したお菓子をAが食べ, かつ, Bが持参したお菓子をBが食べ, かつ, Cが持参したお菓子をCが食べる確率は, $\dfrac{\boxed{\text{ス}}}{\boxed{\text{セソ}}}$ である。

(f) Aが持参したお菓子をAが食べるか, または, Bが持参したお菓子をBが食べるか, または, Cが持参したお菓子をCが食べる確率は, $\dfrac{\boxed{\text{タ}}}{\boxed{\text{チツ}}}$ である。

(g) A が持参したお菓子を A が食べず, かつ, B が持参したお菓子を B が食べず, かつ, C が持参したお菓子を C が食べない確率は,

$\dfrac{\boxed{\text{テ}}}{\boxed{\text{トナ}}}$ である。

◀理・情報理工・生命科学部▶

（英語と2科目 90分）

〔Ⅰ〕 (1)　整式 $f(x)$ を $2x-2$ で割ると5余り, $2x-1$ で割ると4余る。

$f(x)$ を $4x^2-6x+2$ で割ったときの余りは $\boxed{\text{ア}}\,x+\boxed{\text{イ}}$ である。

(2)　関数 $y=2^{4x}-2^{2x+5}+1$ は $x=\boxed{\text{ウ}}$ のとき, 最小値 $\boxed{\text{エオカキ}}$ をとる。方程式 $\log_{\sqrt{2}}(5-x)+\log_{\frac{1}{2}}(5x-1)=0$ を解くと, $x=\boxed{\text{ク}}$ である。

(3)　$0 \leqq x \leqq \pi$ のとき, 関数 $y=-3\sin x+3\cos x+1$ の最大値は $\boxed{\text{ケ}}$ であり, 最小値は $\boxed{\text{コ}}-\boxed{\text{サ}}\sqrt{\boxed{\text{シ}}}$ である。

(4)　1つの袋の中に白玉, 赤玉, 青玉が合わせて20個入っている。この袋の中から2個の玉を同時に取り出すとき, 白玉1個と赤玉1個が取り出される確率は $\dfrac{21}{95}$ であり, 赤玉1個と青玉1個が取り出される確率も $\dfrac{21}{95}$ である。この袋の中に入っている赤玉の個数は9個以下であるとする。

この袋の中に入っている白玉, 赤玉, 青玉の個数は, それぞれ

白玉が $\boxed{\text{ス}}$ 個, 赤玉が $\boxed{\text{セ}}$ 個, 青玉が $\boxed{\text{ソ}}$ 個である。

この袋の中から同時に2個の玉を取り出すとき, 取り出した玉の色が2個とも同じである確率は $\dfrac{\boxed{\text{タ}}}{\boxed{\text{チツ}}}$ である。

この袋の中から同時に2個の玉を取り出し, 取り出した玉の色が2個とも同じであったとき, それらの玉が赤玉である条件付き確率は $\dfrac{\boxed{\text{テ}}}{\boxed{\text{トナ}}}$ である。

〔Ⅱ〕　関数

$$
\begin{aligned}
f(x) &= 3x^2 - 21x,\\
g(x) &= -2x^2 + 24x - 40,\\
h(x) &= \frac{1}{2}\Big\{ f(x) + g(x) + \big| f(x) - g(x) \big| \Big\},\\
H(x) &= \int_0^x h(t)\,dt
\end{aligned}
$$

を考える。

xy 平面において, 曲線 $y = g(x)$ と x 軸との交点の x 座標は

$\boxed{\text{ア}}$, $\boxed{\text{イウ}}$ である。

曲線 $y = f(x)$ と 曲線 $y = g(x)$ との交点の

x 座標は $\boxed{\text{エ}}$, $\boxed{\text{オ}}$ である。ただし, $\boxed{\text{エ}} < \boxed{\text{オ}}$ とする。

$\boxed{\text{エ}} < x < \boxed{\text{オ}}$ のとき, $h(x) = \boxed{\text{カキ}}\,x^2 + \boxed{\text{クケ}}\,x - \boxed{\text{コサ}}$

である。

t が $\boxed{\text{エ}} < t < \boxed{\text{オ}}$ を満たす実数で, 点 $\big(t, g(t)\big)$ における

曲線 $y = g(x)$ の接線が原点を通るとき, $t = \boxed{\text{シ}}\sqrt{\boxed{\text{ス}}}$ である。

a を実数とする。方程式 $h(x) - a = 0$ が異なる4つの実数解を

もつための必要十分条件は, $\boxed{\text{セソ}} < a < \boxed{\text{タチ}}$ である。

方程式 $h(x) - ax = 0$ が異なる4つの実数解をもつための必要十分条件は,

$\boxed{\text{ツ}} < a < \boxed{\text{テト}} - \boxed{\text{ナ}}\sqrt{\boxed{\text{ニ}}}$ である。

$0 \leqq x \leqq \boxed{\text{イウ}}$ において, 関数 $H(x)$ は $x = \boxed{\text{ヌ}}$ のとき最小値を

とる。$H\left(\boxed{\text{ヌ}}\right) = \dfrac{\boxed{\text{ネノハヒ}}}{\boxed{\text{フ}}}$ である。

〔Ⅲ〕　ABCD-EFGH を 1 辺の長さが 1 の立方体とし, $\overrightarrow{\mathrm{AB}}=\vec{b}$, $\overrightarrow{\mathrm{AD}}=\vec{d}$, $\overrightarrow{\mathrm{AE}}=\vec{e}$ とする。

(a) $\overrightarrow{\mathrm{AC}}\cdot\overrightarrow{\mathrm{FH}}=$ [ア], $\overrightarrow{\mathrm{AC}}\cdot\overrightarrow{\mathrm{DF}}=$ [イ], $\overrightarrow{\mathrm{AC}}\cdot\overrightarrow{\mathrm{BG}}=$ [ウ] である。$\overrightarrow{\mathrm{AC}}$ と $\overrightarrow{\mathrm{BG}}$ のなす角は [エオ] °である。$\overrightarrow{\mathrm{AB}}$ と $\overrightarrow{\mathrm{AG}}$ のなす角を θ とすると, $\cos\theta=\dfrac{\sqrt{\boxed{カ}}}{\boxed{キ}}$ である。

(b) B を通り, 直線 AG に垂直な平面と直線 AG との交点を I とすると,

$$\overrightarrow{\mathrm{AI}}=\frac{\boxed{ク}}{\boxed{ケ}}\vec{b}+\frac{\boxed{コ}}{\boxed{サ}}\vec{d}+\frac{\boxed{シ}}{\boxed{ス}}\vec{e}$$

であり, $|\overrightarrow{\mathrm{AI}}|=\dfrac{\sqrt{\boxed{セ}}}{\boxed{ソ}}$ である。C を通り, 直線 AG に垂直な平面と直線 AG との交点を J とすると, $|\overrightarrow{\mathrm{AJ}}|=\dfrac{\boxed{タ}\sqrt{\boxed{チ}}}{\boxed{ツ}}$ である。

(c) C を通り, 平面 BDG に垂直な直線と平面 BDG との交点を K とすると,

$$\overrightarrow{\mathrm{AK}}=\frac{\boxed{テ}}{\boxed{ト}}\vec{b}+\frac{\boxed{ナ}}{\boxed{ニ}}\vec{d}+\frac{\boxed{ヌ}}{\boxed{ネ}}\vec{e}$$

であり, $\overrightarrow{\mathrm{BD}}\cdot\overrightarrow{\mathrm{BK}}=$ [ノ] であり, 三角形 BDK の面積は $\dfrac{\sqrt{\boxed{ハ}}}{\boxed{ヒ}}$ である。

と憧れにも似た思いを抱いている。

問九　空欄 乙 に入る四字熟語として最も適切なものを一つ選び、マークせよ。

1　一刀両断　2　一挙一動　3　一騎当千　4　一意専心　5　一所懸命

問十　この文章全体を説明したものとして最も適切なものを一つ選び、マークせよ。

1　ピカソの絵画から刺激を得た筆者が、画家の倫理的責任についての自分の見解を複数の芸術作品を例にとりながら説明している文章である。

2　無明という言葉をキーワードとしながら、ピカソの作品に見られるように人間の自我は芸術によってのみ可視化されると考察する文章である。

3　ピカソの絵画を見た筆者が人間の自我の本質の恐ろしさについて思いをはせながら、良く生きることの重要性について思考している文章である。

4　「生」を表現するピカソの絵が過去と現在とで大きく変化していることに感銘をうけた筆者が、たゆまぬ努力の大切さを伝えようとする文章である。

3　Ⅰ画家―Ⅱ大衆作家　　4　Ⅰ巨匠―Ⅱ達人

問六　空欄 甲 に入る作品名を一つ選び、マークせよ。

1　五重塔　　2　暗夜行路　　3　人間失格　　4　明　暗　　5　黒い雨

問七　波線部D「これは美とは言えないと思う」とあるが、筆者はここでピカソの絵に何が描き出されていると考えているか。最も適切なものを一つ選び、マークせよ。

1　人間が誰しも持っている心の奥の孤独感

2　むき出しになった人間の無明のすさまじさ

3　美しい女性に引きつけられる人間の心

4　生物の「生」と同じあり方で生きる人間の姿

問八　波線部E「「ものすごく生きている」と言って安心している」に込められている筆者の思いとして最も適切なものを一つ選び、マークせよ。

1　人が良く生きることとの意味について若者たちが考えを深めておらず、無明の現われを「生」の証《あかし》だと理解していることに物足りなさを感じている。

2　生物的に生きていることのみを「生」だと解釈し、ピカソの作品を理解したつもりになっている若者たちの思い上がりがなげかわしいと思っている。

3　自分たちの「生」のあり方を振り返ることなく、他人事のように「生」について語り漫然としている学生たちに対して奮起してほしいと強く願っている。

4　若者たちにとっては自我をさらけ出すことが「生きる」ことなのだと知り、彼らのほうが平穏に生きているのではないか

3　春という季節に外に出たくなる欲求は、人間の文化的創造の原動力とつながっているから。

4　授業内での数学の勉強より、外に出て現実世界に触れたほうが勉強になる場合があるから。

問三　波線部B「なんとなく薄気味の悪い一日になってしまった」のはなぜか。最も適切なものを一つ選び、マークせよ。

1　ピカソ展の会場を出てから周囲の人々の顔に現れる無明が目につくようになり、筆者は不安な気持ちになったから。

2　ピカソが描いた絵が表現する無明が筆者の頭から離れず、展示会場で感じた恐ろしさをぬぐいきれないでいるから。

3　筆者はピカソが描いた無明が身近に存在すると知ったと同時に、その悲しさから逃れられないことに気づいたから。

4　筆者はピカソの絵画展をきっかけに無明が自分の顔にも出ているのではないかと感じ、周囲の視線が気になったから。

問四　波線部C「無明の恐ろしさとはこのことだ」とはどういうことか。最も適切なものを一つ選び、マークせよ。

1　他人を客観的に見た場合には無明を見いだすことができるが、他人の無明と自分の無明を見比べるのは困難であるということ。

2　自分の中の無明を見いだすためには自我を捨て、他人と自分との境界を消さなくてはならないため、自己を見失う可能性が生じるということ。

3　無明は見ようと思って見られるものではなくコントロールできるものでもないため、望んだときにいつも観察できるとは限らないということ。

4　他人の顔を見た際には感じ取ることができる無明であるが、自分自身を見直してその存在に気がつくことはできないということ。

問五　空欄 [Ⅰ] と [Ⅱ] に入る言葉の組み合わせとして最も適切なものを一つ選び、マークせよ。

1　Ⅰ画家―Ⅱ有名画家　　2　Ⅰ大衆作家―Ⅱ芸術家

（注1）岡崎——京都市左京区の地名。
（注2）ピカソ——スペインで生まれ、主にフランスで活躍した画家（一八八一—一九七三）。
（注3）マッハ族——一九五〇年代後半に登場した、制限速度をこえてバイクなどを乗り回す若者たちの呼称。

問一　傍線部ア〜オと同じ漢字を使うものを、次の各群からそれぞれ一つずつ選び、マークせよ。

ア
1　太平ヨウを横断する
2　太ヨウ光にあてる
3　抑ヨウをつけて読む
4　ヨウ人の護衛をする
5　威ヨウを誇る

イ
1　警察ショをたずねる
2　急ショをつく
3　適切なショ置をとる
4　ショ行無常を感じる
5　残ショが厳しい

ウ
1　タン精こめて育てる
2　タン究心を育てる
3　タン生日会をひらく
4　大タンにふるまう
5　解決のタン緒をつかむ

エ
1　残コクな行為
2　大理石の彫コク
3　理想と現実の相コク
4　審判の警コク
5　コク物の産地

オ
1　キ妙な話を聞く
2　キ上の空論に過ぎない
3　キ画をたてる
4　人情のキ微に触れる
5　平和をキ求する

問二　波線部A「なんだかブラブラと歩いてみたくなった」のはなぜか。最も適切なものを一つ選び、マークせよ。
1　晴れた暖かい日に外出すると、そのあとにいいアイデアが湧いてくるのは確実だから。
2　あてもなく歩くという行為は、研究において新しい発想をするために必要不可欠だから。

ピカソ自身どんな気持ちでこれを描いたか知れないが、ピカソを［　Ⅱ　］と呼んでいいだろう。［　Ⅱ　］の中の巨匠と呼んでいいだろう。そしてその作品は巨匠の中の傑作といっていいだろう。漱石が「［　甲　］」の中に書いた無明と同様、人の倫理に大いに役立つものというべきで、ここまでは賛成である。

しかし、ただ一つ、Dこれは美とは言えないと思う。そこで、つれて行った若い人たちに感想を聞いてみた。E「ものすごく生きている」と言って安心している。そうするといまの若い世代はのた打ち回ることを生きていることと思っているらしい。

生きるということばを教えるのにミミズが生きていると教えるのは間違いで、あれは物質が運動をしているのだ。とはいえ、生きるということばがいらないわけではない。たとえば「生きがいを感じる」、「生きとし生けるもの」、これはみんな物質の運動ではないからだ。生きるということは、人が良く生きるうちに気がこもっているかどうか、それを生命というのだろう。

生命がオキ薄になれば、［　乙　］ことごとく疑惑になるものだ。そして心の底がなんとなくさびしくなる。若い人のなかで(注3)マッハ族などと呼ばれる人たちは無明の現われで、心の底に常にさびしさがあり、さびしいからなおさら粗暴な行動をする結果になるのだ。

生きることは、動くことで見分けてはいけない。良く生きているかどうかで見分けるべきだろう。

ほんとうの自分―自我と呼んでいるもの、あれはみんな無明の現われで、その本質がどんなものか、どんなに恐ろしいものか、どれだけ知っても知り過ぎることはないだろう。その意味で、わたしはピカソの絵を見るようにおすすめする。

（岡潔「ピカソと無明」による）

の顔を見ないようにしていたのだが、それでもなお、無明が気になり、Bなんとなく薄気味の悪い一日になってしまった。

翌朝、目をさまし、床の中でふときのうのことを思い出したので、これはいい機会だと思い、あわてて自分の顔を鏡に写して見た。きのう、他人の顔からあれだけ見いだした無明が、自分の顔からは全然見いだせないではないか。C無明の恐ろしさとはこのことだ。

もし無明―自我の本体―が自分の中に見いだせるものならば、わたしは学生ショ君にただ一言、鏡を持っておきなさい、と言っておけばよかったのだろうが、自分の中には無明は見いだせないのだ。つまり自分の中に無明が見いだせないのは、無明の働きでかえって智力―普通大脳前頭葉―がうまく働かなくなっているために、当然だれにでもあるはずの無明が見いだせないのだと思われる。

明治以後のことだろうが、生きることを生物の「生」という意味に割り切って使っているが、これは間違いだ。そこで言う「生」とは、のた打ち回るという意味で、それ自体大切なものであるというのはわかるが、この「生」を自我の本体と解してはいけないだろう。

ところで、わたしは三十年前、フランスに留学していたおりに、ピカソの絵を見た。当時の絵はたいていキュービズム（立体派）めいたもので、歌姫や踊り子が非常に美しく、かわいらしく描かれていたと記憶している。いま思うと、そこにあった女性の美はほんとうの美ではなく、あやしくも人の心をひく美だった。これもやはり無明の現われであるに違いない。

しかし、かりにピカソがこの程度の無明しか描き出せずに終わっていたら、単なる［Ⅰ］にしかなり得なかっただろうが、さすがピカソはその後、人の中からエコク明に無明の部分を残す努力を続けたからこそ、三十年後にこんな絵がかけるようになったと思われる。

〔二〕　次の文章を読んで、後の問いに答えよ。

わたしは週に一度、奈良から京都に行って、大学院の研究生にゼミナールをやっている。二月はじめのある金曜日の京都は、Aなんだかばかに春めいたアヨウ気だった。こんな日に薄暗い教室に閉じこもって、数学の勉強をするのはまことにつまらぬことで、なんだかブラブラと歩いてみたくなった。

春先きの天気のよい日に、ポカポカと歩いてみたくなる気分、この気分こそ大事だと、わたしは思っている。文化において、生み出す、造り出す働きをするそのはじまりは、ちょうどこういう気分だからだ。この一番はじまりの気分を研究生のイショ君に味わってもらおうと思い、教室にはいって、みんなの意見を聞いた。みんな大賛成だ。

植物園へ行こうか、博物館へ行って絵巻き物でも見ようかと迷ったが、岡崎（注1）でピカソ（注2）展が開かれていると聞いたので、そこへ出かけることにした。

ピカソ展には大体二種類、女性の絵と馬の絵がかかげられていた。一口に言うと、女性や馬がものすごい勢いでのた打ち回っている状態をあらわした絵だ。もちろん全部を見て回ったが、一枚一枚立ちどまってウタン念に見る気になれず、ましてもう一度見直す気もしないまま、せいぜい三十分ぐらいで会場を出ただろうか。それでもわたし自身大いに感じるものがあった。「無明（むみょう）」が実によく、実に恐ろしく描かれていたからだ。無明とはこんなに恐ろしいものかと、しみじみ考えさせられると同時に、さすがは世界的な巨匠の絵だと感心した次第だ。

無明とは、生きようとする盲目的意思だと教えられている。普通われわれが「自我」と思っているものの本質が無明であると言えよう。

ところで、奈良に帰る途中、わたしの目に映る人の顔から、やたらと無明が見えてしかたがないので、つとめてそばにいる人

なったこと。

2 近代の科学文明の発達・浸透とともに妖怪が消滅し、現代では人の支配できない「自然」が人々の母胎であり存在の根拠となったこと。

3 人の心の「闇」から生まれた妖怪は外界の「闇」に棲みついたが、現代でも夜の漆黒の闇や人の支配できない「自然」に出没すること。

4 人の心のなかで生み出された妖怪は外界の「闇」に棲みついたが、現代では夜の漆黒の闇も人の支配できない「自然」も消滅したこと。

問九 本文の内容とは明らかに合致しないものを一つ選び、マークせよ。

1 妖怪文化には、現実世界に出没すると語られるレベルの妖怪とフィクションレベルの妖怪がある。

2 科学的精神をもった人たちは、妖怪を想像して現実世界に出没させる人たちが減ると考えていた。

3 人間を幸福にするはずであった近代の科学文明が頂点に到達した現代で、人々は将来への不安を抱いている。

4 現代の都市空間においても山奥の過疎地域においても妖怪たちは生き続け、新たな妖怪が生み出されている。

5 現代人の心のなかの「闇」が形象化され物語化されて「妖怪」となり、現代都市社会に送り出されている。

1　都立　2　媒介　3　非常　4　破戒　5　多寡

問五　空欄 甲 乙 丙 に入る言葉として最も適切なものをそれぞれ一つずつ選び、マークせよ。

1　しかも　2　しかし　3　したがって　4　むしろ　5　いいかえると

問六　波線部B「若い女性や子どもたちが現代の都市空間のなかに妖怪を生み出し続けていた」という行為について、筆者はどのように考えているか。最も適切なものを一つ選び、マークせよ。

1　人を幸福にする近代の科学文明・合理主義が頂点に到達した中で、「呪術的」力によって妖怪を生み出す非人間的行為。

2　現代の多くの人々が将来にはっきりとした希望を抱く中で、想像力によって妖怪を生み出す好ましくない行為。

3　現代の多くの人々が将来に漠然とした「不安」を抱いている中で、想像力によって妖怪を生み出す心豊かな行為。

4　科学的・合理的精神を身につけて人々が心豊かに生きている中で、想像力によって妖怪を生み出す人間的な行為。

問七　波線部C「どうしてそのなかに「妖怪」の話が含まれているのだろうか」とあるが、その理由として最も適切なものを一つ選び、マークせよ。

1　人々は「不思議」を求めており、また現代人の心のなかには社会や科学の進歩をうながす想像力があるから。

2　人々は「不思議」を求めており、また現代人の心のなかには「不安」や「恐怖心」などの「闇」があるから。

3　人々は科学の進歩を求めており、また現代人の心のなかには妖怪を恐れる「不安」や「恐怖心」があるから。

4　人々は不安の解消を求めており、また現代人の心のなかには妖怪を支配できるという絶対的な自信があるから。

問八　波線部D「そうした現代日本人の生活の事情」とは、妖怪をめぐるどのような事情か。その説明として最も適切なものを一つ選び、マークせよ。

1　妖怪が本来の棲みかとしていた外界の「闇」が消滅し、現代人の心のなかにある「不安」や「恐怖心」を棲みかとするようにてきているといっていいだろう。[4]

（小松和彦『妖怪学新考　妖怪からみる日本人の心』による）

問一　波線部A「前代からの妖怪たちは滅んでいった」のはなぜか。その理由として最も適切なものを一つ選び、マークせよ。

1　科学的・合理的精神をもった人間がいなくなったから。
2　妖怪を想像する力をもった人間が出てきたから。
3　人間によって「闇」や「自然」が制圧されたから。
4　妖怪を生み出す物語作者がいなくなったから。

問二　本文には次の一文が抜けている。元に戻すのに最もふさわしい箇所は文中の[1]～[4]のどこか。後の選択肢から適切なものを一つ選び、マークせよ。

想像力が生み出したもう一つの世界つまり「異界」に人々を誘うのである。

1　[1]　　2　[2]　　3　[3]　　4　[4]

問三　二重傍線部a「温床」c「肝心の」e「画一化」の意味として最も適切なものをそれぞれ一つずつ選び、マークせよ。

a
1　あたたかくしたところ
2　零落するところ
3　祭祀《さいし》されるところ
4　生まれ育ちやすいところ
5　盛衰するところ

c
1　心に深く感じた
2　局所的な
3　とりわけ大切な
4　肝に銘じた
5　正常な心の

e
1　すべてを整えること
2　すべてを受け入れること
3　すべてを調和させること
4　すべてを正しい状態にすること
5　すべてを一様にすること

問四　二重傍線部b「表裏」d「到達」と同じ構成の二字熟語はどれか。最も適切なものをそれぞれ一つずつ選び、マークせよ。

ているのだが）は「妖怪」を語りたがるのだろうか。じつは、彼らは「妖怪」のみを語っているわけではない。テレビや雑誌、新聞などのマスメディアから送られる情報をキャッチしつつ、それを利用した「物語」（世間話）を作っては語りあっている。「誰それさんの家には包丁もまな板もない」とか、「誰それと誰それは不倫の関係らしい」とか「俳優の誰それが誰それと結婚するらしい」といった話を語りあうことで人間関係を維持しており、そのなかに「テレビの『サザエさん』の最終回は、サザエさんの一家がハワイ旅行に出かけた帰りに、乗った飛行機が海に墜落して、サザエさんはサザエに、カツオくんはカツオ、ワカメちゃんはワカメといったように、名前どおりのものになるんだって」といった物語性の高い冗談めいた話が作られ、その種の話のなかに、「実際にあった話」として「妖怪」の話も語られているのである。

そうだとしても、Cどうしてそのなかに「妖怪」の話が含まれているのだろうか。［丙］それはけっしてまれにしか語られない話ではない。むしろ好まれる話なのである。大雑把にいって、理由は二つあると考えられる。一つは「不思議」を人々が求めていることである。「不思議」は一方では科学の進歩をうながす。墓場に人魂《ひとだま》が出るというのはなぜかと問うことによって、科学は進歩する。その一方、「不思議」はそれとは異なる想像力を羽ばたかせるのである。［3］

第二の理由は、現代人の心のなかに「不安」や「恐怖心」つまり「闇」が存在していることによっている。その「闇」が「妖怪」として形象化され物語化されて、社会に吐き出されるのである。つまり、妖怪が本来の棲みかとしているのは、人間の心の「内部」なのだ。人間の心のなかで生まれた妖怪が、その外の世界に解き放たれたとき棲みつくところが、外界にある「闇」だったのである。その「闇」は同時に夜の漆黒の闇であり、人間が支配できない部分をもっていた「自然」であったが、しかし、そうした夜の闇も、自然も消滅したために、心の「外部」つまり現代都市社会に送り出された現代の妖怪は、新たな環境のなかに出没しやすい場所を探すというわけである。これまで論じてきたように、いつの時代でも、妖怪たちはその母胎であり、存在の根拠である人間の生活に応じて性格を変化せざるをえないのである。現代の妖怪たちは、Dそうした現代日本人の生活の事情を十分にふまえて登場し化を支える[c]肝心の人間がいなくなってしまったことにある。しかも、前代から伝えられてきた妖怪たちが棲みついていた「闇」や「自然」が人間によって制圧され、このために人間の能力を超えた「大きな力」の象徴となる資格を失ってしまったことも、前代の妖怪を衰退させることになったのであった。

しかしながら、多くの人々が住んでいる都市は妖怪の発生の条件を十分備えている。問題は、科学が妖怪の存在を「迷信」として否定しているにもかかわらず、そのことを家庭や学校、マスコミなどを通じて教えられているにもかかわらず、妖怪を想像しそれを現実世界に出没させる人たち、［甲］、妖怪という存在を通じてなにかを表現したいと思っている人たちがいるかどうかであった。科学的精神をもった人たちの多くは、科学文明の浸透とともに、そうした「迷信」をもった人たちは減っていくと考えていた。だが、実際はそうではなく、[B]若い女性や子どもたちが現代の都市空間のなかに妖怪を生み出し続けていたのであった。

科学的・合理的精神を身につけて日常生活を送るのが好ましい人間だとする、妖怪や迷信を信じない人たちからみると、若い女性の精神はまだ「原始的」で「呪術的」「非合理的」段階にある、ということになり、子どもも一定の時期はそういう段階にある、ということになるのかもしれない。［乙］、人間を幸福にするはずであった近代の科学文明・合理主義が頂点にまで[d]到達したという現代において、多くの人々がその息苦しさ、精神生活の「貧しさ」(精神的疲労)を感じ、将来に漠然とした「不安」を抱いているということを思うと、逆に「原始的」とか「呪術的」とか「迷信」といったレッテルを貼って排除してきたもののなかに、むしろ人間の精神にとって大切なものが含まれているともいえるのかもしれない。だとすれば、むしろ妖怪を登場させる若い女性や子どもたちの精神活動のほうが、人間らしく心が豊かであるということにもなるだろう。少なくとも、[e]画一化してしまった物質文明のなかで、妖怪の名を借りて想像力をふくらませている彼らの生活が、私にはとても人間的に思えてならないのだ。 [2]

それにしても、どうして彼ら(第三者のようにいっているが、このなかには私をはじめとした老人や若壮年の男たちも含まれ

国語

（英語と二科目　九〇分）

〔一〕　次の文章を読んで、後の問いに答えよ。

　近代の科学文明の発達・浸透とともに人間世界から妖怪は消滅するはずであった。多くの人々がそう考えていたし、実際、[A]前代からの妖怪たちは滅んでいった。夜の深い「闇」の消滅が、そこを棲《す》みかとしていた妖怪たちに、決定的打撃を与えたことは間違いない。たしかに、現代の夜の東京で、夜の平安京を闊歩《かっぽ》していたという百鬼たちの群行する姿を見た者はいない。東京のど真ん中で、江戸の町で人をしばしばばかしていたキツネにばかされたということも聞いたことがない。その意味では、鬼も、妖怪キツネも、そして現実世界に出現するとされていた多くの妖怪たちも、消え去ってしまった。しかしながら、まことに興味深いことに、現代においても、妖怪たちは生き続け、また、新たに生まれているのだ。[1]

　妖怪文化には、現実世界に妖怪が出没すると語られるレベルでの妖怪と、有名・無名の物語作者たちの想像力によって生み出されたフィクションのレベルでの妖怪がある。

　近代の科学文明の発達・浸透とともに消滅すると思えた妖怪が、現代の大都会にも出没するのはどうしてなのか。妖怪の温床[a]とみなされていた「闇」が、都会ではなくなってしまったといわれているのに、どうして妖怪は発生しうるのだろうか。その答えははっきりしている。現代社会にも妖怪を想像する力をもった人間がたくさんいるからである。妖怪は人間と表裏[b]の関係にある。人間がいなければ妖怪は存在しえない。したがって、山奥の過疎地域で妖怪がほとんど消滅してしまった理由の一つは、妖怪文

解答編

■英語■

A 解答

(1)—3 (2)—1 (3)—4 (4)—3 (5)—4 (6)—1
(7)—3 (8)—2 (9)—4 (10)—3 (11)—2 (12)—4
(13)—3 (14)—1 (15)—2

◀解　説▶

(1)「私たちはどの案を採用すべきかについて彼と話し合った」
discuss「〜について話し合う」は他動詞なので，前置詞は不要。ただし，「〜と話し合う」という情報を付加するときには，discuss with 〜という形になる。したがって，正解は３。

(2)「最初の客が到着するまでにその部屋を掃除しなければならない」
by the time S V「SがVするまでに（は）」（〈期限〉を表す）の語法より，１が正解。３の until「〜するまでずっと」（〈継続〉を表す）との意味の違いを正確に理解しておかなければならない。

(3)「その伝統のある祭りは14世紀に始まったと考えられている」
be believed to have *done*「〜したと考えられている」の語法より，４が正解。be believed to *do*「〜すると考えられている」の語法もあるが，本文では，in the 14th century「14世紀に」とあり，過去の事柄について述べられているので不適。なお，originate は「（物事が）起こる，生じる，始まる」という意味の動詞。

(4)「離れたところから見ると，その城は五階建てに見える」
本文の主語が the castle であることから，動詞 view「見る」の形は，（the castle）be viewed「（その城は）見られる」という受動態でなければならない。したがって，正解は３。完成された英文は，If〔When〕the castle is viewed from a distance という従属節を分詞構文にしたもの。

(5)「幸運な偶然がなかったら，その科学者はその発明をすることができなかっただろう」

動詞がwould not have succeededという仮定法（過去完了）の帰結節の形になっていることから，空所には条件を示す表現が入ることになる。4のWithoutは「～がなければ」という意味であり，これが正解。2のEven ifも条件を表すが，接続詞なのでSVという形が続き，ここでは不適。1のBecauseは接続詞で，後にはSVという形が続き，3のFar fromは「～からほど遠い，決して～でない」という意味であり，いずれも不適。

(6)「私が大いに安心したことに，彼女は病気から完全に回復した」
to *one's*＋感情を表す名詞「…が～したことに」の用法より，空所には名詞が入る。したがって，正解は1。Much to my reliefのmuchはこの表現を強める修飾語（あるいはTo my great reliefという表現もある）。

(7)「トムは徐々にホストファミリーと暮らすことに慣れた」
get〔be〕used to *doing*「～することに慣れる〔慣れている〕」の語法より，正解は3。1のaccustomはget〔be〕accustomed to *doing*で「～することに慣れる〔慣れている〕」，2のinterestedはbe interested in～で「～に興味がある」，4のwillingはbe willing to *do*で「～することを厭わない，～しても構わないと思う」の意味。

(8)「私が言いたいのは，私たちは決断を下すべきときだということです」
文の構造上，(　　) I want to sayの部分がisの主語にならなければならない。2のWhatを関係代名詞として用いれば（What S V「SがVすること（もの）」），「私が言いたいこと」の意味にすることができる（Whatはsayの目的語である）。したがって，これが正解。1のThatを接続詞として用いることも考えられるが，that S Vは「SがVするということ」の意味であり（thatはsayの目的語ではない），不適。3のWhich，4のWhyではそもそも意味の通る文にならない。

(9)「私たちのクラスには外国人の生徒が二人います。一人は中国出身で，もう一人はカナダ出身です」
二つのものを一つずつ順に取り上げる場合，一つ目はone，二つ目はthe otherと表現する。したがって，正解は4。

(10)「その会社はその問題にできるかぎり敏速に対処しなければならない」
as＋原級＋as possible「できるかぎり～」の用法より，空所には原級が入る。1のearlier，4のsoonerは比較級であり，不可。2のhardlyは原級であるが,「ほとんど〜ない」の意味であり,不適。したがって,正解は3。

(11)「そのチームはさまざまな国籍のメンバーで構成されている」
consist of〜「〜から成り立っている」の語法より,正解は2。同意の表現として,be composed of〜,be made up of〜も覚えておくとよい(この二つは受動態であるが,consist of〜は能動態であることに注意)。

(12)「私は昨日の会議の前に書類の検討を終えておくべきだった」
should have *done*「〜すべきだったのに,〜すればよかったのに」,finish *doing*「〜し終える」の語法より,正解は4。before the meeting yesterday「昨日の会議の前に」とあり,過去の事柄について述べられているのでshould *do*「今〜すべき」ではなくshould have *done*「〜すべきだったのに」となる。

(13)「ニュースによれば,その火事で重傷者は一人もいなかった」
be injured in〜「〜で負傷する」の語法より,正解は3。injureは「〜を傷つける」の意味の他動詞。

(14)「私はこれまでそんなに面白い映画を見たことがない」
so+形容詞+a〔an〕+名詞,such a〔an〕+形容詞+名詞,の語順を正確に覚えておかなければならない。amuseは「〜を楽しませる,〜を面白がらせる」の意味であり,amusingは「楽しませる,愉快な,面白い」,amusedは「面白がっている,楽しんでいる」という意味になる(本文ではmovie「映画」を修飾するのであるからamusingが適切)。以上のことから,正解は1。

(15)「いつ大きな地震が起こるかわからない」
There is no *doing*「〜することはできない」の構文より,正解は2。

B　解答　(16)—2　(17)—1　(18)—2　(19)—1

◆全　訳◆

≪出迎えの空港にて≫

(ルークとジェンは空港にペリーとルーシーを迎えに行っている)

ルーク:やっと着いた！　ここにたどり着けないかと思った。でも,遅れてしまった。彼らの飛行機は15分前に到着することになっていたはずだ。

ジェン：心配ないよ。まだ荷物を取って税関を通過しないといけないから。

ルーク：遅れるのは嫌なんだ。きみがもっと早く準備できていたらここに時間どおりに着けただろうに。

ジェン：それは僕のせいではないよ。雨がひどく降っていたし，道も混んでいたから。

ルーク：それは問題じゃないよ。12時に家を出ることになっていたのに，きみが時間どおりに出る準備ができなかったからだよ。どうして家を出る間際まで家の掃除なんかしてたんだよ？

ジェン：彼らが来たときに汚れているのは嫌だったから。

ルーク：もうきれいになっていたよ！　ここに早く着きたかったのに。そうしたら空港のカフェでコーヒーを飲むことができたのに。でも，もう遅すぎるよ。

ジェン：ペリーとルーシーを出迎えた後でカフェに寄って行けるよ。ところで，正確にはどこで二人と会うことになっているの？

ルーク：ええっと。オアシス航空の768便で到着することになっているから，オアシス航空の到着エリアで落ち合えばいいよ。それがどこかはわからないけど。

ジェン：案内表示を見てみよう。

ルーク：わあ，ここにはものすごく多くの案内表示があるね。全くわからないよ。

ジェン：そんなに難しくないよ。ほら，あるよ！　オアシス航空。

ルーク：どこ？

ジェン：大きな時計のとなりの案内表示だよ。オアシス航空の到着エリアは北館だと書いてあるよ。

ルーク：それはどこ？

ジェン：わからない。

ルーク：これは大変だ！　彼らは僕たちを待っているよ！

ジェン：ほら，見てみなよ。壁に地図があるよ。北館は…ここだよ！　二階に行って緑の矢印をたどっていかないと。

ルーク：そうなの，わかったよ！　行こう。急がないといけないね。

ジェン：待って。その必要はないよ。フライト案内の新しいメッセージを見てみなよ。フライトは嵐で欠航になってるよ。

ルーク：えっ，なんてことだ！

◀解　説▶

⒃空所を含む文は「きみが（　　　）していたら時間どおりに着けただろうに」の意味。次の発言でルークは「12時に家を出ることになっていたのに，きみが時間どおりに出る準備ができなかった」とジェンを非難していることから，「もっと早く準備できていたら」という2が正解。

⒄空所を含む発言は，直前のルークの「どうして出発の間際まで家の掃除をしていたのか」という問いに対するジェンの答えである。したがって，「それ（家）が汚れている」のは嫌だったとなる1が正解。

⒅空所はルークの，非常に多くの案内表示がある，と述べた直後の発言であり，それに対してジェンは，「それほど難しくはない」と答えているのであるから，案内表示が多くて「わからない」という趣旨の発言であると容易に推測できる。したがって，正解は2。1は「想像するのが難しい」であるが，何を想像するかを明示しないと意味が通らない。3は「ある程度興味深い」，4は「空港についてではない」の意味であり，いずれも不適切。

⒆ルークの空所の発言に対して，ジェンは直後に「その必要はない」と答えていることから，「何かをする必要がある」という意味のことを述べていると推測できる。そこで，1と3が考えられるが，3の「カフェで会わなければならない」は文脈とは無関係。したがって，正解は1。

C　**解答**　⒇—4　㉑—4　㉒—3　㉓—3　㉔—2

◆全　訳◆

≪米国におけるオオカミの保護≫

多くのさまざまな種とともに，オオカミは，ヨーロッパやアジアだけでなく北アメリカのいたるところで目にすることができる。オオカミは長らく家畜にとって危険なものであると考えられ，また人間にとっても危険なものであるとみなされてきた。その結果，オオカミは人口の多い地域や農場で積極的に狩猟されてきた。その一例は，ハイイロオオカミ（「シンリンオオカミ」としても知られている）である。ハイイロオオカミは，少なくとも50万年もの間，北アメリカに生息してきたが，1800年代から1900年代のはじめの間に，狩猟が原因でほとんど姿を消した。1960年代までに，米国のハイイロオオカミの個体数は，中西部の北方およびアラスカの少数だけになってしまった。

いくつかのグループの考えるところによると，オオカミが姿を消したことは大きな損失であり，実際，環境に害を与えるものである。何年にもわたって，これらのグループは，オオカミの個体数を維持しようと努めてきたが，いつもうまくいくというわけではなかった。そこで，1973年に，一つの法律，絶滅危惧種保護法（ESA）が制定された。この法律は生存が脅威にさらされている動物を保護するものである。ハイイロオオカミは，ESAによる保護が真っ先に考えられる動物の一つであった。そして，特に絶滅が危惧される種のリストに挙げられている。そのリストに挙げられるやいなや，それらを殺すことは違法となり，米国政府はその保護の促進に努めた。これは，オオカミの保護地域を作ることによって進められた。また，オオカミを他の離れた地域に移住させ，その数が自然に増えることが期待された。このような努力の有名な一例として，1995年に開始された，31頭のオオカミのカナダからアメリカのイエローストーン国立公園への移住がある。2015年までに，500頭を超えるハイイロオオカミが，イエローストーン圏生態系に生息するようになった。

今日，米国大陸部は，6000頭を超えるハイイロオオカミの生息地になっている。このような増加は，ESAの大いなる成功であると考えられ，2021年1月4日に，米国政府は，ハイイロオオカミを絶滅危惧種のリストから外すことに決めた。通常，ある動物をリストから除外することは，喜ばしいことである。しかし，専門家の中には，オオカミはいまだ保護する必要がある，と主張する者もいる。ウィスコンシン大学のオオカミの専門家であるエイドリアン＝トレベスは，「オオカミが保護されるべき状態にあるか，オオカミは本当に安全で危険がないか否かについて，見解は一致していない」と述べる。

一部の地域においては，オオカミは，安全に生息している。1000を超えるオオカミが，ミシガンおよびウィスコンシンで確認されている。しかし，全体として，オオカミの生息領域は，いまだ1800年代以前のごく一部でしかない。オオカミの数が何年も前から減少しているだけでなく，その生息地域も減少している。オオカミはかつて，米国の大部分の地域に生息していたが，現在，オオカミが確認されているのは12州に満たない。

専門家の中には，ESAの目標は動物がそのもともとの生息領域を取り戻すまで保護することである，と主張する者がいる。また別の専門家は，ある種が消滅の危険にあるというのでないかぎり，絶滅危惧種のリストに含まれない，と主張する。そして，オオカミの生息領域に土地を有する農業従事者は，もしオオカミの個体数が増え続ければオオカミによって殺される彼らの家畜の数は増えるだろう，と言っている。2020年10月，米国政府はハイイロオオカミをリストから外す計画を発表したが，国立公園局長のデイビッド＝バーンハートは，ハイイロオオカミの数は十分に回復した，と述べた。バーンハートによれば，このため，オオカミの生存はもはや脅威にさらされていない，ということである。

しかし，野生動物保護団体のジェイソン＝ライランダーは，保護しなければオオカミの個体数は再び劇的に減少するだろう，と危惧している。彼の述べるところによると，オオカミの個体数が回復していない場所がいまだにあまりにも多くある，ということである。環境団体は，米国政府がオオカミをリストから外すことを阻止しようと努めている。ライランダーは，どのような形であれ，人とオオカミが平和的に共存できることを願っている。

◀解　説▶

⒇「ハイイロオオカミは北アメリカに（　　）生息してきた」

第1段第5文（Gray wolves have …）に，for at least half a million years「少なくとも50万年間（生息してきた）」とあるので，4の「50万年以上の間」が正解。同文の後半に「1800年代から1900年代のはじめの間に，狩猟が原因でほとんど姿を消した」とあるので1・2・3はいずれも不適。

㉑「絶滅危惧種保護法（ESA）の目的は何か？」

第2段第4文（This law protects …）に，「この法律は生存が脅かされている動物を保護する」とあることから，4の「消滅の危機にある動物を保護すること」が正解。2の「オオカミを絶滅危惧種のリストに載せること」というのは，法の目的（purpose）ではなく，絶滅危惧種を保護するという目的を達成するための方策（手段）である。

(22)「空所に最もよく当てはまるものを選びなさい」
空所を含む文は，「オオカミの数が何年も前から減少しているだけでなく，( ) も減少している」の意味である（…, but so has … の so は decreased であることに注意)。空所の直後（第4段最終文（Wolves used to …）に，オオカミが，かつて「米国の大部分の地域に」生息していたが，現在は生息が確認されているのは「12州に満たない」とあることから，オオカミの生息地域も減少していることがわかる。したがって，正解は3。

(23)「米国政府がハイイロオオカミを絶滅危惧種のリストから外したがったのはなぜか？」
第3段第1文（Today, the continental …）に，現在，米国大陸部には6000頭を超えるハイイロオオカミが生息していることが述べられていて，また，第3段第2文（This increase was …）に，このように生息数が増加したことはESAの活動が大いに奏功したものと考えられ，その結果，米国政府がハイイロオオカミを絶滅危惧種のリストから外す決定をした，と述べられている。すなわち，オオカミの個体数が大きく増えたことが，この決定の理由であったとわかる。したがって，3の「オオカミの数が大きく増えた」が正解。1の「オオカミは安全で危険がなかった」について，第3段第5文（Adrian Treves, a …）に safe and secure とあるのは，「オオカミは本当に安全で危険がないか否かについて，見解は一致していない」という文脈であり，事実として「安全で危険がない」と述べられているわけではない。2の「オオカミよりも家畜のほうが多くいた」，4の「オオカミはもはや人にとって危険なものではなかった」，こうした記述はいずれも本文にはない。

(24)「現在のハイイロオオカミの数に関する一つの見解はどれか？」
最終段第1文（But Jason Rylander …）に，「保護しなければオオカミの数は再び劇的に減少するだろう」という懸念があることが述べられている。すなわち，いまだに保護の必要性があるという見解があるとわかる。したがって，2の「いまだなお生存のための保護を必要としている」が正解。1の「オオカミの数は決して回復しないだろう」，3の「オオカミの数は重要ではない」，これらの記述は本文にはない。4の「オオカミはもともとの生息領域を取り戻した」について，第5段第1文（Some experts

say …）に，has reclaimed its original territory とあるのは，「ESA の目標は動物がそのもともとの生息領域を取り戻すまで保護することである」と主張する専門家がいるという文脈であり，事実として「生息領域を取り戻した」という見解があるとは述べられていない。また第 4 段第 3 文 (But overall, …) より，全体として，オオカミの生息領域はかつてのごく一部でしかない。

D **解答** (25)— 3 (26)— 4 (27)— 1 (28)— 1 (29)— 3 (30)— 2

◆全 訳◆

≪友人の家を探して≫

（ポールとリリスは車を運転して，友人であるジムの家を探している）

ポール：間違った道を進んでいると思う。

リリス：本当？ そうは思わないけど。ジムはオーク通りに住んでいると言ってたわ。ここがオーク通りよ。

ポール：うん，でも彼の家は 401 番で，市立図書館のすぐ先のはずだけど。ついさっき通り過ぎたところだよ。

リリス：えっ，そうなの。わかったわ。それじゃ，次の信号で U ターンしましょう。

≪母と息子の会話≫

（パトリシアが息子のダグに話しかけている）

パトリシア：就職の志願書はもう提出したの？

ダグ：いや，まだだよ，お母さん。

パトリシア：それなら，早く出したほうがいいわよ。今日出さなければなりませんよ。

ダグ：わかったよ，お母さん。わかったから。そのことはもう言い続けなくてもいいよ。

パトリシア：本当に，今日出しなさいよ。先延ばしはだめですよ。

ダグ：そうするって言ったし，そうするよ！

パトリシア：そうね，郵便局はあと 1 時間で閉まりますよ。

≪サンドイッチを頂戴！≫

（ビルとマークはカフェテリアで食事をしている）

ビル　：もしきみがそのサンドイッチを食べないのなら僕が食べよう。
(ビルがマークの皿からサンドイッチをつかみとる)
マーク：ちょっと，それは僕のだよ！
ビル　：もう食べ終わったのかと思った。
マーク：まだだよ！　返してよ！
ビル　：えっ，まさか！
マーク：もう一つ買ってきなよ。これは僕のだからね。
ビル　：でも，お腹がぺこぺこなんだ！

◀解　説▶

(25)空所の直前に，ジムの家の番地が述べられていて，それは「市立図書館の（　　）はずだ」ということを意味する，と続いているので，ジムの家の位置に関する内容が入る。after は時間だけではなく場所を表す前置詞としても用いられる。3の right after を選べば「～のすぐ先に（進行方向に沿って)」の意味となり，適切である。2の on top of は「～の上に」の意味である。1の just over は「～をちょうど越えたところに，～のちょうど向こう側に」の意味だが，主に領域，道，川，廊下など，もしくはフェンス，壁，山，障壁などに対して用いられるため，ここでは不適。
(26)ポールが「そこ（行き先）を通り過ぎた」と言ったことに対して，リリスは「わかった」と答えているのであるから，4の「ぐるりと向きを変える（Uターンする)」というのが適切。1の go away は「立ち去る」，2の drive off は「車で出かける（自動詞)，～を追い払う（他動詞)」，3の draw down は「～を引き下ろす，～を招く」の意味。
(27)就職の志願書を提出したかと尋ねる母に対して，まだ提出していないと息子が答える。空所は，それに対する母の発言である。空所の直後に「今日出さなければならない」と付け加えていることから，「早く提出するように」という趣旨の発言をしていると容易に推測できる。したがって，「急ぎなさい」という1が適切。2の give up は「～をあきらめる，～を放棄する，～を譲る，～を手放す」など，3の put over は「～を延ばす，～をわからせる」など，4の tear down は「～を取り壊す，～を分解する」の意味。
(28)空所は「今日出しなさい」に続けて，「(　　　）してはいけません」と述べている。この発言に対して「そうする」と答えているのであるから，

1のput off「～を延期する」を入れて，「先延ばしにしてはいけない」とするのが適切。2のhold outは「～を差し出す，～を提供する」，3のfigure outは「～を計算する，～を理解する」，4のclose downは「～を閉鎖する」の意味。

⑵9)ビルが「食べ終わったと思った」と言ったのに対して，マークは「まだ終わっていない」と答えているのであるから，そのあとマークはビルにサンドイッチを返すように言っていると推測できる。したがって，3のHand over「～を引き渡す，～を譲り渡す」を入れて，「返して」の意味にするのが適切。1のHave at itは「さあ食べなさい」，2のHere you goは「さあどうぞ」の意味。

⑶0)マークがビルに，「（サンドイッチをもう一つ買ってきなよ。）これは僕のだからね」と言ったことに対するビルの発言。「でも」に続く言葉なので，マークの言葉を打ち消す理由となる2のI'm starving「ものすごくお腹が減っているんだ」が適切。3のyou're cheap「けちん坊」は，この前に「わかったよ，自分で買うよ」といった発言があればつながるが，そのようなことは言っていないため不適。

数学

◀経済・経営・法・現代社会・国際関係・外国語・文化・生命科（産業生命科）学部▶

I　解答

(1)ア．1　イウ．10　エオ．14　カ．5

(2)キク．11　ケ．3

(3)コ．0　サシ．−5　スセ．12　(4)ソ．3　タ．3

◀解　説▶

≪小問4問≫

(1)　左辺を展開して，x について整理すると

$$ax(x-1)(x-2)+bx(x-1)+cx+d$$
$$=ax^3+(-3a+b)x^2+(2a-b+c)x+d$$

与えられた等式が x についての恒等式であるとき，両辺の係数を比較すると

$$a=1,\ -3a+b=7,\ 2a-b+c=6,\ d=5$$

この4つの式を連立すると

$$a=1,\ b=10,\ c=14,\ d=5\quad\rightarrow ア〜カ$$

別解　$a=1$ であるので $(b=)ab$ をイウの解答としてもよい。

(2)　$\overline{x}=7$，$\overline{y}=4$ より

$$\overline{z}=\frac{1}{3}(z_1+z_2+z_3)$$
$$=\frac{1}{3}\{(x_1+y_1)+(x_2+y_2)+(x_3+y_3)\}$$
$$=\frac{1}{3}\{(x_1+x_2+x_3)+(y_1+y_2+y_3)\}$$
$$=\overline{x}+\overline{y}$$
$$=7+4=11\quad\rightarrow キク$$

さらに，$s_x=3$，$s_y=2$，$s_{xy}=-2$ であるから

$$s_x{}^2=\frac{1}{3}\{(x_1-7)^2+(x_2-7)^2+(x_3-7)^2\}=3^2=9$$

$$s_y{}^2=\frac{1}{3}\{(y_1-4)^2+(y_2-4)^2+(y_3-4)^2\}=2^2=4$$

$$s_{xy}=\frac{1}{3}\{(x_1-7)(y_1-4)+(x_2-7)(y_2-4)+(x_3-7)(y_3-4)\}=-2$$

よって

$$\begin{aligned}s_z{}^2&=\frac{1}{3}\{(z_1-11)^2+(z_2-11)^2+(z_3-11)^2\}\\&=\frac{1}{3}[\{(x_1-7)+(y_1-4)\}^2+\{(x_2-7)+(y_2-4)\}^2\\&\qquad+\{(x_3-7)+(y_3-4)\}^2]\\&=\frac{1}{3}\{(x_1-7)^2+(x_2-7)^2+(x_3-7)^2\}\\&\qquad+2\cdot\frac{1}{3}\{(x_1-7)(y_1-4)+(x_2-7)(y_2-4)+(x_3-7)(y_3-4)\}\\&\qquad+\frac{1}{3}\{(y_1-4)^2+(y_2-4)^2+(y_3-4)^2\}\\&=s_x{}^2+2s_{xy}+s_y{}^2\\&=9+2\cdot(-2)+4=9\end{aligned}$$

$\therefore\ \ s_z=\sqrt{9}=3$ →ケ

(3) 両辺を2乗すると

$$(\cos\theta+5\sin\theta)^2=1^2$$

$$\cos^2\theta+10\sin\theta\cos\theta+25\sin^2\theta=1$$

$\sin^2\theta+\cos^2\theta=1$ より

$$10\sin\theta\cos\theta+24\sin^2\theta=0$$

両辺を $2\cos^2\theta\ (\neq 0)$ で割ると

$$5\cdot\frac{\sin\theta}{\cos\theta}+12\left(\frac{\sin\theta}{\cos\theta}\right)^2=0$$

$$5\tan\theta+12\tan^2\theta=0$$

$$\tan\theta(5+12\tan\theta)=0$$

$\therefore\ \ \tan\theta=0,\ -\dfrac{5}{12}$ →コ～セ

別解　両辺を $\cos\theta$（$\neq 0$）で割ると

$$1+5\tan\theta=\frac{1}{\cos\theta}$$

$1+\tan^2\theta=\dfrac{1}{\cos^2\theta}$ より

$$1+\tan^2\theta=(1+5\tan\theta)^2$$

$$\tan\theta(5+12\tan\theta)=0$$

$$\therefore\quad \tan\theta=0,\ -\frac{5}{12}$$

(4)　関数の式を変形すると

$$y=\log_9 x^4-\log_9 27+\log_x 9+\log_x\sqrt{x}$$

$$=4\log_9 x-\frac{3}{2}+\frac{1}{\log_9 x}+\frac{1}{2}$$

$$=4\log_9 x+\frac{1}{\log_9 x}-1$$

$x>1$ の範囲で $\log_9 x>0$ であるから，相加平均と相乗平均の大小関係から

$$4\log_9 x+\frac{1}{\log_9 x}\geqq 2\sqrt{4\log_9 x\cdot\frac{1}{\log_9 x}}=4$$

$$4\log_9 x+\frac{1}{\log_9 x}-1\geqq 4-1=3\qquad\therefore\quad y\geqq 3$$

よって，y の値は $4\log_9 x=\dfrac{1}{\log_9 x}$，すなわち $x=9^{\frac{1}{2}}=3$ のとき最小値 3 をとる。 →ソ，タ

II　解答

ア．2　イウ．10　エ．1　オ．8　カキ．−2
クケ．24　コサ．40　シ．2　ス．5　セソ．24
タチ．32　ツ．3　テト．24　ナ．8　ニ．5　ヌ．2
ネノハヒ．−109　フ．6

◀解　説▶

≪絶対値や積分を含む関数の最小値≫

$y=g(x)$ と x 軸との交点の x 座標は，2 次方程式 $g(x)=0$ の解であるから

$$-2x^2+24x-40=0$$

$$x^2-12x+20=0$$

$(x-2)(x-10)=0 \qquad \therefore \quad x=2,\ 10$ →ア～ウ

$y=f(x)$ と $y=g(x)$ との交点の x 座標は，2次方程式 $f(x)=g(x)$ の解であるから

$3x^2-21x=-2x^2+24x-40$

$5x^2-45x+40=0$

$x^2-9x+8=0$

$(x-1)(x-8)=0 \qquad \therefore \quad x=1,\ 8$ →エ，オ

$1<x<8$ のとき，グラフは $y=g(x)$ が $y=f(x)$ の上側にあるから，$g(x)-f(x)>0$ より

$$h(x)=\frac{1}{2}\{f(x)+g(x)+|f(x)-g(x)|\}$$

$$=\frac{1}{2}\{f(x)+g(x)+g(x)-f(x)\}$$

$=g(x)=-2x^2+24x-40$ →カ～サ

t が $1<t<8$ を満たす実数で，$y=g(x)$ 上の点 $(t,\ g(t))$ における接線の方程式は，$g'(x)=-4x+24$ より

$y-(-2t^2+24t-40)=(-4t+24)(x-t)$

$y=(-4t+24)x+2t^2-40$ ……①

この直線が原点を通るとき

$0=(-4t+24)\cdot 0+2t^2-40$

$t^2=20$

$1<t<8$ より　$t=\sqrt{20}=2\sqrt{5}$ →シ，ス

$x\leqq 1,\ 8\leqq x$ のとき，グラフは $y=f(x)$ が $y=g(x)$ の上側にある（$x=1,\ 8$ で一致）から，$f(x)-g(x)\geqq 0$ より

$$h(x)=\frac{1}{2}\{f(x)+g(x)+|f(x)-g(x)|\}$$

$$=\frac{1}{2}\{f(x)+g(x)+f(x)-g(x)\}$$

$=f(x)=3x^2-21x$

a を実数とし，方程式 $h(x)-a=0$，すなわち $h(x)=a$ の実数解の個数は，$y=h(x)$ のグラフと直線 $y=a$ の共有点の個数と等しい。

つまり，方程式 $h(x)-a=0$ が異なる4つの実数解をもつとき，$y=h(x)$

のグラフと直線 $y=a$ の共有点が 4 つであるから，下のグラフより，そのための必要十分条件は

$$24<a<32$$ →セ〜チ

また，方程式 $h(x)-ax=0$，すなわち $h(x)=ax$ の実数解の個数は，$y=h(x)$ のグラフと直線 $y=ax$ の共有点の個数と等しい。直線 $y=ax$ が点 $(8,\ 24)$ を通るときは $24=8a$，つまり $a=3$ であり，$y=h(x)$ の接線となるのは，①で $t=2\sqrt{5}$ のときであり，$y=(24-8\sqrt{5})x$，つまり $a=24-8\sqrt{5}$ である。

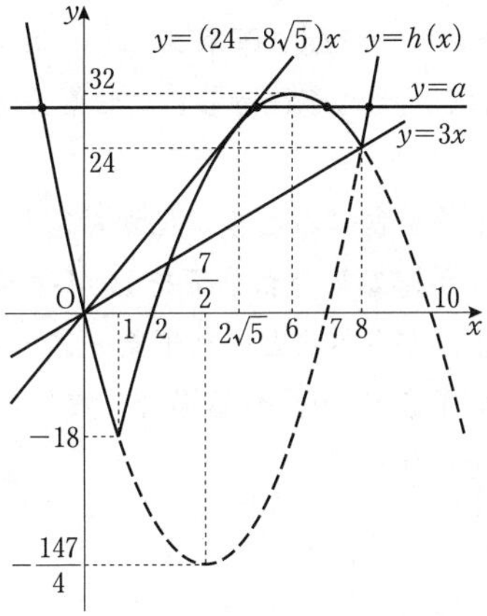

よって，方程式 $h(x)-ax=0$ が異なる 4 つの実数解をもつための必要十分条件は

$$3<a<24-8\sqrt{5}$$ →ツ〜ニ

次に，$0\leqq x\leqq 10$ において，$y=h(x)$ は $0\leqq x\leqq 2$ で $h(x)\leqq 0$，$2<x\leqq 10$ で $h(x)\geqq 0$ である。

したがって，$H(x)=\int_0^x h(t)dt$ は $0\leqq x\leqq 2$ で単調に減少し，$2\leqq x\leqq 10$ で単調に増加するので，$0\leqq x\leqq 10$ において関数 $H(x)$ は $x=2$ のとき最小値をとる。 →ヌ

$$H(2)=\int_0^1 f(x)dx+\int_1^2 g(x)dx$$

$$=\int_0^1 (3x^2-21x)dx+\int_1^2 (-2x^2+24x-40)dx$$

$$=\left[x^3-\frac{21}{2}x^2\right]_0^1+\left[-\frac{2}{3}x^3+12x^2-40x\right]_1^2$$

$$=\left(1-\frac{21}{2}\right)+\left(-\frac{16}{3}+48-80\right)-\left(-\frac{2}{3}+12-40\right)$$

$$=-\frac{109}{6}\quad \to ネ〜フ$$

III　解答

(a)ア．1　イ．5　(b)ウ．1　エオ．20

(c)カ．7　キク．20　(d)ケコ．13　サシ．20

(e)ス．1　セソ．60　(f)タ．7　チツ．15　(g)テ．8　トナ．15

◀解　説▶

≪パーティで持参したお菓子を配る確率≫

参加者5人のパーティで，それぞれ持参したお菓子が入った箱の配り方の総数は5! 通りである。

配られた箱の中のお菓子を食べるとき，Aが持参したお菓子をAが食べるという事象を X，Bが持参したお菓子をBが食べるという事象を Y，Cが持参したお菓子をCが食べるという事象を Z とする。

(a)　Aが持参したお菓子をAが食べる場合，残り4人のお菓子の配り方は4! 通りあるから，その確率は

$$P(X)=\frac{4!}{5!}=\frac{1}{5}\quad \to ア，イ$$

(b)　Aが持参したお菓子をAが食べ，かつ，Bが持参したお菓子をBが食べる場合，残り3人のお菓子の配り方は3! 通りあるから，その確率は

$$P(X\cap Y)=\frac{3!}{5!}=\frac{1}{20}\quad \to ウ〜オ$$

(c)　Aが持参したお菓子をAが食べるか，または，Bが持参したお菓子をBが食べる確率は $P(X\cup Y)$ であるから

$$P(X\cup Y)=P(X)+P(Y)-P(X\cap Y)$$

$$=\frac{1}{5}+\frac{1}{5}-\frac{1}{20}=\frac{7}{20}\quad \to カ〜ク$$

(d)　Aが持参したお菓子をAが食べず，かつ，Bが持参したお菓子をBが食べない確率は $P(\overline{X}\cap\overline{Y})$ であり，ド・モルガンの法則から

$$P(\overline{X}\cap\overline{Y})=P(\overline{X\cup Y})$$

$$=1-P(X\cup Y)$$

$$=1-\frac{7}{20}=\frac{13}{20} \quad \rightarrow ケ〜シ$$

(e)　A が持参したお菓子を A が食べ，かつ，B が持参したお菓子を B が食べ，かつ，C が持参したお菓子を C が食べる場合，残り 2 人のお菓子の配り方は 2! 通りあるから，その確率 $P(X\cap Y\cap Z)$ は

$$P(X\cap Y\cap Z)=\frac{2!}{5!}=\frac{1}{60} \quad \rightarrow ス〜ソ$$

(f)　A が持参したお菓子を A が食べるか，または，B が持参したお菓子を B が食べるか，または，C が持参したお菓子を C が食べる確率は $P(X\cup Y\cup Z)$ であるから

$$\begin{aligned}P(X\cup Y\cup Z)&=P(X)+P(Y)+P(Z)-P(X\cap Y)-P(Y\cap Z)\\&\qquad -P(X\cap Z)+P(X\cap Y\cap Z)\\&=\frac{1}{5}+\frac{1}{5}+\frac{1}{5}-\frac{1}{20}-\frac{1}{20}-\frac{1}{20}+\frac{1}{60}\\&=\frac{28}{60}=\frac{7}{15} \quad \rightarrow タ〜ツ\end{aligned}$$

(g)　A が持参したお菓子を A が食べず，かつ，B が持参したお菓子を B が食べず，かつ，C が持参したお菓子を C が食べない確率は

$$\begin{aligned}P(\overline{X}\cap\overline{Y}\cap\overline{Z})&=P(\overline{X\cup Y\cup Z})\\&=1-P(X\cup Y\cup Z)\\&=1-\frac{7}{15}=\frac{8}{15} \quad \rightarrow テ〜ナ\end{aligned}$$

◀理・情報理工・生命科学部▶

I 解答

(1)ア．2　イ．3

(2)ウ．2　エオカキ．−255　ク．2

(3)ケ．4　コ．1　サ．3　シ．2

(4)ス．7　セ．6　ソ．7　タ．3　チツ．10　テ．5　トナ．19

◀解　説▶

≪小問4問≫

(1)　$f(x)$ を $4x^2-6x+2=2(x-1)(2x-1)$ で割ったときの商を $Q(x)$，余りを $ax+b$ とすると

$$f(x)=2(x-1)(2x-1)Q(x)+ax+b$$

$f(x)$ を $2x-2=2(x-1)$ で割ると余りが5であるから　$f(1)=a+b=5$

$f(x)$ を $2x-1$ で割ると余りが4であるから　$f\left(\frac{1}{2}\right)=\frac{1}{2}a+b=4$

よって，$a=2$，$b=3$ より，求める余りは $2x+3$ である。→ア，イ

(2)
$$\begin{aligned} y&=2^{4x}-2^{2x+5}+1 \\ &=(2^{2x})^2-2^5\cdot 2^{2x}+1 \\ &=(4^x)^2-32\cdot 4^x+1 \end{aligned}$$

$4^x=t$ とおくと，$t>0$ であり

$$\begin{aligned} y&=t^2-32t+1 \\ &=(t-16)^2-255 \end{aligned}$$

よって，$t>0$ の範囲で，$t=16$ すなわち $4^x=16$ より，$x=2$ のとき y は最小値 -255 をとる。→ウ〜キ

次に，方程式 $\log_{\sqrt{2}}(5-x)+\log_{\frac{1}{2}}(5x-1)=0$ について，真数は正であるから

$$5-x>0 \quad かつ \quad 5x-1>0 \qquad \therefore \quad \frac{1}{5}<x<5$$

$$\log_{\sqrt{2}}(5-x)+\log_{\frac{1}{2}}(5x-1)=0$$

$$\frac{\log_2(5-x)}{\log_2\sqrt{2}}+\frac{\log_2(5x-1)}{\log_2\frac{1}{2}}=0$$

$2\log_2(5-x)-\log_2(5x-1)=0$

$\log_2(5-x)^2=\log_2(5x-1)$

よって　　$(5-x)^2=5x-1$

$x^2-15x+26=0$

$(x-2)(x-13)=0$　　$\therefore$　$x=2,\ 13$

$\dfrac{1}{5}<x<5$ より　　$x=2$　→ク

(3)　$y=-3\sin x+3\cos x+1$

$=-3\sqrt{2}\sin\left(x-\dfrac{\pi}{4}\right)+1$

$0\leqq x\leqq \pi$ のとき，$-\dfrac{\pi}{4}\leqq x-\dfrac{\pi}{4}\leqq \dfrac{3}{4}\pi$ であるから

$-\dfrac{1}{\sqrt{2}}\leqq \sin\left(x-\dfrac{\pi}{4}\right)\leqq 1$

$-3\sqrt{2}\leqq -3\sqrt{2}\sin\left(x-\dfrac{\pi}{4}\right)\leqq 3$

$1-3\sqrt{2}\leqq -3\sqrt{2}\sin\left(x-\dfrac{\pi}{4}\right)+1\leqq 4$

$\therefore$　$1-3\sqrt{2}\leqq y\leqq 4$

よって，y は，$\sin\left(x-\dfrac{\pi}{4}\right)=-\dfrac{1}{\sqrt{2}}$ すなわち $x-\dfrac{\pi}{4}=-\dfrac{\pi}{4}$ より $x=0$ で最大値 4，$\sin\left(x-\dfrac{\pi}{4}\right)=1$ すなわち $x-\dfrac{\pi}{4}=\dfrac{\pi}{2}$ より $x=\dfrac{3}{4}\pi$ で最小値 $1-3\sqrt{2}$ をとる。→ケ～シ

(4)　袋の中の白玉，赤玉，青玉の個数をそれぞれ p 個，q 個，r 個とすると，題意より $1\leqq q\leqq 9$ であり

$p+q+r=20$　……①

この袋の中から 2 個の玉を同時に取り出すとき，白玉 1 個と赤玉 1 個が取り出される確率が $\dfrac{21}{95}$ であるから

$\dfrac{{}_pC_1\times{}_qC_1}{{}_{20}C_2}=\dfrac{pq}{190}=\dfrac{21}{95}$　　$\therefore$　$pq=42$　……②

また，赤玉 1 個と青玉 1 個が取り出される確率も $\dfrac{21}{95}$ であるから

$$\frac{{}_qC_1\times{}_rC_1}{{}_{20}C_2}=\frac{qr}{190}=\frac{21}{95}\qquad\therefore\quad qr=42\quad\cdots\cdots③$$

②で $1\leqq p<20$，$1\leqq q\leqq 9$ を満たす $(p,\ q)$ の組は

$$(p,\ q)=(6,\ 7),\ (7,\ 6),\ (14,\ 3)$$

このうち，①，③も満たすのは $p=7$，$q=6$ のみであり，このとき $r=7$ である。

よって，袋の中には白玉が7個，赤玉が6個，青玉が7個入っている。

→ス～ソ

袋の中から同時に2個の玉を取り出すとき，取り出した玉の色が2個とも同じである確率は，2個とも白玉または赤玉または青玉の場合があるから

$$\frac{{}_7C_2+{}_6C_2+{}_7C_2}{{}_{20}C_2}=\frac{21+15+21}{190}=\frac{57}{190}=\frac{3}{10}\quad\text{→タ～ツ}$$

また，取り出した玉の色が2個とも同じであるという事象を A，2個とも赤玉であるという事象を B とすると，取り出した玉の色が2個とも同じであったとき，それらの玉が赤玉である条件付き確率 $P_A(B)$ は

$$P_A(B)=\frac{P(A\cap B)}{P(A)}=\frac{15}{190}\div\frac{57}{190}=\frac{5}{19}\quad\text{→テ～ナ}$$

Ⅱ

◀経済・経営・法・現代社会・国際関係・外国語・文化・生命科（産業生命科）学部▶Ⅱに同じ。

Ⅲ　解答

(a)ア．0　イ．0　ウ．1　エオ．60　カ．3　キ．3

(b)ク．1　ケ．3　コ．1　サ．3　シ．1　ス．3　セ．3　ソ．3　タ．2　チ．3　ツ．3

(c)テ．2　ト．3　ナ．2　ニ．3　ヌ．1　ネ．3　ノ．1　ハ．3　ヒ．6

◀解　説▶

≪立方体の頂点を通る平面に下ろした垂線≫

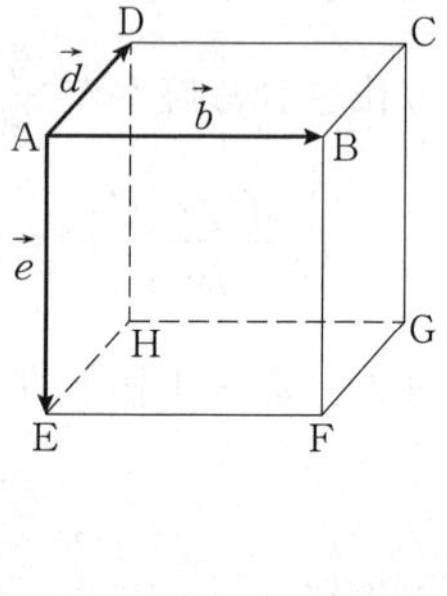

(a)　$|\vec{b}|=|\vec{d}|=|\vec{e}|=1$，$\vec{b}\cdot\vec{d}=\vec{d}\cdot\vec{e}=\vec{b}\cdot\vec{e}=0$ であり，$\overrightarrow{AC}=\vec{b}+\vec{d}$，$\overrightarrow{FH}=-\vec{b}+\vec{d}$，$\overrightarrow{DF}=\vec{b}-\vec{d}+\vec{e}$，$\overrightarrow{BG}=\vec{d}+\vec{e}$ より

$$\overrightarrow{\mathrm{AC}}\cdot\overrightarrow{\mathrm{FH}}=(\vec{b}+\vec{d})\cdot(-\vec{b}+\vec{d})$$

$$=-|\vec{b}|^2+|\vec{d}|^2=0$$　→ア

$$\overrightarrow{\mathrm{AC}}\cdot\overrightarrow{\mathrm{DF}}=(\vec{b}+\vec{d})\cdot(\vec{b}-\vec{d}+\vec{e})$$

$$=|\vec{b}|^2-\vec{b}\cdot\vec{d}+\vec{b}\cdot\vec{e}+\vec{b}\cdot\vec{d}-|\vec{d}|^2+\vec{d}\cdot\vec{e}=0$$　→イ

$$\overrightarrow{\mathrm{AC}}\cdot\overrightarrow{\mathrm{BG}}=(\vec{b}+\vec{d})\cdot(\vec{d}+\vec{e})$$

$$=\vec{b}\cdot\vec{d}+\vec{b}\cdot\vec{e}+|\vec{d}|^2+\vec{d}\cdot\vec{e}=1^2=1$$　→ウ

$\overrightarrow{\mathrm{BG}}=\overrightarrow{\mathrm{AH}}$ より $\overrightarrow{\mathrm{AC}}$ と $\overrightarrow{\mathrm{BG}}$ のなす角は $\angle\mathrm{CAH}$ と等しく，$\triangle\mathrm{ACH}$ は $\mathrm{AC}=\mathrm{AH}=\mathrm{CH}=\sqrt{2}$ の正三角形であるから，60° である。 →エオ

$\overrightarrow{\mathrm{AB}}$ と $\overrightarrow{\mathrm{AG}}$ のなす角を θ とすると，$\triangle\mathrm{AGB}$ は $\angle\mathrm{B}=90^\circ$ の直角三角形であるから，$\mathrm{AG}=\sqrt{\mathrm{AB}^2+\mathrm{BG}^2}=\sqrt{1^2+(\sqrt{2})^2}=\sqrt{3}$ より

$$\cos\theta=\frac{\mathrm{AB}}{\mathrm{AG}}=\frac{1}{\sqrt{3}}=\frac{\sqrt{3}}{3}$$　→カ，キ

(b)　Bを通り，直線AGに垂直な平面と直線AGとの交点をIとする。下の図の四角形AHGBにおいて△AGBの面積を2通りで表すと

$$\frac{1}{2}\cdot\mathrm{AG}\cdot\mathrm{BI}=\frac{1}{2}\cdot\mathrm{AB}\cdot\mathrm{BG}$$

$$\frac{1}{2}\cdot\sqrt{3}\cdot\mathrm{BI}=\frac{1}{2}\cdot1\cdot\sqrt{2}$$

$$\mathrm{BI}=\frac{\sqrt{2}}{\sqrt{3}}=\frac{\sqrt{6}}{3}$$

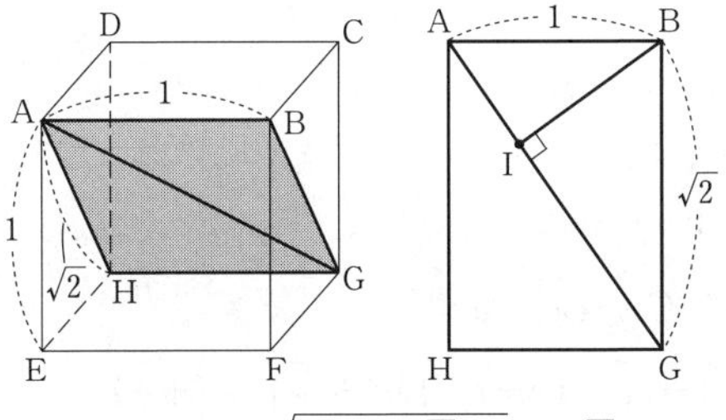

よって　　$\mathrm{AI}=\sqrt{\mathrm{AB}^2-\mathrm{BI}^2}=\sqrt{1^2-\left(\frac{\sqrt{6}}{3}\right)^2}=\frac{\sqrt{3}}{3}$

ゆえに

$$\overrightarrow{\mathrm{AI}}=\frac{\mathrm{AI}}{\mathrm{AG}}\overrightarrow{\mathrm{AG}}=\frac{1}{3}\overrightarrow{\mathrm{AG}}$$

$$=\frac{1}{3}(\vec{b}+\vec{d}+\vec{e})=\frac{1}{3}\vec{b}+\frac{1}{3}\vec{d}+\frac{1}{3}\vec{e}$$ →ク～ス

また　$|\overrightarrow{\mathrm{AI}}|=\mathrm{AI}=\frac{\sqrt{3}}{3}$　→セ，ソ

C を通り，直線 AG に垂直な平面と直線 AG との交点を J とすると，右の図の四角形 AEGC において同様に $\mathrm{GJ}=\frac{\sqrt{3}}{3}$ とわかるから

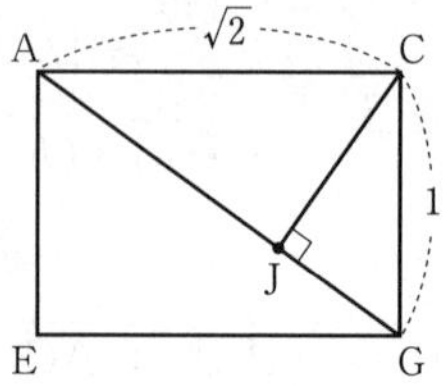

$$|\overrightarrow{\mathrm{AJ}}|=\mathrm{AJ}=\mathrm{AG}-\mathrm{GJ}$$
$$=\sqrt{3}-\frac{\sqrt{3}}{3}=\frac{2\sqrt{3}}{3}$$ →タ～ツ

(c)　C を通り，平面 BDG に垂直な直線と平面 BDG との交点を K とすると，実数 s，t を用いて

$$\overrightarrow{\mathrm{AK}}=\overrightarrow{\mathrm{AB}}+s\overrightarrow{\mathrm{BD}}+t\overrightarrow{\mathrm{BG}}$$
$$=\vec{b}+s(-\vec{b}+\vec{d})+t(\vec{d}+\vec{e})$$
$$=(1-s)\vec{b}+(s+t)\vec{d}+t\vec{e}\quad\cdots\cdots①$$

と表せ，$\overrightarrow{\mathrm{CK}}=\overrightarrow{\mathrm{AK}}-\overrightarrow{\mathrm{AC}}=-s\vec{b}+(s+t-1)\vec{d}+t\vec{e}$ について，$\overrightarrow{\mathrm{CK}}\perp\overrightarrow{\mathrm{BD}}$ すなわち $\overrightarrow{\mathrm{CK}}\cdot\overrightarrow{\mathrm{BD}}=0$ より

$$\overrightarrow{\mathrm{CK}}\cdot\overrightarrow{\mathrm{BD}}=\{-s\vec{b}+(s+t-1)\vec{d}+t\vec{e}\}\cdot(-\vec{b}+\vec{d})$$
$$=s|\vec{b}|^2-s\vec{b}\cdot\vec{d}-(s+t-1)\vec{b}\cdot\vec{d}+(s+t-1)|\vec{d}|^2-t\vec{b}\cdot\vec{e}+t\vec{d}\cdot\vec{e}$$
$$=s+(s+t-1)$$
$$=2s+t-1=0$$

$\therefore$　$2s+t-1=0\quad\cdots\cdots②$

$\overrightarrow{\mathrm{CK}}\perp\overrightarrow{\mathrm{BG}}$ すなわち $\overrightarrow{\mathrm{CK}}\cdot\overrightarrow{\mathrm{BG}}=0$ より

$$\overrightarrow{\mathrm{CK}}\cdot\overrightarrow{\mathrm{BG}}=\{-s\vec{b}+(s+t-1)\vec{d}+t\vec{e}\}\cdot(\vec{d}+\vec{e})$$
$$=-s\vec{b}\cdot\vec{d}-s\vec{b}\cdot\vec{e}+(s+t-1)|\vec{d}|^2+(s+t-1)\vec{d}\cdot\vec{e}+t\vec{d}\cdot\vec{e}+t|\vec{e}|^2$$
$$=(s+t-1)+t$$

$$=s+2t-1=0$$

$\therefore$ $s+2t-1=0$ ……③

②, ③より　$s=t=\dfrac{1}{3}$

①に代入すると　$\overrightarrow{\mathrm{AK}}=\dfrac{2}{3}\vec{b}+\dfrac{2}{3}\vec{d}+\dfrac{1}{3}\vec{e}$　→テ～ネ

$$\overrightarrow{\mathrm{BD}}\cdot\overrightarrow{\mathrm{BK}}=(-\vec{b}+\vec{d})\cdot\left(-\frac{1}{3}\vec{b}+\frac{2}{3}\vec{d}+\frac{1}{3}\vec{e}\right)$$

$$=\frac{1}{3}|\vec{b}|^2-\frac{2}{3}\vec{b}\cdot\vec{d}-\frac{1}{3}\vec{b}\cdot\vec{e}-\frac{1}{3}\vec{b}\cdot\vec{d}+\frac{2}{3}|\vec{d}|^2+\frac{1}{3}\vec{d}\cdot\vec{e}$$

$$=\frac{1}{3}+\frac{2}{3}=1 \quad \text{→ノ}$$

であり

$$|\overrightarrow{\mathrm{BK}}|^2=\left|-\frac{1}{3}\vec{b}+\frac{2}{3}\vec{d}+\frac{1}{3}\vec{e}\right|^2$$

$$=\frac{1}{9}|\vec{b}|^2+\frac{4}{9}|\vec{d}|^2+\frac{1}{9}|\vec{e}|^2-\frac{4}{9}\vec{b}\cdot\vec{d}-\frac{2}{9}\vec{b}\cdot\vec{e}+\frac{4}{9}\vec{d}\cdot\vec{e}$$

$$=\frac{1}{9}+\frac{4}{9}+\frac{1}{9}=\frac{2}{3}$$

よって，三角形 BDK の面積は

$$\frac{1}{2}\sqrt{|\overrightarrow{\mathrm{BD}}|^2|\overrightarrow{\mathrm{BK}}|^2-(\overrightarrow{\mathrm{BD}}\cdot\overrightarrow{\mathrm{BK}})^2}=\frac{1}{2}\sqrt{(\sqrt{2})^2\cdot\frac{2}{3}-1^2}$$

$$=\frac{1}{2}\sqrt{\frac{1}{3}}=\frac{\sqrt{3}}{6} \quad \text{→ハ，ヒ}$$

また、Ⅱに入る肯定的評価は「有名」かどうかではないので、1ではなく、2を選択する。

問七　波線部Ｄの「これ」が指しているのは、昔見た「美し」い絵ではなく、岡崎で見た、ピカソが努力した結果たどり着いた「無明」を表現した絵のことである。よって、第五・六段落の「無明」の説明から2が適当。1の「心の奥の孤独感」について、最後から三段落目に「心の底に常にさびしさがあり」と述べられているので迷うかもしれないが、その直後に「さびしいからなおさら…結果になる」と述べているように、「無明の現われ」を誘発するものが「孤独感」なのであり、「無明」そのものではない。

問八　「若い人」の感想を聞いて、波線部Ｅの直後で「のた打ち回ることを生きていることと思っているらしい」と感想を述べている。そしてその後で「生きる」ことについて考察し、最後から二段落目で「生きることは、動くことで見分けてはいけない。良く生きているかどうかで見分けるべき」だと主張しているから、「若い人」の「のた打ち回ること（＝「動くこと」）」が「生きていること」だという考えでは不足だと筆者は考えていると読み取れ、1が適当。

問十　問八で見たように、最終的には「良く生きているかどうか」が大切だと主張しているから、3が適当。1は、「倫理」という言葉は第十三段落に「人の倫理に…役立つ」と使われているが、「画家の倫理的責任」という意ではないので不適。2は「芸術によってのみ」と限定しているので不適。4は「たゆまぬ努力の大切さ」が筆者の主張ではないので不適。

問五　2
問六　4
問七　2
問八　1
問九　2
問十　3

※問一のエについては、正答が二つあったため、当該設問については「全員正解」とする対応が取られたことが大学から公表されている。

▲解　説▼

問二　波線部Aの次段落の冒頭文で「春先きの天気のよい日に…歩いてみたくなる気分」が「大事だ」と述べ、さらにその次の文で「文化において、生み出す…はじまりは…こういう気分だから」と述べているので、3が適当。1は単に「いいアイデア」と、漠然としか述べられていないので、不適。

問三　波線部Bの状態になった原因については、直前に「目に映る人の顔から、やたらと無明が見えてしかたがな」く、「見ないように」しても「無明が気にな」ったと述べられているので、その内容が示されている1が適当。2と迷うかもしれないが、「恐ろしさをぬぐいきれない」ことが波線部Bの原因だとは書いていない。波線部を含む文を接続語で切って、つないでみることで構造を把握しよう。

問四　波線部Cの「このこと」の指示内容は、直前文の「他人の顔から」は「無明」は「見いだ」せるが、「自分の顔からは全然見いだせない」ことだから、4が適当。1も「他人」から「無明を見いだす」ことには触れているが、前半の「他人を客観的に」と後半の「見比べる」が本文から読み取れず、不適。

問五　空所Ⅰについては「単なる Ⅰ にしかなり得なかった」と凡庸さを表現しているので、4の「巨匠」は不適。空所Ⅱについて、後で「巨匠」「巨匠の中の傑作」と述べており、3「大衆作家」は「巨匠」の意に合わず、不適。

は異なる想像力を羽ばたかせる」と、「想像力」を使用して現実とは「異なる」方へ向かう内容だから、欠文の「異界」とつながり、[3]が適当。

問六　波線部Bの次段落の第三文に、「若い女性や子どもたち…のほうが、人間らしく心が豊かである」と述べられているから、まずは3・4に絞る。そして、その段落の第一文で「科学的・合理的精神を身につけて」いる人は「妖怪や迷信を信じない」とあり、その人々からは妖怪は生み出されないという意であるから4は不適で、3が正解となる。

問七　波線部Cの後に、「理由は二つある」と述べ、その直後で「一つは『不思議』を人々が求めていることである」と一つ目の理由を述べている。そして次段落の冒頭文で、「現代人の心のなかに『不安』や『恐怖心』つまり『闇』が存在している」と二つ目の理由を挙げている。よって、それらを含んでいる2が適当。

問八　波線部Dを含む段落の第三～五文で、妖怪の「本来の棲みか」は「人間の心の『内部』」で、それが「外界」で「棲みつくところが」「闇」だが、現代では「夜の闇も、自然も消滅した」と説明されているから、その内容に合致する4が適当。1は、「本来の棲みか」は「闇」ではないので不適。

問九　第三段落第七文に「山奥の…妖怪が…消滅してしまった」とあるから4が合致しない。1は第二段落に、2は第四段落第三文に、3は第五段落第二文に、5は最終段落に合致している。

二

出典　岡潔「ピカソと無明」〈四　数学と人生〉（森田真生編『数学する人生』新潮文庫）

解答

問一　ア―2　イ―4　ウ―1　エ―2または3（※）　オ―5

問二　3

問三　1

問四　4

国語

一

出典　小松和彦『妖怪学新考　妖怪からみる日本人の心』〈おわりに　妖怪と現代文化〉（講談社学術文庫）

解答

問一　3
問二　3
問三　a―4　c―3　e―5
問四　b―5　d―2
問五　甲―5　乙―2　丙―1
問六　3
問七　2
問八　4
問九　4

◀解　説▶

問一　波線部Aは「前代からの妖怪」と時間的に限定されており、その衰退理由は第三段落最終文に「前代から…『闇』や『自然』が人間によって制圧され…衰退させることになった」と述べられているから、3が適当。

問二　欠文の「想像力」と「『異界』に人々を誘う」に着目する。まず「想像力」という語が直前にある[2]・[3]に目を付ける。[2]の直前は「若い女性や子どもたち」の現実の「生活」について述べているが、[3]の直前は「それ（科学）と

・memo・

· memo ·

////////////////////// · memo · //////////////////////

////////////////// · memo · //////////////////

· memo ·

////////////////////// · memo · //////////////////////

/////////////////// · memo · ///////////////////

教学社 刊行一覧

2025年版 大学赤本シリーズ

374大学556点
全都道府県を網羅

国公立大学（都道府県順）

全国の書店で取り扱っています。店頭にない場合は，お取り寄せができます。

1 北海道大学（文系－前期日程）
2 北海道大学（理系－前期日程） 医
3 北海道大学（後期日程）
4 旭川医科大学（医学部〈医学科〉） 医
5 小樽商科大学
6 帯広畜産大学
7 北海道教育大学
8 室蘭工業大学／北見工業大学
9 釧路公立大学
10 公立千歳科学技術大学
11 公立はこだて未来大学 総推
12 札幌医科大学（医学部） 医
13 弘前大学 医
14 岩手大学
15 岩手県立大学・盛岡短期大学部・宮古短期大学部
16 東北大学（文系－前期日程）
17 東北大学（理系－前期日程） 医
18 東北大学（後期日程）
19 宮城教育大学
20 宮城大学
21 秋田大学 医
22 秋田県立大学
23 国際教養大学 総推
24 山形大学 医
25 福島大学
26 会津大学
27 福島県立医科大学（医・保健科学部） 医
28 茨城大学（文系）
29 茨城大学（理系）
30 筑波大学（推薦入試） 医 総推
31 筑波大学（文系－前期日程）
32 筑波大学（理系－前期日程） 医
33 筑波大学（後期日程）
34 宇都宮大学
35 群馬大学 医
36 群馬県立女子大学
37 高崎経済大学
38 前橋工科大学
39 埼玉大学（文系）
40 埼玉大学（理系）
41 千葉大学（文系－前期日程）
42 千葉大学（理系－前期日程） 医
43 千葉大学（後期日程） 医
44 東京大学（文科） DL
45 東京大学（理科） DL 医
46 お茶の水女子大学
47 電気通信大学
48 東京外国語大学 DL
49 東京海洋大学
50 東京科学大学（旧 東京工業大学）
51 東京科学大学（旧 東京医科歯科大学） 医
52 東京学芸大学
53 東京藝術大学
54 東京農工大学
55 一橋大学（前期日程）
56 一橋大学（後期日程）
57 東京都立大学（文系）
58 東京都立大学（理系）
59 横浜国立大学（文系）
60 横浜国立大学（理系）
61 横浜市立大学（国際教養・国際商・理・データサイエンス・医〈看護〉学部）
62 横浜市立大学（医学部〈医学科〉） 医
63 新潟大学（人文・教育〈文系〉・法・経済科・医〈看護〉・創生学部）
64 新潟大学（教育〈理系〉・理・医〈看護を除く〉・歯・工・農学部） 医
65 新潟県立大学
66 富山大学（文系）
67 富山大学（理系） 医
68 富山県立大学
69 金沢大学（文系）
70 金沢大学（理系） 医
71 福井大学（教育・医〈看護〉・工・国際地域学部）
72 福井大学（医学部〈医学科〉） 医
73 福井県立大学
74 山梨大学（教育・医〈看護〉・工・生命環境学部）
75 山梨大学（医学部〈医学科〉） 医
76 都留文科大学
77 信州大学（文系－前期日程）
78 信州大学（理系－前期日程） 医
79 信州大学（後期日程）
80 公立諏訪東京理科大学 総推
81 岐阜大学（前期日程） 医
82 岐阜大学（後期日程）
83 岐阜薬科大学
84 静岡大学（前期日程）
85 静岡大学（後期日程）
86 浜松医科大学（医学部〈医学科〉） 医
87 静岡県立大学
88 静岡文化芸術大学
89 名古屋大学（文系）
90 名古屋大学（理系） 医
91 愛知教育大学
92 名古屋工業大学
93 愛知県立大学
94 名古屋市立大学（経済・人文社会・芸術工・看護・総合生命理・データサイエンス学部）
95 名古屋市立大学（医学部〈医学科〉） 医
96 名古屋市立大学（薬学部）
97 三重大学（人文・教育・医〈看護〉学部）
98 三重大学（医〈医〉・工・生物資源学部） 医
99 滋賀大学
100 滋賀医科大学（医学部〈医学科〉） 医
101 滋賀県立大学
102 京都大学（文系）
103 京都大学（理系） 医
104 京都教育大学
105 京都工芸繊維大学
106 京都府立大学
107 京都府立医科大学（医学部〈医学科〉） 医
108 大阪大学（文系） DL
109 大阪大学（理系） 医
110 大阪教育大学
111 大阪公立大学（現代システム科学域〈文系〉・文・法・経済・商・看護・生活科〈居住環境・人間福祉〉学部－前期日程）
112 大阪公立大学（現代システム科学域〈理系〉・理・工・農・獣医・医・生活科〈食栄養〉学部－前期日程） 医
113 大阪公立大学（中期日程）
114 大阪公立大学（後期日程）
115 神戸大学（文系－前期日程）
116 神戸大学（理系－前期日程） 医
117 神戸大学（後期日程）
118 神戸市外国語大学 DL
119 兵庫県立大学（国際商経・社会情報科・看護学部）
120 兵庫県立大学（工・理・環境人間学部）
121 奈良教育大学／奈良県立大学
122 奈良女子大学
123 奈良県立医科大学（医学部〈医学科〉） 医
124 和歌山大学
125 和歌山県立医科大学（医・薬学部） 医
126 鳥取大学 医
127 公立鳥取環境大学
128 島根大学 医
129 岡山大学（文系）
130 岡山大学（理系） 医
131 岡山県立大学
132 広島大学（文系－前期日程）
133 広島大学（理系－前期日程） 医
134 広島大学（後期日程）
135 尾道市立大学 総推
136 県立広島大学
137 広島市立大学
138 福山市立大学 総推
139 山口大学（人文・教育〈文系〉・経済・医〈看護〉・国際総合科学部）
140 山口大学（教育〈理系〉・理・医〈看護を除く〉・工・農・共同獣医学部） 医
141 山陽小野田市立山口東京理科大学 総推
142 下関市立大学／山口県立大学
143 周南公立大学 新 総推
144 徳島大学 医
145 香川大学 医
146 愛媛大学 医
147 高知大学 医
148 高知工科大学
149 九州大学（文系－前期日程）
150 九州大学（理系－前期日程） 医
151 九州大学（後期日程）
152 九州工業大学
153 福岡教育大学
154 北九州市立大学
155 九州歯科大学
156 福岡県立大学／福岡女子大学
157 佐賀大学 医
158 長崎大学（多文化社会・教育〈文系〉・経済・医〈保健〉・環境科〈文系〉学部）
159 長崎大学（教育〈理系〉・医〈医〉・歯・薬・情報データ科・工・環境科〈理系〉・水産学部） 医
160 長崎県立大学 総推
161 熊本大学（文・教育・法・医〈看護〉学部・情報融合学環〈文系型〉）
162 熊本大学（理・医〈看護を除く〉・薬・工学部・情報融合学環〈理系型〉） 医
163 熊本県立大学
164 大分大学（教育・経済・医〈看護〉・理工・福祉健康科学部）
165 大分大学（医学部〈医・先進医療科学科〉） 医
166 宮崎大学（教育・医〈看護〉・工・農・地域資源創成学部）
167 宮崎大学（医学部〈医学科〉） 医
168 鹿児島大学（文系）
169 鹿児島大学（理系） 医
170 琉球大学 医

2025年版　大学赤本シリーズ

国公立大学 その他

171 〔国公立大〕医学部医学科 総合型選抜・学校推薦型選抜※ 医 総推
172 看護・医療系大学〈国公立 東日本〉※
173 看護・医療系大学〈国公立 中日本〉※
174 看護・医療系大学〈国公立 西日本〉※
175 海上保安大学校／気象大学校
176 航空保安大学校
177 国立看護大学校
178 防衛大学校 総推
179 防衛医科大学校(医学科) 医
180 防衛医科大学校(看護学科)

※No.171～174の収載大学は赤本ウェブサイト(http://akahon.net/)でご確認ください。

私立大学①

北海道の大学(50音順)

201 札幌大学
202 札幌学院大学
203 北星学園大学
204 北海学園大学
205 北海道医療大学
206 北海道科学大学
207 北海道武蔵女子大学・短期大学
208 酪農学園大学(獣医学群〈獣医学類〉)

東北の大学(50音順)

209 岩手医科大学(医・歯・薬学部) 医
210 仙台大学 総推
211 東北医科薬科大学(医・薬学部) 医
212 東北学院大学
213 東北工業大学
214 東北福祉大学
215 宮城学院女子大学 総推

関東の大学(50音順)

あ行(関東の大学)

216 青山学院大学(法・国際政治経済学部－個別学部日程)
217 青山学院大学(経済学部－個別学部日程)
218 青山学院大学(経営学部－個別学部日程)
219 青山学院大学(文・教育人間科学部－個別学部日程)
220 青山学院大学(総合文化政策・社会情報・地球社会共生・コミュニティ人間科学部－個別学部日程)
221 青山学院大学(理工学部－個別学部日程)
222 青山学院大学(全学部日程)
223 麻布大学(獣医、生命・環境科学部)
224 亜細亜大学
226 桜美林大学
227 大妻女子大学・短期大学部

か行(関東の大学)

228 学習院大学(法学部－コア試験)
229 学習院大学(経済学部－コア試験)
230 学習院大学(文学部－コア試験)
231 学習院大学(国際社会科学部－コア試験)
232 学習院大学(理学部－コア試験)
233 学習院女子大学
234 神奈川大学(給費生試験)
235 神奈川大学(一般入試)
236 神奈川工科大学
237 鎌倉女子大学・短期大学部
238 川村学園女子大学
239 神田外語大学
240 関東学院大学
241 北里大学(理学部)
242 北里大学(医学部) 医
243 北里大学(薬学部)
244 北里大学(看護・医療衛生学部)
245 北里大学(未来工・獣医・海洋生命科学部)
246 共立女子大学・短期大学
247 杏林大学(医学部) 医
248 杏林大学(保健学部)
249 群馬医療福祉大学・短期大学部
250 群馬パース大学 総推
251 慶應義塾大学(法学部)
252 慶應義塾大学(経済学部)
253 慶應義塾大学(商学部)
254 慶應義塾大学(文学部) 総推
255 慶應義塾大学(総合政策学部)
256 慶應義塾大学(環境情報学部)
257 慶應義塾大学(理工学部)
258 慶應義塾大学(医学部) 医
259 慶應義塾大学(薬学部)
260 慶應義塾大学(看護医療学部)
261 工学院大学
262 國學院大學
263 国際医療福祉大学 医
264 国際基督教大学
265 国士舘大学
266 駒澤大学(一般選抜T方式・S方式)
267 駒澤大学(全学部統一日程選抜)

さ行(関東の大学)

268 埼玉医科大学(医学部) 医
269 相模女子大学・短期大学部
270 産業能率大学
271 自治医科大学(医学部) 医
272 自治医科大学(看護学部)／東京慈恵会医科大学(医学部〈看護学科〉)
273 実践女子大学 総推
274 芝浦工業大学(前期日程)
275 芝浦工業大学(全学統一日程・後期日程)
276 十文字学園女子大学
277 淑徳大学
278 順天堂大学(医学部) 医
279 順天堂大学(スポーツ健康科・医療看護・保健看護・国際教養・保健医療・医療科・健康データサイエンス・薬学部) 総推
280 上智大学(神・文・総合人間科学部)
281 上智大学(法・経済学部)
282 上智大学(外国語・総合グローバル学部)
283 上智大学(理工学部)
284 上智大学(TEAPスコア利用方式)
285 湘南工科大学
286 昭和大学(医学部) 医
287 昭和大学(歯・薬・保健医療学部)
288 昭和女子大学
289 昭和薬科大学
290 女子栄養大学・短期大学部 総推
291 白百合女子大学
292 成蹊大学(法学部－A方式)
293 成蹊大学(経済・経営学部－A方式)
294 成蹊大学(文学部－A方式)
295 成蹊大学(理工学部－A方式)
296 成蹊大学(E方式・G方式・P方式)
297 成城大学(経済・社会イノベーション学部－A方式)
298 成城大学(文芸・法学部－A方式)
299 成城大学(S方式〈全学部統一選抜〉)
300 聖心女子大学
301 清泉女子大学
303 聖マリアンナ医科大学 医
304 聖路加国際大学(看護学部)
305 専修大学(スカラシップ・全国入試)
306 専修大学(前期入試〈学部個別入試〉)
307 専修大学(前期入試〈全学部入試・スカラシップ入試〉)

た行(関東の大学)

308 大正大学
309 大東文化大学
310 高崎健康福祉大学
311 拓殖大学
312 玉川大学
313 多摩美術大学
314 千葉工業大学
315 中央大学(法学部－学部別選抜)
316 中央大学(経済学部－学部別選抜)
317 中央大学(商学部－学部別選抜)
318 中央大学(文学部－学部別選抜)
319 中央大学(総合政策学部－学部別選抜)
320 中央大学(国際経営・国際情報学部－学部別選抜)
321 中央大学(理工学部－学部別選抜)
322 中央大学(5学部共通選抜)
323 中央学院大学
324 津田塾大学
325 帝京大学(薬・経済・法・文・外国語・教育・理工・医療技術・福岡医療技術学部)
326 帝京大学(医学部) 医
327 帝京科学大学 総推
328 帝京平成大学 総推
329 東海大学(医〈医〉学部を除く－一般選抜)
330 東海大学(文系・理系学部統一選抜)
331 東海大学(医学部〈医学科〉) 医
332 東京医科大学(医学部〈医学科〉) 医
333 東京家政大学・短期大学部 総推
334 東京経済大学
335 東京工科大学
336 東京工芸大学
337 東京国際大学
338 東京歯科大学
339 東京慈恵会医科大学(医学部〈医学科〉) 医
340 東京情報大学
341 東京女子大学
342 東京女子医科大学(医学部) 医
343 東京電機大学
344 東京都市大学
345 東京農業大学
346 東京薬科大学(薬学部) 総推
347 東京薬科大学(生命科学部) 総推
348 東京理科大学(理学部〈第一部〉－B方式)
349 東京理科大学(創域理工学部－B方式・S方式)
350 東京理科大学(工学部－B方式)
351 東京理科大学(先進工学部－B方式)
352 東京理科大学(薬学部－B方式)
353 東京理科大学(経営学部－B方式)
354 東京理科大学(C方式、グローバル方式、理学部〈第二部〉－B方式)
355 東邦大学(医学部) 医
356 東邦大学(薬学部)

2025年版　大学赤本シリーズ

私立大学②

357 東邦大学（理・看護・健康科学部）
358 東洋大学（文・経済・経営・法・社会・国際・国際観光学部）
359 東洋大学（情報連携・福祉社会デザイン・健康スポーツ科・理工・総合情報・生命科・食環境科学部）
360 東洋大学（英語〈3日程×3カ年〉）
361 東洋大学（国語〈3日程×3カ年〉）
362 東洋大学（日本史・世界史〈2日程×3カ年〉）
363 東洋英和女学院大学
364 常磐大学・短期大学 総推
365 獨協大学
366 獨協医科大学（医学部） 医

な行（関東の大学）

367 二松学舎大学
368 日本大学（法学部）
369 日本大学（経済学部）
370 日本大学（商学部）
371 日本大学（文理学部〈文系〉）
372 日本大学（文理学部〈理系〉）
373 日本大学（芸術学部〈専門試験併用型〉）
374 日本大学（国際関係学部）
375 日本大学（危機管理・スポーツ科学部）
376 日本大学（理工学部）
377 日本大学（生産工・工学部）
378 日本大学（生物資源科学部）
379 日本大学（医学部） 医
380 日本大学（歯・松戸歯学部）
381 日本大学（薬学部）
382 日本大学（N全学統一方式−医・芸術〈専門試験併用型〉学部を除く）
383 日本医科大学 医
384 日本工業大学
385 日本歯科大学
386 日本社会事業大学 総推
387 日本獣医生命科学大学
388 日本女子大学
389 日本体育大学

は行（関東の大学）

390 白鷗大学（学業特待選抜・一般選抜）
391 フェリス女学院大学
392 文教大学
393 法政大学（法〈I日程〉・文〈II日程〉・経営〈II日程〉学部−A方式）
394 法政大学（法〈II日程〉・国際文化・キャリアデザイン学部−A方式）
395 法政大学（文〈I日程〉・経営〈I日程〉・人間環境・グローバル教養学部−A方式）
396 法政大学（経済〈I日程〉・社会〈I日程〉・現代福祉学部−A方式）
397 法政大学（経済〈II日程〉・社会〈II日程〉・スポーツ健康学部−A方式）
398 法政大学（情報科・デザイン工・理工・生命科学部−A方式）
399 法政大学（T日程〈統一日程〉・英語外部試験利用入試）
400 星薬科大学 総推

ま行（関東の大学）

401 武蔵大学
402 武蔵野大学
403 武蔵野美術大学
404 明海大学
405 明治大学（法学部−学部別入試）
406 明治大学（政治経済学部−学部別入試）
407 明治大学（商学部−学部別入試）
408 明治大学（経営学部−学部別入試）
409 明治大学（文学部−学部別入試）
410 明治大学（国際日本学部−学部別入試）
411 明治大学（情報コミュニケーション学部−学部別入試）
412 明治大学（理工学部−学部別入試）
413 明治大学（総合数理学部−学部別入試）
414 明治大学（農学部−学部別入試）
415 明治大学（全学部統一入試）
416 明治学院大学（A日程）
417 明治学院大学（全学部日程）
418 明治薬科大学 総推
419 明星大学
420 目白大学・短期大学部

ら・わ行（関東の大学）

421 立教大学（文系学部−一般入試〈大学独自の英語を課さない日程〉）
422 立教大学（国語〈3日程×3カ年〉）
423 立教大学（日本史・世界史〈2日程×3カ年〉）
424 立教大学（文学部−一般入試〈大学独自の英語を課す日程〉）
425 立教大学（理学部−一般入試）
426 立正大学
427 早稲田大学（法学部）
428 早稲田大学（政治経済学部）
429 早稲田大学（商学部）
430 早稲田大学（社会科学部）
431 早稲田大学（文学部）
432 早稲田大学（文化構想学部）
433 早稲田大学（教育学部〈文科系〉）
434 早稲田大学（教育学部〈理科系〉）
435 早稲田大学（人間科・スポーツ科学部）
436 早稲田大学（国際教養学部）
437 早稲田大学（基幹理工・創造理工・先進理工学部）
438 和洋女子大学 総推

中部の大学（50音順）

439 愛知大学
440 愛知医科大学（医学部） 医
441 愛知学院大学・短期大学部
442 愛知工業大学 総推
443 愛知淑徳大学
444 朝日大学 総推
445 金沢医科大学（医学部） 医
446 金沢工業大学
447 岐阜聖徳学園大学 総推
448 金城学院大学
449 至学館大学 総推
450 静岡理工科大学
451 椙山女学園大学
452 大同大学
453 中京大学
454 中部大学
455 名古屋外国語大学 総推
456 名古屋学院大学 総推
457 名古屋学芸大学 総推
458 名古屋女子大学 総推
459 南山大学（外国語〈英米〉・法・総合政策・国際教養学部）
460 南山大学（人文・外国語〈英米を除く〉・経済・経営・理工学部）
461 新潟国際情報大学
462 日本福祉大学
463 福井工業大学
464 藤田医科大学（医学部） 医
465 藤田医科大学（医療科・保健衛生学部）
466 名城大学（法・経営・経済・外国語・人間・都市情報学部）
467 名城大学（情報工・理工・農・薬学部）
468 山梨学院大学

近畿の大学（50音順）

469 追手門学院大学 総推
470 大阪医科薬科大学（医学部） 医
471 大阪医科薬科大学（薬学部） 総推
472 大阪学院大学 総推
473 大阪経済大学 総推
474 大阪経済法科大学 総推
475 大阪工業大学 総推
476 大阪国際大学・短期大学部 総推
477 大阪産業大学 総推
478 大阪歯科大学（歯学部）
479 大阪商業大学 総推
480 大阪成蹊大学・短期大学 総推
481 大谷大学 総推
482 大手前大学・短期大学 総推
483 関西大学（文系）
484 関西大学（理系）
485 関西大学（英語〈3日程×3カ年〉）
486 関西大学（国語〈3日程×3カ年〉）
487 関西大学（日本史・世界史・文系数学〈3日程×3カ年〉）
488 関西医科大学（医学部） 医
489 関西医療大学 総推
490 関西外国語大学・短期大学部 総推
491 関西学院大学（文・法・商・人間福祉・総合政策学部−学部個別日程）
492 関西学院大学（神・社会・経済・国際・教育学部−学部個別日程）
493 関西学院大学（全学部日程〈文系型〉）
494 関西学院大学（全学部日程〈理系型〉）
495 関西学院大学（共通テスト併用日程〈数学〉・英数日程）
496 関西学院大学（英語〈3日程×3カ年〉） 新
497 関西学院大学（国語〈3日程×3カ年〉） 新
498 関西学院大学（日本史・世界史・文系数学〈3日程×3カ年〉） 新
499 畿央大学 総推
500 京都外国語大学・短期大学 総推
502 京都産業大学（公募推薦入試） 総推
503 京都産業大学（一般選抜入試〈前期日程〉）
504 京都女子大学 総推
505 京都先端科学大学 総推
506 京都橘大学 総推
507 京都ノートルダム女子大学 総推
508 京都薬科大学 総推
509 近畿大学・短期大学部（医学部を除く−推薦入試） 総推
510 近畿大学・短期大学部（医学部を除く−一般入試前期）
511 近畿大学（英語〈医学部を除く3日程×3カ年〉）
512 近畿大学（理系数学〈医学部を除く3日程×3カ年〉）
513 近畿大学（国語〈医学部を除く3日程×3カ年〉）
514 近畿大学（医学部−推薦入試・一般入試前期） 医 総推
515 近畿大学・短期大学部（一般入試後期） 医
516 皇學館大学 総推
517 甲南大学 総推
518 甲南女子大学（学校推薦型選抜） 新 総推
519 神戸学院大学 総推
520 神戸国際大学 総推
521 神戸女学院大学 総推
522 神戸女子大学・短期大学 総推
523 神戸薬科大学 総推
524 四天王寺大学・短期大学部 総推
525 摂南大学（公募制推薦入試） 総推
526 摂南大学（一般選抜前期日程）
527 帝塚山学院大学 総推
528 同志社大学（法、グローバル・コミュニケーション学部−学部個別日程）

共通テスト対策関連書籍

共通テスト対策 も 赤本で

① 過去問演習

2025年版

共通テスト 赤本シリーズ

全12点

A5判／定価1,320円
(本体1,200円)

- 英国数には新課程対応オリジナル実戦模試 掲載！
- 公表された新課程試作問題はすべて掲載！
- くわしい対策講座で得点力UP
- 英語はリスニングを10回分掲載！赤本の音声サイトで本番さながらの対策！

- 英語 リーディング／リスニング DL
- 数学I, A／II, B, C
- 国語
- 歴史総合, 日本史探究
- 歴史総合, 世界史探究
- 地理総合, 地理探究
- 公共, 倫理
- 公共, 政治・経済
- 物理
- 化学
- 生物
- 物理基礎／化学基礎／生物基礎／地学基礎

DL 音声無料配信

② 自己分析

赤本ノートシリーズ　過去問演習の効果を最大化

▶共通テスト対策には

赤本ノート(共通テスト用)　赤本ルーズリーフ(共通テスト用)

共通テスト赤本シリーズ
新課程攻略問題集
全26点に対応!!

▶二次・私大対策には

大学赤本シリーズ
全556点に対応!!

赤本ノート(二次・私大用)

③ 重点対策

共通テスト赤本プラス

新課程攻略問題集

基礎固め&苦手克服のための分野別対策問題集!!
厳選された問題でかしこく対策

- 英語リーディング
- 英語リスニング DL
- 数学I, A
- 数学II, B, C
- 国語(現代文)
- 国語(古文, 漢文)
- 歴史総合, 日本史探究
- 歴史総合, 世界史探究
- 地理総合, 地理探究
- 公共, 政治・経済
- 物理
- 化学
- 生物
- 情報I

DL 音声無料配信

全14点 好評発売中！

A5判／定価1,320円(本体1,200円)

手軽なサイズの実戦的参考書

目からウロコのコツが満載！
直前期にも！

満点のコツシリーズ　赤本ポケット

2025 年版　大学赤本シリーズ　No. 502

京都産業大学（公募推薦入試）

編　集　教学社編集部
発行者　上原 寿明
発行所　教学社
〒606-0031
京都市左京区岩倉南桑原町56
電話　075-721-6500
振替　01020-1-15695
印　刷　共同印刷工業

2024 年 6 月 25 日　第 1 刷発行
ISBN978-4-325-26561-0
定価は裏表紙に表示しています

●乱丁・落丁等につきましてはお取替えいたします。
●本書に関する最新の情報（訂正を含む）は，赤本ウェブサイト http://akahon.net/ の書籍の詳細ページでご確認いただけます。
●本書は当社編集部の責任のもと独自に作成したものです。本書の内容についてのお問い合わせは，赤本ウェブサイトの「お問い合わせ」より，必要事項をご記入の上ご連絡ください。電話でのお問い合わせは受け付けておりません。なお，受験指導など，本書掲載内容以外の事柄に関しては，お答えしかねます。また，ご質問の内容によってはお時間をいただく場合がありますので，あらかじめご了承ください。

●本シリーズ掲載の入試問題等について，万一，掲載許可手続等に遺漏や不備があると思われるものがございましたら，当社編集部までお知らせください。